Heine.

soll es bedeuten,

rig bin;

lten Zeiten,

aus dem Sinn

und es dunkelt,

er Rhein;

ges funkelt

ein.

Fritz J. Raddatz

Taubenherz und Geierschnabel

Heinrich Heine

Fritz J. Raddatz

Taubenherz und Geierschnabel

Heinrich Heine

Eine Biographie

BELTZ QUADRIGA

Der Verfasser dankt Frau Stützner für ihre große Mühe bei der Mitarbeit.

Lektorat: Manuela Runge
Herstellung: Iris Müller
Umschlaggestaltung: Federico Luci, Mailand
Umschlagbild: Paul Wunderlich, Hamburg, photographiert von K. Szekessy
Vorsatz: Faksimile der Handschrift aus: »Loreley«
Nachsatz: Faksimile der Handschrift aus: »Deutschland. Ein Wintermärchen«
Satz: Satz- und Reprotechnik GmbH, Hemsbach
Druck und Bindung: Druckhaus »Thomas Müntzer« GmbH, Bad Langensalza
ISBN 3-88679-288-9

Inhalt

Ein Schöpfer steht außerhalb der Ordnung *7*

Polemik: das eigene Kunstprinzip *37*

Die Kunst ist das Höchste *59*

Lebensmelodie namens Schmerz *81*

Geld: gierig verachtet,
erbärmlich umworben *100*

Die Welt ist der Feind *122*

Sexualisierter Klassenkampf *134*

»Die Sonne der Freyheit« *152*

Die Großmacht Heine gibt sich eine
eigene Verfassung *174*

Der Ritter und der Spielmann *198*

Stimme und Echo zugleich *228*

Irreale Memoiren und reale Bezüge *258*

Heine denkt sein Leben neu:
die religiöse Wende *278*

Eine kranke Weltmacht in der Rue d'Amsterdam *293*

Der sterbende Fechter ficht den letzten Kampf *322*

Anhang

Zeittafel 345

Zitatnachweis 351

Benutzte Literatur 379

Personenregister 385

Abbildungsnachweis 392

Ein Schöpfer steht außerhalb der Ordnung

Nichts stimmt – alles ist wahr; Heinrich Heine ist sein eigenes Sonnensystem. Mit der Besonderheit, daß er sich selber beobachtet und inszeniert und dies *sein* System gebiert: er ist seine eigene Kunstfigur; er nennt sich ein Taubenherz, das sich durch einen Geierschnabel ausspreche. Alle Daten, Fakten, Dikta sind fast immer unzuverlässig, wenn nicht erfunden; die Wirklichkeit ist Heinrich Heine nur Münze, wenn sie *seine* Wahrheit birgt oder entbirgt. Einsichtig ist er nie, aber vielgesichtig, durchlässig. Mit der Süße der Wortmelodie seiner Gedichte und dem Salz seiner gereimten Tränen, unter denen er lacht, hat er der deutschen Sprache einen Klang entlockt wie vor ihm wohl nur Goethe und nach ihm kein Poet mehr:

> Ach Gott! im Scherz und unbewußt
> Sprach ich was ich gefühlet;
> Ich hab' mit dem Tod in der eignen Brust
> Den sterbenden Fechter gespielet.

Am 13. Dezember 1797 wurde Heinrich Heine in Düsseldorf als erstes Kind des Ehepaares Samson und Peira Heine geboren.

Sein Eintritt in diese Welt sollte aber bereits Auftritt sein, er wollte ganz unbedingt als »einer der ersten Männer unseres Jahrhunderts« an die Rampe treten (also in der Neujahrsnacht 1800 geboren sein); war ihm das selber zuweilen zu unwahrscheinlich, stellte er sich flugs einen neuen Paß aus. So noch 1853 in einer Notiz an die Schwester Charlotte, der er gleichsam befahl, als Datum seiner Geburt – »da alle unsre Familienpapiere durch die Feuersbrünste in Altona und Hamburg zu Grunde gegangen« – den 13. Dezember 1799 zu akzeptieren. Ungewöhnlich unwirsch verbat er sich im selben Entwurf das anderslautende Zeugnis der Mutter mit einer kryptischen Vorbemerkung: »[...] und in den Düsseldorfer Archiven das Datum meiner Geburt nicht richtig angegeben seyn kann, aus Gründen, die ich nicht sagen will, so ist obiges Datum allein authentisch, jedenfalls authentischer als die Erinnerungen meiner Mutter, deren alterndes Gedächtniß keine verloren gegangne Papiere ersetzen kann. Bey dieser Gelegenheit bemerke ich Dir, liebes Lottchen, daß Du vielleicht jünger bist, als die Mutter glaubt, da Du viele Jahre nach mir zur Welt gekommen.«

Maskerade und Versteckspiel hinter selbsterrichteten Spiegeln: Heine erläßt zwar in seiner Briefnotiz an den französischen Schriftsteller Saint-René Taillandier mit dem hochgemuten Satz: »Das wichtigste ist, daß ich geboren bin« ein barsches Unwichtigkeitsdekret, was genaue Daten betrifft, er zündet aber auch ein Feuerwerk auseinanderstiebender Leuchtzeichen; mal nannte er sich – 1819 vor dem Bonner Universitätsgericht – neunzehnjährig, wenig später ließ er sich 1797 geboren sein, dann schrieb er im Promotionsgesuch von 1829 gar das Jahr 1779 hin, und auf dem Taufschein – als am 28. Juni 1825 beim Pfarrer Grimm in dessen Wohnung in Heiligenstadt bei Göttingen aus Harry Heinrich wurde – legte er sich auf das Jahr 1799 fest.

Da nicht nur in Hamburg die Familienpapiere, sondern auch in Düsseldorf die Geburts- und Beschneidungsurkunden verbrannten, wabern in der Heine-Literatur Vermutungen und Unterstellungen.

Sein erster Biograph Adolf Strodtmann akzeptiert das Jahr 1799, Walter Wadepuhl läßt Heine gar vorehelich geboren sein, indem er die Eheschließung von Samson Heine mit Peira van Geldern auf den 6. Januar 1798 – also drei Wochen nach der Geburt – verlegt, obwohl der 1. Februar 1797 als Datum der Heirat feststeht. Heine selber leistete all diesen Spekulationen Vorschub, wenn er in jener Briefnotiz an Taillandier die Fälschung seines Geburtsdatums vermutet, die ihn 1815 davor schützen sollte, etwa in den »Dienst seiner Majestät des Königs von Preußen« eintreten zu müssen.

Vielleicht liebte er das Datum auch nur, weil im Jahre 1799 ein anderer »geboren« wurde? Napoleon Bonaparte, der zeitlebens geradezu Vergötterte, stürzte das Direktorium und wurde Erster Konsul. Dafür gibt es ein solches kleines Leuchtzeichen. In der »Notice biographique« an Saint-René Taillandier weist Heine emphatisch darauf hin, daß er bereits mit sechzehn Jahren das Gedicht »Die Grenadiere«, Ausdruck »meines Kultes« um Napoleon, geschrieben habe; und dessen Vertonung sollte ihm im Jahre 1840 in Paris ein unbekannter junger Musiker namens Richard Wagner im Restaurant »Brocci« schenken. Wie ein schmetternder Fanfarenstoß fetzt das Gedicht heraus aus dem zierlichen Schmerzenston, auf den das »Buch der Lieder« eingestimmt ist; nicht ein Seufzer,

Mit Rosen, Cypressen und Flittergold
Möcht' ich verzieren, lieblich und hold,
Dies Buch wie einen Todtenschrein,
Und sargen meine Lieder hinein.

sondern ein Fanal, im Klang eines Treue-Schwurs:

> Was scheert mich Weib, was scheert mich Kind,
> Ich trage weit bess're Verlangen;
> Laß sie betteln gehn, wenn sie hungrig sind, –
> Mein Kaiser, mein Kaiser gefangen!

Die Mystifizierung der eigenen Geburt legt jenseits des inszenatorischen Tricks zwei Elemente frei, die Heines Leben und Schreiben grundlegend prägten: Als Zoon Politikon war er ein Sohn der Französischen Revolution, deren Vollender – wie Verräter – für ihn Napoleon Bonaparte war, dem er den Code civil und die Emanzipation der Juden nie vergaß; noch am Ende seines Lebens feierte Heine in »Geständnisse« sogar Napoleon III. als dessen legalen Nachfolger. Für ihn war der, »welcher jetzt auch Kaiser der Franzosen ist«, sein »legitimer Souverain«.

Das zweite Element ist das Gesetz des Schriftstellers Heinrich Heine, sein persönlicher Code civil: Der Dichter ist auch Träumer, er darf und kann und muß die Dinge des realen Außen ersetzen – durch Gefühl, durch Intuition, durch Gaukelei, auch durch »List«, mit der ein Nachfahr sich schmücken wird, durch Aufkündigen von Verträgen allemal. Er schafft sich *seine* Welt, indem er sie benennt – sei es, er tauft Menschen um wie den Harry in Heinrich, die Crescentia in Mathilde, die Camilla in Mouche –, sei es, er tauft sich selber, »ich hab mich getauft«, wird er dem Freund Moses Moser im Januar 1826 schreiben.

Der Gesetzgeber des Citoyens Heinrich Heine heißt Napoleon Bonaparte, und ihm verdankt er die Freiheit, die er ein Leben lang besingt. Der Gesetzgeber des Individuums Heinrich Heine heißt Heinrich Heine, und dem verdankt er die Kunstfreiheit, mit der er sein Leben besingt. Nur wenn es schön ist, ist es wahr; es muß nicht stimmen, es muß nicht gerecht sein – anderen gegenüber schon gar nicht.

Es gab aber andere. Bemerkenswerterweise taucht der Name Heine beziehungsweise Heyne schon ungewöhnlich früh auf; bei einem Straßburger Juden im Jahre 1334 und bei einem Ahn des Dichters im 17. Jahrhundert. Zu dieser Zeit hatten die Juden noch keinen Familiennamen. Erst Ende des 18. Jahrhunderts wurden sie von den deutschen Regierungen dazu gezwungen; oft wählten sie Städtenamen, so wurde dann aus Moses ein Moses Warschauer oder aus Simon ein Simon Breslauer. Oder eben aus einem Chajim ein Chajim Bückeburg – jener Großvater, den wir aus dem »Wintermärchen« kennen:

> Zu Bückeburg stieg ich ab in der Stadt,
> Um dort zu betrachten die Stammburg,
> Wo mein Großvater geboren ward;
> Die Großmutter war aus Hamburg.

Allein – auch wenn Heine in einem späteren Brief an seine Frau Mathilde jenes Bückeburg als »fille très célèbre dans les annales de notre famille« bezeichnet –: der Großvater stammte keineswegs aus Bückeburg. Der Urgroßvater Heines war Anfang des 18. Jahrhunderts Sprecher der Schutzjuden Bükkeburgs gewesen; 1717, als Graf Friedrich Christian diesen Schutz aufhob, wurden die Juden jedoch ausgewiesen, und Heines Großvater, der sich mal Chajjim Bückeburg, mal Heymann Heine und mal Heim Heine nannte, wurde in Hannover geboren, wo er 1780 starb. Ein anderer Zweig der

Familie machte in Bückeburg eine »typische« Heine-Karriere: erst als Hoflieferant, dann als Hofbankier, und schließlich im April 1852 bankrott; ihr Wohnhaus in der »Langen Reihe« ist heute ein Gasthof »Zur Falle«.

Dem Großvater indes wird Wohlstand nachgesagt; er war Hausbesitzer, hielt sich zwei Dienstboten und war als Mitbegründer des »Vereins zum Studium der göttlichen Lehre, zum Krankenbesuch und zur Wohltätigkeit« angesehenes Gemeindemitglied. Von den zahlreichen Kindern – seine zweite aus Hamburg stammende Frau Mathe Eva brachte sechs Kinder aus der ersten Ehe mit – gelangen einigen Söhnen glanzvolle Karrieren in Paris, Bordeaux oder Hamburg, wo 1774 der siebzehnjährige Salomon, angeblich mit einem Paar Lederhosen bekleidet, sechzehn Groschen in der Tasche, eintraf. Er wird neben den Rothschilds einer der reichsten Männer Europas werden, dem der früh berühmte Neffe Heinrich in Haßliebe verbunden bleibt, ein Lebelang.

Salomons Bruder Samson, Heines Vater, war vom Schicksal weniger verwöhnt. Eine Mischung aus kläglichem Glücksritter, Fant und ewigem Kind, war es für den 1764 in Hannover Geborenen geradezu eine Chance, in das Haus der wohlhabenden und hochgebildeten Familie van Geldern eingeladen zu werden, wo er die sieben Jahre jüngere Schwester des Hausherrn kennenlernte, die sich mal Peira und mal Betty nannte und deren erster Sohn Heinrich später nur allzugern die Ortsbezeichnung »van Geldern« in ein adliges »von« veredelte. Werben, um die Hand anhalten und heiraten waren nach jüdischer Sitte ohne langen Aufschub möglich. Länger währte der Kampf der resoluten Braut gegen den Widerstand der jüdischen Gemeinde, die dem Mittellosen anfangs das Recht verwehrte, sich in Düsseldorf niederzulassen.

Das war weniger Schikane als Folge der besonderen Lage der Juden in der 16.000-Seelen-Stadt Düsseldorf, die 1796 erstmals französisch besetzt war und in der 300 bis 400 Juden lebten – nicht im Ghetto, aber auch nicht ganz frei und gleichberechtigt. Heiratswillige Juden mußten bei deutschen Behörden um eine Erlaubnis nachsuchen, und um die Zahl der Eheschließungen zu beschränken, wurden sie auch von den jüdischen Gemeindevorstehern kontrolliert; die Gründung eines mittellosen neuen jüdischen Hausstandes, Belastung der Gemeinde, war verpönt. Ein Nicht-Düsseldorfer wie Samson mußte zudem eine »Stättigkeitserlaubnis« erreichen. Peira hat sich noch Monate nach ihrer Eheschließung über diese Widrigkeiten, auch seitens des Gemeindevorstehers, beklagt.

Erst vier Monate vor der Hochzeit am 1. Februar 1797 wurde Samson der Zuzug gewährt. Um die Jahreswende bezog das junge Paar ein Hinterhaus in der Bolkerstraße 275 (später Nr. 53) und kaufte 1809 das gegenüberliegende größere Haus Nr. 655 (später Nr. 42) – übrigens in dem Jahr, in dem Heine sein erstes Gedicht schreibt und der Fürst von Metternich österreichischer Außenminister wird.

Samson Heine war ein Spieler, der gelassen zu verlieren verstand; ging es mit dem Tuchgeschäft bergab, so übernahm er die Hauptkollekte der Bergischen Klassenlotterie für Düsseldorf. Nach einem englischen Geschäftsfreund, der den importierten Manchesterstoff lieferte, nannte man den Erstgeborenen Harry. Oder er paradierte in Phantasieuniformen – dunkelblau mit himmelblauen Samtaufschlägen und einem Federbusch auf dem Dreispitz – als Offizier der Bürgermiliz, einer im Jahr 1806 auf französischen Befehl hin formierten Polizeitruppe. Vornehmlich vor dem eigenen Hause – wenn er nicht, so will es jedenfalls die Legende, mit seinen Gefährten die geleerten Flaschen Rüdesheimer und Aßmannshäuser zählte. In den »Memoiren« des Sohnes kann man sich an der kecken Formulierung erfreuen:

»Den Garden meines Vaters fehlte es nicht an einer gewissen Tapferkeit, zumal wo es galt eine Batterie von Weinflaschen, deren Schlünde vom größten Caliber, zu erstürmen. Aber ihr Heldenmuth war doch von einer anderen Sorte als die, welche wir bey der alten Kaisergarde fanden. Letztere starb und übergab sich nicht, während die Gardisten meines Vaters immer am Leben blieben und sich oft übergaben.«

Das mag mehr witzig als wahrhaftig sein, doch des Vaters grenzenlose Lebenslust, seinen Frohsinn, seine Genußsucht wußte Heine nicht genug zu loben; er bewunderte die himmelblaue Heiterkeit, die Fanfaren des Leichtsinns, das Gemüt, in dem ständig Kirmes war. »Vom Väterchen die Frohnatur« – Heine liebte seinen Vater, dessen Passion für das Karten- und Soldatenspiel, für Schauspielerinnen, für Pferde und Hunde, er liebte seine Schönheit, an die wir glauben müssen, da kein Porträt von ihm erhalten ist: »Mein Vater war die gütigste Seele von der Welt und war lange Zeit ein wunderschöner Mann; der Kopf gepudert, hinten ein niedlich geflochtenes Zöpfchen, das nicht herabhing, sondern mit einem Kämmchen von Schildkröte auf dem Scheitel befestigt war. Seine Hände waren blendend weiß und ich küßte sie oft. Es ist mir als röche ich noch ihren süßen Duft und er dränge mir stechend ins Auge. Ich habe meinen Vater sehr geliebt; denn ich habe nie daran gedacht, daß er sterben könne.«

Niemand anderem hat Heine je solche Jubeltöne gegönnt; die Stimme des Vaters erinnert ihn an Rotkehlchenlaute, und er besingt das lustige müßige Leben, »wo Goldflitter und Scharlachlappen die innere Leere verhüllen«.

Heinrich Heine hatte einen Wahlvater – der hieß allerdings Salomon; der männliche, herbe, erfolgreiche Onkel. Heinrich Heine war sein eigener Vater – in der Figur des Prunk liebenden Samson. Nie und nirgendwo werden wir solche Hymnen auf die Mutter lesen. Die Frau im Vater, an dem er hervorhebt, daß seine Schönheit etwas »überweiches, karakterloses, fast weibliches« hatte, war Heines Lebensliebe. Sie galt ihm selber. Dem Satz »Er war von allen Menschen derjenige den ich am meisten auf dieser Erde geliebt« fehlen die drei biblischen Worte: »wie mich selber«.

Narziß Heine blickt ins Wasser und erkennt das zierlich gepuderte Rokoko-Porträt von Samson Heine. Der ging pleite, wie später der Sohn war er dann den Rest seines Lebens abhängig vom reichen Bruder; der Hamburger Millionär Salomon Heine reiste nach Düsseldorf, um den verschuldeten Tuchhändler auszulösen, der nun ein armer Armenpfleger war:

»Samson Heine war gut aus Genuß am Gutsein, nicht aus Pflicht. Er bezahlte gern für dies Gutsein: in vollen Zügen atmete er dann den Weihrauch, den ihm dankbare Mitmenschen spendeten; zum Beispiel als dem charmantesten Armenpfleger. Da saß er an manchem dunklen Wintermorgen vor einem mächtigen Tisch, auf dem Geldtüten aller Größen lagen, und legte oft zur kleinen Tüte der Armenkasse noch eine größere Tüte aus der eigenen Tasche. Bevor seine Armen kamen, wechselte er die silbernen Leuchter mit Wachskerzen gegen zwei kupferne Leuchter mit Talglichtern aus: er besaß jene Höflichkeit des Herzens, die nur der Moral-Enthusiast besitzt, die der kategorische Pflicht-Imperativ nicht kennt.«

Nach mehreren Umzügen starb Samson Heine 1828 in Hamburg; der Sohn hat ihm bis zum eigenen Ende ein liebendes Gedächtnis bewahrt; so erzählte er dem Bruder Gustav bei dessen Besuch an seinem Sterbebett: »Erinnerst Du Dich noch des Tages, da einst unser guter Vater in seiner schönen Uniform nach Hause kam, und wie wir, nachdem er sie abgelegt, uns so zu sagen in dieselbe theilten? Ich ergriff den Federhut und rief: Ich bin Napoleon! Du faßtest nach dem Degen und jubeltest: Ich bin Murat! Unser Bruder Max zog die Uniform selbst an, die er natürlich rückwärts auf dem Boden nachschleppte, fortwährend jauchzend: Und ich bin des Kaisers Leibarzt! Unsere gute liebe Mutter, welche alle diese Stücke wie Kostbarkeiten zu überwachen pflegte, schlug die Hände zusammen, und setzte unserem Glücke ein baldiges Ende. Es ist merkwürdig, daß ich diese prophetische Szene nie vergessen konnte. Du wurdest Kavallerieoffizier, Max ein berühmter Arzt und ich liege hier auf meinem St. Helena und sterbe an unsäglichen Schmerzen!«

Die Mutter lebte nach dem Tode ihres Mannes im Dezember 1828 in Hamburg von der jährlichen Pension, die ihr der Schwager ausgesetzt hatte. Das war ihr nicht an der Wiege gesungen worden, denn die hatte in einem Hause gestanden von einer Art jüdischen Adels, auch wenn jenes van Geldern nur das Geburtsstädtchen unweit von Kevelaar benannte. Die bereits seit hundert Jahren in Düsseldorf ansässigen Juspa und Lazarus van Geldern – Heines Urur- beziehungsweise Urgroßvater – waren Hofagenten des Kurfürsten Johann Wilhelm von der Pfalz gewesen, also fürstliche Geldbeschaffer, die, vermögend geworden in wechselnden Lebensverhältnissen, infolge von Prozessen, Verdächtigungen und fürstlicher Willkür schließlich verarmt waren; wie fragwürdig die Stellung dieser »Hofjuden« gewesen ist, beweist der Umstand, daß es Lazarus nicht erlaubt war, sich länger als drei Tage im benachbarten Köln aufzuhalten. Juspa wie Lazarus hatten als Ober-Vorsänger in der jüdischen Gemeinde eine hohe Position inne, und es wird vom hohen Bildungsniveau berichtet, auch im Hause von Bettys Bruder, dem Arzt Simon van Geldern, wo sie nach dem Tode ihres Vaters lebte.

Über Heines Mutter, die stolz auf ihre sephardische Abkunft war, heißt es widersprüchlich, daß sie perfekt Englisch, Französisch und Deutsch gesprochen habe und eine glühende Verehrerin von Goethe und Rousseau gewesen sei, gleichzeitig aber auch, daß sie keine Sprache beherrscht, nur gebrochen Deutsch gekonnt und in hebräischen Buchstaben geschrieben habe. Ihre intensive Abneigung gegen Bücher habe sie auch auf die Erziehung des Sohnes ausgedehnt, ihm Romane aus den Händen gerissen und Theaterbesuche verboten, die Lehrer verwarnt, die ihm Bücher geliehen und die Magd beschimpft, die ihm die heißgeliebten Gespenstergeschichten erzählte.

Heines Bruder Max verdeutlicht die »ziemlich strenge Erziehung« durch die Mutter mit einer Anekdote: Die Kinder seien gehalten gewesen, wenn man zum Kaffee eingeladen war, nie zuviel Zucker zu nehmen, den Rest in der Zukkerdose nannte man den »Respect«. Als der siebenjährige Max einmal ein Stück Zucker stibitzt habe, sei Harry zur Mutter gerannt mit den Worten: »Mama, Denke dir, Max hat den Respect aufgegessen.« Die Mutter war Heines Zufluchtsort, Schirm und Schutz, Beichtstuhl wohl auch (etwa mit Klagen über Mathilde); aber liebt man einen Beichtstuhl? Sehnt man sich nach einem Zufluchtsort? Der Vater ist ein Elixier. Die Mutter ist eine Utopie.

Während der glanzvolle Luftikus Samson immer wieder durch Heines poetische Bilder spukt – der »Tambour« im berühmten »Doktrin«-Gedicht; der »Tambourmajor« im gleichnamigen Gedicht; Heine als siegreich tänzerischer »Tambour« über den Gegner Börne –, taucht die Mutter eher als Schutzpatronin auf. Sehr deutlich ist das in dem Gedicht Heines, das wohl am häufigsten falsch zitiert und fehlinterpretiert wird, in »Nachtgedanken«. Die beiden Eingangszeilen:

Denk ich an Deutschland in der Nacht,
Dann bin ich um den Schlaf gebracht,

gelten ja keineswegs dem in Finsternis, Reaktion und preußischem Militarismus versinkenden Vaterland, sondern ganz simpel der alt werdenden Mutter in Hamburg, die der Paris-Emigrant seit zwölf Jahren nicht gesehen hat:

Nach Deutschland lechzt' ich nicht so sehr,
Wenn nicht die Mutter dorten wär';
Das Vaterland wird nie verderben,
Jedoch die alte Frau kann sterben.

Doch es geht hier nicht um die Korrektur einer inzwischen Tradition gewordenen politisch-verfälschten Analyse; es geht um weit Komplizierteres. Der Vater ist das Abenteuer Welt: Leichtsinn, Eleganz, Frauen, Spiel. Die Mutter ist die Rettung vor der Welt; die Welt: das sind die Frauen. Sie sind das Außen. Ernst genommen, verheißen sie Bedrohung – eben jenes narzißtisch gehüteten Innen, das die Keimzelle der künstlerischen Produktion ist. Nicht ernst genommen, dürfen sie allerlei sein: Gespielin oder Buhle, Briefpartnerin, Salondame oder literarische Gegnerin. Nur die Mutter, oder wer in tändelnder Fürsorge und ohne Inanspruchnahme der Mutter ähnlich, findet Einlaß.

Martin Greiner nennt Heines Beziehung zur Mutter die »sicherste und unerschütterlichste Beziehung«, die er jemals zu einer Frau gehabt habe. Das aber ist vernichtend für sein erotisches Leben; da ist jemand geborgen wie in einem Grab. Im Gedicht »Der Kirchhof« hat Heine bekannt, was sein Werk durchzieht und sein Leben durchsiebt – die vergebliche Jagd nach Liebe:

> Die Engel die nennen es Himmelsfreud,
> Die Teufel die nennen es Höllenleid,
> Die Menschen die nennen es: Liebe!

Es ist ihm nicht bekommen, daß er dies Höllenleid floh. Er hat daraus die schönsten Gedichte deutscher Sprache gemünzt, doch das glühende Metall hat ihm die Adern vergiftet.

> Sie haben mich gequälet.
> Geärgert blau und blaß,
> Die Einen mit ihrer Liebe,
> die Andern mit ihrem Haß.
>
> Sie haben das Brod mir vergiftet,
> Sie gossen mir Gift in's Glas,
> Die Einen mit ihrer Liebe,
> die Andern mit ihrem Haß.

Doch sie, die mich am meisten
Gequält, geärgert, betrübt,
Die hat mich nie gehasset,
Und hat mich nie geliebt.

Derlei wird gerne als das typisch lächelschluchzende Heine-Timbre abgetan. Allein es ist viel mehr. Seine so vergebliche wie vorgebliche Irrfahrt durch so viele Meere, durch Wellen und wohl auch durch Pfützen und Lachen endet immer in jenem Hafen, der den eigentlichen Ankerplatz bietet. Den beschreibt er peinigend genau – »An meine Mutter, B. Heine, geborne v. Geldern«:

Die Liebe suchte ich auf allen Gassen,
Vor jeder Thüre streckt' ich aus die Hände,
Und bettelte um gringe Liebesspende,-
Doch lachend gab man mir nur kaltes Hassen.
Und immer irrte ich nach Liebe, immer
Nach Liebe, doch die Liebe fand ich nimmer,
Und kehrte um nach Hause, krank und trübe.
Doch du bist da entgegen mir gekommen,
Und ach! was da in deinem Aug' geschwommen,
Das war die süße, langgesuchte Liebe.

Wolfgang Hädecke hat in diesem Zusammenhang auf den Brief Heines an Heinrich Laube aus dem Jahr 1835 hingewiesen, in dem er sich dazu bekennt, »verdammt« zu sein, »nur das niedrigste und thörichtste zu lieben«, womit er so früh seine Begegnung mit Mathilde charakterisiert.

Und es gibt noch einen folgenschweren Zusammenhang. Im Anschluß an genau die Passage, in der Heine im – erfundenen? – Bericht vom »rothen Sefchen« vom unehrlichen Geschlecht der Frau fabuliert, von der Liebe als Tragödie und noch einmal das Bild von Himmel und Hölle, Engel und Teufel einsetzt, läßt er ein Eingeständnis folgen: »So viel wirst du gemerkt haben, theurer Leser, daß die Inoculazion der Liebe welche meine Mutter in meiner Kindheit versuchte keinen günstigen Erfolg hatte. Es stand geschrieben, daß ich von dem großen Uebel, den Pocken des Herzens stärker als andre Sterblichen heimgesucht werden sollte [...].«

Anker haben schwere Ketten. Beflügelt wird Heine, schon als Knabe, eher von den Winden, die die Segel zur Fahrt ins Abenteuer, in die Verlockungen der Märchen, die Welt der Phantasie blähen. Mit dem bezeichnenden Satz: »Und welcher bedeutende Mensch ist nicht ein bischen Charlatan?« galt seine Verwandten-Illumination neben dem Vater vor allem dem mysteriösen Großoheim Simon van Geldern, »halb Schwärmer, halb Glücksritter«, der mal als Scheich eines kriegerischen kleinen Völkchens durch die nordafrikanischen Wüsten zog, mal in prunkvolle orientalische Pracht gekleidet als Waffenschmied in Marokko lebte, Räuberhauptmann, Pferdezüchter, Herzensbrecher und gar noch Schriftsteller war. Heine – »jedenfalls war er ganz ein Mensch« – schwärmte von ihm wie Kinder von Harun-Al-Raschid, aber gleichsam von einem, der vor den Vorhang tritt, ein Feuerschlucker, der sein Programm verkündet: »Der Zweck heiligt die Mittel. Hat doch der liebe Gott selbst als er auf dem Berg Sinai sein Gesetz promulgirte nicht verschmäht bey dieser Gelegenheit tüchtig zu blitzen und zu donnern, [...]. Aber der Herr kannte sein Publikum, [...].«

Das sind verräterische Worte: Scharlatan – Zweck – Gott – Publikum. Also der Künstler. Den meint Heine mit seiner

Verehrung für Simon van Geldern; er meint sich. Die Mutter, an der er zeitlebens hängt und der er noch aus der Matratzengruft beschönigende Briefe schreibt, ist das Verläßliche. Doch Feuer schlägt man aus der Unzuverlässigkeit. Ein Schöpfer steht außerhalb der Ordnung, jenseits des Gesetzes. Er schafft sich täglich neu, und er schafft sich eigene Gesetze.

So liegt auch die Kindheit und Jugend von Harry – der früh unter dem Esel-Neckruf »Haarüh, Haarüh« seiner Spielgefährten gelitten haben will – unter einem sich wölbenden Himmel von Anekdoten und Geschichten. Eine dieser hübschen Erinnerungen ist die seiner Schwester Charlotte, die allerdings mehr ausgemalt als dokumentiert klingt: »Mein Bruder war ein sehr lebhaftes Kind, und es war eine schwierige Aufgabe ihn zu beschäftigen, in einem Zimmer wo wir Kinder viel waren, war einen englische Camin, und um das Hineinkri[e]chen der Kinder zu verhüten, im Sommer eine braun la[c]kirte Thür davor, und auf dieser Thüre, mit einem Stückchen weisser Kreide in der Hand, bekam mein Bruder, als Kind von 4 Jahren, von der Mutter den ersten Schreibunterricht.« Eine andere, des Vaters Antwort, als Harry nach dem Großvater fragte: »Dein Großvater war ein kleiner Jude und hatte einen großen Bart.« Als er sie in der Schule weitererzählte, soll sie in der Klasse einen Tumult und ihm die erste Tracht Prügel eingetragen haben. Oder die von der Einquartierung eleganter französischer Offiziere – von der Mutter vornehm begrüßt –, von denen er früh perfekt Französisch gelernt habe; ihren Tambour verewigte er im »Buch Le Grand«. Oder auch jene hübsche Begebenheit aus der Vahrenkampschen Handelsschule in Düsseldorf: Neben Heine auf der Schulbank saß ein Knabe namens Faßbender, dessen Vater Inhaber der Bierbrauerei »Zum Specht« war, unweit der

Schule gelegen. Auf dem anderen Platz neben ihm saß der spätere Bonner Kreisbaumeister Werner, der diese Anekdote überliefert hat. Eines Tages fliegt dem eintretenden Lehrer der Schüler Harry entgegen und unter eine Bank. Auf das gestrenge: »Was geht hier vor?« antwortet der wütende Faßbender im breitesten rheinischen Dialekt:

»Och, de verdammte Jüdd sähd:
Em Specht, em Specht
Do schlöft de Mähd beim Knecht.
Do han ich em ene Watsch gegewe, on do es he von de Bank gefalle.«

Die von Heine selber besonders gern und häufig kolportierte Naseweisheit, mit der er auf die Frage des Religionslehrers nach dem französischen Wort für »Glaube« beharrlich »le crédit« geantwortet habe, gehört wohl eher in den Bereich der unfrommen Legenden. Und auch die Kolportage über einen späteren Lebensabschnitt, die Mutter habe ihren kostbaren Schmuck verkauft, um dem Sohn das Studium zu ermöglichen, dient eher der Dekoration von Familienumständen als der Wahrheit – solch wertvollen Schmuck wird Betty Heine nicht besessen haben, und Student Heine verfügte stets über einen »famillionär«-behaglichen Scheck des Onkels Salomon.

Die vielen Fabeln vom frühreifen Knaben, daß er zum Beispiel seiner geliebten Schwester Charlotte die Aufsätze geschrieben und den Klavierlehrer aus dem Fenster geworfen habe, der bebrillten Prügeldame Hindermanns in der ABC-Schule die Schnupftabakdose mit Sand gefüllt und ihr – Heinrich Heines erste Polemik –, befragt nach dem Grund, »weil ich Dich hasse« entgegengeschleudert habe, lesen sich hübsch, sind aber ohne Beweiskraft. Alfred Meißner belegt immerhin aus späteren Jahren, wie freundlich schützend Heine – bei einem Besuch in Paris 1850 – die Mutter über seine Krankheit belogen hat: »Ich schreibe ihr oft [...] wie gut ich es habe. Da es ihr auffällt, daß nur die Unterschrift von mir ist, und alles Uebrige von der Hand des Sekretärs, so heißt es immer, daß ich etwas Augenleiden habe, das bald vergehen werde [...]. Und so ist sie glücklich. Daß übrigens ein Sohn so krank und elend werden kann, wie ich bin, das glaubt ohnehin keine Mutter.«

Richtig ist, daß die Mutter so energisch wie zielbewußt die Ausbildung des Erstgeborenen in die Hand genommen und dabei ihren Ehrgeiz durchaus den wechselnden Zeitläufen angepaßt hat. Für Jung-Harry sah sie gleichsam drei Alternativen: Papst, Napoleon oder Rothschild.

Die einst zu geistlichen Orden gehörenden Schulen waren aufgelöst und die Klöster entmachtet worden, die Schulen waren verarmt. Erst die Franzosen kauften sie – säkularisiert – wieder auf, dem kaiserlichen Edikt von 1808 zufolge Sprache, Sitte und Bildung vereinheitlichend. Nach dem Besuch der israelitischen Privatschule des Herrn Rintelsohn kam der zehnjährige Harry 1807 – ein Jahr nach Napoleons Einzug in Berlin und ein Jahr vor der Verordnung über die Emanzipation der Juden im Großherzogtum Berg – auf das Lyzeum, im Gebäude des ehemaligen Franziskanerklosters, an das er sich oft und nicht einmal ungerne erinnerte und dessen Betrieb Ludwig Marcuse in seinem glanzvollen Essay geschildert hat:

»[...] fast ein Drittel des Stundenplans gehörte der französischen Grammatik und Literatur. Die französische Kultur rangierte über allen Kulturen. [...] Vor allem die Lyzeen waren klösterlich-militärisch organisiert; am stärksten spürten dies die Internen. Während des Essens wurde vorgelesen; Briefe bekamen die Zöglinge nur durch den *censeur*, Taschengeld nur durch den *proviseur*. Die Schüler waren in Kompanien eingeteilt, welche Sergeanten unterstanden. Sie marschierten bei den gemeinsamen Ausgängen in Reih und Glied, unter Führung des *censeur* und des Exerziermeisters. Die Schüleruniform bestand aus einem grauen Rock mit rotem Soldatenkragen und dem großen Bonaparte-Hut. Mit Trommelschlag begann der Unterricht, mit Trommelschlag hörte er auf. Die deutschen Lehrer waren nicht sehr gebildet; sie wurden weder gut bezahlt noch geschätzt; in den meisten Anstalten unterrichteten frühere Ordensgeistliche, die keine andere Chance hatten.«

Der Rektor dieser Anstalt – heute würde man sie Gymnasium nennen – war ein solcher Geistlicher: Ägidius Jakob Schalmayer. Er gab den Deutsch-Unterricht, stand im Ornat am Altar und war zugleich als Philosophie-Lehrer Verkünder freigeistlicher Anti-Dogmen, von denen der junge Heine wohl tief beeinflußt und nicht nur zu einer Keckheit angestiftet wurde, die ihm den Spitznamen »Rother Harry« eintrug. Von einem Schulkameraden wissen wir, daß er es abgelehnt habe, bei Löscharbeiten zu helfen, als sie eines Samstags vor einem brennenden Hause standen – »Ich darf's nicht und ich tu's nicht, denn wir haben heute Schabbes«, soll er gesagt haben. Bei angenehmeren Versuchungen kannte er einen Ausweg – als er an einem anderen Sabbat von einem Spalier Weintrauben abbiß, riefen die Spielgefährten entsetzt, »Rother Harry, was hast du gethan!«, und er gab lachend zurück: »Nichts Böses, mit der Hand abreißen darf ich nichts, aber mit dem Munde abzubeißen und zu essen, hat uns das Gesetz nicht verwehrt.« Ungerne hingen dem roten Fuchs die Trauben zu hoch. Rot? Angeblich soll er des roten Haars wegen so gerufen worden sein.

Hatte Heinrich Heine rotes Haar? Das ist eine der Bizarrerien von Heines Leben für uns Nachfahren – niemand weiß, wie er wirklich ausgesehen hat, nicht als Jüngling, nicht als Mann, nicht als Leidender. Am Ende des 20. Jahrhunderts würde man wohl mit Hilfe des Computers aus den kraß widersprüchlichen Aussagen der Zeitzeugen ein Phantombild erstellen, das sich dennoch in Sekundenschnelle je anders und in jedem Detail unterschiedlich zusammensetzte. Heraus käme ein fetter schlanker Mann, groß und kleinwüchsig, das schüttere blonde Haar brennend rot zu einem schwarz-lokkigen Wuschelkopf getürmt, der typisch jüdisch lispelnd und stotternd zungenfertig ein makelloses Französisch voller grammatikalischer Fehler spricht, ein schwammiges Gesicht von feinem Schnitt mit plumper, aber scharf geschnittener Nase, Brillenträger, der nie eine Brille trägt, Hände – die oft in Glacéhandschuhen stecken oder nie bedeckt sind –, mit denen der stets Barhäuptige den gelben Strohhut oder die grüne Mütze aufsetzt, die brennend rot ist. So stolpert der elegant schwarz gekleidete Herr mit der Rose im Knopfloch schlendernd Berlins Linden entlang oder über Pariser Boulevards, die Hände in beiden Taschen des gelben Nankinganzugs, großkleinschmächtigmuskulösfeingebautbleichundschwächlich in spitzen Stiefeln, weißen Strümpfen und hoher weißer Krawatte, zwergartig mit gelangweiltem Gesichtsausdruck unter dunkelbraunem vollem spärlichen Haar, unter dem kleine große geschlitzte schelmische Augen nicht auffallend orientalisch ganz jüdisch hervorblitzen, wenn der krankhaft schlanke feiste Mann, umhüllt von schlottriger Kleidung, stets nach der neuesten Mode, in Spitzenjabots und gekräuselten Manschetten gekleidet, leise, still, eintönig und langsam geistreich witzige Bemerkungen macht, das bartlose Gesicht von einem Lippenbärtchen geziert, das als weiß gesprenkelter Bart das ganze Kinn bedeckt.

Kurzum: der typisch jüdische, große, blonde Bursche mit blauen Augen, stechend schwarzem Blick und satirischen Mundwinkeln beim viereckigen Lächeln um die blassen, vollen, dünnen, dicken Lippen, ein Burschenschaftler im Jägerhemd mit den Füßen der »jüdischen Race«: »[...] der kleine Jude Heinrich Heine, der einen langen dunkelgrünen Rock bis auf die Füße und eine goldene Brille trug, die ihn bei seiner fabelhaften Häßlichkeit und Aufdringlichkeit noch lächerlicher machte, weshalb man ihn unter dem Namen Brillenfuchs vielfach verspottete.«

Das war bereits der stud. jur. Vom Schüler Heine muß man sich nicht viel merken, er verließ im September 1814 das Gymnasium ohne Reifezeugnis, nahm allerdings noch einige Monate am Unterricht teil; in diese Zeit fiel wohl die häufig nacherzählte Begebenheit, die sein erster Biograph, Adolf Strodtmann, ausgeschmückt hat. Bei öffentlichen Prüfungsanlässen war es der Brauch, daß einzelne Schüler Gedichte vortrugen. Der Gymnasiast Heine, der für die blondlockige Tochter des Oberappellationsgerichtspräsidenten schwärmte, war eben beim Vortrag von Schillers Taucher-Ballade bis zu »Und der König der lieblichen Tochter winkt« gekommen, als er die Angebetete erblickte, stockte, mehrere Male dieselbe Zeile wiederholte – und in Ohnmacht fiel.

Nachdem die Bekehrungen zum Katholizismus nichts gefruchtet hatten, die Heine in demütiger Bescheidenheit später glossiert hat, »[...] denn obgleich ich von Natur nicht ehrgeizig bin, so würde ich dennoch die Ernennung zum Papste nicht ausgeschlagen haben«, zernebelte auch der Traum von der französischen Generalsuniform für den Filius spätestens nach dem 18. Juni 1816 in einer Art persönlichem Waterloo. Die Franzosen waren ja bereits 1813 nach ihrer Niederlage in der Völkerschlacht bei Leipzig aus den rheinischen Gebieten abgezogen, nachdem in den politischen Wirren das Bergische Land mal Bayern, mal Frankreich zugeschlagen worden war und sich Maximilian Joseph von Pfalz-Zweibrücken, Napoleons Schwager Joachim Murat und – nach dessen Ernennung zum König von Neapel – Napoleon selber in der Herrschaft abgewechselt hatten; letzterer übrigens als Statthalter seines Neffen Louis Napoleon, Kronprinz von Holland.

Nun blieb in den Augen der Mama also die letzte Option: ein künftiger Rothschild. Der Kaufmannsstand schien sicherer, zu dem – trefflicher Beweis für die Instinktsicherheit einer liebenden Mutter – Betty Heine ihren Sohn für prädestiniert hielt: »Sie beschloss daher jetzt daß ich eine Geldmacht werden sollte [...]. Um etwas vom Wechselgeschäft und von Colonialwaaren kennen zu lernen, mußte ich [...] die Gewölbe eines grossen Spezereyhändlers besuchen [...]. Doch ich lernte bey dieser Gelegenheit wie man einen Wechsel ausstellt und wie Muskatnüsse aussehen.« Die Kenntnis von Wechseln sollte Heinrich Heine noch oft im Leben nützlich sein; die der Muskatnüsse tauschte er gerne und rasch gegen andere Aromen ein.

Vorerst galt es, ein paar seltsam ausgeflaggte Slalomstrekken zu durchschwingen. Mit dem Vater besuchte er im September 1816 die Messe in Frankfurt am Main, wo er im Bankhaus Rindskopf in die Lehre gegeben wurde und wo er –

allein, das sollte Folgen haben, – die Freimaurerloge »L'Aurore naissante« besuchte, in deren Lesekabinett er Ludwig Börne traf. In Frankfurt erlebte Heine auch erstmals die Judengasse im Ghetto, wie sie Ludwig Börne im Jahre 1808 beschrieben hat: »Vor uns eine lange unabsehbare Gasse, neben uns grade so viel Raum, um den Trost zu behalten, daß wir umkehren könnten, sobald uns die Lust dazu ankäme. Über uns nicht mehr Himmel, als die Sonne bedarf, um ihre Scheibe daran auszubreiten; man sieht keinen Himmel, man sieht nichts als Sonne. Ein übler Geruch steigt überall herauf, und das Tuch, das uns vor Verpestung sichert, dient auch dazu, eine Träne des Mitleids aufzufangen oder ein Lächeln der Schadenfreude zu verbergen.«

Auch hier galt das Gesetz der »Judenstättigkeit« – die Gemeinde war auf fünfhundert Familien begrenzt, vierzehn Paare durften jährlich heiraten. Es gab bestimmte Kleidervorschriften, Juden waren von fast allen Berufen ausgeschlossen, seit 1787 durften sie immerhin sonntags ab 17.00 Uhr spazierengehen, aber weder auf Promenaden noch auf öffentlichen Spazierwegen, von denen sie mit dem christlichen Spruch: »Mach Moses, Jude« vertrieben wurden.

Selbst bei Hinrichtungen durften Juden nicht zugegen sein; beneidenswert. Von Karfreitag bis Ostern und bei Krönungen war es den Juden verboten, das Ghetto zu verlassen; ohne Nachweis einer geschäftlichen Tätigkeit war es ihnen nicht erlaubt, die Stadt zu betreten – und wenn, dann nie mehr als zwei Juden nebeneinander. Bis 1728 bestand die Pflicht, das Judenzeichen – einen gelben Ring – gut sichtbar zu tragen; noch 1816 forderte Friedrich Ruehs in einer populären antisemitischen Schrift – in der von Blutsaugern, fressendem Gewürm und einer Pest die Rede war, die es »mit Stumpf und

Stiel« auszurotten galt – die Wiedereinführung in Form einer Volksschleife.

In allen deutschen Teilstaaten waren die jüdischen Gemeinden bis ans Ende des 18. Jahrhunderts von einem Netz schikanöser Verordnungen überzogen: Kopfsteuer, Neujahrs-Nacht – und Zettelgelder; selbst der berühmte Moses Mendelssohn wurde von Friedrich II. wie ein dressierter Pudel – »Ich lasse den berühmten Juden herbeikommen« – nach Sanssouci bestellt und seine Kutsche vom friderizianischen Offizier mit den Worten: »Was will der Jude in Potsdam« angehalten. (Daniel Chodowiecki hat diesen Vorfall in seinem Kupferstich »Moses Mendelssohns Examen am Thor zu Potsdam« festgehalten.) Der »Philosoph von Sanssouci« empfing Moses Mendelssohn, betrachtete ihn stumm – und empfahl sich. Man sprach kein Wort miteinander. Bei seiner Einreise nach Dresden 1776 mußte er die für einen polnischen Stier festgesetzte Taxe bezahlen.

Die rechtliche und damit soziale Lage der Juden ist im 18. und bis weit ins 19. Jahrhundert hinein wirr und widersprüchlich; wesentlich geprägt auch von den Siegen und Niederlagen Napoleons und seinen diversen Edikten, die oft nicht eingehalten oder widerrufen wurden. So hat Napoleon selber mit seinem sogenannten Décret infâme von 1808 viele Rechte der Juden wieder eingeschränkt – was wiederum, beispielsweise von seinem Bruder Jérôme im Königreich Westfalen und von seinem Schwager Murat im Großherzogtum Berg, mit der Hauptstadt Düsseldorf, nicht eingehalten wurde. Wir erwähnten bereits Börnes makabren Spaziergang durch das von Kot durchflossene Frankfurter Ghetto: «Mühsam durch den Kot watend dient der verzögerte Gang dazu, unsrer Beschauung die nötige Muße zu verschaffen. Scheu und behutsam wird der Fuß aufgesetzt, damit er keine Kinder zertrete. Diese schwimmen in der Gosse herum, sie kreuzen im Kote umher, unzählig wie ein Gewürm von der Sonne Kraft dem Miste ausgebrütet.«

Aber drei Jahre später veranlaßte der von den Franzosen eingesetzte Fürstprimas des Rheinbundes, Reichsfreiherr Karl Theodor von Dalberg, die Abschaffung des Ghettos – allerdings für den kleinen Betrag von 440.000 Gulden, das Zwanzigfache der jährlichen Schutzgebühr.

Neun Jahre vor der Französischen Revolution erschien in Berlin Christian Wilhelm von Dohms Schrift »Über die bürgerliche Verbesserung der Juden«, die Mirabeau in seinem Essay »Sur la réforme politique des juifs« oft wörtlich verwendete – Pamphlete zur Gleichstellung und Emanzipation, die von Hardenberg und Wilhelm von Humboldt aufgegriffen wurden. Zugleich aber blieben den Juden, oft bis in die Mitte des 19. Jahrhunderts hinein, fast alle bürgerlichen Berufe – Handwerk, geschützter Handel, Universität, Offiziers- und Diplomatenlaufbahn – verwehrt.

Erst 1847 wurde ihnen der Zugang zu Staatsämtern – mit Ausnahme richterlicher und politischer Positionen – erleichtert, wurden Professuren etwa für Geographie oder Linguistik ermöglicht, verschlossen aber blieb die Literaturwissenschaft, die von christlichem Geist getragen sein müsse. Der Hegelianer Eduard Gans ließ sich 1825 – nach dem 1822 verordneten Ausschluß von Juden aus allen akademischen Lehrämtern – taufen und erhielt prompt seine Professur. Während des Wiener Kongresses wurden alle sechsundfünfzig jüdischen Familien aus Lübeck vertrieben; und noch 1843 reagierte Friedrich Wilhelm IV. auf einen Landtagsbeschluß des preußischen Rheinlands zur Emanzipation der Juden mit dem Satz: »Die schnöde Judenclique legt täglich durch Wort, Schrift und Bild die Axt an die Wurzel des deutschen Wesens.«

Dieses staatliche Denken – wenn man es denn Denken nennen mag – war unterfüttert von einer lange währenden Tradition antisemitischer Pasquille, Reden, Tiraden, Broschüren. Das berüchtigte »Wider die Juden« von Carl Wilhelm Friedrich Grattenauer, aus dem zu erfahren war, daß die gesamte jüdische Nation die Krätze und den Aussatz habe und es nichts Böses gäbe, das nicht ein Jude getan, hatte in einem Jahr fünf Auflagen (1802 bis 1803). Ein Jahrzehnt später erschien ein »Judenspiegel«, der ungeniert zur Reinigung von dem »Ungeziefer« aufrufen konnte, denn »die Tödtung eines Juden« sei weder Sünde noch Verbrechen. Auch wurde empfohlen, die Juden statt der Schwarzen an die Engländer zu verkaufen, die Männer zu kastrieren und die Frauen und Töchter in Bordellen unterzubringen (wer eigentlich sollte diese Bordelle besuchen? Doch nicht der aufrechte deutsche Mann?). Es gab schon damals genug depravierte Kleinbürger, die flugs derlei Anleitungen Taten folgen ließen.

Zu Beginn des 19. Jahrhunderts fanden in Würzburg, in Frankfurt, in Koblenz, in Hamburg antisemitische Ausschreitungen statt – Schaufensterscheiben wurden eingeschlagen, Geschäfte geplündert und unter dem Kampfruf »Hepp-Hepp Jud' verreck!« Synagogen angezündet. Heinrich Heine erlebte die SA ein Jahrhundert vor ihrer Gründung. Vor dem Herrschaftssitz von Onkel Salomon verharrte die Marschkolonne; bei ihm wohnte der Neffe, den er als Lehrling in seinem Bankhaus Heckscher & Co. untergebracht hatte, im Juni und September 1816.

Auf den fürstlichen Banketten des Onkels – wo Heine Zelebritäten wie den preußischen Generalfeldmarschall Blücher kennenlernte – ging es, wie Therese Devrient sich erinnerte, zu wie bei Hofe: »Um sechs Uhr, der Dinerzeit des alten Bankiers, hielt ein höchst eleganter Wagen, Kutscher und Bediente in sehr nobler Livree, vor unserer Tür ... An der Elbe neben dem bekannten Rainville lag die Besitzung Heines.

Salomon Heine führte mich, Eduard die junge hübsche Frau [Salomons jüngste Tochter]. Das Innere des Hauses machte einen überaus behaglichen Eindruck, es war von so gediegener Eleganz, daß man sie zuerst gar nicht merkte, alles sah nur bequem und wohnlich aus. Der Speisesaal, gleich im unteren Stock, bot außer dem reich mit Silbergeschirr besetzten Büfett und vielen Dienern in Livreen nichts Bemerkenswertes. Die Unterhaltung bei Tisch mißfiel mir, da sie sich meist um die Delikatessen drehte, die eben aufgetragen und verzehrt wurden. Uns, die wir nicht Gourmands waren, entstand daraus die doppelte Beschwerde, so viele Leckerbissen durch das Aufzählen und Preisen derselben fast dreifach genießen zu müssen.«

Noch viele Jahre später, Heine war längst ein berühmter Dichter, foppte der vielfache Millionär in vielfach falschem Deutsch den mittellosen Neffen, der ihm in einem Wutausbruch einst entgegengeschleudert hatte: »Das Beste an Dir ist, daß du meinen Namen trägst«, mit luxuriös parfümierten Billetten:

»An den Mann, der gefunden, daß daß Beste was an mir ist, daß ich sein Name führe –

Hamb. den 26. Dec. 1843

Heute Mittag, den zweite Tag Jontoft, wird gegeßen:
Krebsen Suppe, mit Rosinen theilweise
in die Krebsen

daß edle Ochsen Fleisch der Hamburger
geräuchertes Fleisch,
dabei Karstanien
noch genieße –
Englischen Buding, mit Feuer
Fasanen, 2 Stück
ein Hase, der wircklich von
meine Leute im Garten geschoßen ist
salat. MadGädchens, hatt oder
wird schon mehreres aufsetzen,
Champaner, Port wein Mad.Wein
und guten Roth Wein
Dann wird die hohe Famillie mit ihre Gegenwart das Teater besuchen.«

Doch Heine hatte gewiß auch auf vielfältige Weise den Klang im Ohr, auf den beispielsweise eine Verordnung über das jüdische Bildungswesen eingestimmt war, als die zu der Zeit bayerischen Behörden seiner Heimat am 18. Juni 1804 dekretierten: »Wir haben schon in den ersten Jahren Unserer Regierung durch mehrere Beweise die früheren Beobachtungen und Erfahrungen, welche in anderen Staaten gemacht worden sind, bestätigt gefunden, daß die Juden in ihrer dermahligen Verfassung als schädliche Mitglieder des Staates zu betrachten sind, und daß die liberalen Grundsätze einer unbeschränkten Duldung bei ihnen ohne Nachteil der bürgerlichen Gesellschaft nicht angewendet werden können.«

Wo gehört er hin? – In die stinkende Frankfurter Judengasse? In die Hamburger Protzvilla? Ins Kontor? Hinter den Ladentisch des Manufakturwarengeschäfts »Harry Heine & Co.«, das ihm der Onkel im Mai 1818 am Hamburger Graskeller Nr. 139 eingerichtet hatte? Hier sollte er mit dem englischen Tuch handeln, das Vater Samson in seinem schon nach zehn Monaten bankrott gegangenen Geschäft in Düsseldorf nicht losgeworden war. In die jüdische Gemeinde Hamburg, der er im Juni 1818 beigetreten war? Auf irgendeine Ardinghello-»Insel der Glückseligen«, auf die er im Juli mit einigen jungen Leuten flüchten wollte? Auf die Hamburger Drehbahn mit dem »hochbusigen Frauenzimmer«, das er später besingen sollte? Oder auf Bälle und Redouten an der Seite der kühlen Cousine Amalie, die ihn zu den gesplissen-schönsten seiner frühen Gedichte inspirierte?

Vergiftet sind meine Lieder;-
Wie könnt' es anders seyn?
Du hast mir ja Gift gegossen
In's blühende Leben hinein.

Vergiftet sind meine Lieder;-
Wie könnt' es anders seyn?
Ich trage im Herzen viel Schlangen,
Und dich, Geliebte mein.

Hier gehört Heine hin. Hier ist sein Haus. Das hat er sich selber gebaut. Darin, nur darin, wird er wohnen sein Leben lang: in seiner Kunst. In den immer und immer neu vervielfältigten Zierat eines Schneckenhauses wird er sich jäh zurückziehen, wann immer er die Fühler herausstreckt; denn was sie ertasten, bedeutet immer Schmerz: das »Hepp-Hepp« aus der Judengasse oder den gläsernen Hohnklang der Villa Ottensen; das Banko der Warenwelt anstelle des Shakespeare-Liebhabers Banco, den Untertanengeist verbotslüsterner Beamter oder den Tabakqualm bramarbasierender Revoluzzer.

Im Frühjahr 1818 sind die ersten Gedichte unter dem abstoßenden Pseudonym Sy Freudhold Riesenharf (aus den Buchstaben Harry Heine Düsseldorf) in der Zeitschrift »Hamburger Wächter«, deren antisemitische Tendenzen ihm nicht bewußt gewesen sein mögen, erschienen. Von nun an weiß Heinrich Heine, wer er ist: »Ich bin Künstler vor Allem«, wird sein stolz-hoffärtiges Credo. Am Ende seines Lebens ist daraus ein markantes Fazit geworden: »Ich habe es, wie die Leute sagen, auf dieser schönen Erde zu nichts gebracht. Es ist nichts aus mir geworden, nichts als ein Dichter«, wenn er auch weiß: »Christliche Liebe [wird] die Liebeslieder eines Juden nicht ungehudelt lassen«. Er hat einen Beruf erfunden, den es bislang nicht gab – freier Schriftsteller.

Vorerst allerdings probierte er, unentschlossen, die bürgerliche Existenz.

Polemik: das eigene Kunstprinzip

Die Universitätsjahre – die er später mit dem Satz: »Welch ein fürchterliches Buch ist das Corpus Juris, die Bibel des Egoismus« summieren wird –, waren das letzte Zwischenspiel. Im Grunde war Heinrich Heine, knapp zwanzig Jahre alt, ein ganz fertiger Mensch.

Nach einer extern absolvierten Abgangsprüfung für das Reifezeugnis – »Seine deutsche Arbeit, wiewohl auf eine wunderliche Weise gefaßt ... hat eine beachtenswerte Anlage zur Satire« – wurde er im Dezember 1819 an der Universität Bonn immatrikuliert.

Der Auftakt für den künftigen stud. jur. war grotesk. Heine trat nämlich der Bonner Burschenschaft »Allgemeinheit« bei, die satzungsgemäß auch Juden zuließ, und er lernte Wolfgang Menzel kennen, der gerade Vorstand der Burschenschaft »Allemannia« geworden war. In diesen studentischen Gruppierungen vermengten sich vernünftige Freiheitsbestrebungen, der Gedanke an eine staatliche deutsche Einheit, anti-napoleonische Affekte und teutonischer Nationalismus auf schwer zu entwirrende Weise. Das Wartburgfest der deutschen Burschenschaften im Oktober 1817 stand im Zeichen Schwarz-Rot-Gold unter der Devise der deutschen Einheit, und eine simple historische Parallelisierung führt die widerläufigen Impulse vor: Das Jahr 1819 brachte die von Metternich initiierten Karlsbader Beschlüsse gegen die politische und geistige Freiheit in Deutschland; die Errichtung einer »Zentraluntersuchungskommission zur Untersuchung der nationalen und liberalen Bewegungen« in Mainz; das Bundespressegesetz, dem zufolge anfänglich Presseerzeugnisse von unter zwanzig Bogen, schließlich auch von mehr als zwanzig Bogen der Vorzensur unterworfen wurden; die Verhaftung des Turnvaters Jahn; die Ermordung August von Kotzebues durch den Studenten Karl Sand (und dessen Hinrichtung zwei Monate später) und schließlich die Verfolgung der studentischen Burschenschaften als »demagogische Bewegung«.

Dies ist – grob skizziert – der historische Hintergrund, aber auch die moralische Gemengelage der zugleich nationalistisch-reaktionären wie nationalgesonnen-progressiven studentischen Vereinigungen. Es ist überliefert, daß Heine an einem Fackelzug der Studenten auf dem Bonner Kreuzberg zur Feier des Jahrestags der Völkerschlacht bei Leipzig teilgenommen hat – es existiert ein Protokoll der Verhandlung vor dem Bonner Universitätsgericht vom November 1819:

»Der vorgerufene studiosus juris Harry Heine aus Düsseldorf, neunzehn Jahre alt, seit Michaelis d. J. in Bonn, gehörig die Wahrheit zu sagen ermahnt, nach vorgängiger Erklärung, daß er auf dem Kreuzberge am 18. Oktober gewesen sei, deponiert auf die Frage:

1. ›Wie viel Lebehoch wurden ausgebracht?‹

ad 1. ›Ich erinnere mich an zwei; das erste dem verstorbenen Blücher und das zweite, wenn ich nicht irre, der deutschen Freiheit.‹

2. ›Wurde der Burschenschaft kein Lebehoch gebracht?‹

ad 2. ›Nein, ich erinnere mich nicht, ein solches gehört zu haben.‹

3. ›Erinnern Sie sich noch an den Zusammenhang der gehaltenen Reden?‹

ad 3. ›In der ersten Rede konnte ich keinen Zusammenhang

finden, und den Zusammenhang der zweiten kann ich nicht angeben, weil ich mich nicht erinnere.‹«

Überliefert ist aber auch sein ironisch distanziertes Gedicht »Die Nacht auf dem Drachenfels«, in dem darüber geklagt wird, daß er sich lediglich den Schnupfen und den Husten mit nach Hause gebracht habe.

Heine ist stets Teil von etwas, an dem er nicht teilhat. Er blieb Mitglied der Burschenschaft »Allgemeinheit«, die wenige Wochen nach dem Fackelzug eine Flugschrift »Frag- und Antwortbüchlein über Allerlei was im deutschen Vaterlande Noth thut« verteilte, und er duellierte sich im Baumschuler Wäldchen auf schwere Säbel wegen einer antisemitischen Beleidigung; übrigens im selben Monat – April 1820 –, in dem der deutsche Bundestag ein Verbot von Duellen erließ. Weder hat sich Heine je über dieses Duell ausgelassen, noch hat die biographische Heine-Forschung Details darüber verzeichnet. Man darf wohl annehmen, daß es sich um eine Auseinandersetzung *innerhalb* der Burschenschaft gehandelt hat.

Im Juni 1820 wird die »Allgemeinheit« verboten. Gelebter Widerspruch: im Juli schreibt Heine dem Freund von Beughem traurig: »Neue Freundschaften zu suchen, ist bey dem jetzigen Zustand der Dinge ein mißliches und unrathsames Geschäft«, und es heißt im Zyklus »Lyrisches Intermezzo«:

Schau ich jetzt von meinem Berge
In das deutsche Land hinab:
Seh' ich nur ein Völklein Zwerge,
Kriechend auf der Riesen Grab.

Muttersöhnchen gehn in Seide,
Nennen sich des Volkes Kern,

Schurken tragen Ehrgeschmeide,
Söldner brüsten sich als Herr'n.

In gewisser Weise alphabetisiert Heine damit die politischen Forderungen der Burschenschaften – frei gewähltes Parlament, Beseitigung der Privilegien von Adel und Klerus, gleiches Recht für alle und Pressefreiheit.

Als Heine sich im Oktober 1820 an der Göttinger Universität immatrikulierte, wiederholte sich seine Bonner Erfahrung gewissermaßen intensiver. Er wurde Mitglied der frisch gegründeten Burschenschaft; doch er mag die Bestimmungen des geheimen Dresdner Burschentages vom 29. September 1820 nicht gekannt haben, die in einem Verfassungsbeschluß den »christlich-deutschen« Charakter aller Vereinigungen betonten, dem zufolge »Juden als solche, die kein Vaterland haben und für unseres kein Interesse haben können, nicht aufnahmefähig sind«. Heine wurde unter einem grotesken Vorwand ausgeschlossen, den ein Göttinger Kommilitone später so referierte: »Nach mündlicher, mir persönlich gemachter Mittheilung des erst 1894 in Jena verstorbenen Regierungsraths a. D. v. Schreeb, welcher 1820 der Göttinger Burschenschaft zugleich mit Heine angehörte, wurde letzterer aus jener wegen Vergehens gegen die Keuschheit, begangen in der ›Knallhütte‹, bei Bowenden, ausgestoßen, und, da er trotzdem, als ob nichts vorgefallen wäre, am folgenden Tage auf dem Burschenhause erschien, aus diesem mit Gewalt hinausgeworfen.«

Mit welcher Bitterkeit Heine diesen Hinauswurf registrierte, der vermutlich weniger mit »Unkeuschheit« zu tun hatte als damit, daß ein Jude nicht erwünscht war, ist daran abzulesen, daß er ein Jahr später die Freundschaft zu seinem Bonner

Kommilitonen Christian Sethe aufzukündigen drohte: »Alles was deutsch ist, ist mir zuwider; und Du bist leider ein Deutscher. Alles Deutsche wirkt auf mich wie ein Brechpulver. Die deutsche Sprache zerreißt meine Ohre. Die eignen Gedichte ekeln mich zuweilen an, wenn ich sehe, daß sie auf deutsch geschrieben sind ... O Christian, wüßtest Du, wie meine Seele nach Frieden lechzt, und wie sie doch täglich mehr und mehr zerrissen wird. Ich kann fast keine Nacht mehr schlafen.«

Diesem Hinauswurf war außerdem jene Göttinger Duell-Affäre vorausgegangen, die etwas genauer belegt ist und die mit dem Consilium abeundi endete. Wiederum war es Heine, der sich ehrverletzt fühlte in einem Streit mit dem Studenten Wilhelm Wiebel – er schickte ihm eine Duellforderung auf Pistolen, die Wiebel durch seinen Kartellträger Graf Rantzau annahm. Da die Angelegenheit dem Prorektor zu Ohren kam, erhielten die beiden Kontrahenten erst einmal Stubenarrest. Das Protokoll der anschließenden Vorladung liest sich heute wie eine Farce:

»*Göttingen in der Deputation d[en] 4ten Dec[ember] 1820*

Gegenwärtig Herr Prorector Hofrath Tychsen, Cons. Rath Pott, Prof. Bergmann, Hofrath Ossiander, Geh. Hofrath Eichhorn, Syndicus Oesterley.

Da zur Anzeige gekommen, daß die Studirenden Heine und Wibel sich veruneinigt gehabt, u[nd] Ersterer die Absicht habe, Letztern auf Pistolen zu fordern, so sind Beyde vorgeladen worden. [...]

Heine ward vorgelassen, Wibel erklärte nun aber, daß er *öffentlich bey Tische* den Ausdruck gebraucht, habe er in Hitze gesagt, den Ausdruck selbst habe er aber nicht in Hitze gesagt, sondern absichtlich gewählt, weil Heine früher denselben Ausdruck gebraucht habe, u[nd] er könne daher nicht erklären, daß er jenen Ausdruck in Hitze gebraucht habe.

Heine ward entlassen. Wibel blieb auf wiederholtes Zureden bei seinem Vorsatz, das könne er nicht erklären. Das versichere er aber auf Ehre, daß er durch jenen Ausdruck kein Pistolenduell veranlassen wollte, u[nd] er werde auch, weil er seine Schuldigkeit gethan, und widerrufen habe, keine Herausforderung von Heine annehmen.«

Heinrich Heines junges Leben schien auf einem Tiefpunkt angekommen. Ein erstes Mal war er gesellschaftlich geächtet.

Doch wir sind der Zeit vorausgeeilt. Noch studierte Heine in Bonn; es war, wiewohl kurz, eine wichtige Etappe in seinem Werdegang. Erstmals gab er sich als Dichter zu erkennen – dem ebenfalls poetisierenden Studienfreund Johann Baptist Rousseau las er unter dem Vorwand, diese Machwerke eines intimen Hamburger Freundes, Freudhold Riesenharf, seien keinen Schuß Pulver wert, aus dem »Hamburger Wächter« vor. Als – trotz vehementen Einspruchs des Vorlesenden – Rousseau erklärte, der Autor sei ein Genie erster Größe, fiel Heine ihm weinend und jubelnd um den Hals.

Einem anderen fiel er zwar nicht um den Hals – vielmehr fiel er ihn Jahre später perfide an –, war ihm aber für poetologischen Rat und freundliche Ermunterung dankbar: August Wilhelm von Schlegel. Heine hörte bei ihm die Vorlesung »Geschichte der deutschen Sprache und Poesie«, was Schlegel freundlich testierte: »Den fleißigen und aufmerksamen Besuch bezeuge ich mit Vergnügen.«

Ohne Übertreibung kann man von einem Dreigestirn sprechen, unter dessen Einfluß sich ein junger Dichter formte, auch der Polemiker: August Wilhelm von Schlegel, Wolfgang Menzel, Ernst Moritz Arndt. Letzterer attestierte dem neugierig in dicken Kladden die Vorlesungen »Geschichte des deutschen Volks und Reichs« und »Tacitus: de moribus Germanorum« mitschreibenden Studenten ebenfalls: »Den unausgesetzt fleißigen und sehr aufmerksamen Besuch beider Vorlesungen bezeugt mit vielem Vergnügen. E. M. Arndt.«

Diese drei Namen – die Personen und ihre Werke hat Heine später aufs bösartigste attackiert – verschlingen sich gleichsam zum Violinschlüssel für die Partitur seiner Lebensmelodie, seiner Begabungen, seiner Chancen, seiner Kränkungen.

Wir verlassen die Chronologie des Biographischen, um den Rhythmus eines Lebens zu verdeutlichen. Die drei zentralen Kategorien von Heines Existenz sind seine Literatur, sein Judentum und sein Nationalgefühl.

Ernst Moritz Arndt stand für letzteres. Er war um 1820 zweifellos der berühmteste, vielleicht auch der beliebteste Professor der jungen Universität Bonn, an die er nur gegen Widerstände berufen worden war und wo seine engagierten Geschichtsvorlesungen zu den meist besuchten zählten. In seiner Person – von Heine später in den »Französischen Zuständen« emphatisch bekämpft – manifestierte sich am klarsten die Unklarheit der jungen nationalen Bewegung. Ihr Aufbegehren gegen die napoleonische Okkupation kippte sehr bald um in einen Kampf gegen die Freiheitsideale der ja auch von Napoleon »exportierten« Französischen Revolution. Aus zivilem Widerstand wurde der Widerstand gegen den Code civil. Aus der Attacke gegen die französische Fremdstaatlichkeit wurde Begehr der Eigenstaatlichkeit, aus Nationalgefühl Nationalismus. Doch der Ruf nach dem deutschen

Nationalstaat gellte in den Ohren der kleinen Teil-Fürsten als ein Appell, der ihre Existenz gefährdete; so wurden Demokraten, »Demagogen«, Nationalisten und Liberale gleichermaßen verfolgt. Turnen als Aufbegehr: selbst der Nationalist Turnvater Jahn, von Heine stets verlacht, wurde 1819 zu Festungshaft verurteilt und lebte bis 1840 unter Polizeiaufsicht.

Ernst Moritz Arndt, ein Schwärmer und Fanatiker, war persönlich bescheiden und integer, hochgeehrt – und gefährdet. Als er 1818 den vierten Band von »Geist der Zeit« mit seinen Angriffen auf den preußischen Polizeistaat publizierte, führte das zur Aufhebung der Zensurfreiheit der Universität; ein Infanteriebataillon sicherte die Hausdurchsuchung bei dem störrischen Professor, der 1820 prompt suspendiert wurde und danach zwanzig Jahre lang Lehrverbot hatte. In Heines Augen hat er erst 1831 mit seiner Verurteilung der Juli-Revolution – »jenes schäbige Büchlein, worin er wie ein Hund wedelt« – sein Rückgrat vor der Restauration gekrümmt.

Auch Wolfgang Menzel, durch dessen Bekanntschaft Heine zur Burschenschaftsbewegung stieß, war von eminentem Einfluß auf den jungen Studenten; die Prinzipien etwa der Bonner »Allgemeinheit« beriefen sich ebenso durchaus auf Zeitparolen wie »Einheit, Freiheit, Gleichheit«. Es war eine Jugendrevolte – mit einigen Geistesheroen als Ideengeber –, und wie bei jeder Jugendrevolte mischte sich Anarchisches mit Uniformiertem, Aufkündigen des Überkommenen mit Inthronisieren neuer Obrigkeitszeremonien. Heine mag wohl angezogen haben, daß auch ästhetische Gesetze aufgekündigt wurden. Jedenfalls fiel 1828 in seiner lobenden Rezension von Menzels Buch »Die deutsche Literatur«, in dem die Goethe-Zeit untersucht wird, nicht zufällig das Wort von der »früheren Kunstperiode«, gegen die er Menzels Wissenschaftlichkeit setzte, der »auf jeder Seite etwas Geistreiches, Tiefgedachtes und Anziehendes« zu bieten habe:

»W. M. ist unstreitig einer der witzigsten Schriftsteller Deutschlands, er kann seine Natur nicht verläugnen, und möchte er auch, alle witzigen Einfälle ablehnend, in einem steifen Perückentone doziren, so überrascht ihn wenigstens der Ideenwitz [...]. Nochmals rühmen wir des Vfrs. Witz, um so mehr, da es viele trockene Leute in der Welt giebt, die den Witz gern proscribiren möchten, und man täglich hören kann, wie Pantalon sich gegen diese niedrigste Seelenkraft, den Witz, zu ereifern weiß, und als guter Staatsbürger und Hausvater die Polizey auffordert ihn zu verbieten.«

Zum Zopf, der abgeschnitten werden soll, gehörte zuallererst Goethe. Es ist die immer virtuoser ausgebildete Methode des Publizisten Heinrich Heine, anfangs jemanden zu loben, zumindest in Schutz zu nehmen – um dann um so vehementer über ihn herzufallen. So hielt er erst einmal Menzel die These, Goethe sei kein Genie, sondern ein Talent, mit der aparten Variante vor, »daß Goethe dann und wann das Talent hat, ein Genie zu sein« – um dann mit noch gröberem Kaliber auf den Tyrannen in der Republik der Geister, den Schmeichler, den Versender gnädiger Handschreiben an Getreue und Brüder eines Papieradels Hochgelobter abzufahren: »[...] und so wird auch Goethe nicht verhindern können, daß jene großen Geister, die er im Leben gern entfernen wollte, dennoch im Tode mit ihm zusammen kommen, und neben ihm ihren ewigen Platz finden im Westminster der deutschen Literatur.«

Wir begreifen, um wen es geht – um den jungen Autor, den Goethe beim Besuch in Weimar kühl abgefertigt und den er auf dringlichst zugeeignete Gedichtbände nie eines gnädigen Handschreibens für würdig befunden hatte. 1828 war Heine noch mit Menzel befreundet, hatte im Herbst 1827 auf der Reise nach München bei ihm in Stuttgart übernachtet. Menzel war ein einflußreicher Großkritiker mit Verbindungen zu Cotta, für den Heine in München arbeiten will. Nicht nur der ziemlich hitzige Ton der Lob-Kritik, auch die Briefe aus der Zeit weisen das Ganze als eine Verabredung auf Gegenseitigkeit aus, Teil jener intriganten Literaturpolitik, die Heine zeitlebens so brillant beherrschte. Am 8. Mai 1828 kündigte er Menzel das Erscheinen der Gefälligkeitsrezension mit den enthüllenden Sätzen an: »Ich finde Ihr Buch das bedeutendste der Art seit Friedrich Schlegels Literatur Geschichts-Vorlesungen. Auf Ihren Anhang bin ich sehr gespannt, um so mehr da ich darinn nicht ignorirt seyn werde. Haben Sie über mich etwas geschrieben so wär es mir sehr lieb wenn Sie es sobald als möglich im Literatur Blatt abdrucken ließen, damit es vor meiner Rezension der Literatur erscheine.«

Einen Monat später entschuldigte er sich vorab bei dem Goethe-Verehrer Varnhagen von Ense für den in dessen Ohren wohl etwas zu freimütigen Ton, in dem er in der Rezension über Goethe gesprochen habe – »ganz freymüthig? Nein! ... laßt Gnade vor Recht ergehen« –, aber ein knappes Jahrzehnt später sparte er nicht mit Spott über die eigene Position und bescheinigte Menzel: »Er hat mir nie vorgeworfen, daß ich ein schlechter Dichter sey und auch ich habe ihn gelobt. [...] Ich war damals ein kleiner Junge und mein größter Spaß bestand darin, daß ich Flöhe unter ein Mikroskop setzte und die Größe derselben den Leuten demonstrirte. Herr Menzel hingegen setzte damals Goethe unter ein Verkleinerungsglas und das machte mir ebenfalls ein kindisches Vergnügen.«

Das Pasquill hieß »Ueber den Denunzianten«, es war das Jahr 1837, und der Ton blieb keineswegs nur neckend. Vielmehr ging es um eines der schärfsten und zugleich biographisch wichtigsten Pamphlete Heines.

Was war dem vorausgegangen?

Wolfgang Menzel war nicht nur – als den ihn Börne verhöhnte – zu einem »Menzel, der Franzosenfresser« geworden, er war auch zum literarischen Großsprecher der Restauration mutiert. In einer berüchtigten Kritik hatte er im September 1835 im »Morgenblatt« Karl Gutzkows Roman »Wally die Zweiflerin« der »frechsten Unsittlichkeit und raffiniertesten Lüge« geziehen, das Buch als eine einzige »Gotteslästerung« beschimpft und das gesamte »Junge Deutschland« als ein »junges Palästina« angegriffen; schon das preußische Oberzensurkollegium hatte im Frühjahr Heinrich Laube, Ludolf Wienbarg, Karl Gutzkow, Theodor Mundt und auch – zu dessen Entsetzen – Heine als Vertreter des »Jungen Deutschland« mit seinem Bannstrahl belegt. Es ist nachgewiesen, daß Metternich jenen zweiteiligen Aufsatz von Menzel gelesen und als Begründung einer Verbotsmaßnahme angeboten hat; jedenfalls schrieb er am 31. Oktober 1835 an den Fürsten Wittgenstein:

»[...] lassen E. D. sich das neueste Produkt Gutzkow's – Walli die Zweiflerin: zu Mannheim gedruckt, – die Artikel Menzels gegen diesen Roman – (im Stuttgarter Literatur Blatt) – und die Erklärung des Gutzkow und Wienbarg am Schlusse der Allg. Zeitung v. 26. Oct. (N. 299) vorlegen. Das ganze ist eine Mine welche die Antisociale Verschwörung springen läßt. Mir scheint daß es unsere Pflicht ist die Mineurs zu sprengen.«

Noch im Dezember 1835 erfolgte der Bundestagsbeschluß

über das Schreib- und Publikationsverbot für alle Autoren, die zum »Jungen Deutschland« gehörten; Gutzkow mußte gar für mehrere Wochen ins Gefängnis. Wir werden an anderer Stelle Heines Reaktion schildern. Der seit fünf Jahren in Paris Lebende mußte nicht nur von dieser existenzbedrohenden Maßnahme lesen, sondern auch Anfang 1836 in der zweiten Auflage des von ihm einst so gelobten Buches »Die deutsche Literatur« von Menzels widerwärtiger Kehrtwendung:

»Er kokettierte mit heißem Schmerz über die Leiden der Völker, mit traumhafter verliebter Zerstreuung, mit genialen Debauchen, mit Wollüstelei, mit antichristlicher Freigeisterei, aber er kokettierte nur damit. Der tiefe Ernst Byrons fehlte ihm gänzlich, und vor allem Byrons Noblesse. Denn schon in seinen ersten Herzensergießungen fiel sein Jüdeln auf, seine Prahlerei weniger mit der Gunst der Schönen als mit dem Golde, das er dafür auszugeben in Prosa und Versen versicherte, und die wiederholte Affectation, in Christo nur einen gemeinen Juden und in der heiligen Maria eine schöne Jüdin sehen zu wollen, die er, die Hände in den Hosen, aufs unanständigste beliebäugelte«.

Die Jagd war auf. Einer von Heines empfindlichsten Nervenpunkten war getroffen: sein Judentum. Wenn der Vaterlandsdiebstahl eines Ernst Moritz Arndt noch ironisiert werden konnte, hier galt es literarisch auf schwere Säbel.

Heine saß in Paris, er stellte gerade den 3. »Salon«-Band zusammen, fast gelähmt – auch finanziell bedroht – vom Verbot seiner Bücher, schwankend zwischen scharfen oder devoten Stellungnahmen, nicht wissend, woher die »zahmen Gedichte und unschuldigen Mährchen« zur Komplettierung des Buches nehmen, und auf Mittel und Wege sinnend, den Bundestagsbeschluß als das Ergebnis einer Denunziation bloßzustellen, die seine schriftstellerischen Ambitionen und politischen Optionen falsch darstellte; zumal er tatsächlich von Menzel in falsche Allianzen gezwängt worden war. Er sah sich keineswegs als Kumpan der »Jungen Deutschland«-Dichter – wir werden verfolgen können, wie wenig er auch Copain der radikalen Paris-Emigranten gewesen ist. So konnte er in genauer Kenntnis seiner Position und in grotesker Verkennung des offiziellen Urteils über seine Person so listig wie hochmütig wie beschwörend im Januar 1837 endlich die »Vorrede zum dritten Theile des Salons« an seinen Hamburger Verleger Julius Campe schicken und davon fabulieren, wie die wichtigsten Männer in Preußen sich für seine Rückkehr ins Vaterland interessieren, wie gar der Fürst Metternich ihm geneigt sei und die Unbill mißbillige, die ihm widerfahren.

Wir werden auf diese hochfliegende Idee von der Bekehrung der Höchstgestellten und auf die gleichzeitige flüchtige Handbewegung, mit der die rohe Menge fortgewedelt wird, noch oft zurückkommen. In diesem Nebelfeld haust der politische Heine, ein Schemen, dessen Kontur nie ganz auszumachen ist. Zur Charakterisierung dieses Schemens gehört die absonderliche Mixtur aus Einfalt und Größenwahn – als sei ein europäischer Diktator wie Fürst Metternich, von dessen Interesse an seiner Lyrik ihm eilfertige Auguren berichtet hatten, ernsthaft bereit gewesen, ihm zuzuhören; Heine ist sicherlich verblüfft gewesen, daß Metternich ihm nie auf seinen unangemessenen Brief geantwortet hat. Es ist die Naivität des Poeten, mit der ein Bulgakow sich aller Schikanen entronnen wähnte, weil Stalin ihn einmal nachts angerufen hatte – und es ist die Chuzpe des Journalisten, mit der ein Magazin-Chef heutzutage erzählt: »Da habe ich aber zum Papst gesagt, er möge endlich … «.

Zu erkennen ist aber auch jene hochseltsame Form kniefälligen Stolzes, wie ihn Hannah Arendt mit dem von ihr geprägten Begriff des »Ausnahmejuden« kennzeichnet. Die gebildeten Juden – die Töchter aus wohlhabendem Hause heirateten oft verarmte Adlige – wollten sich mehr assimilieren als emanzipieren. Sie grenzten sich gegen eine »jüdische Unterschicht« ab, ängstigten sich gar, ihre gesellschaftliche Situation zu verschlechtern, wenn staatliche Maßnahmen sie und die »rückständigen« Juden gleichermaßen betrafen. Die steigende Zahl der Täuflinge läßt Hannah Arendt das Fazit ziehen: »Es war, als wollte das gebildete Judentum Preußens seiner Emanzipation in die Taufe entfliehen.« Nicht nur Heine, auch Adam Müller hat an Metternich geschrieben, warnend, daß eine gesetzliche oder politische Emanzipation der Juden zur Verschlechterung der bürgerlichen Verhältnisse führen müßte.

Bitten, nicht fordern. Kein »The Fire Next Time«, mit dem der schwarze Schriftsteller James Baldwin 1962 der weißen Oligarchie Amerikas drohte, sondern die Weißmacher-Operationen Michael Jacksons, mit denen er sich einem vorfabrizierten gesellschaftlichen Ideal anzugleichen droht. Der Einheirat in den preußischen Beamtenadel entsprach des schwarzen Showstars Sammy Davis jr. Heirat mit einer Weißen aus renommierter Ostküstenfamilie, die er selber ironisierte mit seinem Satz: »Now I have a gigantic pool and I can't even swim.«

Heine war der weiße Neger. Er war von Menzel in jener zweiten Auflage von 1836 als Jude gedemütigt worden. Das mußte geahndet werden. Die Sprachkraft des Poeten Heine und die kalte Brillanz des Journalisten schliffen die Replik. Nun war Menzel plötzlich jemand, der unter den Kaschuben das Licht der Welt erblickt hat, dessen unsterblicher Ruhm in dem Moment erlöschen würde, in dem ihm Cotta den Redakteursvertrag kündigte, und der im übrigen chamäleonhaft genug wäre, sich bei einem Einfall der Mongolen in Stuttgart im Amorkostüm von den Baschkiren feiern zu lassen, ein keifendes altes Weib, dessen allseits belächelte Unwissenheit nur von seiner Frau als Gelehrsamkeit verkannt wurde – kurzum, er war ein Denunziant:

»Ja, nächst der Religion ist es die Moral, für deren Untergang Herr Menzel zittert. Ist er vielleicht wirklich so tugendhaft, der unerbittliche Sittenwart von Stuttgardt? Eine gewisse physische Moralität will ich Herrn Menzel keineswegs absprechen. Es ist schwer in Stuttgardt NICHT moralisch zu seyn. In Paris ist es schon leichter, das weiß Gott. Es ist eine eigne Sache mit dem Laster. Die Tugend kann jeder allein üben, er hat niemand dazu nöthig als sich selber; zu dem Laster aber gehören immer zwey. Auch wird Herr Menzel von seinem Aeußern aufs glänzendste unterstützt, wenn er das Laster fliehen will.«

Diese polemische Methode der persönlichen, gar sexuellen Verunglimpfung ist eines unserer großen Themen wie auch sein politisches Kredo, mit dem sich Heine – »Ich ... ein Anhänger des monarchischen Prinzips« – in dieser »Vorrede zum dritten Theile des Salons« sehr präzise als Nicht-Gefolgsmann der schwäbischen Dichterschule und deren »Mayenwonne, Gelbveiglein, Quetschenbäume« festlegt. »Der Platen hat Dir gut getrefft«, wird in jovialer Gehässigkeit Onkel Salomon einmal zu ihm sagen – und das sollte dem Grafen Platen nicht gut bekommen. Der frühere Bonner Kommilitone und Freund Menzel hatte Heine »getrefft«, am wundesten Punkt. Er hatte ihn zum Judenjungen gemacht.

Was aber hatte Schlegel verbrochen? Denn noch hieß Heine ja Harry, war Student in Bonn, inskribiert im Sommersemester 1820 bei dem Mann, dessen »Ueber dramatische Kunst in Literatur« er begeistert gelesen und der ihn in seine Wohnung eingeladen hatte, wo Heine als Gastgeschenk eigene Gedichte überreichte. Noch als er im November 1821 dem Leipziger Verleger F. A. Brockhaus seine Gedichte unter dem Titel »Traum und Lied« anbot, berief er sich auf Schlegels Lob.

Gedichte also. Die frühe Huldigung Schlegels und der späte Haß haben zu tun mit dem ersten Part der drei erwähnten Elemente von Heines Personenstruktur, mit der Literatur. Schlegels Frevel war sein Ornat. Er hielt einen Thron besetzt, auf den sich zu schwingen Heinrich Heine im Begriff war. Noch gab es kein Buch von ihm – der erste Band »Gedichte« erschien erst 1822 in der Maurer'schen Buchhandlung zu Berlin –, aber in allerlei Almanachen und Zeitschriften waren schon Gedichte zu lesen; er selber bestand ja darauf, so wichtige Texte wie »Die Grenadiere« oder die ersten Teile des »Rabbi von Bacherach« bereits mit sechzehn Jahren geschrieben zu haben, und die Anekdote will, daß Kellnerin Lottchen dem Studenten ein Küßchen nicht verwehrte, das sie sich von anderen verbat:

»Mit Ihnen ist Das etwas ganz Anderes als mit den übrigen Herrn Studiosen, Sie sind ja schon so berühmt, wie unsre Professoren. Ich habe Ihre Gedichte gelesen – ach, wie sind die schön! […] – und jetzt, Herr Heine, mögen Sie mich küssen in Gegenwart von all' diesen Herren. Seien Sie aber auch recht fleißig und schreiben Sie noch mehr so schöne Gedichte!«

Als Heine nach Bonn kam, war August Wilhelm Schlegel eine 53jährige Zelebrität, Herold der mittelalterlichen deutschen Dichtung, Shakespeare-Übersetzer und Interpret Calderóns. Sein Buch »Die Blumensträuße italienischer, spanischer und portugiesischer Poesie« war 1804, die »Vorlesungen über dramatische Kunst und Literatur« waren 1809 bis 1811 erschienen, ein Buch wurde sogar 1818 in Paris verlegt. Er führte ein mit verschwenderischem Luxus ausgestattetes Haus, in das allenfalls gesangskundige Studenten als akustisches Dekor der erlesenen Diners eingelassen wurden; mokierend erinnert sich Heine in der »Romantischen Schule« an seine erste Begegnung:

»Noch heute fühle ich den heiligen Schauer, der durch meine Seele zog, wenn ich vor seinem Catheder stand und ihn sprechen hörte. [...]. Herr A. W. Schlegel trug Glaceehandschuhe, und war noch ganz nach der neuesten pariser Mode gekleidet; er war noch ganz parfümiert von guter Gesellschaft und *eau de mille fleurs*; er war die Zierlichkeit und die Eleganz selbst, und wenn er vom Großkanzler von England sprach, setzte er hinzu ›mein Freund‹, und neben ihm stand sein Bedienter, in der freyherrlichst Schlegelschen Hauslivree, und putzte die Wachslichter, die auf silbernen Armleuchtern brannten und nebst einem Glase Zuckerwasser vor dem Wundermanne auf dem Katheder standen. Livreebediente! Wachslichter! silberne Armleuchter! mein Freund der Großkanzler von England! Glaceehandschuh! Zuckerwasser! welche unerhörten Dinge im Collegium eines deutschen Professors! Dieser Glanz blendete uns junge Leute nicht wenig, und mich besonders, und ich machte auf Herrn Schlegel damals drey Oden, wovon jede anfing mit den Worten: o du, der du, u. s. w. .«

Die Oden machte er in der Tat. Es war fraglos Schlegels Einfluß, unter dem Heine überhaupt mit dem strengen Formbau der Ode bekannt wurde, wie auch mit der Dichtung Byrons, die er nun zu übersetzen begann; seine erste Prosaarbeit, der kleine Aufsatz »Die Romantik« von 1820, in dem er ohne Zögern Goethe und Schlegel zu den größten Romantikern erhebt, ist ohne den zierlichen, eitlen Mann nicht zu denken, über den er im Juli 1820 begeistert dem Freund Friedrich von Beughem berichtet: »Ueber mein Verhältniß *mit* Schlegel könnte ich Dir viel erfreuliches schreiben. Mit meinen Poesien war er sehr zufrieden, und über die Originalität derselben fast freudig erstaunt. Ich bin zu eitel um mich hierüber zu wundern, Ich habe mich sehr gedocken gefühlt als ich neulich von Schlegel förmlich eingeladen wurde, und bei der rauchenden Kaffetasse stundenlang mit ihm plauderte. Je öfter ich zu ihm komme, desto mehr finde ich welch ein großer Kopf er ist, [...] Seine erste Frage ist immer: wie es mit der Herausgabe meiner Gedichte stehe? und scheint solche sehr zu wünschen.«

Nicht nur Heine selber hat auch (im selben Brief) festgehalten, mit welcher Strenge der Ältere ihn immer und immer wieder seine Gedichte umschreiben ließ, ihn zwang, an den Übersetzungen zu feilen, die Oden beim mündlichen Vortrag »durchhechelte«; ein Zeitgenosse schildert die Sorgfalt des Musterschülers, der, ohne zu mucken, dem gestrengen Rotstift des Meisters folgte: »Da er mit A. W. v. Schlegel in nähere Bekanntschaft [...] getreten war, so übergab er diesem das Manuscript zur Durchsicht; willig übernahm dieser dieselbe und erklärte ihm offen, was er dawider auszusetzen habe; er deutete seine Erinnerungen durch Bleistiftstriche in der Handschrift an, und als Heine also dieselben wiedererhielt, hatte er keine andere Beschäftigung, als alle die kleinen Mängel, worauf ihn der kompetente Lehrer aufmerksam gemacht, auszumerzen und zu bessern; und das geschah mit einer Strenge, fast Unbarmherzigkeit, die ohne Gleichen war. Stundenlang brütete er über die Aenderung eines Verses, und fühlte sich belohnt genug, wenn ihm die Korrektur gelungen, und Freunde ihm ihren Beifall zollten.«

Wenn Heine ein Jahrzehnt später, frisch in Paris, nicht nur verächtlich, sondern wegwerfend von Schlegel spricht, ist das keineswegs nur eine abermalige Premiere des altbewährten Stückes namens »Vatermord«. Ein Thron-Inhaber muß dem neuen Prätendenten weichen. Schlegel ist berühmt, auch in Frankreich; er bereist an der Seite der Napoleonhasserin Madame de Staël Europa; obendrein ist er auch noch reich; er hat gar – auch noch von König Louis Philippe, den Heine hoch schätzt – auf Vermittlung des Herzogs von Broglie einen Orden verliehen bekommen, und zwar den höchsten, den der Ehrenlegion. Der Kerl muß weg – weg vom Hochaltar der Literatur und weg aus Frankreich; beides soll doch fortan der Platz eines anderen sein, der ganz unverhohlen zugibt:

»Es blieb mir kein anderes Mittel, ihn für seinen unerträglichen Hochmuth zu strafen [...], da mir keine Polizei zur Verfügung stand, ihm das Ehrengeleit an die Grenze zu geben, so mußte ich ihn mittels der Feder annullieren.«

Das besorgte Heine gründlich – wobei wie stets jenseits der eifersüchtigen Rankünе auch inhaltliche Rangordnung eine Rolle spielte. Heines Technik der Polemik ist perfide, seine Methode aber ist perfekt; sie ist – ebenfalls wie stets – Bestimmung des eigenen Kunstprinzips: »Hinlänglich begriffen hat Herr Schlegel den Geist der Vergangenheit, besonders des Mittelalters, und es gelingt ihm daher diesen Geist auch in den Kunstdenkmälern der Vergangenheit nachzuweisen, und ihre Schönheiten aus diesem Gesichtspunkt zu demonstriren. Aber alles was Gegenwart ist, begreift er nicht; [...] indem er nicht den Geist begreift, der sie belebt, so sieht er in unserm ganzen modernen Leben nur eine prosaische Fratze. Ueberhaupt, nur ein großer Dichter vermag die Poesie seiner eignen Zeit zu erkennen; [...] Aber der Tod ist nicht poetischer als das Leben.«

Das hat die Souveränität eines Mannes in den Mittdreißigern. Für den Mann von Mitte Zwanzig aber gab es noch wenig Anlaß zur Souveränität. Der Vater – die Familie lebte seit März 1820 in Hamburg – wurde immer kränker, ärztliche Gutachten bescheinigten Epilepsie mit allen Folgen. Ein Gesuch, das Samsons beide Brüder Salomon und Henry an den dänischen König wegen eines Daueraufenthaltes in Oldesloe richteten, sprach von »Blöd- und Stumpfsinn«. Die Beteuerung, daß er dort weder Handel noch andere Geschäfte betreiben werde, fruchtete nichts. Im Frühjahr zog die Familie nach Lüneburg, im Herbst wurde das Haus in der Bolkerstraße versteigert. Von nun an lebte man ausschließlich von Salomons Unterstützung.

Heine floh die Umgebung seiner rheinischen Heimatstadt, und er floh aus Hamburg, wo ihm angeblich die Lebenswunde zugefügt wurde.

Im Oktober 1820, hatte er sich, wie bereits erwähnt, an der Universität in Göttingen immatikuliert. Es wurde ein ziemlich freudloses Intervall in Heines Leben. Er betonte zwar – »Ochse, deutscher Jüngling« – in Briefen, wie die Georgia Augusta, im 18. Jahrhundert Deutschlands erste Universität, sich zum »Ochsen« eigne, schien aber zugleich kein einziges Fachkolleg belegt zu haben. Die Zeiten, da August Ludwig von Schlözer hier sein Journal »Briefwechsel« herausgab, später seinen Anspruch mit der Titeländerung zu »Staatsanzeiger« erweiterte und schließlich so geachtet-gefürchtet war, daß die Kaiserin Maria Theresia auf den Vorschlag eines ihrer Staatsräte gesagt haben soll: »Was wird Schlözer dazu sagen?« – die Zeiten waren lange vorbei.

Während die Klagen der Langeweile und der Reue zunahmen, nicht in Bonn geblieben zu sein, hörte er bei Georg Sartorius »Die Geschichte des Mittelalters und der neueren Zeit« mit solch großer Begeisterung, daß er dem Historiker ein Sonett im besten Schlegelstil widmete. Das war keine leere Geste – Heine war offensichtlich tief beeindruckt vom Geschichtsentwurf des Romantik-Kritikers und Feudalismus-Skeptikers, dessen Konzept eines Volkskönigtums gewiß seinen späteren Applaus für Louis Philippe ebenso prägte, wie er Sartorius auch den Begriff der »großen Suppenfrage« verdankte, die bei ihm immer und immer wieder auftauchen wird. Auch Georg Friedrich Beneckes Vorlesung über »Althochdeutsche Sprache und Literatur« faszinierte den jungen Juristen, der sich darüber empörte, daß von tausend deutschen Studenten sich nur insgesamt neun für ihre Muttersprache interessierten. Dem Philologen, dem Heine seine Gedichte zeigte, wird der klassische Spruch zugeschrieben, mit dem er hellseherisch sein Lob einschränkte: »Indessen wird man Sie nicht lieben.«

Verglichen mit dem Kreis enthusiastischer Literatur-Liebhaber und Dilettanten, den er schließlich in Bonn um sich geschart hatte – von Beughem, Rousseau, Neunzig, Sethe – lebte er in Göttingen eher zurückgezogen »wie ein Abgeschiedener«, beendete gleichsam in Klausur den dritten Akt des »Almansor« und freute sich allenfalls über den Zuspruch Heinrich Straubes, des Herausgebers der »Wünschelrute«, an der Clemens Brentano, die Brüder Grimm und Justinus Kerner mitarbeiteten. Auch die in vielen Erinnerungen heraufbeschworene lustige Studentenrunde bei Michaelis im »Englischen Hofe«, wo Heine häufig aß, führte eigentlich zu nicht mehr als der verquälten Duell-Affäre mit dem Querulanten Wiebel und damit zu seinem Ausschluß aus der Burschenschaft und zum Consilium abeundi.

Die Kunst ist das Höchste

Im Frühjahr 1821 verläßt Heine Göttingen, nicht, ohne beim freundlichen Wirt Michaelis beträchtliche Schulden hinterlassen zu haben. Im Gepäck hat er viele Gedichte, das fertige »Almansor«-Drama. Die Monate Februar bis März geben ein Tabellarium wichtiger Stichworte: Cousine Amalie hat sich verlobt; eine Harzreise wird geplant; bei einem Besuch in Oldesloe wird er mit dem zunehmenden Verfall des Vaters konfrontiert; Onkel Salomon gewährt bei zwei Hamburg-Besuchen die Mittel für das weitere Studium. Ab 20. März 1821 lautet die Adresse »Behrenstraße 71. Berlin«.

Es ist Heines erster Rausch. Alles bisherige war aus kleinen Gläs'chen genossen – dies ist ein einziger Pokal. Düsseldorf, Bonn, Göttingen, sogar Hamburg – was war das gegen eine Haupt- und Residenzstadt mit zweihunderttausend Einwohnern, was war der Alster-Pavillon gegen Josty, Michaelis gegen Jagow. Berlin war auf dem Höhepunkt einer Opern- und Konzertraserei, Bälle, Redouten, Theaterpremieren jagten einander, waren Stadtereignis und Stadtgespräch. Nicht so sehr die Literatur – die schnellzüngigen Berliner waren keine Romantik-Liebhaber, sie ignorierten den Märchen-Tieck, lasen jenen Achim von Arnim kaum, über den Goethe gesagt hatte: »Er ist wie ein Faß, wo der Böttcher vergessen hat, die Reifen festzuschlagen, da läuft's denn auf allen Seiten heraus«, sowenig wie E. T. A. Hoffmann, dessen düstere Fackel im Juni 1822 verlöschen sollte.

Aber Opernkomponisten, Dirigenten, Solisten, Sängerinnen, Theaterleiter verliehen der Stadt ihren Rhythmus. Alexandre Jean Boucher, der sich selber »Sokrates der Violinisten« nannte, verdiente so enorme Summen wie die Sängerin Henriette Sontag, Felix Mendelssohn-Bartholdy war das musikalische Wunder schlechthin, und Goethes Freund Carl Friedrich Zelter, Leiter der Singakademie, konnte sich der Bewunderung für seine Konzerte nur noch durch Grobheit erwehren. Der Alte in Weimar bemerkte darüber nach einem Besuch des Freundes erstaunt zu Eckermann: »Wie ich an Allem merke, ... lebt dort ein so verwegener Menschenschlag beisammen, daß man mit der Delikatesse nicht weit reicht, sondern daß man Haare auf den Zähnen haben und mitunter etwas grob sein muß, um sich über Wasser zu halten.«

Dennoch schrieb Goethe voller Vergnügen eigens einen Festprolog zur feierlichen Eröffnung von Schinkels prunkvollem Theater-Neubau am Gendarmenmarkt im Mai 1821, nachdem das alte Schauspielhaus 1817 während einer Probe zu Schillers »Räubern« abgebrannt war. Pius Alexander Wolff und Ludwig Devrient – 1815 stand er als Franz Moor zum ersten Mal vor dem Berliner Publikum – waren die unumstrittenen Fürsten des Theaters, die Generalintendanz war seit dem Tode von August Wilhelm Iffland in Händen des Grafen Karl Moritz von Brühl, der durchaus anspruchsvolle Spielpläne mit Shakespeare, Calderón oder Lessing – Goethe und Schiller ohnehin – gegen die beliebten Seichtheiten und Rührstücke à la Raupach oder Houwald durchsetzte. Das Berlin der Restaurationszeit war vernarrt in den Prunk der Kostüme und Dekorationen, die sich von Aufführung zu Aufführung überboten; kaum war der verschwenderisch ausgestattete Triumphzug der »Jungfrau von Orleans« vorübergezogen, bejubelte man schon lebende Elefanten in Gaspare Spontinis Oper »Olympie«. Spontini, 1820 aus Paris als Generalmusikdirektor nach Berlin berufen, war der ungekrönte König, ein Karajan des Vor-Biedermeier, umtost von Beifall, überschüttet von Honoraren in bisher nicht gekannter Höhe.

Heine haßte diese »Pauken- und Trompetenspektakel, den schallenden Bombast und die gespreizte Unnatur«. Er hat sich die Ohren zugehalten vor dem ihm aus allen Gassen, Märkten und Kneipen entgegenschallenden »Schlager« aus dem »Freischütz« von Carl Maria von Weber: »Wir winden dir den Jungfernkranz aus veilchenblauer Seide«, gab sich so angeekelt, daß er sich einmal »Kondome aus veilchenblauer Seide« bestellt haben will. Nach der beifallsumtosten Premiere vom »Freischütz« war mit Weber ein Gegen-König zu Spontini aufgetaucht und hatte Berlin alsbald in die beiden sich befehdenden Spontini- und Weber-Lager gespalten, deren berlinischer Spott gern kolportiert wurde: »Endlich doch mal sanfte Musik«, soll ein Besucher gesagt haben, als er aus einer Spontini-Oper ins Freie tretend den Zapfenstreich hörte.

Heines Spott bezieht die Stadt als Vermittlung der »Idee der Unendlichkeit in ihrer ganzen Fadheit« mit ein, die man da so deutlich erfahren könne – man müsse sich nur an die Ecke Unter den Linden und Friedrichstraße stellen und rechts und links hinunterblicken. Für Klatsch und Frivolitäten gab es neben dieser protzig dekorierten Hochkultur aber auch andere Orte; wenige Schritte von Heines erster Wohnung gelegen waren das »Alte Casino« und das »Weinhaus Lutter und Wegener«, wo Ludwig Devrient, oft nicht ganz alkoholfrei, seine Rollen vortrug oder der Dramatiker Christian Dietrich Grabbe sich die borstigen Haare büschelweise abschnitt unter lauten Schwüren, er werde mit ihren Spitzen neunundneunzig Literaten erstechen. Das war ungefähr die Zahl seiner Feinde – zu denen Heine nie gezählt hat, auch wenn Grabbe ihn einen »Fetzen von Byron« schimpfte, gar empört mit den Worten: »er müßte mich morden« darauf reagierte, daß Heine auf Kneipengrobheiten eben nicht reagierte. Heine sah in Grabbe immer einen Verwandt-Unglücklichen, vor dem er noch am Ende seines Lebens den Degen senkte: »[...], daß Dietrich Grabbe einer der größten deutschen Dichter war und von allen unseren dramatischen Autoren wohl als derjenige genannt werden darf, der die meiste Verwandtschaft mit Shakespeare hat. [...] Wie Plato den Diogenes sehr treffend einen wahnsinnigen Sokrates nannte, so könnte man unseren Grabbe leider mit doppeltem Rechte einen betrunkenen Shakespeare nennen.«

Berlin bot Heine viele Spielstätten. Zu den illuminiertesten gehörten wohl die literarischen Salons, die eine ganz eigene Kultur-Enklave bildeten und zu denen er rasch Zugang bekam. Es waren Zentren einer Gegen-Kultur, deren so leise wie schwärmerische Vornehmheit sich absetzte gegen den kolorierten Protz eines wirtschaftlich aufstrebenden, aber politisch einflußlosen Bürgertums. In den Salons des meist armen Adels wehte nicht der Geist der Revolution, doch ein feines Lüftchen der Opposition und Emanzipation gehörte zu den selbstverständlichen règles du jeu. Zugleich waren sie zu verstehen als hübsch möblierte Biedermeierfestungen gegen eine mehr und mehr als kalt und unzuverlässig empfundene Welt des undurchschaubaren Umbruchs.

Preußen war – trotz des 1815 gegebenen Versprechens von Friedrich Wilhelm III. – ohne Verfassung; bis 1848. Die Besieger Napoleons, die sich den Namen »Heilige Allianz« gegeben hatten, hefteten das Signet »Ruhe und Ordnung« auf ihre Fahnen. Es waren die Fahnen des Junkertums; die alte Aristokratie hatte noch einmal gesiegt über Liberale, Demokraten, Aufständische. Mit dem Vertreiben der Napoleonischen Armeen waren auch der Geist Napoleons und der Geist der Französischen Revolution ausgetrieben worden – und damit der »revolutionäre« Gedanke an einen deutschen Nationalstaat; der »Deutsche Bund«, dessen Bundesstaaten nur Landesverfassungen zugebilligt wurden, war das Surrogat. Errungenschaften des Code civil – wie die Gleichberechtigung der Juden – wurden zurückgenommen oder modifiziert, die Hardenbergschen Reformen zurückgedreht, Wilhelm von Humboldt 1819 als Minister für ständische Angelegenheiten – also für die Vorbereitung einer Verfassung – entlassen. Jüdische Kriegsteilnehmer wurden nicht in die zugesagten Staatsstellen berufen, höhere Offiziersränge wurden ihnen per Kabinettsorder verwehrt, im August 1820 wurde ihnen das Recht auf akademische Lehrämter entzogen, der preußische Innenminister sprach ganz offiziell von der schmutzigen Habsucht, listigen Gaunerei und niederträchtigen Eitelkeit der Juden.

Wolfgang Hädecke beschreibt sehr eindringlich den Austausch des inneren Unglücks gegen die idealisierten Glücksbilder der Biedermeierzeit: »Die Restaurations- und Biedermeier-Gesellschaft ist neurotisch krank. [...]. Vor dem enormen Druck einer Übergangsperiode [...] zieht sich die Masse der deutschen Bürger in eine macht*bedrohte*, nicht macht*geschützte* Innerlichkeit zurück, die als heile Welt idealisiert wird. Ruhe, Ordnung, Harmonie, Frieden, Gemütlichkeit, Idyll, Häuslichkeit – all das, was wir Biedermeier nennen, wird der erlebten, gespürten, verdrängten oder abgewehrten Unordnung entgegengesetzt.«

Auch der Mann, dessen Salon Heinrich Heine im Mai 1821 auf Empfehlung von Friedrich Wilhelm Gubitz, Herausgeber des viel gelesenen »Gesellschafter«, zum ersten Mal betrat, war ein degradierter Adliger und entlassener Staatsbeamter: Karl August Varnhagen von Ense, Begleiter Hardenbergs auf dem Wiener Kongreß und 1816 preußischer Gesandter am Badischen Hof in Karlsruhe. Eine seltene Mischung aus gebildetem Offizier, Parvenü und kritischem Liberalen, lebte er mit seiner vierzehn Jahre älteren Frau Rahel als pensionierter Legationsrat in Berlin. Oder betrat Heine den Salon der Rahel Varnhagen? Diese kleine, häßliche, hochintelligente Frau zählte zur Schicht der preußischen Ausnahmejuden, wie Hannah Arendt sie nannte – sie hatte als Rahel Levin schon um die Jahrhundertwende einen Salon im Dachgeschoß der Jägerstraße, in dem die Brüder Humboldt, Ludwig Tieck und Friedrich Schleiermacher verkehrten; und jener Friedrich von Gentz, der den Lyriker Heine liebte und den Journalisten Heine haßte. Ihm zeichnete Rahel später eine schöne Charakteristik Heines:

»Mit Bedacht sage ich Gabe.[…], ich nannte Das immer ein Sieb im Ohr haben, welches nichts Schlechtes durchläßt. Außer Diesem hat Heine noch viele Gaben. Er wurde uns vor mehreren Jahren zugeführt, wie so Viele, und immer zu Viele; da er fein und absonderlich ist, verstand ich ihn oft, und er mich, wo ihn Andre nicht vernahmen; Das gewann ihn mir und er nahm mich als Patronin. Ich lobte ihn, wie Alle, gern, und ließ ihm Nichts durch, sah ich's vor dem Druck; doch Das geschah kaum; und ich tadelte dann scharf.«

In diesem Salon lernte Heine Adelbert von Chamisso kennen und Johann Gottlieb Fichte und Hegel und Schleiermacher und Alexander von Humboldt und de la Motte Fouqué.

Aber vor allem lernte er die beiden Menschen kennen, denen er sein Leben lang verbunden bleiben wird, deren Goethe-Kult ihn gelegentlich lächeln ließ, deren Kritik er aber – höchst selten bei seinem reizbar-empfindlichen Wesen – annahm. Über Karl August Varnhagen, der ihm später manch bitteres und mahnendes Wort nicht ersparte, erfährt Freund Immermann:

»Er ist ein Mann dessen äußere Stellung, Charakter, Kritik und Loyalität das höchste Vertrauen verdient, dessen Zuneigung ich mir ebenfalls durch die schöne Vermittlerinn Poesie erworben habe, der übrigens der einzige ist auf den ich, in diesem falschen Neste, mich verlassen kann, [...].« Und Heines Urteil über Rahel Varnhagen als die geistreichste Dame, die er je kennengelernt, hätte er wohl kaum revidiert, auch wenn ihm ein scheltender Satz wie: »Heine muß wesentlich werden, und sollte er Prügel haben« zu Ohren gekommen wäre.

Wie alle großen Hasser ist auch Heine ein treuer Freund; spürt er, daß er angenommen wird, mit all den Verrücktheiten und Hochmutsgesten, mit all den koketten Traurigkeiten und all dem Höllengelächter, mit all den Neurosen, die ihn eine tickende Uhr vom Tisch räumen lassen, und mit all der Eitelkeit, mit der er schon mal einen Porträtisten bittet, seinen Mund ironischer zu zeichnen: dann liebt er unerschütterlich. So vergaß er den Varnhagens nie ihren Großmut und schreibt: »[...] wie Sie beide mir so viel Gutes und Liebes erzeigt, und mich mürrischen, kranken Mann aufgeheitert, und gestärkt, und gehobelt, und durch Rath und That unterstützt, und mit Makaroni und Geistesspeise erquickt.«

Dienstags empfing Baronin Elisabeth von Hohenhausen, und es scheint, als habe Heine nur wenige Dienstage in ihrem

Salon Unter den Linden 59 versäumt, wo er am liebsten mit Eduard Gans über Hegel stritt oder eigene Gedichte vorlas. Das trug ihm – der zugleich über die »geistige Unzucht« der Gastgeberin mit Byron spottete – den Ehrentitel des »deutschen Byron« ein, den er nicht ungerne akzeptierte. Nicht nur Elisabeth von Hohenhausen hatte in ihrer Byron-Verehrung dessen »Korsar« rezitiert. Auch der Gast hatte ja schon früh Byron-Gedichte übersetzt, hatte sich in Byron-Stilisierungen gesonnt und oft genug Schlegels Bemerkung, daß er Ähnlichkeiten im Charakter mit ihm habe, wiedergegeben.

Heine will von Byrons Tod nicht nur schier zerschmettert worden sein – er will vor allem wie Byron leben; was bei Heine heißt, wie Byron schreiben. Genauer noch: *als* Byron schreiben. Heine hat sich, gleichsam auf dem Wege der Übermalung, in das Porträt des europäisch Gefeierten hineingezeichnet. Schon von Goethes Schwiegertochter Ottilie übersetzt, von Börne verehrt, dem ein Jahr von Byrons Schmerzen alle Freuden seines Lebens wert gewesen wären, ist Byron – groß, edel, von der Masse verhöhnt und verkannt – ein Tantalus des Weltschmerzes und ein Sisyphos des Leidens an dieser Welt. Er ist der Dandy avant la lettre – der vornehm Verzweifelte, der blasierte Lebemann, der Über-Casanova, der sich an zahllosen Frauen für die eine Zurückweisung rächt, l'homme blessé und l'homme blasé in einem, der Außenseiter, den die Gesellschaft in den Schmutz gestoßen, in dem er sich hohnvoll wälzt und den er ihr in triumphierender Verzweiflungsgeste ins Gesicht schleudert.

Der Byron-Kult feiert eine ornamentale Lasterhaftigkeit, entzückt sich am Außerordentlichen des radikalen Bruches mit jeder Philistermoral, der – in klingende Verse gemünzt – so schwelgerisch zu genießen ist. Es ist wohl weniger der

Dichter Byron, der es Heine angetan; es ist die Ikone, die er firnißt, bis ihr Glanz das eigene Konterfei spiegelt. Heine leiht sich die Aura des europäischen Schmerzensmannes, er läßt sich in Byron-Pose porträtieren, ahmt das Zucken der Oberlippe als Signal der Höllenqual nach wie auch den Haarschopf oder das wild geschwungene Halstuch; er drapiert sich ins Gewand von Laster, Verworfenheit und Zynismus – geliehener Mythos.

Wenn wir im Laufe des Nachdenkens über Heinrich Heines Leben und Werk immer wieder die Frage seiner Modernität erörtern werden, dann sei hier ein weiterer Akzent gesetzt: Die Kunst ist das Höchste, das Leben nur eine minder organisierte Vorform; je kunstvoller – gelegentlich auch künstlicher –, desto wertvoller. Kunst ist Religion. Ihr hat sich das Unorganische, also: Zufällige unterzuordnen. Das sind die künstlichen Paradiese, die eine spätere Dichtergeneration ausrufen wird. Und das ist die Verachtung von Leben bis zur Selbstzerstörung, die sich in Oscar Wildes Satz manifestiert, daß er sein Talent in sein Werk und sein Genie in sein Leben gesetzt habe. Der scheinbare Widerspruch ist keiner – denn für Oscar Wilde *ist* sein samtausgeschlagenes Schatullenleben voll Parfüm- und Lilienduft das wahre Kunstwerk und das organische Wesen Frau nur erträglich als perlenübersäte Salome.

Das läßt sich umkehren und ist doch derselbe Entwurf: Auch das Laster, auch der Strichjunge – auch Heines Drehbahn-Damen – sind künstliche Geschöpfe. Heinrich Heine hat dem Prometheus das Feuer gestohlen, um daraus ein bengalisches Licht zu machen, und wenn es ihn brennt, ruft er sich aus zum sterbenden Tanzgott. Diese Rufe sind seine Gedichte. Der Lack der Byron-Ikone, in den er sein Konterfei hineinschmilzt, ist dann Oscar Wildes »Bildnis des Dorian

Gray« und wird das spiegelsplitternde Duell zwischen Philidor und Philibert in Gombrowicz' »Ferdydurke« sein und die schwarze Pfütze, in der sich Jean Genets Fratzenengel spiegeln. »Ich Ich Ich Ich« beginnen die Tagebücher des Witold Gombrowicz.

Heinrich Heine hat das Individuum freigesetzt. Seine Stunde ist die Geburtsstunde des bindungslosen Subjekts; daher ist dies in der deutschen Sprache auch ein Schimpfwort. Das soziale Ich des Heinrich Heine kennt Verantwortung, Kampf, Gemeinsinn. Das psychologische Ich des Heinrich Heine ist ohne Verantwortung, flieht den Kampf, kündigt jeglichen Gemeinsinn auf. Er ist ein anderer, um das berühmte Wort seines großen Nachfahren Arthur Rimbaud zu paraphrasieren, der geboren wurde, als Heine noch zwei Jahre zu leben hatte; er, der uns den »Verdammnißwalzer« spielt wie kein anderer und Funken in seinen Himmel schleudert, damit sie wie glitzernde Sterne seinen nachtsamtenen Mantel schmücken:

> Entzückende Marter und wonniges Weh!
> Der Schmerz wie die Lust unermeßlich!

Heine las also seine Gedichte vor. Gewiß im Salon der Elisabeth von Hohenhausen, vermutlich auch in dem der Henriette Herz und anderswo. Dienstags Unter den Linden 59 hatte er einen besonderen Zuhörer, jenen, der ihn bei Varnhagens eingeführt hatte: Friedrich Wilhelm Gubitz. In dessen »Gesellschafter« erschienen ab Mai 1821 Gedichte von Heine; es ist der Monat, in dem auf St. Helena Napoleon stirbt. Gubitz – dessen Kritik an vielen Versen ihm das Verbum »gubitzen« eintrug – erinnert sich an die ersten Zusammenkünfte:

»An einem Tage des zweiten Vierteljahrs 1821 stand ein junger Mann vor mir, fragend: ob ich Gedichte von ihm aufnehmen wolle, und ich empfing schön geschrieben: ›Poetische Ausstellungen‹.

Da ich ehemals die mir oft und wahrscheinlich gebührend als Vernachlässigung angerechnete Gewohnheit hatte, Fremde, die ihren Namen im Gespräch nicht voranschickten, danach unbefragt zu lassen, sah ich nach der Unterschrift und las: ›H. Heine‹.

Auf meinen Wink hatte er sich gesetzt, und da er das Wenden seiner Handschrift bemerkte, sagte er:,Ich bin Ihnen völlig unbekannt, will aber durch Sie bekannt werden.‹ Ich lachte, erwiederte: ›Wenn's geht, recht gern!‹ [...].

In dem Dichter denke man sich eine von schlottriger Kleidung umhüllte, krankhaft schlanke Gestalt mit blassem abgemagerten Antlitz, dem Spuren zu frühzeitiger Genüsse nicht mangelten, und man wird es natürlich finden, daß jene Verse und der Eindruck des Persönlichen dem mir Fremden etwas Unheimliches anwehten. Unverkennbar ward mir aber, nachdem ich weiter las, sein Dichtervermögen, und als Heine wiederkam, erklärte ich mich bedingungsweise zur Aufnahme des Beitrags bereit. In seinen ersten handschriftlichen Gedichten hatte er eine solche Menge von Häkchen an den selbst- und mitlautenden Buchstaben der Worte, und gebrauchte falsche Reime so allbequem, daß ich meinte: er könne die mir gegebenen fünf Gedichte in dieser Beziehung wohl nochmals prüfen. Er entgegnete: das sey Alles dem Volkston gemäß, was ich nicht bestritt, aber noch bemerkte: daß ich nur hinweise auf übertriebene Anwendung solcher Herkömmlichkeiten, wenn sie dem Geläufigen eher hinderlich statt fördernd wären.«

Es wird mehr als sechs Monate dauern, bis in der Maurer'schen Buchhandlung – Verlag des »Gesellschafter« – das erste Buch »Gedichte«, erscheint, von dem ein eiliges Exemplar an Goethe mit der Widmung »Ich liebe Sie ... « geht und das erste Aufmerksamkeit bei einem Rezensenten findet, der fortan ein etwas unheimlicher Alliierter sein wird: Im Mai 1822 druckte der »Rheinisch-Westfälische Anzeiger« Immermanns »Brief statt einer Rezension«, in dem Heines Melancholie-Ton schon früh nicht nur als Gesang vom Liebesunglück aufgefaßt, sondern als radikaler Konflikt zwischen Individuum und Gesellschaft verstanden wird. Heine fühlte sich genau erkannt, wenn er dem Kollegen schreibt: »Sie sind bis jetzt der Einzige der die Quelle meiner dunkelen Schmerzen geahndet.«

Aber es gab durchaus auch einen anderen Heine in Berlin. Fritz Mendes bewundernswert akribische Heine-Chronik führt eine schier unglaubliche Zahl von Redouten, Premieren und Konzerten auf, die er besuchte – mal war er bei Heinrich Claurens »Der Bräutigam aus Mexiko« im Schauspielhaus, mal bei Spontinis »Nurmahal oder das Rosenfest von Cashmir« im Opernhaus anläßlich der Hochzeitsfeierlichkeiten zur Vermählung der Prinzessin Alexandrine von Preußen mit dem Erzherzog Paul Friedrich von Mecklenburg-Schwerin. Heine war aber auch ein ernsthafter Student, der Schleiermachers Predigten hörte und Vorlesungen bei Friedrich von Raumer, Friedrich Carl von Savigny und Hegel belegte. »Berlin ist gar keine Stadt, sondern Berlin giebt bloß den Ort dazu her, wo sich eine Menge Menschen, und zwar darunter viele Menschen von Geist, versammeln, denen der Ort ganz gleichgültig ist.«

Fraglos war Hegels Einfluß auf Heine – wie immer bei ihm

endete die frühe Bewunderung später in Verwerfung – enorm. Er war stolz auf das Testat, das ihn als Studenten der im Wintersemester 1822/23 gehaltenen Vorlesung »Philosophie der Weltgeschichte« auswies. Aber er hat offenbar auch im Sommersemester 1821 die »Philosophie des Rechts« gehört. Die Entgöttlichung der Natur, die für Hegel des Menschen Zweck und des Menschen Aufgabe ist, hinterließ tiefe Spuren im Werk Heines; so ist die Profanierung der Natur die schockierende Sensation der »Harzreise«. Das zerstörerische säkulare Empörertum Hegels aber, der die Entwicklung der Weltgeschichte als Wirkungsgeschichte der Menschen – also nicht Gottes – ansah, war für den jungen Heine eine geradezu himmelstürmende Erkenntnis. Sie bildete nicht nur für den in diesem Mai 1821 gerade Dreiundzwanzigjährigen die Basis seines späteren Denkens, auch Karl Marx' Satz: »Der Kopf dieser Emanzipation ist die Philosophie, ihr Herz ist das Proletariat« ist zur Praxis, will sagen, zur Revolution verlängerter Hegel. Den Thesen Hegels, daß es der Geist sei, der den Menschen zum Selbstbewußtsein und schließlich zum »Heraustreten desselben in das Bewußtsein seiner Freiheit« ermächtige, entsprach Heines Hybris. In späteren Jahren hat sich Heine über die von Hegel angenommene Überheblichkeit lustig gemacht, doch in der Berliner Zeit hat ihn der Gedanke, der Bau der sittlichen und bürgerlichen Ordnung sei Menschenwerk und Menschenpflicht, fasziniert. Dabei waren nicht Sarkasmen entscheidend wie: »Grüne Bäume, enuyiren eben so gut wie Vaudeville. Nächst der Kunst giebt es nichts Schrecklicheres als die Natur!«, die einen Intellektuellen vorführen, einen Verabscheuer der Natur als Vorahn der Bertolt Brecht und Hanns Eisler. Entscheidend ist die Geschichtsdialektik, die Heine von Hegel übernahm, in der Gott schließlich eine Art Angestellter der Menschen wird: »Im Menschen kommt die Gottheit zum Selbstbewußtseyn, und solches Selbstbewußtseyn offenbart sie wieder durch den Menschen.«

Heine blieb diesem Sittengesetz der Entmachtung Gottes, das zur Übermacht des Menschen und seinem Dirigat dieser Welt – also zur Revolution – führt, nicht treu. In Berlin jedoch gehörte er genau zu den später von ihm Verspotteten, nämlich zu denen, die zu Hegels Füßen saßen; wie oft und wie regelmäßig, ist nicht mehr festzustellen. Da Hegel seine neun Wochenstunden immer auf den späten Nachmittag legte, mag Heine schon bei Josty gesessen haben. Er selber hat immerhin der Legende von gelegentlichen Besuchen bei dem Philosophen Vorschub geleistet. Die Berichte darüber lesen sich in sämtlichen Quellen etwas widersprüchlich, klingen vielleicht auch unwahrscheinlich. Doch selbst wenn es nur schöne Phantasieprodukte sind – auch das würde nur bezeugen, wie wichtig Hegel für den jungen Dichter gewesen ist.

So will er sich unmutig gezeigt haben, als Hegel ihm gesagt habe: »Alles, was ist, ist vernünftig« (in der »Philosophie des Rechts« indes lautet der Satz: »Was vernünftig ist, das ist wirklich, und was wirklich ist, das ist vernünftig«). Hegel habe die Einwände lächelnd abgewehrt: »Es könnte auch heißen: Alles, was vernünftig ist, muß sein im Sinne von ›muß getan werden‹« – was jenes unheilvolle revolutionäre Programm buchstabieren würde, das jede Gewalt – weil vernünftig – rechtfertigte und dereinst in dem Satz gipfeln sollte: »Der Marxismus ist allmächtig, weil er wahr ist.« So wäre der Menschgott Hegels zum Diktator geworden.

Nun steht das alles in den postum veröffentlichten Fragmenten »Briefe über Deutschland«, verfaßt zwanzig Jahre nach dem Berliner Aufenthalt. Und seltsamerweise gibt es die kleine Inszenierung von Heines Begegnung mit Hegel in zwei Versionen. Einmal soll sich Hegel nach dem Formulieren seines »Stalin«-Programms erschrocken umgesehen, dann aber rasch beruhigt haben, weil neben Heine nur Meyerbeers Bruder Heinrich Beer anwesend war, von dessen Dummheit Hegel überzeugt gewesen sei, weswegen der auch nichts Geheimes verraten könnte: »Er liebte mich sehr, denn er war sicher, daß *ich* ihn nicht verriet«, fügt Heine in seiner Bescheidenheit hinzu.

Ein anderes Mal finden sich der arme Beer, auch Hegel mit dem ängstlichen Blick und dem raschen Beruhigtsein in einer ähnlichen Szene, aber in einem anderen Akt. Dieses Mal, in den »Geständnissen«, weitere zehn Jahre später, schildert Heine die gleiche Situation. Mit einem anderen Dialog. Es ist der Text, in dem er seinen noch viel »verstocktern Freunde Marx« und andere Hegelianer als »gottlose Selbstgötter« geißelt; der entsprechende Abschnitt beginnt: »Ich sah, wie Hegel mit seinem fast komisch ernsthaften Gesichte als Bruthenne auf den fatalen Eyern saß, und ich hörte sein Gackern.« Dieses Gackern will dem, der Hegel nie verriet, nicht angenehm in den Ohren geklungen haben, und so wird aus dem aufklärerischen Drama eine bigotte Komödie:

»Eines schönen hellgestirnten Abends standen wir beide neben einander am Fenster, und ich, ein zweyundzwanzigjähriger junger Mensch, ich hatte eben gut gegessen und Kaffee getrunken, und ich sprach mit Schwärmerey von den Sternen, und nannte sie den Aufenthalt der Seligen. Der Meister aber brümmelte vor sich hin: ›Die Sterne, hum! hum! Die Sterne sind nur ein leuchtender Aussatz am Himmel.‹ ›Um Gotteswillen‹ – rief ich – ›es giebt also droben kein glückliches Lokal, um dort die Tugend nach dem Tode zu belohnen?‹ Jener aber, indem er mich mit seinen bleichen Augen stier ansah, sagte schneidend: ›Sie wollen also noch ein Trinkgeld dafür haben, daß Sie Ihre kranke Mutter gepflegt und Ihren Herrn Bruder nicht vergiftet haben?‹ – Bey diesen Worten sah er sich ängstlich um, doch er schien gleich wieder beruhigt, als er bemerkte, daß nur Heinrich Beer herangetreten war, um ihn zu einer Parthie Whist einzuladen.«

Nun will es aber die Kunstfertigkeit des Regisseurs Heine, daß haargenau dieselbe Szene noch einmal als liebevoll ausgeleuchtete Farce existiert. Ferdinand Lassalle nämlich erinnert sich an einen sehr anderen Eindruck, hell und erhaben, den Heine von eben jener Sternstunde vermittelt und wie er sie ihm 1846 ausgeschmückt habe:

»Heine gestand ein, Wenig von der Hegel'schen Philosophie begriffen zu haben; dennoch sei er immer überzeugt gewesen, daß diese Lehre den wahren geistigen Kulminationspunkt der Zeit bilde, und Das sei so zugegangen. Eines Abends spät habe er, wie häufig als er in Berlin studierte, Hegel besucht. Er sei, da er Diesen noch mit einer Arbeit beschäftigt gefunden, an das offene Fenster getreten, und habe lange hinausgeschaut in die warme, sternenhelle Nacht. Eine romantische Stimmung habe ihn, wie oft in seiner Jugend, ergriffen, und er habe, zuerst innerlich, dann unwillkürlich laut, zu phantasieren begonnen über den Sternenhimmel, über die göttliche Liebe und Allmacht, die darin ergossen sei, u.s.w.. Plötzlich habe sich ihm, der ganz vergessen gehabt, wo er sich befinde, eine Hand auf die Schulter gelegt, und er habe gleichzeitig die Worte gehört: ›Die Sterne sind's nicht, doch was der Mensch hineinlegt, Das eben ist's!‹ Er habe sich umgedreht, und Hegel sei vor ihm gestanden. Seit jenem Augenblick habe er gewußt, daß in diesem Manne, so undurchdringlich Dessen Lehre für ihn sei, der Puls des Jahrhunderts zittere. Nie habe er den Eindruck der Scene verloren, und so oft er an Hegel denke, trete ihm dieselbe stets in die Erinnerung.«

Das ist acht Jahre früher datiert als der schnippische Satz Heines in der Vorrede zur 2. Auflage seiner »Geschichte der Religion und Philosophie in Deutschland«: »Diese spinnwebige Berliner Dialektik kann keinen Hund aus dem Ofenloch locken, sie kann keine Katze tödten, wie viel weniger einen Gott.« Späte Einsichten, Reuigkeiten und Zerknirschungen eines Sterbenden. Einstweilen mag man sich den, der gerade im Begriff war, den eigenen Großen Wagen ans Firmament zu projizieren, gut vorstellen bei der zitternden Bewunderung eines Denkers, der die Sterne als Strahlkraft des Menschen sehen will.

Wenn auch nicht der Taufpate, so doch sicherlich der Gedankenvater war Hegel ebenfalls für einen sehr anderen »Salon«, der Heines Berliner Jahre mitbestimmen sollte. Im November 1819 war in Berlin von einem Kreis jüdischer Hegelianer – zu dem Leopold Zunz, Eduard Gans und Moses Moser gehörten – der »Verein für Kultur und Wissenschaft der Juden« gegründet worden, dem Heine sehr bald beigetreten war: »Der Präsident [E.Gans] schlägt zum Schluß der Sitzung Herrn H. Hayne [!] aus Düsseldorf zum ordentl[ichen] Mitgliede vor. Auf Antrag des Präsidenten wird nach desfalsigem Beschlusse hierauf zur Stimmung übergegangen, wodurch Herr Hayne aufgenommen wird.«

Das geschah nicht aus geselliger Munterkeit, auch wenn Heine in einer der von ihm so geliebten und vermutlich selbstproduzierten Anekdoten die Verbindung Hegels zum Judentum etwas frivol erläuterte; der Philosoph habe sich ernsthaft in einem Gespräch mit ihm über die Natur verwundert, die dieselben Werkzeuge zu den erhabensten wie niedrigsten Verrichtungen bestimme, etwa jenes Glied, dem die höchste Mission – die Fortpflanzung der Menschheit – anvertraut sei wie auch das Verrichten der Notdurft. Heine beharrte darauf, daß diese Hegel-Worte sich in Beziehung zu Israel lesen ließen.

Indes, Heines Erfahrungen in Berlin wogen schwerer. Eines der Gesichter der Restauration war die Fratze des Antisemitismus, eine der Varianten der antinapoleonischen Gesinnung war die Rücknahme von dessen emanzipatorischen Initiativen. Zwei Wochen nach Heines Beitritt zum Kulturverein, wie man sich abgekürzt nannte, am 18. August 1822, nahm Friedrich Wilhelm III. eben jene Bestimmung der Hardenbergschen Reformen zurück, die – 1812 – Juden unter anderem erlaubt hatte, »akademische Lehr- und Schul- auch Gemeinde-Aemter, zu welchen sie sich geschickt gemacht, zu verwalten«. Sinn und Zweck des Kulturvereins war es, dem Judentum alle modernen Zweige der Wissenschaft zu öffnen, damit ein entsprechend anspruchsvolles Selbstbewußtsein der Juden zu entwickeln und auf diese Weise ihre Integration zu ermöglichen.

Das war eine weitere Variante von Hegels »Weltgeist«-Idee – einerseits setzte sich dieser Geist der Kultur und Wissenschaft der Juden ab gegen jüdische Orthodoxie, andererseits gegen oberflächliche Assimilationsversuche, wie sie etwa der »Tempelverein« in Hamburg und Berlin mit dem Einführen von Predigt, Orgelmusik und Gebet in den synagogalen Gottesdienst unternommen hatte. Heine vertritt, von ihm vielfach dokumentiert, schon jetzt – und bis ans Ende seines Lebens – eine Doppelhaltung: die Liebe zum Märtyrervolk, zu Judäa – »›Verwelke meine Rechte, wenn ich Deiner vergesse, Jeruscholayim‹, sind ungefähr die Worte des Psalmisten, und es sind auch noch immer die meinigen« –, und den Abscheu vor dem »Urübelvolk« aus Ägypten, dem Vaterland der Krokodile und Götter, das neben Hautkrankheiten und gestohlenem Gold die »positive Religion« mitbrachte. Schon in diesen jungen Jahren erschafft sich Heine einen eigenen, einen ganz persönlichen Gott, mit dem zu sprechen er sich bis zu seinem Tode herausnehmen wird. Es ist eine von ihm gewählte Verwandtschaft, und Jesus ist sein Cousin. Aber irgendein – gleichgültig, ob jüdisch oder christlich – reglementierter, codifizierter, in einem Schema von Sünde, Reue, Scham, Beichte und Seligkeitsversprechen verordneter Gott ist ihm ein Greuel. Deshalb kann er im Mai 1823 dem Schwager Moritz von Embden gegenüber seine religiöse Indifferenz betonen, seine »Anhänglichkeit an das Judenwesen bloß in einer tiefen Antipathie gegen das Christentum« wurzeln lassen. Und deshalb schreibt er drei Monate später, am 3. August 1823, dem engsten seiner Vertrauten, Moses Moser, im Kulturverein:

»Ich habe ihnen [den Hamburger Bekannten] doch schon den Wahn benommen daß ich ein Enthousiast für die jüdische Religion sey. Daß ich für die Rechte der Juden und ihre bürgerliche Gleichstellung enthousiastisch sein werde das gestehe ich, und in schlimmen Zeiten, die unausbleiblich sind, wird der germanische Pöbel meine Stimme hören daß es in deutschen Bierstuben und Palästen wiederschallt. Doch der geborene Feind aller positiven Religionen wird nie für diejenige Religion sich zum Champion aufwerfen, die zuerst jene Menschenmäkeley aufgebracht, die uns jetzt so viel Schmerzen verursacht; geschieht es auf eine Weise dennoch, so hat es seine besondere Gründe, Gemüthsweichheit, Starrsinn und Vorsicht für Erhaltung eines Gegengifts.«

Wir halten an einem entscheidenden Punkt; vielleicht am entscheidendsten für Heinrich Heines Leben. Seine unlöslichen Wurzeln im jüdischen Menschenbild werden ihn jede auch nur geringfügigste Frotzelei, geschweige denn einen Angriff, mit dem schärfsten Florett-Stich eines zu Tode Verwundeten ahnden lassen. Doch »Menschenmäkeley« ist nicht Menschenvernichtung. Auch wenn er unter Juden oft genug »unausstehliche Schächerer und Schmutzlappen« ausmacht, weiß er immer: sie sind Opfer, deren Wehr, haben sie Glück, das Geld ist. Als 1835 – ausgelöst durch den Kaffee-Wirt der »Alsterhalle«, der jüdischen Kunden das Fünfzehnfache des Preises für eine Tasse Kaffee berechnete und protestierende Gäste durch Hausknechte aus dem Lokal treiben ließ – ein regelrechtes Pogrom durch Hamburg raste, wurde ein Haus verschont: das des reichen Onkels Salomon.

Heines Attacken gegen das »Chr.«, wie er Christentum gerne schrieb, sind keineswegs antireligiöser Affekt; sie sind der Aufschrei eines sozial Depravierten, dem man – immer und immer wieder – eine bürgerliche Existenz verschließt. Hier, in Berlin, dessen Universität inzwischen zur Geburtsstätte der Ideologie eines christlich-deutschen Staates verkommen war und von deren Katheder der Geschichtsprofessor Christian Friedrich Ruehs seine antisemitischen Hetzparolen lehren durfte, kulminierte Heines Identifikation von Christentum und preußischem Staat. So muß der Brief gelesen werden, den er im April 1823 an Immanuel Wohlwill, eines der Gründungsmitglieder des Kulturvereins, richtet und in dem er das Christentum eine flaue Idee, eine schmutzige Ideenfamilie nennt, eine Ideen-Wanze:

»Wir haben nicht mehr die Kraft einen Bart zu tragen, zu fasten, zu Hassen, und aus Haß zu dulden; das ist das Motiv unserer Reformazion. Die Einen, die durch Comödianten ihre Bildung und Aufklärung empfangen, wollen dem Judenthume neue Dekorazionen und Coulissen geben, und der Souffleur soll ein weißes Beffchen statt eines Bartes tragen; [...]. Andere wollen ein evangelisches Christenthümchen unter jüdischer Firma, und machen sich ein Talles aus der Wolle des Lamm Gottes, machen sich ein Wams aus den Federn der heiligen-Geiststaube und Unterhosen aus christlicher Liebe, und sie falliren und die Nachkommenschaft schreibt sich: Gott, Christus & Co°. [...]. Dieser endliche Sturz des Christentums wird mir täglich einleuchtender. Lange genug hat sich diese faule Idee gehalten. Ich nenne das Christentum eine Idee; aber welche? Es giebt schmutzige Ideenfamilien, die in den Ritzen dieser alten Welt, der verlassenen Bettstelle des göttlichen Geistes, sich eingenistet, wie sich Wanzenfamilien einnisten in der Bettstelle eines polnischen Juden. Zertretet man eine dieser Ideen-Wanzen, so läßt sie einen Gestank zurück der Jahrtausende lang riechbar ist. Eine solche ist das Christentum, das schon vor 1800 Jahren zertreten worden, und das uns armen Juden seit der Zeit noch immer die Luft verpestet. Verzeih mir diese Bitterkeit; Dich hat der Schlag des aufgehobenen Edikts nicht getroffen.«

Das ist der Kern. Heine studierte ja nicht Jura, weil er ein leidenschaftlicher Jurist gewesen wäre oder hätte sein wollen; er scheint in Berlin überhaupt keine Fach-Vorlesungen belegt zu haben. Vielmehr hoffte er, noch immer, als Jurist auf ein akademisches Amt, eine staatliche Laufbahn, eine Advokatur, irgend etwas, wovon er – der seit Studienbeginn in Bonn von den Zuwendungen des Onkels lebte – sein Leben hätte fristen können. Das »Hepp-Hepp« ist auch der Klang der Taler, die er nicht in der Tasche hat.

Der Kulturverein, der kurzfristig auch eine »Zeitschrift für Wissenschaft des Judentums« herausgab, war der ohnmächtige Versuch, Hegels Ideal von der Familie der europäischen Nationen, die ihre eigenen Sitten, ihre spezifische Bildung »nach einem allgemeinen Prinzip ihrer Gesetzgebung« beibehielten, zu verwirklichen. Er wollte nicht nur eine Emanzipation im Sinne der Akzeptanz durch die christlich geprägte Umwelt, er wollte auch eine Emanzipation vom traditionellen Judentum, von Talmud-Starre und Thora-Gebot. In den Vereinssatzungen hieß es:

»Das Mißverhältnis des ganzen inneren Zustandes der Juden zu ihrer äußeren Stellung unter den Nationen fordert dringend eine gänzliche Umarbeitung der bis jetzt unter den Juden bestandenen eigentümlichen Bildung und Lebensbestimmung. ... Diese Umarbeitung muß die geistesverwandten Gebildeteren zu Urhebern haben.«

So ist es keineswegs paradox, daß Heine in diesem Verein Vorlesungen ausgerechnet über deutsche Geschichte hielt. Er muß dort mit poetischem Schwung vorgetragen haben, wie im Teutoburger Wald Hermann der Cherusker seinen Sieg errang und die Römer unter Quintilius Varus ihre Niederlage hinnehmen mußten, und zwar mit einer Inbrunst, als sei es ein eigenes Gedicht: »Als Heine mit überlauter Stimme, wie einst Augustus, ausrief: ›Varus! Varus! Gieb mir meine Legionen wieder!‹ frohlockte sein Herz, seine schönen Augen glänzten und sein ausdruckvolles männliches Gesicht strahlte vor Freude und Wonne. Wir, seine Zuhörer, waren höchst überrascht, ja erschüttert; noch nie zuvor hatten wir ihn mit einer solchen Begeisterung sprechen gehört.«

Lebensmelodie namens Schmerz

Tatsächlich arbeitete er an einem sehr anderen Gedicht. In Göttingen hatte er sich eine Gartenwohnung gemietet, wo er des Abends zwischen Rosen spazierte und morgens vor sechs von den Nachtigallen geweckt wurde und zügig an die Arbeit ging. Der »Almansor« war fertig. Der »Rabbi von Bacherach« entstand. Dieser Text war ihm so wichtig, daß er sich in einem Brief an Moses Moser vom Juli 1825 brüstet: »Es wird ein Buch seyn das von den Zunzen aller Jahrhunderte als *Quelle* genannt werden wird.«

Der »Almansor« jedoch, Heines erstes Drama, entstanden 1820/21, ist die Ouvertüre; es ist kein gelungenes Stück, wie ihm dramatische Arbeiten nie recht glückten. Er kann *sich* singen; anderen Stimme verleihen, Figur, Physiognomie – das ist seine Sache nicht; die Stellwände des Theaters sind ihm nur Handwerkszeug, die ihm die Spiegel ersetzen, in denen sich die eigene Silhouette bricht. So ist es nicht unlauter, das geschichtlich-mittelalterliche Gewand und das maurische Kostüm als Verkleidung jüdischer Thematik anzusehen. Damit soll dem jungen Heine nicht der Ernst abgesprochen werden, mit dem er sich Kenntnisse von islamischer Kultur angeeignet hat – seine scheinbar leichtgewichtigen und manchmal zu elegant dünkenden Arbeiten basieren fast stets auf verblüffend-genauem Studium oft entlegener Quellen. Aber Kenntnis und Thema sind zweierlei. Die Quellen sind historisch, der Quell ist subjektiv. Almansor ist Heine, der Außenseiter: »In diesem Stücke […] habe ich mein eignes Selbst hineingeworfen, mit sammt meinen Paradoxen, meiner Weisheit, meiner Liebe, meinem Hasse und meiner ganzen Verrücktheit.«

Außenseiter? War er nicht der Shootingstar der Berliner Salons, der Premierentiger, der privilegierte Student, der mit Hegel am Fenster plauderte? War er nicht Autor eines beachteten Gedicht-Bändchens, Verfasser der »Briefe aus Berlin« im »Rheinisch-Westfälischen Anzeiger«, hinter deren anonymer Publikation 1822 man aber bereits den »Heine-Ton« witterte? All das war er. All das war er auch nicht.

Er war auch der Abgewiesene. Berufliche Aussichten hatte er gar keine. Das vom Onkel finanzierte Studium – Salomon Heine hatte ihn im April 1822 in Berlin besucht und ihm bei diesem Anlaß, wie auch im Oktober desselben Jahres, Unterstützung für die nächsten zwei Jahre zugesagt – bot keine Chance für eine Hochschullaufbahn, eine Advokatur, eine Position im Staatsdienst. Schlimmer: bei Hofe, bei dem ihm einzig erreichbaren Hofe – um den er kreiste wie ein Planet, wo er gelegentlich wohnte, den er in diesen Jahren immer und immer wieder besuchte –, im Hause des schwerreichen Onkels, war er allenfalls gelitten; oft nicht einmal das. Heine wußte: Geld ist der jüdische Adel, ist Tür der Bank, bei der die Millionen liegen, ist Tor zur Gleichberechtigung. Ein armer Jude – er darf sogar begabt sein – ist vor allem Jude. Ein reicher Jude – er braucht nicht einmal intelligent zu sein – ist vor allem reich. Er kann sich über Sottisen hinwegsetzen wie das »on dit«: Bei den offiziellen Diners, so mokierte man sich, habe an einer Seite des Tisches ein Diener für den Dativ gestanden und am anderen Ende ein Diener für den Akkusativ, und er darf sich sogar Spott gegenüber dem Verwandten leisten: »Wenn der dumme Junge was gelernt hätte, brauchte er nicht zu schreiben Bücher.«

Weit schlimmer: Er kann ihm die Tochter verweigern. Heines »Almansor«-Drama ist ein Palimpsest. Darunter liegt das Drama Amalie. Des Poeten Heinrich Heine Liebesschmerz um die Cousine, die er kaum gekannt, selten gesehen und wohl fast nie allein gesprochen, ist eine soziale Verletzung des Citoyens Heinrich Heine: die Feste Ottensen, der Elbsitz des reichen Onkels, war belagert worden – nicht, um den Ehering an den Finger zu stecken, sondern um den Paß in die Finger zu bekommen, der Scheck heißt. Es gibt nirgendwo einen Hinweis, daß Cousine Amalie ihm je Aussichten eröffnet, daß ihr Vater dem Neffen, »der Canaille«, ein Einverständnis auch nur zugezwinkert hätte. Die zerrissen klingenden Gedichte aus Heines Frühzeit – die er ja alle in das 1827 erschienene »Buch der Lieder« aufnahm – sirren vom Riß der Existenz. Sein erster Biograph Strodtmann will von der Witwe jenes Mannes, den Amalie Heine wirklich – unerwidert – liebte, erfahren haben, daß es sich sogar bei den berühmten Zeilen:

> Ein Jüngling liebt ein Mädchen,
> Die hat einen Andern erwählt;
> Der Andre liebt eine Andre,
> Und hat sich mit dieser vermählt.

um einen lyrischen Report eines anderen Sachverhalts handelt: Amalie Heine hatte ihr Herz an einen Christen gebunden; das wäre *ihr* sozialer Paß gewesen. Sie heiratete dann einen Herrn Friedländer; damit entzog sie dem Cousin Harry den Paß. Zuleima und Almansor – das ist seine Liebe, sein Haß, seine »ganze Verrücktheit«. Wie der spätere ränkesüchtige Polemiker seine politischen und literarischen Gegner –

ob Menzel, Börne oder Platen – sexuell denunzierte, so hat schon ganz früh der junge Heine den eigenen sozialen Status sexualisiert. Der Trennungsschmerz ist der über gesellschaftliche Abweisung. Dieser Werther erschießt sich nicht, er weint. Aus den Zähren filtert er Verse. Er verkunstet die Welt; nur so ist sie erträglich. Für Kunst, für diese höhere Form von Leben, ist Schmerz das Produktionsprinzip:

Und als ich euch meine Schmerzen geklagt,
Da habt ihr gegähnt und nichts gesagt;
Doch als ich sie zierlich in Verse gebracht,
Da habt ihr mir große Elogen gemacht.

Heines poetisches Gegenüber ist nie eine reale Frau; die ist – bis zur Mouche seines Todesjahrs – Gestenträgerin, sie wird nicht nur stets mit einem künstlichen, von ihm geschaffenen Namen behängt, sondern auch mit *seinen* Gefühlen ausstaffiert. Der poetische andere ist immer der eine, das Selbst; ist eben jener

Ich hab' mit dem Tod in der eignen Brust
Den sterbenden Fechter gespielet.

Die geradezu exzessive Modernität dieses poetischen Verfahrens liegt nicht, wie die Heine-Forschung das nennt, in dem Ton des »Trotzliedes«:

Du liebst mich nicht, du liebst mich nicht,
Das kümmert mich gar wenig;

auch nicht in:

Vergiftet sind meine Lieder; –
Wie könnt' es anders seyn?
Du hast mir ja Gift gegossen
In's blühende Leben hinein

Vergiftet sind meine Lieder; –
Wie könnt' es anders seyn?
Ich trage im Herzen viel Schlangen,
Und Dich, Geliebte mein.

Und auch nicht in:

Glaub' nicht, daß ich mich erschieße,
Wie schlimm auch die Sachen stehn!
Das Alles, meine Süße,
Ist mir schon einmal geschehn.

Das klingt oder klang so schwebend, so heiter, so unerträglich leicht. Die Anekdote besagt, daß Elise von Hohenhausens Tochter Tränen gelacht habe, wenn Heine solche Gedichte im Salon der Mutter gelesen hat. Das Biedermeier-Fräulein mag nicht sehr intelligent gewesen sein, denn was hier verkündet wird, ist nicht Schlager-Schmelz, nicht einmal Schubert-Melodik: Es ist der Ruf des vollkommen ortlosen Individuums, des Ich ohne soziale Koordinaten. Wenn Trotz, dann der Dennoch-Trotz des Jean Genet: Ihr verurteilt mich, und ich werde dennoch leben. Mehr noch: Ich akzeptiere, der Ausgestoßene – oder: Eingekerkerte – zu sein. Ausgestoßen, eingekerkert: Ich mache es zur Voraussetzung meiner Kunst. Daß ihr meine Existenz zur gesellschaftlichen Lüge verdammt, ist die Grundlage meiner artistischen Wahrheit:

Habe mich mit Liebesreden
Festgelogen an dein Herz,
Und, verstrickt in eignen Fäden
Wird zum Ernste mir mein Scherz.

Wen diese panische Gebärde hinter der Wort-Akrobatik nicht berührt, der versteht nicht viel von Literatur; er mag Wörter abschmecken können wie Karl Kraus mit seinem mäkligen Verdikt, da habe einer »[...] der deutschen Sprache so sehr das Mieder gelockert, daß heute alle Kommis an ihren Brüsten fingern können [...]. Die Sprache war ihm zu Willen. Doch nie zwang ihn ihre Gnade auf die Knie.« Das hat, um im Bilde zu bleiben, die Handbewegung des Großhändlers, nur benutzt er die falsche Elle. Kein Zweifel, daß es bei Heine unverschämte bis heikle Reime gibt, »die Küh« auf »Kammermusizi« einzustimmen ist so frech wie »Lüneburgerthümlich«, so grotesk wie der »Kunstgreis« im »Dunstkreis« rasch verschwindet, auch »der berüchtigte »Theetisch« wakkelt recht bedenklich bei »ästhetisch«. Schlenker.

Derlei fand schon früh Parodien; Falschgeld, das zu Heines Mißvergnügen rasch in klappernden Umlauf gesetzt wurde:

Den Gärtner nährt sein Spaten,
Den Bettler sein lahmes Bein,
Den Wechsler seine Dukaten,
Mich meine Liebespein.

D'rum bin ich dir sehr verbunden,
Mein Kind, für dein treulos Herz:
Viel Gold hab' ich gefunden
Und Ruhm im Liebesschmerz.

Nun sing' ich bei nächt'ger Lampe
Den Jammer, der mich traf:
Er kommt bei Hoffmann und Campe
Heraus in klein Oktav.

Es geht um Ernsteres; nicht darum, ob Karl Kraus »glaubt«, der Vers »Und als ich euch meine Schmerzen geklagt« sei von keinem »echten Lyriker geschrieben« worden. Über Glaube ist schlecht disputieren. Es geht um die Existenz. Und es geht um den dialektischen Umschlag von Leben in Kunst, den eigentlichen Kunst-Prozeß. Mit Moral- und Wohlverhaltenserwartungen kommt man da nicht weit. Weiter führt die Überlegung, ob für das Entstehen von Kunst Entfernung und Trennung notwendiges Ferment, ob Angst und Einsamkeit ihre originären Ingredienzen sind. Die Frage, warum Heine so ungebrochen in das 20. Jahrhundert hinüberstrahlt, wie er gleichsam Ahn und Zeitgenosse der Franz Kafka oder Robert Musil oder Fernando Pessoa sein kann, Virginia Woolf oder Wladimir Majakowski, führt uns zu der Antwort, wie sie schon in der »Vorrede« zum »Buch der Lieder« anklingt:

Entzückende Marter und wonniges Weh!
Der Schmerz wie die Lust unermeßlich!
Derweilen des Mundes Kuß mich beglückt,
Verwunden die Tatzen mich gräßlich.

Heine mag sich allen Liebeskummer seines Lebens erfunden haben – seine Lebensmelodie namens Schmerz mußte er nicht suchen: vielleicht war die Zurückweisung durch Amalie nur eine Vorstellung, Abgewiesensein als Lebensform jedoch ist nicht Verstellung. Die spröde Cousine verpuppt er in das Gespinst seiner Verse, aber er hat sich durch das Versemachen selber entpuppt:

> Wenn das Herz im Leibe zersprungen,
> Dann gehen die Lieder nach Haus!

Nicht zufällig finden wir diesen Vers fast wörtlich wieder in einem Satz von Hans Werner Henze: »Vom Trennungsschmerz konnte ich nie genug kriegen – der Kummer über zerfetzte Gefühle produziert ja sehr brauchbare Noten.«

Der hochkompliziert ausbalancierten Konstellation Narzißmus – Selbstvergottung – Kunst (als Produkt eines genuinen Schöpfers) hat Carl Pietzcker eine so eindringliche wie bestürzende Studie gewidmet. Er bezieht sich auf Sigmund Freuds Narzißmus-Analyse, deren These die Projektion eines selbstgesetzten Ideals als Ersatz der verlorenen narzißtischen Vollkommenheit der Kindheit ist.

Bei Freud heißt es: »Der Narzißmus erscheint auf dieses neue ideale Ich verschoben, welches sich wie das infantile im Besitz aller wertvollen Vollkommenheiten befindet. Der Mensch hat sich hier, wie jedesmal auf dem Gebiete der Libido, unfähig erwiesen, auf die einmal genossene Befriedigung zu verzichten. Er will die narzißtische Vollkommenheit seiner Kindheit nicht entbehren, und wenn er diese nicht festhalten konnte, […] sucht er sie in der neuen Form des Ichideals wiederzugewinnen. Was er als sein Ideal vor sich hin projiziert, ist der Ersatz für den verlorenen Narzißmus seiner Kindheit, in der er sein eigenes Ideal war.«

Pietzcker verlängert diesen Gedanken ins Gesellschaftliche und interpretiert jene Hamlet-Stimmung des 18. Jahrhunderts, von der Immermann sprach, als Situation des aus allen sozialen Bindungen gefallenen einzelnen; wenn er das allmächtig gewordene Selbstbild, Flucht vor dem Leben in Getrenntheit, zeichnet, meint man, er spräche von Heine: »Der Mensch wird jetzt als sein eigener Gott phantasiert, der sich aus seinem Leiden selbst erlöst. Solche Selbstidealisierung können wir im 18. und 19. Jahrhundert vor allem in drei Bereichen beobachten: in dem der Kunst, dem des Denkens und in dem gesellschaftlichen wie auch politischen Handelns.«

Wir greifen jetzt nicht auf das Jahr 1835 vor, auf die veritablen Selbstvergottungsmessen des Heine der Saint-Simonisten in Paris, wo er seine »qualité de Dieu« preist und – etwa von Théophile Gautier – mit »Der Gott war zum Menschen geworden« angeschwärmt oder vom Verleger Edgar Quinet mit »Votre Divinité« angeredet wird. Hier und jetzt, bei dem stellungslosen Poeten von Mitte Zwanzig in Berlin, ist es die Suche nach dem eigenen Ort, der die Kunst sein wird. Der zerrissenen Existenz wird die ästhetische Einheit entgegengesetzt. Die gesellschaftliche Ferne des jüdisch Ausgesetzten wird sublimiert zur intimen Trennung, um zu einer Ganzheit zu gelangen, die nur einer zusammenfügen kann: der Schöpfer namens Künstler. Pietzcker formuliert brillant: »Literarisch Schreiben heißt, Trennung erfahren haben [...] Wer literarische Texte schreibt, erfährt sich als getrennt und sucht, schreibend zwischen Trennungs- und Verschmelzungserfahrungen pendelnd neue Einheit herzustellen.«

Verblüffenderweise ist aber Pietzckers Untersuchungsobjekt keineswegs Heine, sondern Goethe. In einem grandiosen Exkurs exemplifiziert er diesen Weg vom Trennungsschmerz zum ästhetischen Genuß an Goethes »Willkomm und Abschied«, jenem Abschiedsgedicht an Friederike Brion, in dem Pietzcker eine Feier der Selbstbezüglichkeit erkennt: das Gedicht nicht als Spannungsbogen zu einem Partner, vielmehr als Ich-Erschaffung und Ich-Erweiterung. Goethe selber hat das am deutlichsten ausgedrückt: »Wenngleich die Gegenwart Friederikens mich ängstigte, so wußte ich doch nichts Angenehmeres, als abwesend an sie zu denken und mich mit ihr zu unterhalten. [...] Die Abwesenheit machte mich frei, und meine ganze Zuneigung blühte erst recht auf durch die Unterhaltung in der Ferne.«

Trennungsschmerz findet Erfüllung nicht im Aufheben der Trennung, sondern im Gedicht. Goethe empfindet höchstes Glückserlebnis angesichts antiker Statuen: »In Mannheim angelangt, eilte ich mit größter Begierde, den Antikensaal zu sehn, von dem man viel Rühmens machte. [...] Der sterbende Fechter hielt mich lange fest, [...]« Dem sterbenden Fechter sind wir begegnet. Die hinfällige Liebe zur arm-, also umarmungslosen Statue wird uns noch ergreifen.

Heines wichtigstes geistiges Zentrum während seiner Berliner Zeit war jener Salon der Rahel Varnhagen, deren Lebensideal Goethe war, Ausformung ihres Menschenbildes, »der Göttliche«. Diese Idealisierung Goethes ist auch zu begreifen als selbsternannte Gleichstellung mit der geistigen Elite ihrer Zeit. Die 1771 als Tochter des orthodoxen Kaufmanns Markus Levin geborene Rahel, die im Elternhaus nur »Judendeutsch« gesprochen und Hebräisch schreiben gelernt hatte, wollte spätestens nach ihrer Heirat – sie konvertierte am Tage der Hochzeit – mit dem preußischen Diplomaten Karl August Varnhagen von Ense das Alte Testament gegen ihre neue Bibel eintauschen; die hieß »Wilhelm Meister«. Bald schreibt sie ihrem Bruder, dem Schriftsteller Ludwig Robert: *»Der Jude muß aus uns ausgerottet werden; das ist heilig wahr, und sollte das Leben mitgehen.«*

So darf man es nicht Zufall nennen, daß sie den Antisemitismus ihres Freundes Friedrich von Gentz, dem sie ihr Leben lang verbunden blieb, ignorierte, auch als er, Sekretär von Metternich, Kontakte mit jenem Berliner Anwalt Carl Friedrich Wilhelm Grattenauer unterhielt, der das antijüdische Schmutzpamphlet »Wider die Juden« verfaßt hatte. Die getäfelten Türen des Salons waren die Pforte zur bürgerlichen Gleichstellung. Als Säulenheiliger diente der »Geheimbde Rat« zu Weimar. Ein Kreis schloß sich: im Juni 1823 – er war zu Besuch bei den Eltern in Lüneburg –, schrieb Heine für Varnhagens Sammelband »Goethe in den Zeugnissen der Mitlebenden« seinen Aufsatz über Goethe; im selben Monat studierte er Jacques Basnages »Histoire de la Religion des Juifs depuis Jésus Christ jusqu' à présent« und klagte über Rischeß (Judenhaß) in der Bevölkerung; zehn Monate zuvor hatte Amalie sich mit Jonathan Friedländer vermählt; im November schrieb er an Ludwig Robert: »Sie können kaum glauben wie artig ich mich jetzt gegen Frau v. Varnhagen betrage, – ich habe jetzt, bis auf eine Kleinigkeit, den ganzen Göthe gelesen!!! Ich bin jetzt kein blinder Heide mehr, sondern ein sehender. Göthe gefällt mir sehr gut.«

Im Frühjahr war bei Dümmler der Band »Tragödien. Nebst einem lyrischen Intermezzo« erschienen, von dem der Autor in emsiger Beflissenheit Widmungsexemplare an Hegel, Immermann, Onkel Salomon, Tieck und Uhland verschickt hatte. Darin enthalten ist der »Almansor«: die Geliebte weist ihren hohnvoll behandelten Liebhaber ab – in der Literatur endet das mit Mord und Selbstmord. In der Wirklichkeit geht es weniger dramatisch zu; elf Jahre später berichtet Heine Varnhagen: »Ich bin im Begriff diesen Morgen eine dicke Frau zu besuchen, die ich in 11 Jahren nicht gesehen habe, und der man nachsagt ich sey einst verliebt in sie gewesen.«

Der Schmerz ist aufgebraucht. Es war eine gute Zeit.

Neue Schmerzen wollen verdichtet werden. Im Mai 1824 beginnt die Arbeit am »Rabbi von Bacherach«. Ein Jahr später ist Harry Heine getauft; er heißt jetzt Christian Johann Heinrich. Die Daten sind Skelett. Sie sind aber auch Wegmarken unerhörter Begebnisse in seinem Leben.

Der »Rabbi« ist ein Bekenntnis. Es ist nicht fertig geworden. Das muß Gründe haben. Als Heine mit der Arbeit begann, lebte er bereits seit einem halben Jahr wieder in Göttingen, wo er sich im Januar 1824 erneut hatte als Jura-Student immatrikulieren lassen: nach Aufenthalten in Lüneburg, Hamburg, an der Nordsee und einem Besuch in Berlin, war das sein letzter Versuch, die Vorleistungen für einen bürgerlichen Beruf zu erbringen. Er steckte »bis am Halse« im juristischen Studium, wollte »nicht von der poetischen Seite« bekannt werden und beschäftigte sich dennoch – Nachhall des Berliner Kulturvereins – aufs intensivste mit der Geschichte des Judentums, wälzte neben dem Hauptwerk von Jacques Basnage Schriften über »Jüdische Merkwürdigkeiten«, eine vollständige »Frankfurter Judenchronik«, Johann Christian Wolfs »Bibliotheca hebraica« und die »Limburger Chronik«. Er, der später wahrheitswidrig erklären sollte, daß er nie eine Synagoge betreten habe, nahm auch mit Freunden an einem »Seder«-Abend des jüdischen Pessach-Festes teil. Schon in dem Reise-Essay »Ueber Polen«, den er 1822 im Anschluß an eine Polenreise publiziert hatte, finden sich liebevoll-sentimentale Genre-Bilder:

»Dennoch, trotz der barbarischen Pelzmütze, die seinen Kopf bedeckt, und der noch barbarischeren Ideen, die denselben füllen, schätze ich den polnischen Juden weit höher, als so manchen deutschen Juden, der seinen Bolivar auf dem Kopf, und seinen Jean Paul im Kopfe trägt. In der schroffen Abgeschlossenheit wurde der Charakter des polnischen Juden ein Ganzes; durch das Einathmen toleranter Luft bekam dieser Charakter den Stempel der Freyheit. Der innere Mensch wurde kein quodlibetartiges Compositum heterogener Gefühle und verkümmerte nicht durch die Einzwängung Frankfurter Judengaßmauern, hochweiser Stadt-Verordnungen und liebreicher Gesetz-Beschränkungen. Der polnische Jude mit seinem schmutzigen Pelze, mit seinem bevölkerten Barte und Knoblauchgeruch und Gemauschel, ist mir noch immer lieber als Mancher in all seiner staatspapiernen Herrlichkeit.«

Das neutralisiert etwas die bösen (später getilgten) Bemerkungen über jüdische Schmutzlappen, das grinsende feuchte Volk, das Ungeziefer mit Menschenantlitz im Frankfurter Ghetto. Dennoch ist zu konstatieren: Heine hat eine zwischen Überschwang und Ablehnung, zwischen Mitleid und Verachtung schwankende Beziehung zum Judentum; es scheint ihm eher als Bild der Geschichte verlockend, als Bildnis der Gegenwart jedoch abstoßend. Vor einer Berlin-Reise bat er Freund Moser, ihm dort kein Quartier bei einem Juden zu besorgen, »wegen Pessach« – hebräisch geschrieben. Dabei können wir im Gang dieser Überlegungen außer acht lassen, ob Lion Feuchtwangers Dissertation über den »Rabbi« zu Teilen von der neueren Forschung überholt ist und ob Heine jüdischen Bräuchen so entwachsen war, daß er etwa die Geschichte von der Opferung Isaaks (1. Mose, 22) in das Pessach-Fest verlegt, obwohl es in die Liturgie des jüdischen Neujahrsfestes gehört. Eher ist schon verblüffend, daß sein Hebräisch inzwischen zu dürftig war, um »Schmone 'Esre«

korrekt mit achtzehn zu übersetzen; so nennt er das Achtzehngebot »Vierundzwanziggebot«. Manfred Windfuhr vergleicht das in seinem vorzüglichen Kommentar der »Rabbi«-Edition zu Recht damit, daß ein Christ das Vaterunser nicht beherrscht.

Die hochrhythmisierte Prosa erzählt die Fabel vom Rabbi Abraham bei der »Abendfeyer des Paschafestes«, von seinem Gesang bei der »silbernen Sabath-Lampe« und seiner schönen Frau Sara – »wie denn überhaupt die Schönheit der Jüdinnen von eigenthümlich rührender Art ist; das Bewußtsein des tiefen Elends, der bitteren Schmach ... verbreitet über ihre holden Gesichtszüge eine gewisse leidende Innigkeit«. Darum geht es: um Leid, Erniedrigung und Unterdrückung des Volkes Israel; es sind wenige Seiten, mehr Exposé als fertige Erzählung, mehr Ideenskizze von »Schmach und Tod, ein tausendjähriges Martyrthum«, wo man den Männern gelbe Ringe an die Mäntel heftet und den Weibern Putzsucht nur gestattet, um die »Creditfähigkeit ihrer Eheherren« zu demonstrieren: Klagelied um ein Volk, das man zu grinsenden Schacherern herabgewürdigt hat.

Der Autor unterzog sich vor und während des Abfassens dieser unvollendeten Rhapsodie – deren Publikation er immer wieder aufschob – schier unvorstellbarer Quellenarbeit. Als er sie 1826 für den 2. Band der »Reisebilder« plante (in dem der Text dann nicht gedruckt wurde), schrieb er: »[...] ich bin darauf gefaßt daß ich alsdann in der frommen christlichen Welt ganz verhaßt bin.« Heines Parteinahme ist recht eigentlich nie eine für die Sache des Judentums gewesen als vielmehr eine gegen dessen Diffamierung. Er ist weder gläubiges Schaf irgendeiner Herde noch frommes Lamm irgendeines Rituals; auf keinen Fall will er Sündenbock sein.

Der mit ihm wie mit Börne befreundete Moritz Gottlob Saphir erinnert sich an eine Szene, in deren Verlauf Börne sich flammend zu seinem Judentum bekannte, indes Heine »sich mit Händen, Füßen, Federn und Liedern dagegen sträubte« und nur von seinen jüdischen Vorfahren und Voreltern gesprochen habe. Heines Wendung zu jüdischen Gedanken, gar Bräuchen, ist nicht Hinwendung, sondern Abwehr. Gleich das erste Kapitel des »Rabbi« führt diese Abwehr exemplarisch vor.

Heine berichtet eingangs von einem »Sankt Werner« als Beispiel für die Judenverfolgungen im 13. und 14. Jahrhundert, die mit der Anschuldigung, Juden schlachteten zum Pessachfeste Christenkinder oder durchstächen gestohlene Hostien und tränken das Blut, das daraus floß, in wüste Vernichtungsorgien ausarteten; jener Sankt Werner taucht in zahlreichen Vorlagen, Historien und Legenden auf. Es heißt, ein aus dem Hunsrück stammender 14jähriger Knabe namens Werner sei zur Osterzeit 1287 drei Tage lang von Juden in einem Keller zur Ader gelassen und schließlich umgebracht worden. Eine Magd habe den Mord verraten, die Töchter hätten die Leiche nach Mainz zu schaffen versucht, und weil der Kahn bei Bacharach gestrandet sei, habe man ihn dort beerdigt. Im Anschluß raste ein Pogrom, bei dem zweitausend Juden getötet wurden, eine noch größere Zahl konnte sich mit hohen Ablösesummen freikaufen. Werner wurde heiliggesprochen und Namenspatron von vier rheinischen Kirchen. Inzwischen ist Werner indes aus dem katholischen Heiligenkalender getilgt worden – es hatte sich später herausgestellt, daß er das Opfer eines Sexualmordes gewesen war. Heine beschreibt jene »prächtige Abtey […], die jetzt am Rhein eine der schönsten Ruinen bildet, und mit der gothischen Herrlichkeit ihrer langen spitzbögigen Fenster, stolz emporschießender Pfeiler und Steinschnitzeleyen uns so sehr entzückt«, voll Bitterkeit, dabei ist dies auch Paradigma seiner Methode, Landschaft nie als Landschaft zu schildern; sie ist vielmehr Träger und Spiegel von Emotionen und Reflexionen.

Die Heine-Philologie hat den schmalen Text, der in der Gesamtausgabe 35 Seiten einnimmt, in vielen Bänden untersucht – von der Widmung für Heinrich Laube, dem Heine eigentlich seine Denkschrift »Ludwig Börne« zueignen wollte, über den unsicheren Kenner der Riten (Heine spricht zwar bei der Aufzählung der symbolischen Speisen von sechs, nennt aber nur fünf) bis hin zu der miniaturengeschmückten alten Pessach-Haggada seines Urgroßvaters Lazarus van Geldern oder der kniffligen Erörterung anhand von Papierwasserzeichen (Dumoulin mit Muschel), ob nicht nur das dritte, sondern auch schon das zweite Kapitel erst 1840, also 15 Jahre nach dem ersten, geschrieben wurde. Gesichert ist wohl, daß die leicht vergrätzte Abschlußbemerkung Heines am Ende des Fragments: »Der Schluß und die folgenden Kapitel sind, ohne Verschulden des Autors, verlorengegangen«, dann gelogen ist, wenn sie der Behauptung Vorschub leistet, das Rest-Manuskript sei bei einem Brand in der Hamburger Wohnung seiner Mutter vernichtet worden. Liest man »ohne Verschulden des Autors« anders, dann liest man die Wahrheit: Heine fehlte die innere Disposition zum Abschluß. Jetzt, in Göttingen, ohnehin, später, in Paris, ganz gewiß; da hatte sich eine tiefe Wandlung in ihm vollzogen, weg von der »Menschenmäkeley« wie von den »gottlosen Selbstgöttern«. Von »Verschulden« kann wahrlich nie und nirgendwann die Rede sein.

Am 3. Mai 1825 bestand Heine in Göttingen sein juristisches Examen mit der Note 3. Am 24. Mai fuhr er nach Heiligenstadt und stellte sich dem dortigen Pastor Gottlob Christian Grimm vor, mit dem Wunsch, getauft zu werden. Am 28. Mai ging folgendes Gesuch an die Erfurter Regierung: »Ein Israelit aus Düsseldorf gebürtig Namens Harry Heine, eines vormals handeltreibenden, jetzt in Lüneburg privatisierenden Juden Sohn hat sich zur Taufe bei mir gemeldet. Er studiert in Göttingen die Jura und will nicht dort, wo man ihn kenne, sondern hier, wo er fremd sei, die Taufe empfangen, und zwar in aller Stille, damit seine Abstammung von jüdischen Eltern, die er schon als Knabe in den christlichen Schulen, welche er besucht, verheimlicht habe, nicht bekannt, und er, der immer für einen Christen sich ausgegeben und bisher dafür gegolten hat, nicht erst nach seinem Scheiden aus der jüdischen Gemeinde ein Jude genannt und mit dem Namen eines getauften Juden bezeichnet werde. Dringend bat er mich, sein Bekenntnis geheim zu halten, und führte als zweiten Grund an, daß er die bedeutende Unterstützung eines seiner israelitischen Verwandten verlieren würde, wenn es zur Kenntnis desselben gelangte, daß er dem Glauben seiner Väter entsagt habe.«

Am 1. Juni folgte noch die Bitte um ein Leumundszeugnis an den Göttinger Superintendenten Ruperti, der zur Vorsicht mahnte; zwei Göttinger Hauswirte gaben dann Auskunft über die zurückgezogene Lebensweise des unbescholtenen Studenten. Am 23. Juni erging Pastor Grimms Einladung zur Taufe, am 28. Juni, elf Uhr vormittags, erfolgte sie in dessen Wohnung in der Lindenallee nach religiöser Prüfung – »der blasse Göttinger Student«, wie die Magd ihn nannte, an dessen innerlich erregtes Gesicht der Pastor sich erinnerte, ist nun Christ. Jedenfalls ist er, nach geltendem Recht, nicht mehr Jude; ein »rassischer« Begriff von Judentum war der Zeit fremd, sie kannte nur »Glaubensjuden«. Heine hatte denselben Schritt vollzogen wie vor ihm Rahel Levin und Henriette Herz, Ludwig Börne und Eduard Gans, auch Moses Mendelssohns Sohn Abraham mit seiner gesamten Familie. Pastor Grimm notierte: »Die Taufe ist für ihn keine einfache Änderung der äußeren Form, sondern das Ergebnis einer gebieterischen inneren Notwendigkeit.« Der Täufling bezeichnete den Taufzettel als »das Entrée-Billett zur europäischen Kultur«.

Am 20. Juli wurde Heine promoviert; er hatte nun zu den neuen christlichen auch noch den – nach Tucholsky – »jüdischen Vornamen«: Dr. Heinrich Heine. Mit schönem Pathos bemerkt Ludwig Marcuse dazu: »Nach der Auflösung der Ghettos sollte jeder Jude, der sich nicht taufen ließ, sein Ghetto mit sich herumschleppen, wie die Schnecke ihr Haus; so wollte es der christliche Staat.«

Als hätte Heine seine Interpreten gelesen, schreibt er an Moses Moser: »Wer mich am meisten quält das bin ich noch immer selbst«, und er weiß bereits: »Ich bereue sehr daß ich mich getauft hab; ich seh noch gar nicht ein daß es mir seitdem besser gegangen sey, im Gegentheil, ich habe seitdem nichts als Unglück.«

Die peinliche Sorgfalt, mit der Heine um Diskretion bemüht war, die wenigen Eingeweihten immer wieder um strenges Stillschweigen beschwor, mag Indiz sein dafür, wie wenig ihm der Schritt behagt hat.

Noch dazu war er vergebens, nie – bis weit ins 20. Jahrhundert hinein – ist er »den Juden losgeworden«. Und nie hat sich ihm die reale Chance für einen bürgerlichen Beruf geboten. Die Hoffnung auf das »Entrée-Billett« namens crédit wie auch der Traum vom getauften Advokaten hatten sich zerschlagen; beide Projektionen waren auf Hamburg gerichtet gewesen. Auch deshalb konnte er die Stadt – in der man eher über die Bedeutung des Abendmahls als über die des Mittagsmahls streiten könne, in der nicht der schändliche Macbeth, sondern Banco herrsche und in der die Männer, den Hut wie festgenagelt auf dem Kopf, mit den Händen in den Hosentaschen herumliefen, als wollten sie eben fragen: was hab' ich zu bezahlen – so stechend scharf in der Kaltnadelradierung seiner Worte erfassen: »Hamburg ist die Vaterstadt [...] des Rauchfleisches, und rühmt sich dessen, wie Mainz sich seines Johann Fausts und Eisleben sich seines Luthers zu rühmen pflegt. Aber was bedeutet die Buchdruckerey und die Reformazion in Vergleichung mit Rauchfleisch?«

Nein, es gibt nur einen einzigen Menschen, eine einzige Institution, die Heinrich Heine jenes »Entrée-Billett« zum großen Kontinent Europa ausstellen kann: Heinrich Heine. Der Stempel auf diesem Billett wird die Vignette des ganz eigenen Ortes tragen, den er sich Linie um Linie selber entwirft. Scharfe Konturen davon treten aus den »Reisebildern« hervor.

Geld: gierig verachtet, erbärmlich umworben

Mitte September 1824 war Heine zu einer Fußwanderung durch den Harz aufgebrochen. Er folgte damit nicht nur einem Göttinger Brauch; es galt dort geradezu als gesellschaftliche Verpflichtung, den Brocken zu besichtigen, und billig war es außerdem. Er folgte wohl auch einem neuerlichen, selbstauferlegten Trennungsgebot. Die folgenden Eingangsverse der »Harzreise« sind deutliches Abschiedswinken nach Berlin:

> Schwarze Röcke, seid'ne Strümpfe,
> Weiße, höfliche Manschetten,
> Sanfte Reden, Embrassiren –
> Ach, wenn sie nur Herzen hätten!
> [...]
> Lebet wohl, Ihr glatten Säle,
> Glatte Herren! Glatte Frauen!
> Auf die Berge will ich steigen,
> Lachend auf Euch niederschauen.

Schnöder noch ist seine Karikatur Göttingens, der Stadt der Würste, die einem am besten gefällt, »wenn man sie mit dem Rücken ansieht«: »Im Allgemeinen werden die Bewohner Göttingens eingetheilt in Studenten, Professoren, Philister und Vieh [...]. Der Viehstand ist der bedeutendste, [...] mir sind in diesem Augenblick nicht alle Studentennamen im Gedächtnisse, und unter den Professoren sind manche, die noch gar keinen Namen haben.«

Derlei zählt wohl zu jener »fast unglaublichen Keckheit«, die Varnhagen an dem Text hervorhob. Doch Heines »Harzreise« ist mehr als ein dorniger Strauß von Sottisen. Sie ist ein neues Genre: Mischung aus poetischer Naturbetrachtung, höchst exakten Hintergrundstudien und sozialer Typisierung. Für den heutigen Leser ist es ein absonderliches Vergnügen nachzuschlagen, wieviel Sekundärliteratur Heine etwa zum Stichwort »Göttinger Würste« verarbeitet hat oder wie der Gefährte eines Stück Weges, jenes »niedliche kleine Schneiderlein, so dünn, daß die Sterne durchschimmern konnten«, sich später umgekehrt an seinen »Erfinder« erinnerte – der eben nichts erfunden, nur genau beobachtet hatte. Jenem Carl Dörne, einem nicht unwitzigen Handlungsreisenden, der sich kurz nach Abdruck der »Harzreise« im Januar/Februar 1826 in der Berliner Zeitschrift »Der Gesellschafter« in eben diesem Blatt zu Worte meldete, verdanken wir ein hübsches Heine-Konterfei: »Etwa auf der Hälfte des Weges traf ich mit einem jungen Manne zusammen, den ich genau beschreibe, damit er sich überzeugt, daß ich ihn wirklich damals gesehen. Er war etwa 5 Fuß 6 Zoll groß, konnte 25 – 27 Jahr alt seyn, hatte blonde Haare, blaue Augen, eine einnehmende Gesichtsbildung, war schlank von Gestalt, trug einen braunen Ueberrock, gelbe Pantalons, gestreifte Weste, schwarzes Halstuch und hatte eine grüne Kappe auf dem Kopfe und einen Tornister von grüner Wachsleinwand auf dem Rücken.«

In diesem Aufzug wanderte Egon Erwin Kischs Vorfahr – der Name ist nicht der Pointe wegen gewählt; daß Heine nämlich den Bergbau besichtigte, in Gruben und Stollen einfuhr und die ärmlichen Hütten der Bergarbeiter in Clausthal-Zellerfeld besuchte, war für die damalige Zeit eine Pionierleistung. Über die schriftstellerische Arbeit – Heine hatte offenbar nicht nur Bücher über Wurst, sondern auch Byrons »Childe Harold's Pilgrimage« und Washington Irvings »Tales of a Traveller« studiert – sprach er seltsam distanziert. Sie erschien dann zusammen mit dem »Almansor«, der »Wallfahrt nach Kevlaar«, der »Donna Clara« und anderen 1826 bei Hoffmann und Campe. In einem Brief an Ludwig Robert bezeichnet Heine »Die Harzreise« zwar noch als »das Hübscheste«, was er unterdessen geschrieben habe, »eine Mischung von Naturschilderung, Witz, Poesie und Waschington Irvingscher Beobachtung«, aber wenig später klagt er schon über »viele alte Witze [...], mit schlechten neuen Witzen, bunt untermischt, nachläßige, unkünstlerische Prosa, unbeholfene Naturschilderungen, verunglückter Enthousiasmus«.

Hatte ihn der mißglückte Besuch in Weimar mißgestimmt? Der Bitte vom 1. Oktober 1824, ihn besuchen zu dürfen, hatte Goethe umgehend entsprochen. Doch die Begegnung am nächsten Tag wurde zur Katastrophe. Schon das wortlose Schweigen des Brieffreudigen auf die Zusendung des ersten Gedichtbandes aus Berlin konnte nicht als aufmunternder Applaus gewertet werden, mußte Heine verstimmt, wenn nicht verletzt haben; »[...] ich küsse die heilige Hand«, hatte in der Widmung gestanden und »nur Ihre Hand zu küssen« hatte der junge Poet um den Besuch gebeten. Es wurde eine eher unwirsche Handbewegung. Goethe hielt die kurze Bekanntschaft in seinem Tagebuch mit den drei Worten: »Heine von Göttingen« fest. Auf die Frage nach seinen Plänen hatte Heine geantwortet, er beschäftige sich mit einem »Faust«. Darauf war er mit der kühlen Replik beschieden worden: »Haben Sie weiter keine Geschäfte in Weimar, Herr Heine?«, woraufhin der sich pseudo-respektierlich verabschiedet hatte: »Mit meinem Fuße über die Schwelle Ew. Exzellenz sind alle meine Geschäfte in Weimar beendet.«

Keine glückliche Fügung. Schon in seinen »Berliner Briefen« hatte Heine dem großen Mann einen »seidnen Rock« mehr vor- als umgeworfen. Jetzt fand die Enttäuschung in vielen Briefen ihren Niederschlag, in allen überlieferten Gesprächen hat er sich über den ungebührlichen, kalten Empfang beklagt. Es mag in erster Linie gar nicht der Verächter der deutschen romantischen, freiheitlichen Burschenschaftsbewegung mit ihrem Einheitsbestreben gewesen sein, als der Goethe, vom Adel geliebt, dem Jüngeren verächtlich schien; Heine – der in einem Brief des Jahres 1827 betont, »ich [habe] ihn schon vor 3 Jahren nicht mehr geliebt« – charakterisiert ihn als »Aristokratenknecht« und »schwachen, abgelebten Gott«, der »die anwachsenden Titanen« fürchtete. Auch die bewußt ridikülen Bemerkungen in einem der ersten Briefe nach dem mißglückten Besuch: »Ich war in Weimar; es giebt dort auch guten Gänsebraten. [...] Das Bier in Weimar ist wirklich gut«, sind nicht mehr als schnippisch. Die eigentliche Differenz findet sich in zwei kurz aufeinanderfolgenden Briefen an die Freunde Moser und Christiani, die sehr akribisch – und zwar fast gleichlautend – formuliert sind. Das von Heine später so vehement aufgestellte Gegensatzpaar Helene – Nazarener ist hier gleichsam in Spiegelschrift vornotiert. Heine erkennt dem »egoistisch behäglichen Leben« des Sechsundsiebzigjährigen den Glückshorizont ab und analysiert, »warum die göthischen Schriften im Grund« seiner Seele ihn »immer abstießen«:

»Im Grunde aber sind Ich und Göthe zwey Naturen die sich in ihrer Heterogenität abstoßen müssen. *Er* ist von Haus aus ein leichter Lebemensch dem der Lebensgenuß das

Höchste, und der das Leben für und in der Idee wohl zuweilen fühlt und ahnt und in Gedichten ausspricht, aber nie tief begriffen und noch weniger gelebt hat. Ich hingegen bin von Haus aus ein Schwärmer, d. h. bis zur Aufopfrung begeistert für die Idee, und immer gedrängt in dieselbe mich zu versenken, dagegen aber habe ich den Lebensgenuß begriffen und Gefallen dran gefunden, und nun ist in mir der große Kampf zwischen meiner klaren Vernünftigkeit die den Lebensgenuß billigt und alle aufopfrende Begeistrung als etwas Thörigtes ablehnt, und zwischen meiner schwärmerischen Neigung, die oft unversehens aufschießt, und mich gewaltsam ergreift, und mich vielleicht einst wieder in ihr uraltes Reich *hinab*zieht, wenn es nicht besser ist zu sagen *hinauf*zieht; [...].«

Geheimnisvolle Ambivalenz: Heinrich Heine ist keineswegs und in keiner Lebensphase ein Ideenträger, gar ein Ideentreuer oder auch nur einer, der sich für Ideen opfert. Im Gegenteil – er flüchtet vor Ideen, wenn sich das große flimmernde Spiel seines Lebens zu verdüstern droht; und er flieht solche Ideenträger, weist sie mit Worten derselben Schärfe von sich, wie sie hier Goethe gelten. In Goethe erwehrt er sich eines übergroßen Schattens, gegen den er den eigenen werfen will. Die Begriffe, mit denen er zehn Jahre später in »Zur Geschichte der Religion und Philosophie in Deutschland« »das goethesche Lied« preist, sind Begriffe für *seine* Lieder: zart, ätherisch, duftig, beflügelt – Schmetterlinge, nach denen die Orthodoxen und Pietisten mit ihren frommen Bärentatzen tappen. Deshalb weiß er auch 1827 einen Brief zu endigen: »Wolfgang Göthe mag immerhin das Völkerrecht der Geister verletzen; er kann doch nicht verhindern daß sein großer Namen einst gar oft zusammen genannt wird mit dem Namen H. Heine.«

Das ist Selbstbewußtsein – bei einem Dreißigjährigen, der schon seit fünf Jahren von der Arbeit an seinen Memoiren berichtet und der soeben mit den »Reisebildern« sein drittes Buch veröffentlicht hat, das sogar einige Aufmerksamkeit auf sich lenken konnte, allerdings auch einen kleinen Skandal verursacht hatte, der ihn so ängstigte, daß er geschenkte Kekse verbrannte, weil er sie für einen Mordversuch hielt; der sich auch bereits mit Attacken auf seine formlose, ironisch-zersetzende, obszöne, undeutsche und unorganische Prosa konfrontiert sah – der aber nach wie vor ohne Beruf, ohne eigenes Einkommen dastand. Selbst die Sommermonate des Jahres 1826 mit Flirts und Kurgästen auf Norderney mußte ihm der Onkel bezahlen.

Wie stets war Heine Voyeur und Selbstbeobachter. Mal erklärte er pathetisch: »Ich liebe das Meer wie meine Seele«, und mal stand er vor den erleuchteten Fenstern des »Conversazionshauses« und amüsierte sich »über die begehrlichen Grimassen, das lüsterne Tanzen, das vergnügte Schmausen, das habsüchtige Spielen«. Voyeur und Selbstbeobachter: Tatsächlich war Heine, der auch schwimmen lernte und gern in einem Boot vor der Küste herumfuhr, selber Gast im Spielcasino, wo er des Onkels Geld rasch los wurde – während er eben dieses Spiel der »inneren Lebensstörung« zieh, das Spielen einen »schlimmen Anreiz«, einen großen »Schmerz« nannte. Brennende Sehnsucht erfaßte ihn, »wenn schön gebackene Tochten«, wovon er »nichts bekommen sollte, duftig, offen«, bei ihm »vorübergetragen wurden«. Er beneidete die Eigentümer der schönen »Tochten« und Frauen und genoß, wie man weiß, mit beiden »allerly süßgebackene Gelüste«. Das galt allerdings wohl eher den Kurgästen als den Insulanerinnen, deren Häßlichkeit er noch durch ihren Fischgeruch verstärkt fand; gelegentlich sah er unter ihnen bestenfalls »ein lüsternes Mopsgesicht«.

Im April 1827 brach Heine nach England auf. Er hatte einen Kreditbrief für das Londoner Haus Rothschild über 200 Pfund Sterling in der Tasche, 20 Louisdor Reisegeld im Portemonnaie und von der Mutter noch weitere 100 Louisdor Zehrgeld. Heine, dessen Name nun durch die »Reisebilder« bekannt und dessen Kasse leer war, löste den nur für Repräsentationszwecke anvertrauten Kreditbrief umgehend ein. Ein hochbegabter Dieb. Es wird einer der schlimmsten Kräche mit dem Onkel. Bei der lärmenden Auseinandersetzung, in deren Verlauf nicht nur von Verschwendung die Rede war, sondern auch der Bruch ohne Aussöhnung wie ein Fluch gegen den Neffen geschleudert wurde, fielen schließlich die berühmten Worte: »Weißt Du, Onkel, das Beste an Dir ist, daß Du meinen Namen trägst.« Gelegentlich im hadernden Auf und Ab dieser Beziehung unterschrieb der Millionär auch seine Briefe: »Dein Onckel Salomon Heine – Der Mann der Dein Name führt«.

Vielleicht ist es nicht übertrieben, wenn wir das Verhältnis Heinrich Heines zum Onkel Salomon das schwierigste – fast: intimste – seines Lebens nennen. Es war wie von ständig wechselnden Gezeiten getragen: mal ging ein Widmungsexemplar vom zweiten Band der »Reisebilder« in rotes Maroquinleder gebunden nach Hamburg, mal stand in der ersten Ausgabe des »Buch der Lieder« vor der Abteilung »Lyrisches Intermezzo«: »Salomon Heine empfange diese Blätter auf's neue als Zeichen der Verehrung und Zuneigung des Verfassers.« Dann hatte die zweite Auflage keine Widmungsformel mehr, in der Vorrede von 1837 hieß es nur noch: »Die hohe Achtung, die ich diesem großartigen Manne zollte, so wie auch meine Dankbarkeit für die Liebe, die er mir damals bewiesen, wollte ich durch jene Widmung beurkunden.«

Derlei war gewiß keine bloße Höflichkeitsfloskel. Doch unter alldem – von früh an bis zum erbitterten Erbschaftsstreit nach des Onkels Tod 1844 – lag ein Grollen; wohl auch Neid. Der Dichter Heine, der sich als eigene Weltmacht sah, akzeptierte innerlich nie, daß der Bankier Heine die wahre Weltmacht war. Er hat sich erkennbar nie gefragt, ob allein die hübsche Legende »vom Wechselausträger zum Millionär« der Wahrheit entsprach oder ob nicht auch zähe Arbeit (allerdings auch 10.000 Mark Mitgift) notwendig war, um mit dem Freund Marcus Abraham Heckscher zur ersten eigenen Bank und dann allmählich zum großen Reichtum zu gelangen. Da der jüdische Familiensinn traditionell gebietet: »Wer mehr hat, gibt mehr«, dichtete Heine sich ihn in eine obligate Selbstverständlichkeit um: »Er hat mehr, er muß geben.« Er setzte schlicht voraus, daß der Onkel ihm das gesamte Studium bezahlte – im ersten Studienjahr mit 400 Talern, die weiteren fünf Studienjahre mit je 500 Talern, Summen, die nur den reichsten Studenten aus Adelskreisen zur Verfügung standen –; daß Salomon nach dem Bankrott von 1819 den Bruder und dessen gesamte Familie ernährte und daß er nach Samsons Tod, 1828, dessen Witwe eine lebenslange Rente aussetzte, von der sie 31 Jahre lang lebte; daß er Harrys Brüdern ihr Studium – Gustav Landwirtschaft, Maximilian Medizin – vollständig ermöglichte, ohne daß der später durch Heirat schwerreiche Gustav, der den Onkel an Prunk zu übertreffen suchte, seiner Mutter oder seinem Bruder je eine Mark zukommen ließ; daß Heine schließlich in Paris eine feste Jahresrente von 4.000 Francs erhielt, die nach der Heirat mit Mathilde ohne Zögern auf 4.800 Francs erhöht wurde.

Gewiß, all das waren für den sehr reichen Mann keine umwerfenden Beträge, er hinterließ – und verschenkte – ein riesiges Vermögen. Doch wo steht geschrieben, daß ein reicher Onkel zeitlebens den dichtenden Neffen erhalten muß?

Heinrich Heine hatte Zeit seines Lebens ein nonchalantes Verhältnis zu Geld. Er spielte damit, ließ sich auf gewagte Aktienspekulationen und fragwürdige Bekanntschaften ein, preßte aus seinem Verleger Vorschüsse für Manuskripte, die es nicht gab, und erpreßte mit den ungeschriebenen Memoiren die reiche Verwandtschaft – Therese Devrient hat in ihren Erinnerungen solch eine Szene festgehalten: »Ich [...] hörte, wie er mit blasiertem, halb spöttischem, halb klagendem Tone von seiner Armut sprach, die ihm größere Reisen versagte. Da rief der Onkel (von dem man wußte, daß er den Neffen großmütig unterstütze): ›Ei, Heinrich, du brauchst doch nicht zu klagen. Wenn dir's an Geld fehlt, gehst du zu einigen guten Freunden ins Haus, drohst ihnen: Ich mache euch in meinem nächsten Buche so lächerlich, daß kein ordentlicher Mensch mehr mit euch umgehen kann, oder du blamierst einen Edelmann! Du hast ja Mittel genug in Händen.‹«

Zugleich amüsierte Heine die Verschwendung seiner »Verbrengerin« Mathilde, unterstützte er verarmte Emigranten in Paris oder eilte zu teuren Champagner-Dejeuners ins Luxus-Restaurant »Le Grand Véfour«, wenn die Hausfrau ihm mit den gehaßten Kalbskeulen drohte. Das Bonmot über den zwanzig Jahre jüngeren Karl Marx, dem zufolge dessen Finanztransaktionen und Geldnöte denen eines mittleren europäischen Fürstentums geglichen hätten, wäre auch auf Heinrich Heine anwendbar; mit derselben Chuzpe, einem Gemisch aus Gejammer und Gedrohe, mit der jener bei dem Freund Friedrich Engels barsch Bargeld, Wechsel, Bordeaux und Sherry anmahnte, erflehte und erzwang dieser, stolz, herrisch, gebieterisch Kredite, Renten, Honorare – bei Meyerbeer, bei Regierungen, beim Onkel und beim Verleger.

Geld ist für Heine nur anders bedrucktes Papier, er kann Papier besser bedrucken. Doch seine Währung gilt nicht. Weder« Briefe aus Berlin« noch »Briefe aus Paris« sind beleihbar. Der Freibrief ist der Kreditbrief: das ist seine verzagte Wut. Das war das Herzzittern um Amalie gewesen. Am liebsten hätte er wohl den Onkel geheiratet – um sich rasch und reich scheiden zu lassen: »Lieber Onkel, leihe mir hunderttausend Thaler und vergiß auf ewig Deinen Dich liebenden Neffen H. Heine.«

Der Onkel ist ein freier Mann. Heine ist freier Schriftsteller. Der Onkel kann sich selbst über Foppereien amüsieren, die kalte Rachsucht und nackten Haß beim Neffen zündeln: das »Der Platen hat dir gut getrefft«, kann er so in polternd-grobianischer Launigkeit sagen. Heine verschlägt das die Sprache, bis sie hervorbricht wie Lava. Es schmunzelt sich leicht in der Villa mit Park über der Elbe. Heine will ein Stückchen von dieser Schmunzel-Leichtigkeit; von diesem Konto will er etwas abziehen, weswegen er es oft überzieht. So bleibt ihm das schmerzliche Lächeln der Ironie. Des Onkels Burg ist nicht mehr attackierbar, sein kunstvolles kleines Schneckenhaus ist stets angreifbar. Niemand hätte gewagt, des Onkels Haus zu zerstören, Geld schützt sogar vor Pogromen. Viele haben es jedoch unternommen, Heines Leben zu zerstören, Geist schützt nicht vor Verfolgung. Deshalb ist Heine ein zärtlich Hassender, ein liebender Neider, ein ehrfurchtsvoller Ränkeschmieder. Übrigens auch ein Lügner von Geblüt.

Die Legende von der lebenslangen Armut, vom Elend gar,

ist zwar vom Autor selber geradezu hingebungsvoll ausgesponnen und bis zu den diversen Fassungen seines Testaments hin wieder und wieder variiert worden. Eine kleine Anthologie ließe sich zusammenstellen, ein veritables »Buch der Klage-Lieder«, die nun nicht mehr Herz auf Schmerz, sondern Not auf Tod reimen und über den harten Mann barmen, der »seinen Neffen mit Weib und Kind in den unverschuldetsten Nöthen lungern läßt«. Flugs auch noch ein Kind für die kinderlose Ehe. Einer Überprüfung hält das alles nicht stand. Heinrich Heine ist nie je arm gewesen und war zu Zeiten ein wohlhabender Mann. Er hinterließ nicht nur kein Kind, sondern auch kein darbendes Weib. Vielmehr hinterließ er ein Vermögen von – nach heutigem Geldwert gerechnet – fast einer Million DM. Damit gehörte er zur oberen Mittelschicht, in Paris vererbten zu der Zeit nur 5,1 Prozent aller Erblasser mehr als 50.000 Francs.

Solche Zahlenspiele sind immer ein wenig fragwürdig, da das Verhältnis von Einkommen und Kaufkraft völlig anderen Relationen unterlag; das Personal war billig, eine Kutsche war Luxus – also umgekehrt zu den heutigen Verhältnissen. »Werbungskosten« wiederum waren extrem hoch; Heine zahlte für das Versenden eines Zeitschriftenabdrucks seiner »Briefe über die französische Bühne« mehr als drei Tagelöhne eines gut bezahlten Handwerkers und wollte vor Schreck darüber fast sterben. Das Porto für einen Brief Paris – Hamburg kostete 1,50 Francs, mehr als der Tageslohn von Börnes Weißnäherin, und ein Theater- oder Opern-Billett bezifferte sich auf 5 bis 20 Francs. Auch gab es ein Währungswirrwarr zwischen Francs, Bankomark, Louisdor, Thalern, sächsischen Talern und Friedrichsdor, so daß nur ein paar konkrete Vergleiche die Lebensverhältnisse verdeutlichen können. Ein ungelernter Arbeiter verdiente in Paris pro Jahr etwa 500 Francs, ein gelernter Handwerker 750 Francs; der Tageslohn (meist ein 15-Stunden-Tag) betrug für den Pariser Handwerker durchschnittlich vier Francs (außerhalb von Paris zwei Francs) und für Frauen die Hälfte. Brot kostete pro Kilo 0,20 bis 0,40 Francs, eine drei- bis vierköpfige Arbeiterfamilie mußte allein dafür fast die Hälfte ihres Einkommens aufbringen. Heines Barbier (der allerdings ins Haus kam) nahm 0,10 Francs, die Köchin seines Arztes bekam 25 Francs im Monat, die Monatsmiete für eine gut gelegene, möblierte Vierzimmerwohnung (Heine wohnte stets möbliert) betrug 120 bis 180 Francs – der doppelte Monatslohn eines gut verdienenden gelernten Arbeiters. Friedrich Hebbel beschrieb Elise Lensing 1843 seine bittere Armut in Paris, als Heine seiner Mathilde immerhin für 100 Francs ein Seidenkleid oder für 13 Francs eine Haube kaufte:

»Ich esse in einer englischen Restauration, am Place vendome, wo ich 1 Franken [...] zahle, wofür ich ein Roßbeef mit Kartoffeln, ein Gemüse, eine halbe Flasche Wein und Brot nach Belieben habe [...]. Außerdem habe ich bisher für Frühstück und Abendbrot noch ½ Fr ausgegeben, nämlich für Milch 2 Sous [1 Sou = 0,05 F], für Brot 4 S und für Kaffee, den ich Morgens und Nachmittags trank, 4 Sous, doch denke ich mir den Kaffee abzugewöhnen [...], aufs Café gehe ich nur, wenn ich eines Bekannten wegen durchaus muß, höchstens 2 Mal im Monat. Für mein Logis muß ich aber 35 fr zahlen, statt 32 [...]. Feurung ist sehr kostspielig, sie ist der theuerste Artikel in Paris, eben darum denke ich meinen wohlfeilsten daraus zu machen und gar keine zu kaufen, es geht an, ich bleibe [...] bis 9 Uhr im Bett, trinke dann meine heiße Milch, esse mein Brot dazu und gehe auf die Bibliothek [...] darauf gehe ich im Palais royal oder einer der vielen Passagen, die sogar zum Theil aus Rücksicht für die Armen geheizt werden, bis 8 Uhr spazieren und nun zu Hause und wieder zu Bett.«

Heine hingegen standen im Jahr zwischen 10.000 und 13.000 Francs zur Verfügung, er selber bezifferte die 4.800 Francs, die der Onkel ihm als feste Rente ausgesetzt hatte, auf »ungefähr ein Drittel« dessen, was er pro Jahr benötigte, und er war regelmäßig erbost, wenn man ihn als mittellos, gar unterstützungsbedürftig bezeichnete. Aus den Unterlagen von Cottas »Allgemeiner Zeitung« geht hervor, daß Heine mit einem Zeilenhonorar von bis zu 0,25 Francs zu den höchstbezahlten deutschen Journalisten gehörte. Auch als Buchautor, der mit seinem Verleger Campe die zähesten Verhandlungen führte – oft auch windige, weil er gerne bereits Erschienenes noch einmal verkaufte, Texte vorab an ausländische Verlage gab oder Vorschüsse für Bücher verlangte, die er noch nicht geschrieben hatte –, verdiente er zunehmend gut. Den ersten Band »Gedichte« hatte er noch honorarlos hergegeben, aber schon jeder »Reisebilder«-Band trug zunehmende, sich rasch steigernde Zahlungen ein; für die kleine Vorrede zu »Kahldorf über den Adel« kassierte er bereits eine beträchtliche Summe, und über den enorm hohen Betrag von 6.000 Bankomark für den »Romanzero« jubelte er: »So viel hat der große, klassische Göthe in seinem ganzen Leben nicht für all seine Gedichte bekommen!«

Goethe galt eben allenthalben als Vorbild, auch für raffiniertes Geschäftsgebaren: Für die 40 Bände der Ausgabe letzter Hand hatte er 60.000 sächsische Taler herausgehandelt, das entsprach 1.500 Talern oder 5.750 Francs pro Band, ca. 20 Friedrichsdor (über 400 Francs) pro Druckbogen. Zum Vergleich: Heine erhielt für den ersten »Reisebilder«-Band 41,50 Francs pro Druckbogen, Hebbel für seine Gedichte die Hälfte, nur Freiligrath stieß mit 29 Friedrichsdor pro Bogen für sein »Glaubensbekenntnis« an die Goethe-Grenze der Spitzenverdiener. Die meisten Schriftsteller jener Zeit, in der das heutige Urheberrecht, Normverträge und Nebenrechtsteilungen noch nicht fest paraphiert waren – Heine hatte z.B. keinerlei Einnahmen aus den Vertonungen seiner Lieder –, mußten sich wie Gutzkow als Redakteur oder wie Grillparzer als Hofarchivdirektor oder wie Wienbarg als Hauslehrer verdingen. Wenige – wie Börne – verfügten über ein Privatvermögen. Heinrich Heine beschäftigte noch in den letzten Jahren seines Lebens eine Köchin, zwei Wärterinnen, einen Vorleser, einen Sekretär, zeitweise einen Übersetzer, und er bezahlte einen der berühmtesten französischen Ärzte. Er konnte sich das – nebst der großbürgerlichen Wohnung in der Avenue Matignon mit Blick auf die »elysischen Felder« – leisten nach einem Leben des zu Teilen grotesken, zu Teilen erbärmlichen, immer aber recht erfolgreichen Kampfes um Geld; bei dem, wie eine Anekdote illustriert, er sich wohl auch als Spieler an einem überdimensionalen Roulette-Tisch fühlte:

»Ich sehe ihn noch, wie er mir am Abend jenes Unglückstages in der Passage de l'Opera begegnete und auf meine Frage, ob er auch etwas verloren habe, antwortete er: ›Etwas? Sehr viel! Aber mir geschieht ganz recht und der Rabbi Ben Schloime in Prag hat ganz recht gehabt.‹ – ›Wie so?‹ – fragte ich ganz erstaunt. – ›Sehen Sie‹, sagte Heine, – ›das ist eine alte Geschichte, die mir schon in meiner Knabenzeit erzählt worden ist und die mir heute wieder einfiel. Der Rabbi geht in Prag über die Moldaubrücke, da stürzt ihm eine alte Jüdin entgegen und schreit: ›Gott über die Welt! Gott über die

Welt! Rabbileben helft! – Das Unglück!‹ – ›Was für ein Unglück?‹ fragte der Rabbi. – ›Mein Sohn, der Itzig, hat sich gebrochen ein Bein!‹ – ›Wie so hat er sich gebrochen ein Bein?‹ – frägt der Rabbi. – ›Weil er ist gestiegen auf eine Leiter und hat wollen‹ – ›Was?‹ unterbricht sie der Rabbi, ›auf eine Leiter ist der Itzig gestiegen? Recht ist ihm geschehen, *was hat ein Jud' zu steigen auf eine Leiter?*‹ - Sehen Sie‹, schloß Heine seine Erzählung, ›gerade so geht es auch mir. *Was hat ein Dichter auf der Börse zu thun?*‹«

Heines Einnahmen aus den Verkäufen auf dem deutschen Buchmarkt sind Jahre hindurch nicht erheblich gewesen; insgesamt 92.735 Francs. Keines seiner Bücher hat je eine Erstauflage von 3.000 Exemplaren überschritten, und daß Julius Campe sich von den enormen Gewinnen aus dem »Buch der Lieder« ein neues Büro-Gebäude habe errichten lassen, ist eine Fama; er druckte 1827 eine Auflage von 2.000 Exemplaren (800 auf Kelimpapier, 1.200 auf gewöhnlichem Papier), und diese Auflage hielt zehn Jahre lang vor. So versuchte sich der Dichter mit großem Elan auch als Börsenspekulant, wobei er sich eine höchst eigenwillige Spielregel erdacht hatte: Gewinne nahm er gerne entgegen, Verluste empörten ihn, und er wollte sie gelegentlich von seinen Vermittlern ausgeglichen sehen. Eine seiner gewagtesten Manipulationen riß ihn im Jahre 1847 in den Börsenkrach. Von Baron Rothschild hatte er zehn Nordbahn-Aktien geschenkt bekommen mit der Bedingung, sie im Depot des Finanzgenies zu belassen, der sie zum gegebenen Zeitpunkt für ihn verkaufen würde. Leute wie Rothschild wissen, wann »der gegebene Zeitpunkt« ist: Er verkaufte mit 20.000 Francs Gewinn – die Heine sofort an der Börse verspielte. Das war die Leiter, von der der Jud' gefallen war.

Auf Heines höchst dubiose Verbindung zum Hause Rothschild wird noch einzugehen sein. Seine Beziehung zu Geld aber ist eine Konstante: gierige Verächtlichkeit, Noblesse, die auch Erpressung nicht verschmäht, kindliche Unverfrorenheit, die ihn hochmütige Bettlerbriefe schreiben wie auch sehr düstere Verbindungen nicht scheuen läßt. Ganz unbedenklich quetschte er aus Meyerbeer für positive Besprechungen von dessen Opern in der französischen Presse hohe Summen, und er richtete kaum noch bittende, eher fordernde Briefe an den erfolgverwöhnten und reichen Komponisten im Wegelagerer-Ton »Her mit dem Geld«: »Peinigend, widerwärtige Geschichten; eine derselben (vous y êtes beaucoup) *drängt* mich in diesem Augenblick, an Sie zu schreiben. Ich habe keinen Tag zu verlieren, wenn ich großen Ärgernissen zuvorkommen will. Mit Widerwillen entschließe ich mich dazu, denn ich muß wieder Geld von Ihnen verlangen. [...]. Meine Mittel sind erschöpft. Von einer Summe von 2. 000 Franks, die ich jüngst als Etrenner von meinem Oheim erhielt, habe ich 700 Franks an deutsche Hungerleider spenden müssen. Heute müssen Sie wieder helfen und unverzüglich einen Betrag von fünfhundert, sage fünfhundert Franks zu meiner Verfügung stellen. Wenn ich sie nicht gleich habe, kann es nichts helfen.«

Heines Wertschätzung anderer hält sich in Grenzen. Die Hochachtung vor sich selber – zumal vor dem eigenen Werk – ist grenzenlos. Als dem bereits siechen Dichter die Idee vorgetragen wird, seine letzte Arbeit auf Subskriptions-Basis herauszubringen, wodurch er aller finanzieller Sorgen ledig wäre, grinst ihm »die Idee etwas säuerlich ins Gemüthe«. Für ihn ist das etwas Unreinliches, »eine versteckte« Bettelei, da er sich ja quasi selber, direkt an sein Publikum wendet, eine

Art Straßensänger mit dem Hut in der Hand, wo er doch diese »gemeineren Bemühungen« um die Gunst des Publikums sein Lebtag dem Verleger überlassen hat. Keineswegs will Heine seinen Lesern direkt ins Gesicht schauen, auch nicht mit anbiedernder Fingergelenkigkeit ihnen in die Tasche fassen. Fremde Taschen haben ihn nie verlegen gemacht, und er hat sie oft und gerne aufgeknöpft; aber seine Kunst soll er feilbieten, also sich selber? Nein, er sagt das so verlockende wie ihn bedrohende Projekt mit einem Brief ab, dem die Erleichterung deutlich anzumerken ist:

»Ich habe da ganz deutlich eingesehen, daß mich mein erstes instinctives Gefühl über dieses Project nicht getäuscht hat: es ist und bleibt eine versteckte Bettelei, und wenn es auch wahrscheinlich ist, daß ich auf Subscriptionswege zu einer bedeutenden Summe und zur Endschaft großer Nöthen gelange, so kann ich mich doch nicht dazu entschließen, und wir wollen daher nicht mehr daran denken. Betteln ja, aber mit einer geladenen Kanone in jedem Rockschoß, das würde mich schon minder häkelig finden. Schlagen Sie mir lieber etwas vor, was auf Straßenraub oder Mordbrand hinausliefe, aber keine Subscriptionsliste.«

Unappetitlicher ist die Affäre, in die er sich mit Ferdinand Lassalles Vetter und Schwager, Ferdinand Friedland, später verstrickte. Lassalle, für Heine »der Messias des Jahrhunderts«, hatte ihn in Paris besucht und davon erzählt, daß sein Vater mit eben jenem Schwager-Vetter in Breslau die Installation der Gasbeleuchtung betreibe; beide wüßten von einer belgischen Firma, die diese Installation soeben für Prag übernehmen werde. Gasbeleuchtung war um die Wende zum 19. Jahrhundert nicht nur Ereignis, sondern auch Geschäft. Heine kaufte 14 Aktien à 1.000 Francs, die nicht nur keine Dividende brachten, sondern auch an Kurswert verloren. Er war außer sich und verlangte in einer sich quälend hinziehenden Korrespondenz von Friedland das eingesetzte Geld zurück mit der offenbar aufrichtig empörten Begründung, er habe ihm nicht nur zugeraten, sondern auch versichert, daß es sich um ein unzweifelhaftes Geschäft handele. Heine fand sich sogar großmütig, da er nicht auf Zinsgewinn bestehe, sondern »nur« sein Kapital zurückverlange. Das absurde Stück wurde in vielen Akten aufgeführt, und neben den beiden Hauptakteuren hatten Bruder Gustav, Sekretär Meißner und manch anderer ihre Rollen. Als Raubritter war Heine nicht sehr erfolgreich. Da war er – auch finanziell – als Schriftsteller wesentlich erfolgreicher; wenn er etwa für das bloße Hergeben seines Namens für die kleinen Porträts »Shakespeares Mädchen und Frauen« 2.000 Francs einnahm, für die Arbeit insgesamt den exorbitanten Betrag von 4.000 Francs, fast so viel wie die Jahresrente des Onkels.

Aber noch hat Heine nicht den Namen, noch mußte er mit dem geliehenen Geld des Onkels nach England reisen, April 1827; im selben Monat erschienen die »Reisebilder. Zweyter Theil«, für die Campe den bescheidenen Betrag von 50 Friedrichsdor zahlte. Die von nun an sich steigernden Honorare, zu denen sich der Verleger bequemte, sind der Gradmesser für den steigenden Ruhm des Autors. Tatsächlich brachte ihm jener »Zweyte Theil« der Reisebilder – »Ideen. Das Buch Le Grand« –, der mit der kecken Volte: »Ich aber hatte Zahnweh im Herzen« endet, vielfache Beachtung ein. Schon zwei Monate nach Erscheinen des in 2.000 Exemplaren aufgelegten Buches kann Heine in einem Brief an Moses Moser davon schwärmen, daß er nun in Deutschland ungeheuren Anhang und Popularität gewonnen habe, über eine weitschallende Stimme verfüge, die er donnernd gegen Gedankenschergen und Unterdrücker heiligster Rechte erschallen lassen werde. Dabei liest sich der schmale Band eher wie ein Vor-Beben, ein Andeuten von Motiven. Die Eingangsmetapher: »Sie war liebenswürdig, und Er liebte Sie; Er aber war nicht liebenswürdig, und Sie liebte Ihn nicht. (Altes Stück)«, führt ja direkt zu vielen lyrischen Bildern, die entweder schon bekannt sind oder ein halbes Jahr später im »Buch der Lieder« so manchen Zeitgenossen vergrätzen sollten; nicht zuletzt zu dem aus den »Neuen Gedichten«, das Karl Kraus verhöhnte:

Das Fräulein stand am Meere
Und seufzte lang und bang,
Es rührte sie so sehre
Der Sonnenuntergang.

Mein Fräulein! seyn Sie munter,
Das ist ein altes Stück;
Hier vorne geht sie unter
Und kehrt von hinten zurück.

Jener wohlfiktiven »Madame«, die Heine anredet, erzählt er vom – wohl ebenfalls fiktiven – Monsieur Le Grand, der im Hause seiner Eltern in Düsseldorf einquartiert gewesen sei, einem großen, silberbestickten Tambour-Major, der seinen Stock mit dem vergoldeten Knopf bis an die erste Etage werfen konnte: auch das Probebühne für den Tambour namens Heine, der einst über seine Gegner triumphieren wird. Und wir hören den ersten Fanfarenstoß gegen »Brittania!«, dem zwar das Meer gehöre, das jedoch nicht genügend Wasser habe, um die Schande des Verrats an Napoleon abzuwaschen; fast ein Jahr wird vergehen, bis Heine die Napoleon-Biographie des einst verehrten Sir Walter Scott liest. Aus den scharfen Wörtern der Kritik an diesem Buch flicht er eine Krone lobpreisender Worte für den geliebten Kaiser.

Heines Arbeitsweise ist auch im »Buch Le Grand«, bei dem parenthetischen Fluch gegen England, akribisch: er muß die Quellen gekannt haben, denen zufolge Napoleon über den »würdigen Sir Hudson« gesagt haben soll: »Dieser Mensch ist gut für einen Capo di sbirre, aber nicht für einen Gouverneur«, und in denen auch bezeugt ist, daß Napoleon am 19. April 1822 Archibald Arndt gegenüber behauptet hat: »Ich wollte mich an dem Heerde des brittischen Volkes niedersetzen; ich verlangte eine gesetzliche Gastfreundschaft, und gegen Alles, was auf der Erde als Recht gültig ist, antwortete man mir mit Gefangenschaft [...] ich, der ich nun auf diesem schauderhaften Felsen, der Meinigen beraubt, und unter Entbehrungen aller Art sterben muß, ich vermache die Schande und die Abscheulichkeit meines Todes der regierenden Familie von England.«

Heine pur. Nicht diese Töne ließen die Leser der Zeit aufhorchen, amüsiert, verärgert, degoutiert auch, sondern Heines Canto der so selbstgefälligen wie schonungslosen Entblößung vergnügte und belustigte sie. Er zeigte seine Wunden und kühlte sie mit Wein; er dichtete Horaz Schwelgereien mit Truthahn und Trüffeln, Fasanenpudding in Wildbret-Sauce, Lerchenrippchen und Pfauenzungen an – nur, um mit viperngespaltener Engelszunge verkündigen zu können: »[...] mein Magen hat wenig Sinn für Unsterblichkeit, ich hab' mir's überlegt, ich will nur halb unsterblich und ganz satt werden, und wenn Voltaire dreyhundert Jahre seines ewigen Nachruhms für eine gute Verdauung des Essens hingeben möchte, so biete ich das Doppelte für das Essen selbst.«

Das klingt kokett und ist doch bedrückend. Von Truthahn und Fasanenpudding ist Heine weit entfernt, auch von jeglicher Aussicht auf die Möglichkeit, sein Leben auf eigene Kosten fristen zu können. Der Jubelruf an Freund Moser, er werde nun eine ganz extraordinäre Professur in der Universität hoher Geister erlangen, ist ja nur ins Tirilieren umgestimmter Klageruf: eine wirkliche Professur ist und bleibt ihm verschlossen. Heines Ironie ist nicht Raffinesse-Schlenker eines begabten Wort-Stellers, sondern das aus Schmerz genähte Federkleid eines Außenseiters. Ziemlich genau hundert Jahre nach ihm wird einer geboren, der Ironie zum Grundgesetz seiner Prosa macht, auch er ein – heimlicher – Außenseiter, der wie Heine alles daran setzt, Teil der Gesellschaft zu sein: Thomas Mann. Seine »feuchte Stelle«, die Homosexualität, ist nur eine Variante des Ausgeschlossenseins von den Normen der Gesellschaft. Beide Künstler verkunsten das Leben, das anders nicht zu ertragen – weil eine Verletzung: Bürgerliche Normalität wird eher als Wunsch erlebt denn als Wirklichkeit. Und deshalb wird sie nicht gewollt. Die Dialektik von Heines Lebensentwurf besteht darin, daß er die Keulen, die man nach ihm wirft, zu einem prächtigen Scheiterhaufen schichtet und aus der prasselnden Lohe sein Sternen-Firmament webt, in dem zu lesen steht: Die haben recht, »die mich nimmermehr für ihres Gleichen« halten: »Es ist wahr, jene halten mich nicht für ihres Gleichen und mir gilt oft ihr heimliches Gekicher. [...] Mein Herz blutet dann innerlich, und wenn ich allein bin, fließen drob meine Thränen. [...] Und sie hassen mich nicht mit Unrecht. Es ist vollkommen wahr, ich habe die heiligsten Bande zerrissen, von

Gott- und Rechtswegen hätte ich unter den Narren leben und sterben müssen.«

Da spricht nicht nur – wenn wir uns den Sprung gestatten – Tonio Kröger, sondern auch ein Dichter unserer Zeit, den man von seinem ersten Auftreten an immer wieder mit Heine verglichen hat; oft auf den politischen Sänger der Metternich-Zeit gemünzt und verkennend den Heine, der sich auch imstande erklärte, gegen gute Bezahlung *für* Metternich zu schreiben. Hans Magnus Enzensberger drückt den Horror, für »ihres Gleichen« genommen zu werden, so aus: »loslassen! loslassen! ich bin keiner von euch und keiner von uns«.

Heine hatte Wirkung, aber keinen Erfolg. Als »Judenwitz« bezeichnete eine Kritik von »Reisebilder II« das »selbstvernichtend genialisch übermüthige Bändchen«, und brieflich wurde gerügt, alles sei »ohne Ordnung«, von »blauer Regellosigkeit«. Heine selber erwähnt in einem Brief an Friedrich Merckel die Nachrichten, die ihm Varnhagen aus Berlin zukommen läßt: »[…] die Leser verstutzen, sie wissen nicht ob sie ihr Vergnügen nicht heimlich halten und öffentlich abläugnen sollen, selbst die Freunde thun erschrecklich tugendhaft als ordnungsliebende Gelehrte und Bürger‹ – kurz aus serviler Angst wird Alles getadelt.« Heine erschreckte das wenig, es verwunderte ihn kaum. Schon ein Jahr zuvor hatte er konstatiert, viel prosaisch Tolles, Herbes, Verletzendes und Zürnendes geschrieben zu haben: »Mit mir selbst […] steht es schlecht, und hat es als Liederdichter wol ein Ende.«

Die Welt ist der Feind

Darin täuschte er sich. Die »absonderlich polemische« Prosa ist die Visitenkarte eines, der gar nirgendwo Visite machen will. Als im Oktober 1827 das »Buch der Lieder« erschien, war es eine Art Gesamtausgabe. Heine selber nannte das Buch so: »ein harmloses Kauffahrtheyschiff, [das] unter dem Schutze des 2ten Reisebilderbandes ruhig ins Meer der Vergessenheit hinabsegeln« wird. Das stimmte für den Augenblick. Das Buch, dessen Gedichte ausnahmslos schon in anderen Werken abgedruckt waren – »Junge Leiden« in den »Gedichten« von 1822, das »Lyrische Intermezzo« in den »Tragödien« von 1823, »Die Heimkehr« und »Die Nordsee I und II« in den beiden »Reisebildern« – wurde von Campe dem vielverlangten Band »Reisebilder II« zugepackt; die Leser, so berichtete er, nahmen es in Kauf: die erste Auflage von 2.000 Exemplaren des »Buch der Lieder« reichte zehn Jahre, von 1837 bis zu Heines Tod erschienen insgesamt 14 Auflagen, keine überstieg 3.000 Exemplare. Der Verleger versteckte die eigene Enttäuschung hinter der Leserstimmung: »Wenn Sie Uhlands Gedichte betrachten und das Renomée worin er sich befindet, Religiös und Mittelalterlich, so ist es klar, warum er so viele Verehrer findet. Sie behandeln Liebe und Sich Selbst, und wieder Sich Selbst, das sehen die Leute als stinkigen Egoismus an, und nehmen das Buch der Lieder mehr zur Completirung als zu anderm Zweck. Gott sey Dank, der Vernünftigern giebt es auch. Aber der Egoismus wird Ihnen so ununterbrochen zur Last gelegt, und dann, daß

Sie der Üppigkeit das Wort reden.« Schon nach dem ersten »Gedichte«-Buch hatten die Rezensenten in ihre Bewunderung auch Verblüffung gemischt, allen voran Immermann, der sich immerhin verwunderte, wieso ein Jüngling unter 58 Gedichten nicht ein einziges zu geben vermöchte, das Freude oder Heiterkeit atme; deutlicher noch war der Vorbehalt eines Anonymus, der Heine zwar die Chance einräumte, »einer der größten Dichter Deutschlands zu werden«, aber auch warnte, »ob er es vorzieht, seinem Vaterlande verderblich zu seyn als verlockendes Irrlicht, oder als riesiger Giftbaum«. Das war bereits ein mehr politischer als poesie-kritischer Einwand – Heine hatte sich aus der feudal-klerikalen Romantik herausgeschrieben, er war ein Dichter des dritten Standes geworden, »nirgends ritterliches Sporengeklirr und kirchlichen Weihrauchdampf«.

Doch auch das ist nur die äußere Schicht der Wahrheit. Was diese große Zusammenstellung seiner Lyrik aufdeckte, ist das völlig selbständige Subjekt, der freie Mensch; frei im Sinne von »frei von allen Bindungen«. Der muß sich schützen – mit der bis zum Melodiös-Zierlichen getriebenen Verfeinerung der Sprache – die sich in Kapriolen wie »Altbesenstiel-Mütterchen«, »Eulengesichter mit Heuschreckenbein« oder jenem »Verdamnißwalzer« dreht, in dem der »Herr Pastor mit Pferdefüßen und Schwanz« tanzt – ist geritztes Zeichen eben jenes Schneckenhauses. Aufkündigen jeglicher Zugehörigkeit – zu Rasse, zu Klasse. Der Patriotismus eine Pest, die Liebe eine Krankheit. Das war das Skandalon. Das hatte noch nie zuvor jemand herausgeschrien:

Möcht' ich zieren dies Buch wie 'nen Todtenschrein,
Und sargen meine Lieder hinein.

O könnt' ich die Liebe sargen hinzu!
[…]

Heines »unermeßliche Eitelkeit« ist die des Kämpfers ohne Boden, »absonderliche Worte, durch die er als Original-Genie glänzen« will, sind sein Degen. Die Welt ist der Feind. Man kann es auch »Unbehagen in der Kultur« nennen; kein geringerer nämlich als Sigmund Freud hat darauf hingewiesen, daß Heine das Gebot: »Du sollst den Nächsten lieben wie dich selbst« zerbrach – weil er »den Nächsten« generell als Gegner erfuhr. Damit ist Heines Ironie als sozialer Akt begriffen und sein Witz als Waffe. Freud zitiert Heine, um deutlich zu machen, daß dieses Kultur-Gebot der Nächstenliebe, gar Feindesliebe, angesichts einer Lebenssituation, geprägt von Spott, Beleidigung und Verleumdung, einer Drohgebärde gleicht, gegen die er sich mit allen Mitteln wehren muß:

»Ich habe die friedlichste Gesinnung. Meine Wünsche sind: eine bescheidene Hütte, ein Strohdach, aber ein gutes Bett, gutes Essen, Milch und Butter, sehr frisch, vor dem Fenster Blumen, vor der Tür einige schöne Bäume, und wenn der liebe Gott mich ganz glücklich machen will, läßt er mich die Freude erleben, daß an diesen Bäumen etwa sechs bis sieben meiner Feinde aufgehängt werden. Mit gerührtem Herzen werde ich ihnen vor ihrem Tode alle Unbill verzeihen, die sie mir im Leben zugefügt – ja, man muß seinen Feinden verzeihen, aber nicht früher, als bis sie gehenkt werden.«

Nicht zufällig kommt Freud an anderer Stelle, bei Erörterung der Platen-Affäre, noch einmal auf den Gebrauch der anspielungsreichen Sottise zu sprechen und nennt bezeichnenderweise den Witz einen sozialen Vorgang. Selbst der nichtliterarische jüdische Witz hat stets auch diese Pointe. Zwei Juden treffen sich vor dem Badehaus. »Hast du genommen ein Bad?« fragt der eine. »Wieso«, fragt der andere, »fehlt eins?«. Die Technik eines solchen Witzes besteht zum einen aus der Wort-Akrobatik. »Hast du gebadet«, ergäbe keinen Witz – das Wort muß einen doppelten Boden haben, durch den der Sinn einbricht. Jenseits des Wort-Witzes aber ergibt sich die Pointe auch aus einer gesellschaftlichen Konnotation, gleichsam »Juden klauen, das denkt man doch ohnehin von uns … «. Der jüdische Witz ist immer Abwehr aus der Position der Unterlegenen, er birgt immer ein Gran Tragödie – über die gelacht wird. »Moishe, warum biste stolz, a Jid zu sein?« »Jid bin ich sowieso, da kann ich auch gleich stolz darauf sein« – die Geschichte des Antisemitismus, der Prozeß von Opfer und Henker in einem Satz. Heines Witz ist keineswegs »nichtigste Affektation« und »pretiöse hohle Phrase«, sondern Atemholen in einem Erstickungsanfall.

Du liebst mich nicht, du liebst mich nicht,
Das kümmert mich gar wenig;

buchstabiert nicht Frivolität, sondern den Kampf ums Leben; ums Überleben.

Hannah Arendt spricht in ihrem Essay »Die verborgene Tradition« von dem gräßlichen Mißverständnis der Juden, die die frohe Botschaft der Emanzipation so ernst genommen hatten, wie sie nie gemeint war; der Versuch, »auf eigene Faust Volksnähe« zu realisieren, indem sie sich als Einzelindividuen sowohl von der jüdischen als auch von der nicht-jüdischen Umwelt lösten, erforderte einen Kraftakt ohne Beispiel: »Die für diese Leistung erforderliche Überspannung von Leidenschaft und Einbildungskraft ergab den eigentlichen Nährboden jüdischer Genialität, die in den Gipfeln ihrer Produktivität dem jüdischen Volk sein altes Heimatrecht unter den abendländischen Völkern neu bestätigt hat.« Es ist diese äußerste Selbstüberspannung eines Paria, die Heines Poesie sirren läßt. Sein »[...] da kann ich auch gleich stolz darauf sein« gießt er in unendliche Varianten. Er schnitzt den Pfeil, den er sich selber ins Herz schießt, hauchfein:

> Doch wenn du sprichst »Ich liebe dich!«
> So muß ich weinen bitterlich.

heißt in der Handschrift ursprünglich: »Dann wein' ich still und freudiglich.«

Heine war ein perfekter Handwerker. Die Heine-Philologie hat viele Bände mit Nachweisen von Übernahmen, Motivvariationen und abgekupferten Mustern gefüllt – von den Minnesängern bis zu Wilhelm Müller. Aber Heine wußte auch – gerade in seiner Abgrenzung von Müller, dem er Volkston und Rhythmen der Volkspoesie verdankte – sehr genau, worin das Spezifische *seines* Tones lag: er charakterisierte ihn einmal als »maliziös-sentimental«. Daß dem Metternich-Sekretär Friedrich von Gentz gerade die 1823/24 entstandene »Heimkehr« so gefiel – jener Teil im »Buch der Lieder«, für den Wilhelm Müller so expressis verbis »Vorbild« war –, ist eine der so häufigen Absurditäten in seinem Leben. Die Widmung des »Heimkehr«-Zyklus – in der Erstfassung der »Reisebilder« etwas feierlicher, in der »Buch der Lieder«-Fassung nurmehr als »heitere Huldigung« – galt ja Rahel Varnhagen von Ense. Ihr schrieb Gentz drei Jahre nach Erscheinen des Buches aus Wien, er habe erst jetzt den ihm bislang unbekannten Band in die Hand bekommen – »worin ein Abschnitt Ihnen gewidmet ist« –, und trotz vielerlei Vorbehalten wirke eine gewisse Anzahl von Gedichten auf ihn »mit einem unbeschreiblichen Zauber; und an diesen ergötzte ich mich fortdauernd«, was Karl August Varnhagen seinem Freund Heine am 5. November 1830 nach Paris berichtete. Keineswegs hatte Gentz die politischen Töne – die er »nicht im geringsten gutheißen« könne – überhört. Daß der hochbegabte Schuft Gentz so bezaubert war, ist um so eher verständlich, wenn man sich vergegenwärtigt, daß dieser Abschnitt des »Buch der Lieder« immerhin mit jenen Zeilen beginnt, die Heine unsterblich machten:

> Ich weiß nicht, was soll es bedeuten,
> Daß ich so traurig bin;

Berühmte Texte werden oft plan gelesen, ihr Untergrund ist fortgeschwemmt von den Strudeln des Melodiösen. Die inzestuöse Unheimlichkeit des »Erlkönig« bleibt meist genauso unerkannt wie der gepreßte Schrei des homosexuellen Hans Christian Andersen, dessen Märchenfiguren wie »Das häßliche Entlein« Außenseiter sind oder wie »Der tapfere Zinnsoldat« erst im Tode die vereinigende Erlösung finden. So ist auch die »Loreley« des »unbekannten Dichters«, zu dem Heine im Dritten Reich ernannt wurde, ein Gesang vom Untergang. Interessanterweise macht Manfred Windfuhr in seinem brillanten kleinen Essay gerade dieses Zerschellen des Liebhabers am Felsen der Geliebten zum zentralen Punkt seiner Erörterung über Heines Verwandtschaft mit Petrarca. Das Loreley-Gedicht – so weist er nach – verdankt sich nämlich weniger der Überlieferung durch Brentano oder Eichendorff als der 18. Kanzone Petrarcas, die Heine zweifellos in der Übersetzung seines Bonner Lehrers Schlegel kannte:

Ein Fels ist so verwegen
Im ind'schen Meere dort, daß er das Eisen
Von Schiffen, so da reisen,
Anzieht und raubt, daß sie zu Grunde gehen.
So muß auch mir geschehen
Im Meer der Thränen …

Windfuhr verweist generell den obligaten biographischen Ansatz – der den Heine des »Buch der Lieder« als Sänger seiner enttäuschten Liebeserfahrungen mißdeutet – in den Bereich des Banalen. Belustigt stellt er fest, daß diese Zuschreibung bei weit über hundert Liebesgeschichten, die Heine – zur Hälfte in Ich-Form – in seinen Gedichten besingt, »eine kolossale Vielweiberei voraussetzt«.

Heine selber hat sich gegen derart kurzschlüssige Rückführungen des Kunstprodukts auf Lebensdetails gewehrt: »Es kränkte mich tief und bitter als ich gestern im Briefe eines Bekannten ersah wie er sich mein ganzes poetisches Wesen aus zusammengerafften Historchen konstruieren wollte, und unerquickliche Aeußerungen fallen ließ über *Lebenseindrükke*, *politische Stellung*, *Religion*, *u. s. w.* […]. Wie leicht auch die Geschichte eines Dichters Aufschluß geben könnte über sein Gedicht, wie leicht sich wirklich nachweisen ließe daß oft politische Stellung, Religion, Privathaß, Vorurtheil und Rücksichten auf sein Gedicht eingewirkt, so muß man dieses dennoch nie erwähnen, besonders nicht bey Lebzeiten des Dichters. Man entjungfert gleichsam das Gedicht, man zerreist den geheimnißvollen Schleyer desselben, wenn jener

Einfluß der Geschichte den man nachweist wirklich vorhanden ist; [...] Und wie wenig ist oft das äußere Gerüste unserer Geschichte mit unserer wirklichen, inneren Geschichte zusammenpassend! Bey mir wenigstens paste es nie.«

Heines Gestus der Unerfüllbarkeit von Liebe und der Nichteinlösbarkeit von Glück ist keine Reportage aus dem Leben, ist existentielle Feier der Vereinzelung; er münzt die Bitterkeit genereller Erfahrung um in Süße des Klangs, er schmilzt aus Abweisung Adel und Schönheit des Hochmuts. Petrarcas Canzone ist Klagelyrik und seine Laura ein Topos. Heines Kunstbau ist Gesang in Moll, und seine Bildnisse vieler Frauen sind – deshalb – Typen. Manfred Windfuhr hat diese entindividualisierten Typisierungen gezählt – das fast stets (wie bei Laura) goldblonde Haar, die fast immer blauen Augen, das Verbrennen des Liebhabers im Feuer der Geliebten wie im 16. Sonett Petrarcas: allein achtzigmal im »Buch der Lieder« und zwanzigmal in den »Neuen Gedichten«.

Heines dramatische Gebärde »Verfehlte Liebe – verfehltes Leben« ist Artefakt. Seine direkte Antwort auf die Schlußstrophe von Goethes »Willkomm und Abschied«:

> In deinen Küssen welche Wonne!
> In deinem Auge welcher Schmerz!
> [...]
> Und doch, welch Glück, geliebt zu werden!
> Und lieben, Götter, welch ein Glück!

mit der frechen Umkehrung:

> In den Küssen welche Lüge!
> Welche Wonne in dem Schein!

Ach, wie süß ist das Betrügen,
Süßer das Betrogenseyn!

ist nicht nur ein Refus in Richtung Weimar, sondern auch ein ästhetischer Affront. Nicht Petrarcas verheiratete Laura und nicht Heines sich verheiratende Amalie sind »das Eigentliche«; vielmehr ist es die Kluft zwischen Wunsch und Erfüllung. Heine beerbt Petrarca, indem er dessen Subjekt-Leid in Objekt-Haß umprägt. Daraus macht er die eigene Währung. Sie trägt noch die Male von Byrons Weltschmerz und deutlich den Stempel von Petrarcas Zwiespältigkeit – was Immermann schon in einer seiner ersten Rezensionen auffiel; eben das erstaunliche Phänomen des jungen Dichters ohne Glückshorizont. Diese Währung hat aber einen ganz eigenen Wechselkurs: Ästhetik gegen Moral.

Die Motivik im »Buch der Lieder« ist nur eine vermittelt politische; es wurde auch nicht als politisches Liederbuch gewertet, eher als Canto einer romantisch-freiheitlichen Gesinnung. Noch 1833 schrieb Campe seinem Autor, das Buch ginge »nach den Universitäten an junge Männer und derg. – die kein Geld haben«; Heines Publikum war die junge liberale Generation. Sie lebte – noch – nicht in machtgeschützter Innerlichkeit, sondern in der inneren Spannung, ob sie je die Macht zu erringen vermöchte. Diesem geschichtlichen Balanceakt entsprach die subjektive Unausgeglichenheit, deren Nächtlichkeit und verzerrenden Schatten Heine so exemplarisch zeichnen konnte, wie wir sie etwa aus Schuberts unvergeßlicher Vertonung im Ohr haben:

Still ist die Nacht, es ruhen die Gassen,
[...]

Da steht auch ein Mensch und starrt in die Höhe,
Und ringt die Hände, vor Schmerzensgewalt;
Mir graust es, wenn ich sein Antlitz sehe, –
Der Mond zeigt mir meine eigne Gestalt.

Wie schon der »Werther« zum Schluchz-Buch aller unglücklich Liebenden abwattiert worden war und man mit tränennassen Augen überlesen hatte, daß es sich im Schicksal Werthers auch um eine gesellschaftliche Zurückweisung handelte, einigte man sich ebenso eilfertig auf Heines: »Madame, ich liebe Sie!«. Die Zähre als Quelle. So nahm man sein doppelbödiges »[...] der man nachsagt ich sey einst verliebt in sie gewesen« nicht zur Kenntnis, das er just in dem Moment an Varnhagen schreibt, als er die Cousine Amalie im selben Jahr wiedersieht, in dem das »Buch der Lieder« erscheint; schon der Göttinger Studienfreund Eduard Wedekind erinnert sich an ein Gespräch mit Heine über das »Lyrische Intermezzo«: »Das Gespräch über sein Intermezzo führte auf seine Liebe und Liebesleiden; das alles beruht bloß in der Idee.« Das ist Heines Lebensentwurf – sehr weit hinter den Horizont der Welt geworfen: Das Bildnis ist die Wirklichkeit, nicht ihr Abbild. Die Idee der Liebe, von der Liebe, ist der kostbare Wert; reale Liebe und wirkliches Liebesleid sind die niedrigere Kategorie. Ein anderer Vers aus dem Zitatenschatz des Schmerzensmannes:

Die Kleine gleicht der Geliebten,
Besonders wenn sie lacht;
Sie hat dieselben Augen,
Die mich so elend gemacht.

ist stets zum Bekenntnis einer zweiten großen Liebe, zu Amalies Schwester Therese, überinterpretiert worden. Pierre Grappin macht sehr zu Recht darauf aufmerksam, daß Heine die zu der Zeit Sechzehnjährige eher verwandtschaftlich-herablassend ein »liebes Mädchen« nennt und daher wohl von einer zweiten großen Liebe nicht gesprochen werden kann; zumal das ganze Gedicht – »Auch nach der vermählten Geliebten fragte ich nebenbei« – auf den Ton der Selbstironie eingestimmt ist. Der steht ihm zur Verfügung, geht es um die Liebe. Der ist aber ganz und gar nicht parat, geht es ums Leben; »Und ich lache mit – und sterbe«: das ist tiefernst. Deshalb betont er gegenüber Freunden immer wieder seine kämpferische Stimmung, deshalb droht er immer wieder, man werde seine Stimme noch mächtiger hören, deshalb schreibt er sich die schallende Macht des Ruhmes zu; er erschreibt sie sich. Auf seinem Papier stehen die zwei Zeilen aus dem »Harzreise«-Teil des »Buch der Lieder«:

Alle Menschen, gleichgeboren,
Sind ein adliges Geschlecht.

Heine wird unter diesem Motto in den kommenden zwei Jahren eine Schlacht schlagen und einen Krieg vom Zaume brechen.

Er war in England, auf Norderney und Langeoog, in Hamburg, wo er die Verwandten und in Frankfurt, wo er Börne besuchte. Bereits einen Monat nach Erscheinen des »Buch der Lieder«, im November 1827, traf er in München ein. Der Verleger Cotta bot ihm, bei einem Jahresgehalt von 2.000 Gulden, die Redaktion der »Neuen allgemeinen politischen Annalen« an; schon bald wird er triumphierend an Moses Moser schreiben: »Ich lebe Gott lob! hier in sehr wohlhabenden Verhältnissen. [...]. Ich bin eine von Cottas theuersten Puppen.« Eine erste Arbeit war die Lektüre von Walter Scotts »The Life of Napoleon Buonaparte«. Eine erste Bedrohung war die Nachricht, August Graf Platen habe die Absicht, ihn in seinem »Romantischen Oedipus« anzugreifen.

Sexualisierter Klassenkampf

Heine sattelt zur Schlacht. Sein Angriff auf Scott ist Selbstverteidigung durch Lobpreis Napoleons. Sehr bald rüstet er zum Krieg. Sein Überfall auf Platen ist Selbsterhaltung durch Mord. Beides hängt unmittelbar miteinander zusammen. Walter Scotts 1827 erschienenes Buch »The Life of Napoleon Buonaparte« war Heine als Buch gewiß recht gleichgültig, er war kein Rezensent, und wann immer er sich auf die Arbeit – auch Aufsätze, auch Reden – eines anderen Schriftstellers einließ, dann nur, um eigene Gedanken herauszufiltern. Die Napoleon-Biographie des einst bewunderten Romanciers war ein Trampolin – von dem Heine sich abfederte zu seinen Freudentänzen, die er schon früh und sein Leben lang tanzte zu Ehren des Kaisers, der für ihn immer wieder ein »Gott« war. In seiner Attacke auf Scott rief Heine noch einmal die Erinnerung aus frühen Düsseldorfer Tagen herauf, wo er den Kaiser – »jeder Zoll ein Gott« – vorüberreiten sah, seine »sonnig-marmorne Hand« bewunderte, die »scheinlose grüne Uniform und das kleine, welthistorische Hütchen« und das edelgemessene Gesicht, auf dem geschrieben stand: »Du sollst keine Götter haben außer mir. [...] diese Lippen brauchten nur zu pfeifen – *et la Prusse n'existoit plus* – diese Lippen brauchten nur zu pfeifen – und die ganze Klerisey hatte ausgeklingelt – diese Lippen brauchten nur zu pfeifen – und das ganze heilige römische Reich tanzte.«

Schon als Kind habe er, wie wir wissen, angeblich mit den Brüdern Federhüte ausprobiert und im Spiel der eine »Ich bin

Napoleon« und der andere »Ich bin Murat« gerufen, während der dritte sich in des Vaters Uniform kostümierte. Wenn er dann später, während der Italienreise beim Besuch des Schlachtfelds von Marengo in den »Reisebildern« sinnierte: »Ich [...] halte mich nicht für einen unbedingten Bonapartisten; meine Huldigung gilt nicht den Handlungen, sondern nur dem Genius des Mannes. Unbedingt liebe ich ihn nur bis zum achtzehnten Brumaire – da verrieth er die Freyheit.«, so ist das doch eine sehr eingeschränkte Einschränkung; Napoleon war für Heine trotz Despotismus und Größenwahn eines cäsarischen Welteroberers stets und vor allem der Vollender des »égalité«-Gedankens der Französischen Revolution. Der hatte das Ende der Leibeigenschaft gebracht. Der hatte das Verbot der Ehe zwischen Adligen und Bürgerlichen aufgehoben, die nichtkirchliche Trauung erlangte Gültigkeit. Der hatte das paternalistische System, in dem der Vater auch über Volljährige herrschte, beendet. Und der hatte – trotz einiger Rücknahmen und mißtrauischer Zögerlichkeiten – qua Gesetz die vollständige Gleichberechtigung der Juden erreicht. 1807 bereits hatte Napoleon sich bei einem »Großen Synhedrion« – einer an altjüdische Tradition anknüpfenden Versammlung von siebzig prominenten Juden Europas – als Retter der Judenheit feiern lassen. Er soll sogar den Ehrgeiz gehabt haben, von den Juden zum Messias ausgerufen zu werden.

Nirgendwo jedoch in seinem Werk feiert Heine Napoleon in einem solch hymnischen Vokabular von »Anbetung« und »Heiligsprechung« wie in »Lutezia«, wenn er die Rückführung der sterblichen Überreste Napoleons von St. Helena ins Pariser Pantheon schildert, auch wenn er die beschriebene Wehmut an die nachnapoleonische Generation delegiert:

»[...] mit der Wehmuth der Pietät sah sie auf diesen goldenen Katafalk, worin gleichsam alle Freuden, Leiden, glorreiche Irrthümer und gebrochene Hoffnungen ihrer Väter, die eigentliche Seele ihrer Väter, eingesargt lag! [...] Diese Nebel aber zerrannen wunderbar, sobald der Leichenzug in den Champs-Elysées anlangte. Hier brach die Sonne plötzlich aus dem trüben Gewölk und küßte zum letztenmal ihren Liebling.« Heines Kuß indes galt noch einem anderen. Die Feierlichkeit, mit der er einen Menschheitserlöser pries, nie »ganz revoluzionär und nie ganz contrerevoluzionär«, in dessen Geist vielmehr beide Ansichten zusammengeflossen seien, in dessen Sinnen beide Prinzipien ihre Vereinigung gefunden hätten, intuitiv und nicht analytisch: schimmern durch dies Emaille-Porträt nicht die Züge eines traurigen Gottes? Wir erinnern uns: »Und ich liege hier auf meinem St. Helena und sterbe an unsäglichen Schmerzen« hatte Heine die Erinnerung an die kindlichen Napoleon-Spiele mit den Brüdern geendet.

Fraglos hat Heine in dem Mann, für den er die glänzendsten Leichenspiele und Denkmale einforderte, auch sich selber gezeichnet. Früh schon hatte er ihn mit jenem Gedicht »Grenadiere« beweint, und er beweinte den von den Engländern zum zweiten Mal besiegten und 1815 nach St. Helena verbannten Feldherrn, als dieser dort in einem von Ratten zernagten und vom Schimmel zerfressenen Hause Hof hielt und von Porzellan aß, auf das die eigene Geschichte gemalt war – um seine Memoiren diktieren zu können.

Wie immer, wenn er zutiefst selber betroffen ist, ficht Heine mit rasiermesserscharf geschliffenem Florett. Wenn er von der »Mistgabel des Vater Jahn« spricht, mit der dieser wütend »auf den Corsen zustach«, dann hat er gewiß dessen Pasquill

»An das deutsche Volk« gegen den »Erzfeind Frankreich« und den »Völkertilger Napoleon« gelesen, in dem der Vorhall des Gekeifs aus Braunau zu hören ist: »Eins thut Noth! Allgemeiner Rachekrieg wider den Erzfeind; allgemeine Treibjagd auf die wälschen Unholde. Nur keinen Augenblick versäumt; gleich muthig dran, drauf, drein; fromm, tapfer und faustfest. Wohl begonnen ist gewonnen. Nun und jetzt, so wir wollen, können wir die vorige glückliche Zeit zurückerobern, das Fest der Wiedergeburt des deutschen Volkes feiern, und das Blutgericht über den Leuteplager, Länderräuber und Völkertilger halten.«

Heines Peitsche scheute keine Striemen, derlei abzustrafen. Diskretion war ihm da fremd, jede Indiskretion willkommen; um »die Lästerung eines Gottes« zu ahnden, griff er gerne den Klatsch auf, Walter Scott habe sein Napoleon-Buch geschrieben, um hohe Schulden zu tilgen: »Die Engländer haben den Kaiser bloß ermordet, aber Walter Scott hat ihn verkauft. [...] der Engländer mordet, aber der Schotte verkauft und besingt.«

Noch einmal: fühlte Heine sich getroffen, war ihm keine Munition zu scharf, um zurückzuschießen; und sei es durch insinuierende Paradoxa »bloß ermordet – aber verkauft«. Das ist jene Dramaturgie des Witzes, der Andeutung und der Unterstellung, auf die Sigmund Freud als eine der Techniken in seiner Untersuchung zum »Witz und seine Beziehung zum Unbewußten« hinweist.

Die Schlacht gegen Scott war geschlagen, vielleicht mehr Geplänkel als ein Waterloo. Sie wirkt wie ein Probegang zum Schärfen der Waffen – für den großen Krieg. Mit ihm überzog Heine den Grafen Platen. Es war die durstigste Rache, die Heine je genommen hat. Das Widerlichste, das Heine je geschrieben hat. Die tiefste Verletzung, die Heine je angetan worden ist. Was war vorgefallen?

Im April 1827 – ein halbes Jahr vor dem »Buch der Lieder« – war der zweite Band der »Reisebilder« erschienen. Ab November lebte Heine in München. Vorerst einmal bescherte die Stadt an der Isar eine folgenreiche Begegnung – Heine lernte den knapp achtzehnjährigen Robert Schumann kennen, der ihn in seiner Wohnung, im Rechenbergschen Palais, besuchte. »Das ironische Männchen«, wie Schumann Heine in seinem Tagebuch schildert, ist keineswegs herablassend, gar hoheitsvoll, sondern ein »menschlicher Anacreon«, der den so viel Jüngeren freundlich begrüßte, zu einem Stadtbummel einlud. Sie besichtigten die Leuchtenbergsche Galerie, sie amüsierten sich auf dem Wege gemeinsam über die dicken Beine und ein wenig zu großen Füße der Münchnerinnen – und sie fanden sich vereint in der Verehrung Napoleons. »Der Seßel Napoleons«, hält Schumann im Tagebuch fest – Heine soll lange und in Nachdenken versunken um den winzigen Feldstuhl des Kaisers herumgegangen sein, um das kärgliche Relikt historischer Größe. Es mag dieses »hohe Lächeln über die Kleinigkeiten des Lebens« gewesen sein, das den so früh entzückte, der später den Worten des Dichters die süßesten Melodien schenkte.

In München, im Januar 1828, hatte Heine dann offiziell seine Arbeit an Cottas »Neuen allgemeinen politischen Annalen« begonnen. Baron Cotta war zugleich ein am Hofe des bayerischen Königs Ludwig I. gern gesehener Gast und Verleger des Grafen August von Platen-Hallermünde, der zwar seit 1826 in Italien lebte, aber über einen großen Anhang im aristokratischen Milieu Münchens verfügte. Seine Satrapen tratschten mit ihm nicht nur über Heines Angebereien – von seinem jüngsten Buch seien binnen kurzem weit mehr als 6.000 Exemplare verkauft worden, hingegen Platens Bücher außer in den Händen einiger Aristokraten weitgehend unbekannt –, sie berichteten ihm auch von einigen Xenien Immermanns, mit denen Heine – »gern als meine eigene Gesinnung« – eben jenes Buch abgeschlossen hatte. Eine dieser Xenien, »Oestliche Poeten«, endet mit den Zeilen:

> Von den Früchten, die sie aus dem Gartenhain von Schiras stehlen,
> Essen sie zu viel, die Armen, und vomiren dann Ghaselen.

Literarische Neckereien, mehr nicht. Dennoch schreibt der hochmütige Graf einem Freund aus Siena: »Gleichwohl hat der gute Mann sich gefürchtet, mit mir in Italien zusammen zu treffen, weil er glaubte, ich würde ihn wegen jenes Epigramms herausfordern. So weit geht die Eitelkeit dieses Dummkopfs. Auf der einen Seite soll ich ein Aristokrat seyn, u[nd] auf der andern soll ich mich wieder so weit herablassen, um mich wegen eines Epigramms mit einem Judenbuben zu schlagen!«

In der Tat reiste der »Judenbube« – dem weder das Münchner Klima noch die Münchner Atmosphäre bekam – durch Italien; aus Specia unweit Genua schreibt er an Campe, er sei zwar vor dem Haus des homosexuellen Grafen gestanden, habe ihn aber nicht besucht: »Er fräße Apfelsinen u[nd] triebe viele Sodomitereien.«

Heine war aber nicht nur ein Süd-Tourist; auch das. Er reiste über Innsbruck durch Oberitalien, genoß Verona, vergnügte sich auf Märkten, in Kneipen und beim Wein. Hier fallen so berühmte Worte wie die vom »grün angestrichenen Winter«, vergleiche man den norddeutschen Sommer mit Italiens Lächel-Himmel, oder das von den Feigen, die man in der geliebten Heimat nur als Ohrfeigen kenne. Heines Äußerungen zu Italien klingen gelöst. War er es? Das Spezifische der »Reisebilder« ist es, daß in ihnen die fremde Natur, die unbekannte Gesellschaft, die so ganz andere Erfahrung immer nur als Umkehrverfahren benutzt werden – für das Ausloten des eigenen Lebens. Verfassung des Fremden ist gleichsam literarische Technik: die Verfassung des Ich wird noch deutlicher im Erleben des anderen.

Als Heine durch Italien reiste, kämpfte er in München seinen letzten Kampf um eine bürgerliche Existenz, setzte seine Hoffnung auf Cottas gute Beziehungen zum Hof, bat ihn – zu solch schmählicher List war er stets bereit –, den König zu beeinflussen: der möge ihn nicht nach dem vielleicht schlimmen Gebrauch beurteilen, den er bislang von seiner Klinge gemacht, sondern nach deren Schärfe. Im Juni 1828 schickte er Cotta Exemplare von »Reisebilder I und II« und vom »Buch der Lieder«, damit er sie bei einer Audienz dem König mit der Andeutung, der Verfasser sei jetzt viel milder und besser, überreichen könnte. Für eine außerordentliche Professur, dotiert mit 800 Talern, setzte Heine auch den Minister Eduard von Schenk ein, der sie für ihn im Juli 1828 beantragte. Sogar der höchst anrüchige Halb-Spion Wit von Dörring, ein Tagesschriftsteller, wurde eingespannt, um einen braunschweigischen Orden zu beschaffen. Die Sonnenreise – über Bozen, Verona, Mailand, Genua, Livorno, Lukka und Florenz – wurde von Poststation zu Poststation zu einer Flucht vor Schatten: mal fand er statt der erhofften Nachricht über eine Anstellung die über den rapiden Verfall des Vaters in Lüneburg; mal erfuhr er, daß der verarmte Graf Platen sein schärfster Konkurrent um die Professur sei, und schließlich, zum Jahresende 1828, daß die Aussicht auf die Professur gescheitert sei und daß Platen bei Cotta – mit dem Heine sich über die Weiterführung der »Annalen« nicht einigen konnte – ein Stück, »Der romantische Oedipus«, vorbereite, in dem er scharf angegriffen würde.

Die Italienreise wurde abgebrochen. Im Dezember 1828, auf der Rückreise in Würzburg, erhielt Heine die Nachricht vom Tode des Vaters. Über Hamburg hetzte er nach Berlin und wohnte schließlich, April 1829, in Potsdam. Im selben Monat erschien Platens »Romantischer Oedipus«.

Die Quellenlage, wo und wann genau Heine das Buch zu Gesicht bekam, ist widersprüchlich. Mal heißt es, Verleger Campe habe es ihm bei einem Besuch in Potsdam mitgebracht, und mal, Heine habe es erst im August auf Helgoland gelesen, wo er die zuvor in Fortsetzungen im »Morgenblatt« erschienene »Reise von München nach Genua« zum Band 3 der »Reisebilder« zusammenfügen wollte. Viel Wahrscheinlichkeit beansprucht die Erzählung des ansonsten nicht immer zuverlässigen Dichters, Malers und Musikers Johann Peter Lyser für sich:

»Es war an einem schönen, sonnenlichten Morgen, als Heine unbefangen und in der besten Laune in Campes Laden trat, wo ich mich schon befand. Campe hatte das Buch den Tag vorher erhalten und sich eine Szene angemerkt, wo Jammermann (Immermann) von seinem Freunde sagt: ›Und seine Küsse hauchen Knoblauchsduft.‹ [...] Ich las ganz unbefangen, und da ich nicht vom Buche aufblickte, konnte ich auch nicht sehen, daß Heine – wie Campe mir später sagte – erst glühendrot und dann totenbleich wurde; als ich aber an die

Stelle von den Knoblauchküssen kam, riß er mir das Buch aus der Hand und stürzte wie toll aus dem Laden. [...] Ich [...] begriff nicht recht, wie Heine über dieses plumpe und dabei herzlich matte Pasquill so außer sich hatte geraten können. Ich sagte ihm dies ganz ehrlich – aber Heine hatte dafür keine Ohren und erwiderte bloß: ›Was wetten Sie, ich ärgere den Platen noch tot.‹

Als ich Campe das wiedererzählte, sagte er: ›Wenn Heine das gesagt hat, so hält er auch Wort, denn er haßt unversöhnlich.‹«

Wohl wahr. Heine schreibt und schreibt, will sagen: er wetzt und wetzt das Messer. Er will Platen umbringen, die »Bäder von Lukka« sollen sein Marengo werden. Später, im Dezember 1829, wird er Immermann eingestehen: »Nach einer Schlacht bin ich immer die Milde selbst, wie Napoleon, der immer sehr gerührt war, wenn er nach dem Siege über ein Schlachtfeld ritt. Der arme Platen! C'est la guerre! Es galt kein scherzendes Tournier, sondern Vernichtungskrieg.«

Heine fühlt sich ins Ghetto verbannt. Es heißt, er habe sich geniert, in Hamburg spazierenzugehen. Der sexuelle Außenseiter hat dem rassischen Außenseiter den gelben Stern ans Revers geheftet. Dafür soll er den rosa Winkel erhalten. Nicht auf Immermann, den Autor der spöttischen kleinen Xenie, hatte der Graf ja losgeschlagen, sondern auf den getauften Juden, der nicht mehr Redakteur und noch nicht – nie – Professor werden kann. Wenn fast anderthalb Jahrzehnte später der junge Karl Marx in jenem ersten und einzigen Heft von Arnold Ruges »Deutsch-französischen Jahrbüchern«, an dem auch Heine mitarbeitete, die furiose Formel prägt: »Radikal sein ist die Sache an der Wurzel fassen. Die Wurzel für den Menschen ist aber der Mensch selbst«, dann muß sie ins Heinesche so übersetzt werden: Die Wurzel für den Menschen aber ist die Sexualität. Ist Heine »am Stamm« getroffen – sein Stamm ist sein Judentum und seine Poesie; beide bedingen einander – schlägt er unbarmherzig zurück, so tief und so gemein es geht: Da wird nicht mehr nur unterstellt, sondern auch schonungslos bloßgestellt: »[...] und es geht ihm dann wie dem Vogel Strauß, der sich hinlänglich verborgen glaubt, wenn er den Kopf in den Sand gesteckt, so daß nur der Steiß sichtbar wird. Unser erlauchter Vogel hätte besser gethan, wenn er den Steiß in den Sand versteckt und uns den Kopf gezeigt hätte.«

Heine ist der erste Schriftsteller, der Polemik sexualisiert – wir haben das bei Menzel und Schlegel erfahren, wir werden es aufs peinigendste bei Börne erleben. Und wir haben den Musterfall, die Vorform des Gossenjournalismus, in seiner völlig ungebremsten Denunziation. Da fegt nicht mehr der Hagelschauer seiner Sottisen über einen, der, »so lange er lebt, unsterblich seyn wird«, sondern es wird unter Feixen ein Feind in Jauche ertränkt; Gefühle werden »an den Mann gebracht ... versteht sich an den Mann«, oder es seien Gefühle »für warme Freundschaft«, daß man »glauben sollte, der Verfasser sey ein manntolles Mägdlein«, schlimmer noch, »der Name Mann überhaupt paßt nicht für ihn«. Die beiden letzten Kapitel der »Bäder von Lukka« sind ein einziges Geschrei eines Jahrmarktgendarmen, sind sittenloses Gezeter, sind stillose Potenzprotzerei, »da wir keine Weiber sind, sondern Männer, und folglich zu einem Geschlechte gehören, das nach seiner Meinung das schöne Geschlecht ist, und das er so sehr liebt«.

Hier spricht nicht ein zynischer Schöngeist, hier spricht ein rabaukender Ungeist. Ein kettenrasselnder Marqueß von

Queensberry. Der vom »Hepp Hepp« völkischer Banden gejagte Angehörige einer Minorität jagt mit dem »Igittigitt« den Angehörigen einer anderen Minorität. Nur: hier steht nicht die läppische Alternative »eine schiefe Köchinn ist mir lieber als der schönste Schönheitsfreund« zur Debatte, und schon gar nicht geht es um literarische Positionen, um Ghaselen, Sonette oder Oden. Die Alternative heißt Stigma oder Makel. Es ist ein sexualisierter Klassenkampf. Platen gehört durch Geburt zur akzeptierten aristokratischen Oberschicht, Heine ist durch seine Geburt der Zugang auch nur zur saturierten bürgerlichen Mittelschicht verwehrt.

Deshalb muß der Graf qua Rufmord getötet werden, denn »ich sehe nicht ein, wie man jemand gelinde umbringen kann«. Im selben Brief an Varnhagen legt Heine seine Motive bloß: »Man merkt nicht, daß ich in ihm nur den Repräsentanten seiner Partey gezüchtigt, den frechen Freudenjungen der Aristokraten und Pfaffen habe ich nicht bloß auf aesthätischem Boden angreifen wollen, es war Krieg des Menschen gegen Menschen [...].«

Homosexualität ist Heine gewiß ganz gleichgültig. Es ist der Graf, der kein Graf mehr sein soll – und die »Pedrastie« bietet nur die Waffe. Eine uneheliche Geburt aufzudecken, illegale Kinder oder Mesalliancen – alles wäre ihm ebenso recht gewesen; jedes Mittel. In einem ausführlichen Brief an Varnhagen – Immermanns Lob, Heine sei ein »dem Petrarca homogenes Talent«, hatte Platen ja in »den herrlichen Petrark des Laubhüttenfestes« verwandelt – bestimmt Heine, der den »Bund von Pfäffchen, Baronen und Pedrasten« für mächtiger ansieht, als man gemeinhin glaube, präzise seinen Standort:

»Der Schiller-Göthesche Xenienkampf war doch nur ein Kartoffelkrieg, es war die Kunstperiode, es galt den Schein des Lebens, die Kunst, nicht das Leben selbst […]. Als mich die Pfaffen in München zuerst angriffen und mir den Juden zuerst aufs Tapet brachten, lachte ich – ich hielts für bloße Dummheit. Als ich aber System roch, als ich sah wie das lächerliche Spukbild allmählig ein bedrohliches Vampier wurde, als ich die Absicht der Platenschen Satyre durchschaute, als ich durch Buchhändler von der Existenz ähnlicher Produkte hörte die mit demselben Gift getränkt manuskriptlich herumkrochen – da gürtete ich meine Lende, und schlug so scharf als möglich, so schnell als möglich. […] Es ist gut wenn die Schlechten den rechten Mann einmahl finden, der rücksichtslos und schonungslos für sich und für Andre Vergeltung übt.«

Das klingt auch ein wenig nach Rechtfertigung, zumindest um Verständnis bittend; als habe er gewußt, daß der Mitstreiter Immermann seine Methode nicht so recht goutiere, die er in Briefen an Freunde zwar witzig nennt, »der Gegenstand ist aber so ekelhaft, daß der Vorwurf, zumal oft wiederholt, auch ein bischen eklig wird«.

So ist es. Um Versippung und Verstrickung der Mächtigen aufzuklären, bedient er sich der Mittel der Gegenaufklärung; schaut dem falschen Volk aufs falsche Maul und huldigt einer öffentlichen Meinung, die keine Meinung hat, sondern Vorurteile pflegt. Er hat mit einem Spieß kämpfen wollen und ist zum Spießer geworden. Auch noch vergebens. Der Graf bleibt Graf, ihm verübelt man weniger die Knabenliebe als Heine die Verunglimpfung.

Übrigens hat Heine später vieles von den Schmähungen zurückgenommen. Alfred Meißner berichtet von Gesprächen, in denen er sich nicht ohne Respekt vor dem Dichter August von Platen äußerte und die mit dem bemerkenswerten Satz endeten: »Ich wollte, ich hätte die Capitel aus den Bädern von Lucca nie in die Welt hinaus gesendet!«

Ausführlicher noch gibt der ungarische Schriftsteller Karl Maria Benkert, der unter dem Pseudonym Kerthény publizierte, eine ähnliche Unterhaltung wieder: »›Sagen Sie mir aufrichtig, halten Sie Platen wirklich für keinen Dichter? Und wissen Sie, daß der Mann an Ihrem Hohn gestorben?‹ – ›Ei freilich‹, meinte Heine, ›halte ich ihn für einen Dichter, und zwar für einen bedeutenden, wenn auch innerlichst kalten, er war ein Dichter im griechischen Sinne, dessen Poesie nicht im Gemüthe, sondern in einem inneren musikalischen Sinn bestand, in einem mathematischen Sinn für Musik.‹ – ›Weßhalb thaten Sie ihm aber mit so vollem Bewußtsein Unrecht?‹ ›Ja, sehen Sie‹, erwiderte Heine und lächelte faunisch, ›ich trat damals gerade erst auf, und mein ganzes geistiges Wesen ist ein derartiges, daß es nothwendig ein Halloh von Opposition hervorrufen mußte; das fühlte ich voraus, und besonders all die kleinen Kläffer waren meinen Waden unvermeidlich. Ich wollte dem kurzweg vorbeugen, und so erwischte ich gleich den größten unter ihnen heraus, schindete ihn, wie Apollo den Marsyas, und schleppte diesen Riesen gleich mit mir auf die Schaubühne, damit den Kleineren der Muth vergehe. Das gehört so zur Taktik literarischer Feldzüge. Und dann war der Mensch wirklich ein Halbnarr, als Mensch wenigstens; er ging in München mit einem Lorbeerkranze spazieren, das hab' ich selbst gesehn.‹«

Die Gelassenheit konnte Heine sich 1847 leisten. Da ging er in Paris mit einem Lorbeerkranze spazieren.

Anderthalb unruhige Jahre waren dahingegangen. 1830 lebte Heinrich Heine zumeist in Hamburg, wo er bei seiner Mutter wohnte. Die Verwandtschaft war bereits stolz auf den inzwischen berühmt gewordenen Dichter. Einmal lud ihn Schwester Charlotte zu sich zum Essen ein und führte ihn den Gästen wie einen Tanzbär vor. Der Bruder wehrte sich mit der Bemerkung, sie habe vergessen, ihm eine Kette um den Hals zu legen.

Heine sah im Schauspielhaus Immermanns Andreas-Hofer-Stück »Trauerspiel in Tirol«, dessen Autor ihm schrieb, bei der Platen-Replik hätte »vielleicht ein bischen gespart werden können«, und er schrieb seinerseits an Varnhagen nach Berlin: »Keiner fühlt es tiefer als ich selbst, daß ich mir durch das Platensche Kapitel unsäglich geschadet.«

Er reiste nach Helgoland, von wo er Briefe im Ton der Selbstbeschwörung schickte, er wolle Politik und Philosophie an den Nagel hängen, das *dolce far niente* genießen, sich ganz der Naturbetrachtung und der Kunst hingeben, die Welt bleibe ohnehin, wenn nicht im starren Stillstand, so doch im erfolglosen Kreislauf. Schon ein ganz frühes Gedicht hatte diesem Gefühl des Geschichtspessimismus, des großen Vergebens, Ausdruck gegeben:

Eine große Landstraß' ist unsre Erd',
Wir Menschen sind Passagiere;
Man rennt und jaget, zu Fuß und zu Pferd',
Wie Läufer oder Couriere.

Es waren Monate einer Scheinbewegung von Ebbe und Flut. Von fernher grollte der französische Donner. Am 26. Juli 1830 erließ König Karl X. vier unter größter Geheimhaltung von Polignac ausgearbeitete Ordonnanzen, durch die unter anderem die Pressefreiheit ausgesetzt und die Zensur wieder eingeführt wurde. Gegen diesen »Staatsstreich« kam es zum Aufruhr gegen einen König, der sich konzessionslos gegeben hatte und Deputiertenwahlen mit dem Satz an seinen Minister abgelehnt hatte: »Ich habe leider mehr Erfahrung in diesem Punkt als Sie, meine Herren, die Sie nicht alt genug sind, um die Revolution erlebt zu haben.« Am 29. Juli führte Lafayette die bewaffneten Straßenkämpfe in Paris an, am 2. August dankte Karl X. ab, und fünf Tage später hieß der Herzog von Orléans Louis Philippe I., König von Frankreich. »Fort ist meine Sehnsucht nach Ruhe«, schrieb Heine aus Helgoland. »Ich weiß jetzt wieder was ich will, was ich soll, was ich muß [...] Ich bin der Sohn der Revoluzion und greife wieder zu den gefeyten Waffen.« Hier, auf Helgoland, will er auch von dem lachenden Fischer die berühmt gewordenen Worte vernommen haben: »Die armen Leute haben gesiegt«, was Heine mit seinem »reicht mir die Leyer, damit ich ein Schlachtlied singe« bejubelte.

Allein, der Fischer war schlecht informiert, in Paris hatten die reichen Leute gesiegt, unter dem Bürgerkönig begann jenes »Enrichissez-vous«-Regime, das Balzac mit seinen Raffke-Typen, Aktionärskarrieren und Boudoir-Liaisons so trefflich geschildert hat. Auch griff Heine keineswegs zur Schlachtlied-Leyer, vielmehr bemühte er sich in Hamburg – Dezember 1831 – um die Stelle eines Rats-Syndikus und erkundigte sich bei Varnhagen nach beruflichen Möglichkeiten in Berlin.

Ob Heine so manches retuschiert, aus späterer Perspektive zurechtgerückt hat, ist nicht ganz klar. Die »Helgoländer Briefe«, Quelle für die meisten dieser Äußerungen, sind Teil des Buches über Ludwig Börne von 1840; der so markante Satz des Fischers – Heine assoziierte ihn mit dem Schrekkensruf der Magd Frau von Varnhagens nach der Völkerschlacht bei Leipzig: »Der Adel hat gewonnen« – ist apokryph. Ungesichert ist auch, ob tatsächlich im Sommer 1830 dieser Donnersatz geschrieben worden ist: »Werden wir endlich von unseren Eichenwäldern den rechten Gebrauch machen, nemlich zu Barrikaden für die Befreyung der Welt?«

Es gilt sich zu erinnern, daß Heine in diesen Monaten auch unter dem Eindruck von Aufständen und Unruhen stand, in verschiedenen deutschen Städten, die rasch in Verfolgung umschlugen; in Leipzig zerstörten Handwerker die Druckerpressen des Brockhaus-Verlages, in Berlin protestierte man gar gegen das Rauchverbot im Tiergarten, und irgendwo stolperte ein Duodezfürst über seine Mätressenwirtschaft. So beschreibt er zwar recht hübsch: »In Hamburg flattert die Trikolore, überall erklingt dort die Marseillaise, sogar die Damen erscheinen im Theater mit dreyfarbigen Bandschleifen auf der Brust, und sie lächeln mit ihren blauen Augen, rothen Mündlein und weißen Näschen« – tatsächlich aber gab es gerade in Hamburg üble antisemitische Ausschreitungen, an einem Septemberabend trieb man alle Juden aus den Lokalen, Fenster gingen zu Bruch, Häuser wurden geplündert, die Hamburger Bürgerwehr wurde mobil gemacht und erhielt eine Extra-Ration Brot und Käse.

Heines Notate während der Juli-Revolution von 1830 sind nicht Geschichtsschreibung, sind mehr hoffende Reflexion – der auch sehr bald die Skepsis angefügt wird, ob nicht der Sieg für eine Bourgeoisie erfochten wurde, die »eben so wenig taugt wie jene Noblesse, an deren Stelle sie trat«. Im November 1830 will er »nichts betreiben als Revoluzionsgeschichte«, Anfang Januar 1831 will er nichts als Ruhe, um »einige große Bücher« schreiben zu können: »[...] mein Streben geht dahin mir, à tout prix, eine sichere Stellung zu erwerben [...] Gelingt es mir binnen kurzem nicht in Deutschland, so reise ich nach Paris; wo ich leider eine Rolle spielen müßte wobey all mein künstlerisches poetisches Vermögen zu Grunde ginge.«

Keine zwei Wochen nach diesem Brief, am 12. Januar 1831, wurde Heines Bewerbung in Hamburg abgelehnt. Anfang März kam es zu einem erneuten, sehr tiefen Zerwürfnis mit dem Onkel. Am 1. Mai verließ er Hamburg; er reiste über Frankfurt, Heidelberg, Karlsruhe und Nancy nach Paris. Sein Abschiedsbrief ist die Einleitung zu Wesselhöfts »Kahldorf über den Adel in Briefen an den Grafen M. von Moltke«. Es ist – anders, als in der deutschen Presse unterstellt und in der französischen freundlich angenommen – nicht ein Buch von Heine, sondern das des Publizisten Robert Wesselhöft, eines führenden Burschenschaftlers, der seit 1824 auf der Festung Magdeburg einsaß. Heine schrieb seine Einleitung auf Wunsch und Drängen Campes, der das Buch dann – weil dann umfangreich genug, um ohne Zensur verlegt werden zu dürfen – schlau an den Klippen der Zensur vorbeizulenken suchte. Das war angebracht, denn Heine hatte zwar eine amüsante Philippika verfaßt – der Beginn ist ein kleines Festival der Unverschämtheiten, bei dem Kant »unser Robespierre«, Fichte »der Napoleon der Philosophie«, Hegel »der Orléans der Philosophie«, Montesquieu »der Hamlet von Frankreich« oder Voltaire »der Luzian des Christenthums« tituliert werden –, doch er hatte auch einen ernsten Essay herausgegeben; Replik auf das 1830 erschienene Büchlein des Grafen Magnus von Moltke »Ueber den Adel und dessen Verhältniß zum Bürgerstande«, eine der vielen Verteidigungen der gottgewollten Stütze des Royalismus, der er nun eben dieses vermeintliche Recht abspricht: »die Adligen sind nicht die Stützen, sondern die Karyatiden des Thrones [...], der Adel ist in Widerspruch mit der Vernunft der Zeit.«

Diese zehn Heine-Seiten sind *sein* Verfassungsentwurf, in dem er den permanenten Kampf dieser Klasse »gegen das Prinzip der Freyheit und Gleichheit« verwirft; insofern ein Postskriptum zur Platen-Affäre. Und mehr. Es ist auch Blick nach vorn, auf die Möglichkeit, daß »die Sonne der Freyheit« aus Frankreich herüberstrahlen, daß ein Bürgerkönigtum ohne Hofetikette, Edelknechte, Kurtisanen und Kuppler eine neue Gesellschaft formen möge. Heine baut sich aus dieser konkreten Geschichte, aus diesem abstrakten Prinzip Hoffnung, aus diesem realen Land Frankreich eine sonnige Welt, die allen in die Kindheit scheint, in der noch niemand gewesen ist und die seine Heimat werden sollte. Der Text ist sein Adieu und sein Bienvenue. Heinrich Heine hat Deutschland verlassen.

»Die Sonne der Freyheit«

In Paris verkündete »Le Globe« am 22. Mai 1831 Heines Ankunft im Hôtel des Ambassadeurs. In Deutschland schäumte die Presse, er sei einreißend und zerstörend wie Voltaire, leidenschaftlich-sinnlos »wie die Mehrzahl seiner Stammesgenossen«. Campe rang ob des Mißerfolgs des »Kahldorf«-Pamphlets die Hände: »Kein Mensch fragt mehr danach«, obwohl Immermann in seinem Tagebuch notierte, er habe das Buch auf einer Reise zusammen mit Schriften über die Cholera oder über die deutschen Mautverhältnisse angeboten gesehen.

In Frankreich wurde Heine mit dieser Publikation als einer der bedeutendsten politischen Schriftsteller Europas gefeiert, allen voran vom »Globe«, der mehrfach und ausführlich darauf einging. Heine war angekommen. »Le Globe« war die Zeitung der Saint-Simonisten. Sie trug das Motto »A chacun selon sa capacité« – Jedem nach seinen Fähigkeiten. Ihr Chefredakteur Michel Chevalier war eine der ersten Bekanntschaften Heines in Paris, bald folgte der Kontakt zum Oberhaupt der Religion des sozialen Fortschritts, Prosper Enfantin, den man Père Suprême nannte und dem Heine seine »Geschichte der Religion und Philosophie in Deutschland« widmen wird.

Auf »Le Globe« – der sehr früh die französische Goethe-Hymnik intonierte und der von Goethe abonniert war – hatte ihn schon in den zwanziger Jahren Varnhagen hingewiesen. Dolf Sternberger vermutet in seiner temperamentvollen Untersuchung »Heinrich Heine und die Abschaffung der Sünde« nicht zu Unrecht, die Lektüre der »Exposition de la Doctrine saint-Simonienne« von Amand Bazard zu Ende seines Hamburger Aufenthalts sei mindestens ein so wesentlicher Anstoß für seinen Aufbruch nach Paris gewesen wie die Revolution. In einem Brief an einen unbekannten Hartwig Hesse bezeichnet Heine diese Doktrin als sein neues Evangelium; nicht ganz ohne Hintersinn – die mitgeschickte angestrichene Stelle ist die, in der Saint-Simon Bettelei und Borgerei als das Los göttlicher Naturen verteidigt. Mit diesem religiösen Stolz drang Heine auf Unterstützung für seine Paris-Reise – es heißt, Ende April 1831 habe der offenbar reiche Herr Hesse Heine die Reise nach Paris bezahlt. Immerhin erinnert sich der Publizist Karl Grün an Heines Satz: »Ich war noch keine 24 Stunden in Paris, als ich schon mitten unter den Saint-Simonisten saß.«

Heine saß da in einer hoch merkwürdigen Gesellschaft. Claude Henry de Rouvroy, Graf von Saint-Simon, der Gründer dieser frühsozialistischen Bewegung, die das Eigentum als Grundfehler der Gesellschaft ansah, war bei Heines Ankunft in Paris schon fünf Jahre tot. Er hatte eine Gemeinde hochherziger Phantasten hinterlassen, die zu Teilen ernsthafte Überlegungen anstellten, im beginnenden Industriezeitalter die Ausbeutung des Menschen durch den Menschen abzubauen; die also klassische vormarxistische Theoretiker waren. Gleichzeitig zelebrierten sie in groteskem Kirchenpomp ihre neue Erlösungsidee, der zufolge einerseits alle Menschen gleich seien, aber andererseits jeder nach seiner »capacité« beurteilt und am gesellschaftlichen Eigentum beteiligt werden sollte; also ein Genie- und Führerkult. Der mußte Heine besonders gefallen, wie er sehr bald – seiner Methode folgend, sich in anderen zu spiegeln – deklarierte: »In gewisser Hinsicht war Napoleon ein saint-simonistischer Kaiser; wie er selbst vermöge seiner geistigen Superiorität zur Obergewalt befugt war, so beförderte er nur die Herrschaft der Kapazitäten, und erzielte die physische und moralische Wohlfahrt der zahlreichern und ärmern Klassen.«

Der wunderbare Widerspruch in der Bazard-Doktrin, die er noch in Deutschland gelesen hat: »Anhänger der Gleichheit! Saint-Simon sagt euch, daß die Menschen ungleich sind!«, findet sich vielfach variiert im Werk Heinrich Heines: Er will stets das Glück für alle Menschen – aber er will für sich ein wenig mehr davon; er kämpft immer für die Gleichheit des Menschen – aber er will doch ein wenig gleicher sein; er predigt die »Gleichheit der Genüsse« – aber er verlangt für sich die erlesensten; er verwendet gern den kämpferischen Satz des Grafen de Saint-Simon: »L'avenir est à nous«, die Zukunft gehört uns; zugleich aber dekretiert er, den Künstler interessiere nichts als die Kunst. Heine hat eine neue Probebühne gefunden; er wirft die alten Kostüme in die Requisite: »Als ich durchdrungen von deutsch-demokratischen, burschenschaftlichen Ideen nach Frankreich kam, lernte ich den St. Simonismus kennen, der mich bald von jenen hohlen unpraktischen Träumereien heilte; mitleidig schaute ich nun von dem gewonnenen erhabenen Standpunkte auf das Treiben dieser Leute herab; wir verstanden uns nicht mehr und ich zog mich von ihnen zurück; allein dies hat mir viele Feindschaften zugezogen.«

Nach dem Tode des asketischen Saint-Simon war es vor allem der exzentrische Barthélemy Prosper Enfantin, selbster nannter »Père de l'Humanité«, der die neue Kirche führte und in emphatischen, von Tausenden besuchten Veranstaltungen die »Religion saint-simonienne« verkündete – eine nach streng hierarchischen Gesetzen gegliederte Gesellschaft, die einer technizistischen Variante des Spruchs »Macht euch die Erde untertan« folgte. Eine Assoziation von Freien und Gleichen sollte Chancengleichheit bieten, zumal der »zahlreichsten und ärmsten Klasse«, das Glück sollte gleichsam gerecht verteilt werden – allerdings unter der Anleitung von Führern wie Enfantin, der sich zum »homme le plus moral de son temps [...], Chef Suprème de la Religion saint-simonienne« küren ließ und neuen Mitgliedern die »heilige Taufe der Gleichheit« gab. Kein Revolutionär, sondern ein Papst-Ersatz. Die Befreiung des Fleisches stand als Forderung neben der der Askese. In der Rue Monsigny lebten die Saint-Simonisten – Ingenieure, Ärzte, Künstler, Anwälte – als Familie, man redete sich mit Bruder, Vater, Mutter, Schwester an, man verbreitete die Lehre in Schulen aller zwölf Pariser Stadtbezirke und in den Kirchen von Toulouse, Montpellier oder Dijon: »Die Menschheit wird dann nur eine Familie von unzähligen Kindern bilden. Alle Rassen, alle Menschen werden verbunden und gesellig vereint sein.«

In der Salle Taibout, einem opernähnlichen Gebäude mit Logen in drei Stockwerken unter der Glaskuppel und rotsamten gepolsterten Bänken, fanden die Sonntagslesungen statt, bei denen vor erlauchtem Publikum – oft 1.500 Menschen – Bazard dozierte, Enfantin predigte und Chevalier das Paradies verkündete. In den vordersten Reihen saßen junge Leute, die Männer in Blau, die Damen in weißen Kleidern mit violetter Schärpe.

Auch Heine saß da, oft zusammen mit Franz Liszt. Mit ihm verband Heine eine lange und im Laufe der Jahre wechselnde Beziehung. Schon kurz nach seiner Ankunft in Paris nannte Liszt ihn, als er Heine im Salon der Madame Marie d'Agoult einführen wollte, »unseren berühmten Landsmann Heine [...], einen der ausgezeichnetsten Geister Deutschlands«. Umgekehrt sprach Heine von dem Komponisten als dem »genialsten Menschen«, den er »je kennengelernt«.

Von den Saint-Simonisten nannte er Michel Chevalier den »großen Apostel der größten Ideen unserer Zeit« und Prosper Enfantin »den bedeutendsten Geist der Gegenwart«. Der allerdings hat sich selber in einer mokanten kleinen Notiz gegen die Vergöttlichung durch seine Anbeter verwahrt; als ihn am frühen Morgen des 2. März 1830 ein Verehrer mit den Worten »Jésus vit en Toi« aufgestört habe, will er »Eh bien, laß mich noch eine Stunde schlafen« gesagt und nach dem Aufwachen, als er sich die Strümpfe anzog, den Schwärmer barsch beschieden haben »Homo sum«.

Heine ist natürlich die Exaltation nicht entgangen, so wenig wie das Operettenhafte – weiße Hose, rote Weste, blauviolette Tunika als Symbol für Liebe, Arbeit, Glaube, und die Männer trugen über dem bloßen Hals wallende Bärte. Sein Horror vor jeder Art Gemeinschaft, und führte sie direkt ins Paradies, brach sich in Spott Bahn. Heinrich Laube erinnert sich an ein Gespräch: »›Die Hauptsache war‹ – so schloß er sein Gespött – ›die Leute hatten keinen Geschmack; die Künste standen bei ihnen tief im Hintergrunde, wir Poeten wären in ihrem Staate untergegangen.‹ [...] ›Was sollt' ich denn alsdann noch schreiben?‹ rief er – ›worüber soll ich Witze machen, wovon Gedichte, wenn Alles da ist, was ich bisher gewünscht oder vermißt habe? Durch einen aus- und eingeführten St. Simonismus würde ich einfach pensionirt.‹«

Das ist auch Vor-Formulierung des 1838 an Gutzkow gerichteten Satzes: »Mein Wahlspruch bleibt: Kunst ist der

Zweck der Kunst.« Doch der Einfluß der Saint-Simonisten, ihres Postulats, die Antinomie von Sensualismus und Spiritismus aufzuheben, ging sehr weit. Ohne deren Forderung nach dem irdischen Glück sind gar die unvergeßlichen Verse aus dem Beginn von »Deutschland. Ein Wintermärchen« nicht zu denken:

Wir wollen auf Erden glücklich seyn
Und wollen nicht mehr darben;
Verschlemmen soll nicht der faule Bauch
Was fleißige Hände erwarben.

Es wächst hienieden Brod genug
Für alle Menschenkinder,
Auch Rosen und Myrten, Schönheit und Lust,
Und Zuckererbsen nicht minder.

Ja, Zuckererbsen für Jedermann,
Sobald die Schooten platzen!
Den Himmel überlassen wir
Den Engeln und den Spatzen.

Die zeremoniösen Läppischkeiten hat Heine belächelt; das Konzept der »selbsttrunkensten Subjektivität«, der »weltentzüngelten Individualität«, der »gottfreyen Persönlichkeit mit all ihrer Lebenslust« hingegen hat ihn tief beeindruckt. Dies sind nämlich die Begriffe, die er in den »Französischen Malern« für Léopold Roberts Bild »Schnitter« einsetzt, in dem er eine Sensualisierung der Erde sieht, ein Ablösen der katholischen Weltzeit. Immer ja hat Heine das Blutrünstige des Christentums betont, das keine Freuden, nur Ängste produziere.

Die Begegnung mit dem Saint-Simonismus ist doppelte Ablösung – von christlichem Trübsinn und von republikanischer Engstirnigkeit. Das geht aus jener Widmung an Prosper Enfantin hervor, dem er wesentliche Teilhabe am Entstehen von »De l'Allemagne«, speziell der Serie »Zur Geschichte der Religion und Philosophie in Deutschland« attestiert; denn eben diese Geschichte sieht Heine jetzt anders. Die Absonderlichkeiten belustigen ihn – »Vater Enfantin« segelte nach Verbot der Versammlungen mit seinen Getreuen nach Ägypten, um dort, er war ja Ingenieur, den Isthmus von Sues zu durchstechen und den »weiblichen Messias« zu finden. Das Besondere aber fasziniert ihn. Ein Brief von Enfantin an Heine aus dem Jahre 1835 aus Ägypten wertet er als eigene Standortbestimmung. Enfantin bezieht sich auf das »Préface« zur französischen Ausgabe der »Reisebilder«, in dem Heine sich davon distanziert, »großen Luxus mit Tiraden wider Klerus und Adel« getrieben und wie die deutschen Revolutionäre und Republikaner beflissen die Sprache von 1789 strapaziert zu haben; damals, in einem Buch, das vor der Juli-Revolution geschrieben war – von all dem sei er nun ein gut Stück Weges entfernt. Enfantin lobt das huldvoll. Heine wird das Sendschreiben vom Nil wenige Wochen später klüglich manipulierend verwenden. In Paris machte es erst einmal die Runde.

In Paris war es leicht, Sensualist zu sein; um nicht zu sagen Hedonist. Sofort nach seiner Ankunft – auch wenn er im Juni 1831 Varnhagen klagte: »Fliehen wäre leicht, wenn man *nicht* das Vaterland an den Schuhsohlen mit sich schleppte« – lernte er viele einflußreiche Persönlichkeiten kennen oder erneuerte alte Bekanntschaften: Berlioz und Chopin, Gautier, Lafayette und Rossini, Duc d'Orléans, Baron Rothschild, Prinzessin

Belgiojoso. Er dinierte mit Meyerbeer, besuchte das »Panthéon« und den »Salon« im Louvre, aß mit Börne und Liszt zu Abend und mit dem in »Kahldorf« attackierten Grafen Moltke zu Mittag, bei dem er sich – »Die Einleitung ist leider in Haß und Leidenschaft geschrieben« – entschuldigte. Er verkehrte im Salon der Madame d'Agoult, soupierte im Restaurant Bombarda in der Rue de Rivoli, nahm in den Tuilerien an einem von Louis Philippe veranstalteten Ball teil. Und immer wieder Börne, dessen »Briefe aus Paris« er lobt, der ihn ins elegante »Grand Véfour« im Palais Royal einlud und mit dem er – beispielsweise von Sainte-Beuve – verglichen wurde. Im »Morgenblatt« erschienen ab November 1831 seine Berichte über die »Gemäldeausstellung in Paris«, ab Januar 1832 in der Augsburger »Allgemeinen Zeitung« die »Französischen Zustände«.

Heine ist hingerissen. Nicht erst am Ende seines Lebens bekennt er »[...] nach meinem seligen Vater und meinem armen Weibe, habe ich auf dieser Welt nichts so sehr geliebt wie das französische Volk, das theure Frankreich«, sondern schon kurz nach seiner Ankunft schreibt er an Varnhagen: »Ich habe wahrhaftig nicht die Dinge auf die Spitze gestellt, sondern die Dinge haben mich auf die Spitze gestellt, auf die Spitze der Welt, auf Paris.« Dem deutschen Komponisten Ferdinand Hiller gibt er die enthusiastischen Zeilen mit: »Fragt Sie Jemand, wie ich mich hier befinde, so sagen Sie: ›Wie ein Fisch im Wasser‹, oder vielmehr, sagen Sie den Leuten, daß, wenn im Meere ein Fisch den anderen nach seinem Befinden fragt, so antworte dieser: ›Ich befinde mich wie Heine in Paris.‹«

Durch seine vielen begeisterten Berichte leistete er selber dem Eindruck Vorschub, er habe als neuen Beruf den des Flaneurs ergriffen: »Hier freylich ertrinke ich im Strudel der Begebenheiten, der Tageswellen, der brausenden Revoluzion; – obendrein bestehe ich jetzt ganz aus Phosphor, und während ich in einem wilden Menschenmeere ertrinke – verbrenne ich auch durch meine eigne Natur.« Obwohl man sich den knapp Fünfundreißigjährigen gerne vorstellen mag, wie er mit den diversen Zoes, Aglas, Désirées, Clarisses und Amélies flirtete, schlenderte Heine keineswegs nur, Hände in den Taschen und Brille auf der Nase, durch die Passage des Panoramas – »wo man abends gern vermeidet hindurchzugehen, wenn man eine Dame am Arme führt«, wie August Lewald in seinen Erinnerungen notierte –, er war wie immer auch ein fleißiger Arbeiter. Er saß nicht nur mit Meyerbeer in der Oper, sondern auch täglich im Cabinet de Lecture in der Galerie Vivienne, wo er deutsche und französische Zeitungen studierte, oder auch regelmäßig in der Bibliothèque Royale; anders hätte er nicht publizieren können, was nun auch in Frankreich zu erscheinen begann.

War Heine denn in Paris berühmt? Auch das ist eine der vielen Legenden. Er, der seinen Namen bald Heiné schrieb, weil die Franzosen ihn wie das Wort »haine«für Haß aussprachen, war in Frankreich eher ein Gerücht. Da das politische Interesse an Deutschland unter Intellektuellen, Künstlern, Schriftstellern zugenommen hatte, war man in diesen Kreisen auf seine Person aufmerksam geworden; sein Werk jedoch war nicht übersetzt, unbekannt. Sprach er gut Französisch? Das ist so widersprüchlich belegt wie sein Äußeres. Entgegen der allgemeinen Annahme war sein Französisch wohl eher mangelhaft; selbstverständlich konnte er sich unterhalten – aber auch seine Konversation war voller grammatikalischer Fehler, den komplizierten Konjunktiv beherrschte er ebensowenig wie das vertrackte Partizip. Nun ist ja bekannt, daß

Heine auch im Deutschen charmante Fehler machte, der Dativ schien ihm eine unüberwindbare Hürde, »welche Mühe es mir kostete« oder »alle haben mir viele Thränen gekostet« findet sich zuhauf. Die funkelnde Eleganz seines Stils konnte er überhaupt nicht in die abgezirkelten, festgefügten Formen des Französischen hinüberretten; »ich niste da in der Allongeperücke Voltaire's«, sagte er selber.

Zwar betonte Mathildes Anwalt Henri Julia, welch perfekt formulierte französische Briefe Heine geschrieben, womit er die Behauptung widerlegen möchte, daß er sich »fremder Hilfe, d. h. eines französischen Schriftstellers«, bedient habe; von eben diesen französischen Schriftstellern jedoch liegen genügend Zeugnisse vor: Heine mag über ein amüsant-ungelenkes Französisch für Salon-Geplauder verfügt haben – über ein literarisches Französisch für die eigenen Texte verfügte er nicht. François-Adolphe Loëve-Veimars übertrug die erste Ausgabe der »Reisebilder«, Gérard de Nerval den größten Teil des »Buch der Lieder« und viele spätere Gedichte, und Saint-René Taillandier, der viele seiner Arbeiten für die »Revue des Deux Mondes« übersetzte – darunter den »Romanzero« – erinnert sich noch nach Heines Tod:

»Obgleich man in Frankreich und Deutschland meist der gegenteiligen Ansicht ist, wußte Heine nicht in unserer Sprache zu schreiben; er kannte sie vorzüglich, er konnte ihre Feinheiten und ihren Schliff beurteilen, aber er war unfähig, einen eleganten Satz zu bauen, der nicht von Germanismen in seinem Fluß gestört wurde. Den zugleich festen und geschmeidigen Stoff der Pariser Prosa versuchte er vergebens kunstreich aufzufalten und anzuordnen; die Fäden zerrissen in seinen Händen, und das Bild kam auf dem unklaren Gewebe nur halb zum Vorschein.«

Vor allem mit den verschiedenen, in der »Revue des Deux Mondes« gedruckten Texten – eine gekürzte Fassung der »Harzreise« im Juni 1832, Auszüge aus »Die Bäder von Lukka« im Dezember desselben Jahres – erweckte Heine Aufmerksamkeit in den Kreisen Pariser Schriftsteller und Publizisten. Der einflußreichste war vielleicht Victor Bohain, der splendide Stifter und Direktor von »Europe littéraire«, in der alsbald Heines großangelegte Erwiderung auf das Buch »De l'Allemagne« der gehaßten Napoleon-Gegnerin Madame de Staël erschien. Vor seiner Entgegnung unter dem gleichen Titel warnte Heine Bohain: »Ich versprach, die Artikel zu liefern, jedoch ausdrücklich bemerkend, daß ich sie in einem ganz entgegengesetzten Genre schreiben würde. ›Das ist mir gleich‹ – war die lachende Antwort – ›außer dem *genre ennuyeux* gestatte ich wie Voltaire jedes Genre.‹ Damit ich armer Deutscher nicht in das *genre ennuyeux* verfiele, lud Freund Bohain mich oft zu Tische und begoß meinen Geist mit Champagner.« In der Tat, langweilig zu schreiben wäre Heine schwergefallen.

Heine wußte die heitere Großzügigkeit, die pariserische Leichtigkeit, mit der man bei Tisch und bei köstlichen Weinen ernste Dinge besprach, nicht genug zu rühmen. Die geistreiche Jovialität konnte »die Stirn des deutschen Träumers entwölken« – und es entstand das Buch, das Furore machte: »De l'Allemagne«. Es ist ein Buch aus vielen Büchern. Heines chaotische Arbeitsweise und Publikationsstrategie machen es bis heute den Heine-Forschern schwer, die einzelnen Entstehungsetappen, Neuzusammenstellungen und – oft qua Vorwort – revidierten Fassungen auseinanderzuhalten. Die seminarwürdigen Details, daß er zuerst zwei Drittel der späteren »Romantischen Schule«, danach die Schrift über die deutsche

Religion und Philosophie, dann eine neu gemischte Zusammenstellung für die französische Buchausgabe »De l'Allemagne« geschrieben hat, von der zugleich der erste literarhistorische Teil in der »Europe littéraire« erschien und dieser Teil wiederum im April 1833 in einer Pariser Filiale »Heideloff u. Campe« unter dem Titel »Zur Geschichte der neueren schönen Literatur in Deutschland« – diese philologischen Details haben in unserem Zusammenhang nicht zu interessieren.

Wir wollen uns auf Heines veränderten geistigen Habitus einlassen. Der wird am ehesten kenntlich aus den Arbeiten, die er für sein deutsches Publikum verfaßte.

Daß Heine zu dieser Zeit das Glück hatte, in dem französischen Verleger Eugène Renduel – dem Hauptverleger deutscher und französischer Romantiker wie Victor Hugo, Alfred de Musset oder E.T.A. Hoffmann – einem zuverlässigen Partner begegnet zu sein, war für den Fremden in Paris von Bedeutung. Renduel, den Heine wohl durch den Übersetzer der E.T.A. Hoffmann-Ausgabe Loëve-Veimars kennengelernt hatte, verlegte zwischen 1833 und 1835 fünf Bände mit Prosa-Arbeiten. Ein erster Band mit den Gedichten ist nie erschienen. Heines Bekanntschaft mit Balzac, Alfred de Musset oder Alfred de Vigny mag solche Publikationen gefestigt haben.

Heine lebt in einem Zwiespalt. Sein Haß auf Aristokratie und Pfaffentum ist keineswegs erloschen. Seine Mitarbeit an der Zeitschrift »Europe littéraire« sieht er als forensische Übung in dieser Disziplin: »Ich werde in jenem Journale alles Mögliche thun, um den Franzosen das geistige Leben der Deutschen bekannter zu machen; dieses ist meine jetzige Lebensaufgabe, und ich habe vielleicht überhaupt die pacifike Mission, die Völker einander näher zu bringen. [...] Das aber fürchten die Aristokraten am meisten; mit der Zerstörung der nationalen Vorurtheile, mit dem Vernichten der patriotischen Engsinnigkeit schwindet ihr bestes Hülfsmittel der Unterdrückung.«

Zugleich wollte er sich allenthalben arrangieren, absichern. Ein Jahr vor dieser Programmverkündung, im Juli 1832, traf er den preußischen Gesandten in Paris, Freiherrn von Werther, um ihm zu versichern, daß er keineswegs so Feindliches gegen Preußen im Schilde führte, wie das Gerücht es besagte. Schon im November 1830 hatte er an Varnhagen geschrieben: »Sie irren, wenn Sie glauben, daß ich, des Inhalts meiner Schriften wegen, sobald ich transagiren möchte, nicht die preußische Regierung für mich interessiren könnte.«

Die unsinnige Selbstüberschätzung hat eine einzige Ursache: Heine fürchtet seinen Tod als deutscher Schriftsteller durch Zensur und Repression. »Kahldorf über den Adel« war im Juni 1831 in Preußen offiziell verboten worden. Campes Slalom, den Band unter wechselnden Ortsangaben zu verlegen und den Vertrieb über – zuerst »Hannover, Dänemark, Baiern ... das obscure Preußen ist zu letzt zu nehmen« – zu dirigieren, war an der Denunziation des Breslauer Polizeipräsidenten Merkel gescheitert, der im Juni 1831 dem Berliner Polizeiministerium die Schrift als »eine zwar geistreiche, aber sehr boshafte und desto mehr aufregende Arbeit« gemeldet hatte. Der schlaue Campe hatte angeblich in Nürnberg drukken lassen, in der Druckerei seines dort ansässigen Neffen Dr. Friedrich Campe; aber da der Band von nur zehn Bogen Umfang dem Zensor vorzulegen war, hatte der Altenburger Beamte zu des Autors Entsetzen mitten in den Sätzen herumgestrichen, was dieser in den Korrekturbögen teilweise rückgängig zu machen suchte.

Man kennt die berühmte Parodie:

Capitel XII.

– – –

Die deutschen Censoren – – – –
– – – – – – – – – – – – – – – –
– – – – – – – – – – – – – – – –
– – – – – – – – – – – – – – – –
– – – – – – – – – – – – – – – –
– – – – – – – – – – – – – – – –
– – – – – – – – Dummköpfe – –
– – – – – – – – – – – – – – – –
– – – – – – – – – – – – – – – –
– – – – – – – – – – – – – – – –
– – – – – – – – – –

– – –

Die grotesk herausgehackten Satzfetzen sahen buchstäblich so aus.

Die Wege der Herren Zensoren im deutschen Staatenbunde waren unerforschlich: Erlaubnis da, Verbot dort, Streichungen anderswo. Der Autor war nicht unmittelbar gefährdet, er hatte »nur« Verstümmelung oder Unterdrückung seines Textes zu ertragen, die der alte Goethe mit dem Satz: »Die Zensur zwingt zu geistreichem Ausdruck der Ideen durch Umwege« konjunktivierte. Der Verleger, der aber meist auch Drucker war, mußte für seine weitere Verlagsproduktion ruinöse finanzielle Lasten und Folgen fürchten. Auch von Heine – während der Zusammenarbeit mit der »Allgemeinen Zeitung« – ist eine frivole Keckheit überliefert: »Ach! ich kann nicht mehr schreiben, ich kann nicht, denn wir haben keine Censur! Wie soll ein Mensch ohne Censur schreiben, der immer unter Censur gelebt hat? Aller Styl wird aufhören, die ganze Grammatik, die guten Sitten. Schrieb ich bisher etwas Dummes, so dachte ich: nun, die Censur wird es streichen oder ändern, ich verließ mich auf die gute Censur. – Aber jetzt – ich fühle mich sehr unglücklich, sehr rathlos! Ich hoffe auch immer, es ist gar nicht wahr und die Censur dauert fort.« Das wahrlich tat sie.

Die Farce will es, daß die Zensoren keineswegs immer niedrigstirnige Schergen waren, sondern oft hochgebildete, wenn auch süffisant-mißtrauische Kulturbeamte, mit denen man gelegentlich bei Austern und Rheinwein über das Schicksal eines Buches diskutieren konnte. Heines Kollegen des 20. Jahrhunderts – gleich, ob unter linker oder rechter Diktatur – hätten sich unter diesem kommoden Repressionsapparat glücklich gepriesen.

Dennoch: nicht erst seit den »Maßregeln« genannten Bundestagsbeschlüssen vom Juli 1832, denen zufolge kein Buch unter 20 Druckbögen ohne Regierungserlaubnis erscheinen durfte, herrschte eine chaotische Wort-Diktatur – Schleiermachers Vorlesungen und Predigten wurden kontrolliert, »Tell« und »Egmont« durften nicht gespielt werden, die Aufführung von Kleists »Prinz von Homburg« scheiterte an der Intervention eines Ahnherrn, E. T. A. Hoffmanns Roman »Meister Floh« wurde konfisziert, weil im 5. Kapitel die Kommission zur Demagogenverfolgung verulkt sei. Die Gemaßregelten wehrten sich auf ihre Weise: Börne füllte Zensurlücken oft mit sinnlosen Worten, Heine fand in dem Satz: »Er ist von allen schlechten Schriftstellern noch der beste« das Wort »schlechten« gestrichen, noch in der 2. Auflage des »Buch der Lieder« (1837) entdeckte er Verstümmelungen und noch 1843 übte er – so fand der DDR-Wissenschaftler Hans Kaufmann durch Textvergleich heraus – Selbstzensur.

Dicke Bücher waren teuer, die Verunsicherung eines vermögenden Publikums war wohl nicht gefürchtet. Angst hatte man vor dem, was ein Jahrhundert später Volksverhetzung hieß.

Das System zwischen Ducken und Mucken hatte kein System: Heines Anti-Menzel-Pamphlet »Ueber den Denunzianten« erschien – aber der Zensor hatte die Genehmigung so spät erteilt, daß Heine die Aktualität verpufft sah; sein hohnvoller »Schwabenspiegel«, mit dem er sich gegen die »Gelbveiglein«-, »Maienwonne«- und »Zwetschenbaum«-Lyrik eines Uhland oder Justinus Kerner wütend abgrenzte, wurde in Gutzkows »Jahrbuch der Literatur« bei Campe so verschnitten publiziert, daß er öffentlich die Autorschaft ablehnte. Das Originalmanuskript des »Schwabenspiegel« ist verschollen; Heines Aufschrei, sein »artistisches Ansehen« sei bloßgestellt, und seine Wutausbrüche gegen Campes vermeintliche Gefügigkeit gegenüber der Zensur lassen sich nicht mehr an Textvarianten überprüfen. Offenbar hatte er Passagen gegen seine »sodomitischen, böotischen und abderitischen« Verfolger aus jener »Vorrede zur Vorrede zu ›Französische Zustände‹« aus dem November 1832 übernommen, die ebenfalls aus Zensurrücksichten unveröffentlicht geblieben war; es war eine Portion besonders graziös verspritzten Gifts, das er einem seiner Hauptgegner, Gustav Pfizer, injizierte, der »nur Champion seiner edlen Gattin« sei; ihrem Gelübde, alles zu tun, um Heines Untergang herbeizuführen, verpaßte er die Injektion:

»Solcher Todeshaß schmerzt mich sehr, denn die Dame ist sehr liebenswürdig. Sie hat sehr viele Aehnlichkeit mit der medizäischen Venus; sie ist nemlich ebenfalls sehr alt, hat ebenfalls keine Zähne; ihr Kinn, wenn sie sich rasirt hat, ist eben so glatt wie das Kinn jener marmornen Göttinn, auch geht sie fast eben so nackt wie diese und zwar um zu zeigen, daß ihre Haut nicht ganz gelb sey sondern hie und da auch einige weiße Flecken habe. Vergebens habe ich dieser liebenswürdigen Dame die versöhnlichsten Artigkeiten gesagt, z. B. daß ich sie beneide, weil sie sich nur einmahl die Woche zu rasieren braucht, während ich diese scheckliche Operazion alle Tage erdulden muß, daß ich sie für die tugendhafteste von allen Frauen halte, die keine Zähne haben, daß ich ihr Herz zu besitzen wünsche und zwar in einer goldenen Kapsel – vergebens hier half keine Begütigung! Die Unversöhnliche haßt mich zu sehr und wie einst Isabella von Kastillien das Gelübde that nicht eher ihr Hemd zu wechseln als bis Granada gefallen sey: so hat jene Dame ebenfalls geschworen, nicht eher ein reines Hemd anzuziehen, als bis ich, ihr Feind zu Boden liege. Nun setzt sie alle Skribler gegen mich in Bewegung, namentlich ihren armen Gatten, den wahrlich das isabellenfarbige Hemd seiner Ehehälfte nicht wenig inkomodirt, besonders im Sommer, wo die Holde dadurch noch anmuthiger als gewöhnlich duftet – so daß er manchmahl wie wahnsinnig aus dem Bette springt, und nach dem Schreibtische stürzt und mich schnell zu Grunde schreiben will.«

Ein weiteres Beispiel grausamer Sexualisierung seiner Polemik. Wieder einmal war er »getrefft«: von dem ordinären Überfall durch Pfizers »Heine's Schriften und Tendenz«, die wohl schlimmste Attacke zu seinen Lebzeiten. Schon auf Seite 3 geht die Rede von der ganzen »Race«, sie hält ihm das Suhlen in der Nacht als »trübem Element trauriger und feindseliger, scheuer und wahnsinniger Gespenster« vor, sie tadelt »seine frivole Witzsucht, seinen grundlosen Humor, seine würdelose Spaßmacherei, seinen absoluten Skeptizismus und

Nihilismus«, und sie gipfelt schließlich in der mahnenden Infamie, »er, dem doch der Name des Juden noch anhaftet«, möge den Gerechtigkeitssinn der Christen auf keine »allzuharte Probe stellen«: »Heine [...] dem Herkommen nach Jude, der [...] in seinem Wesen und Charakter einzelne Züge von der Eigenthümlichkeit seines Volkes geerbt hat.«

Heine brannte lichterloh. Und seine Replik – zensuriert! Er raste – gegen den eigenen Verleger. In einem offenen Brief »Schriftstellernöthe« fiel er über den angeblich seit seiner Vermählung feige gewordenen Campe her, sah sich als Sühneopfer für die Schikanen, denen dieser wegen zahlreicher Börne-Schriften ausgesetzt war. Börnes sehr erfolgreiche »Briefe aus Paris« wurden in sämtlichen deutschen Bundesstaaten derart erbittert verfolgt, daß Campe spätere Teile unter dem Signet eines fiktiven Pariser Verlages veröffentlichte – damit lief er allerdings Gefahr, daß die Buchhändler für diese Produkte einer nicht-existierenden Firma »L. Brunet« auch nicht zahlten. Aber Heine tat Campe unrecht. Denn der Verleger – der ohnehin auf der schwarzen Liste der Reaktion stand – konnte sich allzu viele verbotene Bücher nicht leisten; zumal eine geheime Ministerialkonferenz im Juni 1834 in Wien beschlossen hatte, daß die Druckerlaubnis eines Bundesstaates in anderen nicht automatisch gültig ist. Und Heine tat sich selber unrecht; doppelt. Weder war er der tapfere Ritter, der unter dem selbstverfaßten Spruch: »Angst ist bei Gefahren das Gefährlichste« ins Turnier ritt, noch war er ein Duckmäuser, der das Hasenpanier ergriff. Er glich einem Menschen, der, in einem Netz gefangen, so rasend um sich schlägt, bis das Netz ihn erwürgt. Eindrucksvoll hat Ludwig Marcuse das dargestellt:

»Die Zensur trieb ihn in einen Mut, den er von Natur gar

nicht besaß. Sie zwang ihn zu einer Hitze, die nicht der normalen Temperatur seines Temperaments entsprach. [...] Er konnte nicht mehr schlafen, aus Gram über die Verwüstungen, die man in seinen Büchern angerichtet hatte. Besiegt ist, wer die Nerven verliert. Heine hielt nicht mehr stand, er wurde müde. [...] Das Gräßlichste an diesem Kampf aber war, daß der Zensor in sein Hirn eindrang, sich hier festsetzte und schon die ungeborenen Gedanken belauerte. Heine wurde zum Selbst-Zensor; diese äußerste Verteidigung, die schon fast eine Kapitulation war, ging auf die Dauer über seine Kraft.«

Heine taktierte und paktierte. Mal strich er, mal protestierte er bei seinem Redakteur Laube, und mal rächte er sich durch den Abdruck des vollen Wortlauts in Deutschland verstümmelter Texte in französischen Zeitschriften, mal formulierte er neu. Heine schreit. Doch die Zensur erstickt seinen Schrei. Da fängt er an zu flüstern. Stückweise ermordet man sein Kind. Sein Kind ist sein Werk. Viele, viele Beispiele aus der Weltliteratur ließen sich anführen, wie, wann und wo Schriftsteller um ihr »Eigentliches« kämpften, mit dem verglichen ihnen ihr Leben wertlos schien – Walter Benjamin, der sich an der ominösen Aktentasche über die Pyrenäen zu Tode schleppte; Anna Achmatowa, die für ihre Poesie den leiblichen Sohn preisgab; Alexander Solschenizyn, der im GULAG mit Tinte aus geknackten Läusen und rostigen Nägeln seine Not in Holz ritzte; Thomas Mann, der fassungslos die verlöschende Kraft registrierte: »Das Problem, was ich arbeiten soll, denn ohne das ist kein Leben«; Harold Brodkey, der sich nicht sterben ließ, bevor er dem Grausen der AIDS-Agonie sein letztes Buch abgerungen hatte.

Heine sieht das Glas seiner Flaschenpost zerscherben.

Manfred Windfuhr zieht die bittere Bilanz mit dem Satz, »[...] daß im preußischen Einflußbereich schon vor 1835 praktisch ein Totalverbot von Heines Produktion bestand«. »Salon I« und die 2. Auflage von »Reisebilder III und IV« lagen dem Berliner Oberzensurkollegium Ende 1833 vor und wurden mit dem Zusatz verboten, diese Maßnahme gelte auch schon im voraus für folgende Teile. Das preußische Außenministerium war aktiv, seine Verbote auch in anderen Bundesstaaten durchzusetzen, was in Österreich umgehend gelungen war. Kern der Begründung war, Heine habe »das Heiligste verspottet, die Religion angegriffen«. Der preußische Staatsminister Ancillon wandte sich im März 1835 mit einer Demarche an den Hamburger Senat, die beiden Teile des »Salon« auch dort als »revolutionäre wie irreligiöse Produkte« hochwohllöblich verbieten zu lassen. Das war exakt das Vokabular, das die Menzel und Pfizer als Munition angeboten hatten.

Lange vor dem Bundestagsbeschluß vom Dezember 1835 funktionierte das alles bereits. Neben zahlreichen anderen ist das Beispiel besonders eklatant, wie die Zensur mit »Salon II« umging, worin »Zur Geschichte der Religion und Philosophie in Deutschland« enthalten war. Von Ende 1834 datiert eine Korrespondenz zwischen Campe und seinem Drucker Heinrich August Pierer, Besitzer der Altenburgischen Hofbuchdruckerei, der aus Schreck über den Text das Buch vor Drucklegung dem bestellten Zensor vorlegen wollte. Das war der von 1833 bis 1848 am Altenburger Gymnasium unterrichtende Theologe Johann Ernst Huth, ein Restaurationsideologe reinsten Wassers. Campe – der ansonsten zu Heines Verdruß dazu neigte, sich seine Veröffentlichungen durch rechtzeitige Vorlage abzusichern und eher einen vom Zensor entstellten Text in Kauf zu nehmen als den Nicht-Verkauf eines Buches zu riskieren – beschwor dieses Mal seinen Drukker; übrigens mit widersprüchlicher Logik. Erstens handele es sich um ein wissenschaftliches Werk und müsse deswegen der Zensur überhaupt nicht vorgelegt werden. Zweitens sei es ein Buch von derart politischer Brisanz, daß man es dem Zensor besser nicht zeige, zumal es so glänzend geschrieben, was vermutlich selbst diesen überzeugen würde: »Das Buch wird einen heillosen Spektakel machen und scheint es uns das Gefährlichste, das Heine jemals geschrieben hat. Alle übrigen waren Fictionen; Ausbrüche der Laune u des Uebermuthes; diese ruhig nachweisende Sprache, die überzeugende Kraft die in seinen Worten liegt u die Wahrheit, wie er den ernsten Dingen Namen giebt u sie offen ausspricht; auf eine Weise wog[eg]en kein Censor etwas sagen kann, er müßte denn das Buch von einem Ende zum andern streichen, – das ist es was dem Buche in unsern Augen ungewöhnliche Bedeutung giebt.«

So vernünftig indes war der Oberlehrer aus Altenburg nicht, dem Herr Pierer dann doch ein Umbruchexemplar vorlegte. Er strich 15 Stellen, insgesamt 18 Seiten des Erstdrucks – darunter den weithallenden Satz: »Es wird ein Stück aufgeführt werden in Deutschland, wogegen die französische Revoluzion nur wie eine harmlose Idylle erscheinen möge.«

Zensoren haben schlecht gewickelte Ganglien. Dieser strich eine vermeintlich flammende Verkündigung. Doch war es nicht auch eine Warnung, ein Schreckensbild? Heine hatte stets die *Ideen* der Französischen Revolution begrüßt, ja gefeiert – den großen Entwurf von Freiheit, Gleichheit, Brüderlichkeit. Revolution per se, ihre blutrünstige Grausamkeit war ihm immer ein Greuel; ihre Vollstrecker Schermesser – ihm grauste vor den »stolzen Männern der That«, die er »Handlanger« nannte, wie er Robespierre »als die blutige Hand von Jean Jacques Rousseau« bezeichnete. Schon im dritten seiner »Briefe aus Berlin« vom 8. Juni 1822 hatte er aufgestöhnt: »O Sanct Marat! so ein Lump will den Freyheitshelden spielen!«, und auch in den »Französischen Zuständen« ist Revolution nicht gerade die große Versucherin:

»Es gibt keinen gräßlichern Anblick als solchen Volkszorn, wenn er nach Blut lechzt und seine wehrlosen Opfer hinwürgt. Dann wälzt sich durch die Straßen ein dunkles Menschenmeer, worin hie und da die Ouvriers in Hemdärmeln wie weiße Sturzwellen hervorschäumen, und das heult und braust, gnadenlos, heidnisch, dämonisch.«

Die Großmacht Heine gibt sich eine eigene Verfassung

Die einzige Revolution, die Heinrich Heine freudig begrüßt hat, war die französische Juli-Revolution 1830; sie hatte ein Bürgerkönigtum hervorgebracht. Das entsprach seinem tief eingewurzelten Royalismus, den er zeitlebens betonte. Zugleich entsprach ein Bürgerkönig seinem saint-simonistischen Elite-Ideal – sein Bild konnte er auch auf sich projizieren, es zementierte das eigene Grundgefühl: »Ich weiß, wer ich bin.« Dieses Selbstwertgefühl ließ ihn ja den verqueren Ehrentitel »der erste Kirchenvater der Deutschen« aus jenem Brief Enfantins vom Nil für bare Münze nehmen. Jede andere, auch nur mögliche Rolle, gar angeboten von einem Angehörigen des Volkes, schien ihm nicht nur ungemäß, sondern auch widerwärtig. Wenig später, in seiner »Denkschrift« gegen Börne, formulierte er das höchst rigoros; das Traktat »Heinrich Heine über Ludwig Börne« erschien zwar erst drei Jahre nach Börnes Tod im Jahr 1837 – aber die dort niedergelegten Gedanken stammen aus der Mitte der dreißiger Jahre: »Ich kann den Tabaksqualm nicht vertragen, und ich merkte, daß in einer deutschen Revoluzion, die Rolle eines Großsprechers in der Weise Börnes et Consorten nicht für mich paßte. Ich merkte überhaupt, daß die deutsche Tribunatskarriere nicht eben mit Rosen, und am allerwenigsten mit reinlichen Rosen bedeckt. So z. B. mußt du allen diesen Zuhörern, ›lieben Brüdern, und Gevattern‹ recht derb die Hand drücken. Es ist vielleicht metaphorisch gemeint, wenn

Börne behauptet: im Fall ihm ein König die Hand gedrückt, würde er sie nachher ins Feuer halten, um sie zu reinigen; es ist aber durchaus nicht bildlich, sondern ganz buchstäblich gemeint, daß ich, wenn mir das Volk die Hand gedrückt, sie nachher waschen werde.«

Zahlreiche Zeitgenossen haben diesen Degout Heines vor Volk, Volkserhebung, Gewalt von unten und jeglichem gesellschaftlichem Chaos beschrieben. Ein der Weichzeichnung unverdächtiger Zeuge wie Ludolf Wienbarg hat eindringlich geschildert, wie scharf Heine seine Sympathien und Antipathien ausdrücken konnte – in der Poesie. Im Leben wollte er Ruhe. Sein Schwärmen für die Entfesselung geschichtlicher Kräfte war Literatur. Das Gewühl der Kämpfenden erschreckte ihn. Ähnlich dem Satz Max Webers, ein Jahrhundert später, es sei wohl ungewöhnlich, daß ein Wegweiser in die Richtung ginge, die er weise, sah Heine Umsturz als historische Notwendigkeit; und als persönliche Bedrohung. »Bricht nun mal in Deutschland die Revolution aus«, hat er Wienbarg anvertraut, »so bin ich nicht der letzte Kopf, der fällt.« Nicht nur Börne war das verächtlich, gar serviler Aristokratismus. Er sollte es ihm büßen.

»Zur Geschichte der Religion und Philosophie in Deutschland«, das sehr ernsthaft erarbeitete Buch, das den Verleger schockierte und entzückte, den Zensor aber den Rotstift zükken ließ, ist zu guten Teilen die Prosafassung jener Rosen-, Myrthen- und Zuckererbsen-Idylle, die wir aus dem »Wintermärchen« kennen. Bereits im ersten Buch lesen wir die Forderung nach Glückseligkeit schon hier auf Erden und hören vom Glauben an den Fortschritt der Menschheit. Insofern ist »Zur Geschichte der Religion und Philosophie in Deutschland« ein Manifest der Gebote Saint-Simons. Das wird deutlich in Verachtungsschlenkern gegen die »tugendhaften Republikaner«, deutlicher aber noch in dem Fanal von der Machbarkeit der Welt: »Wir sind frey und wollen keines donnernden Tyrannen. Wir sind mündig und bedürfen keiner väterlichen Vorsorge. Auch sind wir keine Machwerke eines großen Mechanikus. Der Deismus ist eine Religion für Knechte, für Kinder, für Genfer, für Uhrmacher.«

Ob der im Jahre 1830 zweiundzwanzigjährige Zögling des Jesuitengymnasiums zu Trier namens Karl Marx das gelesen hat? Der Furor der Sprache muß auf ihn abgefärbt haben, auch wenn sie ihm wohl zu schwärmerisch war. Heines Ausgangspunkt teilte er – was für die Reformation der Mönch, »so ist es jetzt der Philosoph, in dessen Hirn die Revolution beginnt. [...] Die Deutschen haben in der Politik gedacht, was die andern Völker getan haben. Deutschland war ihr theoretisches Gewissen.« Es war schon das Bestreben des jungen Marx, das vom Kopf auf die Füße zu stellen; er leugnete nicht den Gedanken, aber er sollte zur Tat führen. Der berühmte Satz: »Der Kopf dieser Emanzipation ist die Philosophie, ihr Herz das Proletariat« ist genau einen halben Satz länger, als es Heines Gedankenführung erlaubte; dessen brillanter Exkurs ist Aufbrechen des Denkens, aber nicht Aufbruch zur Tat. Weswegen Engels noch 1840 seine »Indifferenz« und »Gehaltlosigkeit« rügen konnte.

Heines Parforceritt durch den deutschen Geisteswald – in den Kritiken wie fast alles aus seiner Feder getadelt als zu oberflächlich, zu rasch assoziierend und zu geistreich-frech – ist ein Fanal. Es sollte in den Köpfen nicht zünden. Die Welt wollte es nicht in Brand stecken. Die Anekdote hat er gewiß nicht unabsichtlich eingeflochten, daß der sterbende Hegel auf dem Totenbett gesagt haben soll: »Nur einer hat mich verstanden«, um verdrießlich hinzuzufügen, »und der hat mich auch nicht verstanden«.

Die komplizierte und widerläufige Entstehungs- und Publikationsgeschichte von »Religion und Philosophie« soll hier nicht referiert werden. Wann Heine welchen Teil für die von François Buloz redigierte »Revue des Deux Mondes«, andere Teile unter dem Titel »De l'Allemagne« als Antwort auf Madame de Staëls gleichnamiges »Koteriebuch« für Victor Bohains »Europe littéraire« konzipiert hat, die dann in Deutschland »Die Romantische Schule« hießen, und was davon bei Renduel oder wiederum bei »Heideloff und Campe« in Paris erschienen ist – das alles ist in der großartig betreuten Düsseldorfer Heine-Ausgabe akribisch dokumentiert. »Die Romantische Schule«, »geschrieben zu Paris, im Herbst 1835«, gehört in dasselbe geistige Umfeld, das Heine mit seinem bengalischen Licht illuminiert und auf dem er seine Hexen, Lemuren, auch den Doktor Faust – »denn das deutsche Volk ist selber jener gelehrte Doktor Faust« – tanzen läßt. Es ist noch einmal Abscheu vor der »Verdammnniß alles Fleisches« durch die katholischen Dogmen, gegen die erst »das blühende Fleisch auf den Gemälden des Tizian« protestierte; es ist, drei Jahre nach Goethes Tod, ein Auftrumpfen gegen dessen »Alleinherrschaft in der deutschen Literatur«. Und aus dem Munde eines nie Gelobten seltsam klingend – es ist der Spott, »daß es endlich für ein *Brevet* der Mittelmäßigkeit galt, von Goethe gelobt worden zu seyn«, jedoch mit der schönen Verbeugung: »Freylich, auch Goethe besang einige große Emanzipationsgeschichten, aber er besang sie als Artist.« Heine ist ein Beleuchtungskünstler; wem er seinen Scheinwerfer ins Gesicht strahlt, der wirft einen gar sonderbaren Schatten – es ist immer die Silhouette des Heinrich Heine:

»Die Orthodoxen waren ungehalten gegen den großen Heiden, wie man Goethe allgemein in Deutschland nennt; [...] sie sahen in ihm den gefährlichsten Feind des Kreuzes, das ihm, wie er sagte, so fatal war wie Wanzen, Knoblauch und Tabak; nemlich so ungefähr lautet die Xenie, die Goethe auszusprechen wagte, [...]. Just dieses war es jedoch keineswegs was uns, den Männern der Bewegung, an Goethe mißfiel. Wie schon erwähnt, wir tadelten die Unfruchtbarkeit seines Wortes, das Kunstwesen, das durch ihn in Deutschland verbreitet wurde, das einen quietisirenden Einfluß auf die deutsche Jugend ausübte, das einer politischen Regenerazion unseres Vaterlandes entgegenwirkte.«

Das ist, in der Goethe ausgespannten Chaise, ein starker Galopp. Hufschläge, die irgendein Fundament erzittern machen, wird man das nicht nennen können. Auch jenes mit bösartigen sexuellen Anspielungen kolorierte Schlegel-Porträt nicht, das bereits erwähnt worden ist. Man mag den Kopf schütteln, daß ausgerechnet Heine einem Novalis und einem E.T.A. Hoffmann in der »Romantischen Schule« attestiert: »Die große Aehnlichkeit zwischen den beiden Dichtern besteht wohl darinn, daß ihre Poesie eigentlich eine Krankheit war.« Immerhin schließt er noch an: »Aber haben wir ein Recht zu solchen Bemerkungen, wir, die wir nicht allzusehr mit Gesundheit gesegnet sind?« Und man mag es frappierend finden, mit welcher Leichtfertigkeit er nun Ludwig Uhland Valet sagt, weil ihm – er hat jetzt den Sturmschritt der Nationalgarde im Ohr, »und jeder spricht französisch« – der Reimklang »Willkommen, Königstöchterlein [...]. Ade, du Schäfer mein!« zu hübsch scheint, wie er auch Fouqués Lieder als zu lieblich befindet.

Gewiß, dieser mehr geistreiche als geistvolle Essay über die

Romantik sollte ja in erster Linie ein Gegengewicht gegen das in Frankreich sehr populäre Buch »De l'Allemagne« der verabscheuten Anne-Louise-Germaine de Staël bilden, das sie 1813, nach mehreren Reisen 1803 und 1808 durch Deutschland, publiziert hatte. Ihr Hauptberater und gelegentlicher Reisegefährte war August-Wilhelm Schlegel gewesen, den sie 1804 in Berlin kennengelernt und der sich später jahrelang auf ihrem Landsitz Coppet am Genfer See aufgehalten hatte. Doch Heines Buch – das seine Mission in Frankreich kaum erfüllte, da es lange unbeachtet und erfolglos blieb – fehlt, was noch sein beiläufigstes Gedicht so prägnant und seine fundamentalen Polemiken zu Selbstaussagen macht: die genaue Einkreisung des eigenen Ich. Heine weiß das selber ganz genau. In den »Geständnissen«, die er ja 1854 als Vorwort zur Neuausgabe seines »De l'Allemagne« verfaßt, schreibt er gleich eingangs, daß er doch – trotz seiner »exterminatorischen Feldzüge gegen die Romantik« – immer ein Romantiker geblieben sei, daß ihn – nachdem er »dem Sinne für romantische Poesie in Deutschland die tödtlichsten Schläge beygebracht« – die Sehnsucht nach der blauen Blume wieder beschlichen, weswegen er »das letzte freye Waldlied der Romantik«, den »Atta Troll« gedichtet habe.

Die Absicht, in erster Linie Interpret für ein französisches Publikum zu sein, kann nicht der alleinige Grund für die durch Keßheit aufgepolsterte Magerkeit des Textes sein; obwohl für seinen einstigen Studienfreund und Briefpartner, Johann Baptist Rousseau, nun konservativ gewordener Redakteur, eben diese Absicht, »für den verdorbenen Theil der französischen Nation zu schreiben« Ursache dafür war, daß Heine nie »so frivol, so lästerungssüchtig, so tollkühn, ja mitunter so empörend gemein« formuliert habe: »[...]; überall nur bissiger

Hohn, Spott, Bonmot, Persiflage, Gift der Gesinnung unter Blumen schöner Worte.« Mit etwas mehr Wohlwollen entdeckte Eichendorff einen Heine, der »mit Sattel und Zeug zu dem schon lange schadenfroh gegenüberlauernden Heidenthum Reißaus« nehme. Der Verfasser selber gönnt sich eine mehr statische Figur: Er sieht sich »mit einer dreyfarbigen Fahne«, die bis nach Frankfurt reichen sollte, und »die geweihte Fahne über mein theures Vaterland« hinüberschwenken, und »wenn ich die rechten exorcirenden Worte dabey ausspräche« auf dem Straßburger Münster stehen.

Keine ganz gelungene Inszenierung. Exorzierende Worte waren nicht gefallen. Das mußte Gründe haben. In Deutschland, und zwar nicht nur im allerdings federführenden Preußen, war ja in den dreißiger Jahren die Schraube der Zensur immer fester angezogen worden. Schon 1831 war erstmals eines von Heines Büchern – »Reisebilder IV« – vom preußischen Ministerium als »höchst verwerfliche Schrift« kategorisiert worden, die Schnittfertigkeit des Altenburger Lehrers Johann Ernst Huth haben wir kennengelernt. Am 10. Dezember 1835 erließ dann der Deutsche Bundestag seinen Beschluß gegen das Junge Deutschland – Carl Gutzkow, Heinrich Laube, Ludolph Wienbarg, Theodor Mundt und Heinrich Heine; einen Tag später waren seine sämtlichen Schriften in Preußen, einen Monat später auch in Bayern verboten. Zwei Tage vor dem Bundestagsbeschluß erhielt Heine jenen Brief des Saint-Simonisten Enfantin vom Nil, der ihm *deswegen* so wichtig war und von dem er im Februar 1836 Auszüge zur Publikation in verschiedenen deutschen Zeitungen freigab; wurde ihm da doch der »rechte Weg« bescheinigt, den er sich nun selber in einem höchst makabren Dokument testierte. Im Januar 1836 verfaßte Heine seine Sendschrift

»An eine hohe Bundesversammlung«; sie erschien Anfang Februar im »Hamburgischen Correspondenten« und in der »Allgemeinen Zeitung«, in französischer Version bereits im Januar im »Journal des Débats«. Unterschrieben hatte er etwas schnörkelhaft mit »Heinrich Heine. Beider Rechte Doktor«. Nur eingangs schlüpft er in Luthers Rock, kopiert das große protestantische Vorbild, dem man immerhin »freyes Geleite« zu eigener Verteidigung geboten habe. Doch rasch schlüpft er aus dem Schatten hervor, distanziert sich gar; denn »diese Worte sind keine Protestazion, sondern nur eine Bitte«. Dann gibt sich die befehdete Großmacht Heine die eigene Verfassung; es ist seine »Habeas corpus«-Akte: »Sobald mir das freye Wort vergönnt ist, hoffe ich bündigst zu erweisen, daß meine Schriften nicht aus immoralischer und irreligiöser Laune, sondern aus einer wahrhaft religiösen und moralischen Synthese hervorgegangen sind […]. Wie aber auch, meine Herren, Ihre Entscheidung über meine Bitte ausfalle, so seyen Sie doch überzeugt, daß ich den Gesetzen meines Vaterlandes immer gehorchen werde. […] ich ehre in Ihnen die höchsten Autoritäten einer geliebten Heimath.«

Seit seiner Publikation bis heute ist dieses Dokument Gegenstand erbitterter Fehden zwischen Heine-Biographen, -Exegeten und -Philologen. Der Streit teilt sie in zwei Lager – in dem einen preist man die List eines Unbeugbaren, im anderen beklagt man die klägliche Krümmung eines sich Duckenden. Ich stehe außerhalb beider Lager. Heine ist ein Schilfrohr. Das kann sich im Sturm beugen. Es knickt aber nicht. Heine hat sich nicht von einer schlauen Künstler-Witwe eine Selbstkritik diktieren lassen, um mit Heuchelgebärde einer hohen Behörde die geforderten Devotionalien zu überreichen. Heinrich Heine lügt nicht. Heinrich Heine ist Lüge. Die ist der kostbare Kokon, seidenfein gesponnen um den Kern: die ganz eigene Wahrheit. Er ist immer beides: stolz und ängstlich, hochmütig und tiefmütig, konsequent und wechselhaft. Er schwört nie ab, denn er schwört nie. Wenn er Standpunkte hat, dann, um sie zu verlassen; »mais j'ai marché depuis plus loin dans la voie du progrès«, sagt er mißverständlich; dieses »aber ich bin lange genug auf dem Weg des Fortschritts marschiert« ist gewiß der Satz seines »Préface« zu den »Reisebildern«, der Prosper Enfantin so entzückt hatte.

Doch gerade dem mißtrauten die Mächtigen – seinem Entfernen vom Weg des Fortschritts wie seinem Kult der Saint-Simonisten. Es war Metternich höchstpersönlich, der sich schon im Oktober 1835 in einem Brief an Fürst Wittgenstein, Mitglied des preußischen Kabinetts, über den »Salon II« alterierte, in dem Text zwar »ein wahres Meisterstück in Bezug auf Styl und Darstellung« erkannte, den Verfasser aber zugleich als den »größten Kopf unter den Verschworenen« bezeichnete. In einem weiteren Brief an denselben Empfänger wetterte er über die »Bagage« und die »jungen Litteraten« und meinte klar die Bedrohung zu erkennen; sie seien bestrebt, auf der Grundlage des Saint-Simonismus, verbunden mit dem Varnhagenschen Goethekult, »*einen* Gott zu schaffen,« eine »neue Religion des Fleisches« zu stiften: »Göthe war ein ebenso großer Dichter, als St. Simon den ich persönlich gekannt habe, ein ausgemachter Cynischer Narr war. Göthe war ein im Leben geregelter und St. Simon ein ganz ungeregelter Mensch«.

Heine suchte sich seine Gegner nicht in vermufften Bürostuben, er kämpfte nicht mit Muckern in Ärmelschonern, dann schon lieber in einem Turnier; er schrieb an Metternich. Noch im Oktober 1836 führte er bei Campe bewegte Klage über die »wüthende Censur«, die ihm die harmlosesten Gedanken streiche und nur »reine Phantasiearbeiten« zulasse, einen Monat später noch heftiger bei Moses Moser, weil er klar erkannte, daß es auch um die Existenz ginge:

»In Deutschland darf ich nichts drucken lassen als zahme Gedichte und unschuldige Mährchen, und doch habe ich ganz andre Dinge im Pulte liegen; daß man ohne Anklage und Urtheil, so zu sagen meine Feder konfiszirt hat, ist eine Verletzung der unbestreitbarsten Eigenthumsrechte, des literarischen Eigenthums, eine plumpe Beraubung. Aber es ist diesen Leuten nur gelungen mich finanziel zu ruiniren.«

Kurz darauf, wiederum einen Monat später, erreichte ein Brief voll sonderbarer Andeutungen Julius Campe: »Ohne daß ich servil werde, gewinne ich das Zutrauen der Staatsmänner, die wohl einsehen, daß mein Revoluzionsgeist sich nicht an die Thätigkeit der rohen Menge wendet, sondern an die Bekehrung der Höchstgestellten.« Niemand war höher gestellt als Metternich. Heine hatte dem »Höchstgestellten« geschrieben, offenbar in der so vermessenen Annahme, das Ohr des feinsinnigen Tyrannen zu erreichen und sein Herz zu erweichen. Der Brief ist nicht erhalten, nur ein Rapport des preußischen Gesandten am Wiener Hof, Graf Maltzan, unter dem Datum des 1. Juli 1836: »Monsieur le prince de Metternich ... a reçu une lettre du fameux Heine renfermant la soumission la plus complète de ce détestable écrivain.«

Ein verwunderliches Dokument, das zu Recht in der Heine-Literatur immer wieder als »peinlich« gilt. Verwunderlich aber auch deswegen, weil es eine tief in deutschen Intellektuellen wurzelnde Sehnsucht nach Teilhabe an der Macht offenbart; zumindest die Hoffnung, »bei Hofe« empfangen, als Postillon der eigenen Ideen akzeptiert, gar von Einfluß zu sein, was von Voltaire bis Sartre für Frankreich schlechterdings nicht vorstellbar ist; Karl Marx plauderte mit Bismarck, Lion Feuchtwanger mit Stalin, Heiner Müller mit der Stasi, Günter Grass »beriet« Willy Brandt, Hans Magnus Enzensberger reiste mit Richard von Weizsäcker. Herausgekommen, natürlich, ist nie etwas. »Die »Höchstgestellten« taten selbstverständlich immer, was sie opportun dünkte. So erhielt auch Heine selbstverständlich nie eine Antwort, nicht von den »höchsten Autoritäten der eher geliebten Heimath«, nicht vom »Höchstgestellten« namens Metternich.

Einen Superlativ kann man nicht steigern. Dennoch gab es eine Macht, die mehr und gravierenderen Einfluß auf das europäische Gleichgewicht hatte als jeder Politiker, eine Macht, von der Könige, Landesfürsten, Minister und Kanzleien abhängig waren. Der »Nero der Finanz«, wie Heine ihn taufte, mit dem vergoldeten Palast in der Rue Laffitte, der »Imperator der Börsen« – »das Geld ist der Gott unserer Zeit und Rothschild ist sein Prophet.« Von dort erhielt Heine Response. Auch Sukkurs. Im Börne-Buch des Jahres 1840 schwärmte er vom Umherflanieren, »Arm in Arm mit ihm«, in den Straßen von Paris, einst, vor vielen Jahren, und in einem Brief an Campe schwärmte er Ende 1843 von den »liebreichen Diensten, die mir Rothschild seit zwölf Jahren erwiesen hat«. Der Umgang mit Baron James, wie der sich salopp nannte, datierte vom Eintreffen Heines in Paris, noch lange vor dem großen Ball, der im Anschluß an die triumphale Premiere von Meyerbeers »Hugenotten« in der Nacht auf den 1. März 1836 in Rothschilds Palais gegeben wurde. James war einer der fünf Söhne von Meyer Amschel Rothschild, der noch durch die Stättigkeitsverordnung an seinen Wohnsitz im Frankfurter Ghetto gebunden gewesen war, gleichwohl in der zweiten

Hälfte des 18. Jahrhunderts mit Münzenhandel und Geldwechsel ein Vermögen machte und schließlich zum »Hessen-Hanauischen Hoffaktor« avancierte. Als er 1817 starb, saßen seine Söhne bereits in den Bankzentren von Wien, London, Paris und Neapel. Geschickte Börsenmanöver nach der Schlacht von Waterloo katapultierten sie an die erste Stelle der europäischen Hochfinanz: »Zu der wirtschaftlichen Potenz kommt politischer Einfluß. Zwischen 1829 und 1850 versorgen die fünf Brüder Rothschild direkt oder indirekt nahezu den gesamten europäischen Staatskreditbedarf.«

Baron James Rothschild war nicht nur der Fürst von Paris, das gesellschaftliche Zentrum der Stadt, er beeinflußte auch ganz direkt die europäische Politik; »er niese sogar den Frieden«, schrieb Heine, der auch diesen mächtigsten seiner Mäzene mit Spott nicht verschonte – für den er sich dann sogleich entschuldigte: »Herr von Rothschild ist in der That der beste politische Thermometer; ich will nicht sagen Wetterfrosch, weil das Wort nicht hinlänglich respektvoll klänge. Und man muß doch Respekt vor diesem Manne haben, sey es auch nur wegen des Respektes, den er den meisten Leuten einflößt. Ich besuche ihn am liebsten in den Büreaux seines Comptoirs, wo ich als Philosoph beobachten kann, wie sich das Volk und nicht bloß das Volk Gottes, sondern auch alle andren Völker vor ihm beugen und bücken. [...] Das Comptoir des Herrn von Rothschild ist sehr weitläufig, ein Labyrinth von Sälen, eine Caserne des Reichthums; das Zimmer, wo der Baron von Morgen bis Abend arbeitet – er hat ja nichts andres zu thun als zu arbeiten – ist jüngst sehr verschönt worden. Auf dem Camin steht jetzt die Marmorbüste des Kaisers Franz von Oesterreich, mit welchem das Haus Rothschild die meisten Geschäfte gemacht hat.«

Bei Balzac hieß der Baron Nucingen, und Horace Vernet malte ihn als Juden, der, aus der Schlacht fliehend, sein Kästchen mit Gold und Edelsteinen rettet. Rothschild war mächtiger als der Onkel – Heines Ironie war im vergoldeten Renaissance-Palast sanfter als in der Villa in Ottensen. »Was tue ich mit all den faulen Schriftstellern und Künstlern?«, soll der Millionär gefragt haben, »wenn ich will, kaufe ich sie dutzendweise.« »Wohl möglich«, will Heine geantwortet haben, »aber wie werden Sie es anfangen, wenn Sie [sie] gekauft haben, sie mit einem guten Verdienst wieder loszuwerden?« Das sind Anekdoten, auch die, daß der Baron gefragt habe, warum ein bestimmter Wein »Lacrimae Christi« heiße, und Heine übersetzt haben soll: »Christus weint, wenn reiche Juden solchen Wein trinken, während soviel arme Menschen Hunger und Durst leiden.«

Keine Anekdote ist, daß Rothschild etwa den begabten Filou Friedrich von Gentz, der als Metternichs Sekretär an einer Schaltstelle der Macht saß, gekauft hatte; nach dessen Tod trauerte er mit dem Portemonnaie in der Hand: »Er hat mich große Summen gekostet, man glaubt es nicht, wie große Summen, denn er schrieb nur auf einen Zettel, was er haben wollte, und er bekam es gleich: aber seit er nicht mehr da ist, sehe ich erst, was uns fehlt, und dreimal soviel möchte ich geben, könnte ich ihn ins Leben zurückrufen.« Diesen pietätvollen Schluchzer um einen teuren Toten kommentiert Ludwig Marcuse mit dem Satz: »Gentz schlug sich immer für eine Sache – und nahm Geld, von wo er es bekam. Wie Heine, sein Gegner.«

War auch Heine gekauft? Manche Interpreten neigen zu der Unterstellung. Vor allem sein Biograph Walter Wadepuhl verfolgt sehr genau die Fährte, wann das Haus Rothschild –

1832 und 1842 – die Peitsche zeigte, sogar das Verbot von Heines Schriften mitinitiierte; und wann das sehr reichlich bemessene Zuckerbrot gereicht wurde, etwa 1835. Tatsächlich kommt auch die akribische Untersuchung zu »Heines politischer Journalistik« in der Augsburger »Allgemeinen Zeitung« zu dem Fazit: »[...] doch die politische Journalistik fehlt.« Drei Monate nach dem Verbot der Jungdeutschen war ein einziger Heine-Artikel erschienen, eben der über den Ball im Hause Rothschild nach der Meyerbeer-Premiere.

Die Fährte ist kurvenreich. Immerhin nahm Heine seine politische Journalistik genau zu einem Zeitpunkt wieder auf, zu dem das der Politik des Hauses Rothschild nützlich war. Im April 1840 war Louis-Adolph Thiers französischer Ministerpräsident geworden, der eine scharf gegen Österreich gerichtete Außenpolitik betrieb. Die Bündnispolitik zwischen Preußen, England und Rußland isolierte Frankreich, in dessen Presse – von Thiers geschürt – bald kraß nationalistische Töne wie in der deutschen zu vernehmen waren. Thiers Stoßrichtung gegen Österreich und England führte zu einer Kriegseuphorie, an der Börse stürzten die Rothschild-Aktien, eine veritable Finanzkatastrophe drohte. Die Kriegspropaganda mußte gestoppt werden:

»So wandte sich Salomon Rothschild – James war damals gerade in päpstlichen Angelegenheiten in Rom beschäftigt – an den einflußreichsten Journalisten auf dem Kontinent, an Heinrich Heine, um dieser gefährlichen Kriegshetze in den deutschen Zeitungen entgegenzuwirken. In der Tat beginnen von nun an auch Rothschilds persönliche Subventionen, mit denen Heine bei jeder größeren Anleihe bis an sein Lebensende regelmäßig bedacht wurde.

So nahm Heine nach siebenjährigem Schweigen Anfang

1840 unter dem Schutze der Rothschildschen Geldmacht seine politischen Berichte für die Augsburger ›Allgemeine Zeitung‹ wieder auf, um sie dann später im Jahre 1854, allerdings mit stark verändertem Text, unter dem Titel ›Lutetia‹ in Buchform zu veröffentlichen.«

Wir werden auf den Unterschied in der Position des Heine der »Lutezia« und des Heine der »Französischen Zustände«, sieben Jahre zuvor, 1832, noch einzugehen haben. Hier ist nur festzuhalten, daß Heine zu dieser Zeit von James Rothschild wesentliche finanzielle Unterstützung erfuhr und sogar die Veröffentlichung einer vernichtenden Schmähschrift über den Baron verhinderte. Ein Augenzeuge schildert eindrücklich, wie Heine 1844 bei einem Besuch in Hamburg im Kontor seines Verlegers Campe auftauchte und, Interesse heuchelnd, das Manuskript dieser Schmähschrift an sich nahm, das nie wieder erschien. Sofort danach erhielt er Eisenbahnaktien von Rothschild, die binnen kurzem einen Reingewinn von 20.000 Francs erbrachten. 1854 schickte er ein Exemplar der »Lutezia« an die von ihm sehr verehrte Frau von James, Betty de Rothschild, mit einem Brief, in dem er die Freundschaft seines Gönners zu seinen »angenehmsten und freudigsten Erinnerungen« zählt. Zwei Monate später schreibt er selber an James Rothschild: »Ich bin in diesem Augenblick beschäftigt mit der Herausgabe der französischen Version meiner Berichte über Paris, die hoffentlich taktvoll ausfallen wird. Ich habe mit Vergnügen durch die Frau Baronin erfahren, daß ich bei Ihrem geistreichen Verständniß des Humors keine Ungnade zu befürchten hatte, was mich sehr bekümmert hätte, da ich Sie wahrhaft liebe und verehre.«

Noch unverblümter klang das – soeben hat er in Paris von »Onkel James« einen großen Scheck erhalten, doch »ein kluger Esel frißt aus zwei Krippen« – an den Neffen Anselm Rothschild, der seit kurzem das Wiener Bankhaus leitete: »Vielleicht auch wende ich mich vorzugsweise an Sie, weil Sie, Herr Baron [Anselm] Deutschlands neue Zustände genau kennen und daher wohl wissen, daß für die moralischen Interessen Ihres neuen Bankinstituts der Eifer eines Publizisten von viel verzweigtem Einfluß nicht ganz überflüssig ist.«

Doch das ist kurz vor Heines Tod. Die »Lutezia«-Artikel erschienen indes 1840 bis 1843. Nicht nur Wadepuhl sagt über sie: »Die Artikel vertreten also nicht Heines eigene politische Anschauungen, sondern die reaktionäre Politik des Bankhauses«, auch ein anderer seriöser Heine-Biograph, Max J. Wolff, urteilt: »Er beherrscht alle Noten des Journalismus, aber sein Herz ist nicht dabei [...]. Er hat seine einstigen Ideale verloren. [...] Heine besaß persönliche Beziehungen zu den Rothschilds und hat von ihnen manche Annehmlichkeiten erfahren, aber trotzdem hätte der den ›Baron James‹, den der ganze Liberalismus als die Verkörperung der Reaktion haßte, in der ›Lutetia‹ sicher nicht so viel Lob gezollt, wenn er nicht die Geldmacht als die beste Stütze des Bestehenden und der Julimonarchie betrachtet hätte. Für den Schergengeist und den Geiz der Juden findet er die schärfsten Worte, aber Rothschild läßt er gelten.«

Ein weitgespannter Bogen. Der Regenbogen von Heines ersten fünf Pariser Jahren war knapper gespannt, schillernd in allen Farben des Spektrums gegen dunklen Himmel. Er verkehrte mit Alexandre Dumas, war Trauzeuge von Hector Berlioz, plauderte mit George Sand über die Liebe und schickte ihr huldigende Zeilen: »Soyez persuadé qu'il est impossible d'exprimer combien vous êtes aimable, adorable, divine.« Er war Gast im Salon der Fürstin Belgiojoso, bei der er

Bellini kennenlernte und durch die er Thiers vorgestellt wurde; auf ihrem Landsitz La Yon-chère bei Rueil hielt er sich gelegentlich auf. Er nahm an einer Abendgesellschaft bei Franz Liszt teil, wo unter anderen Félicité-Robert Lamennais mit am Tisch saß.

Früh schon hatte er Frédéric Chopin kennengelernt. Berlioz schreibt nicht ganz neidlos an Franz Liszt, daß Heine Chopin in einem Artikel in der »Gazette Musicale« »einen prächtigen Kranz« geflochten habe. Heinrich Laube erinnert sich, wie sehr Heine anfangs nicht nur von der einzigartigen George Sand geschwärmt habe, sondern auch von ihrem Gefährten: »Chopin, der Claviervirtuos, ein liebenswürdiger Mann, dünn, schmal, vergeistigt wie ein deutscher Poet aus der Trösteinsamkeit.« Er besuchte Premieren von Alfred de Vigny-Stücken oder Halévy-Opern, kurte in Boulougne-sur-Mer, genoß den Besuch von Bruder Carl in Paris und teilte dem anderen Bruder Maximilian mit: »Meine Lage ist nur von außen glänzend. Ich werde von den außerordentlichen Ehrenbezeugungen fast erdrückt.« Zur selben Zeit spreizt er vor eben diesem Bruder das Gefieder, wenn er sich den besten deutschen Schriftsteller nennt; er wäre nicht Heinrich Heine, bremste er das Selbstlob nicht sofort ab, indem er hinzufügt, daß bekanntlich unter den Blinden der Einäugige König sei, er aber immerhin zwei Augen habe.

Anfangs war er sich seines Weges ganz sicher: »Und doch riethen Pflicht und Klugheit zur Abreise«, schreibt er im Juli 1833 an Varnhagen: »Ich hatte die Wahl zwischen gänzlichem Waffenniederlegen oder lebenslänglichem Kampf, und ich wählte diesen, und wahrlich nicht mit Leichtsinn. Daß ich aber einst die Waffen ergriff, dazu war ich gezwungen durch fremden Hohn, durch frechen Geburtsdünkel – in meiner Wiege lag schon meine Marschroute für das ganze Leben.«

Das klingt hochgemut wie der Satz in einem Brief an die Mutter: »Besser man sagt ich sey ein Gassenjunge, als daß man mich für einen allzuernsthaften Vaterlandsretter hält«, munter nicht; ähnlich dem selbstbewußten Eigenlob an Campe: »Ich bin Ihr einziger Classiker.«

Doch die strahlenden Farben des Regenbogens verblaßten. Heine – der ja bereits in Cottas »Morgenblatt« die Serie »Französische Maler« publizierte, wurde zwar durch Vermittlung des ihm befreundeten Redakteurs Gustav Kolb in den Kreis der Pariser Korrespondenten von Deutschlands damals führendem Blatt, der Augsburger »Allgemeinen Zeitung«, aufgenommen; doch schon sein erster nie gedruckter Artikel führte zu Ärger mit dem Inhaber Baron Cotta. Allzu forsch hatte Heine offenbar – der Artikel ist verschollen, sein Inhalt ist nur aus dem Ablehnungsbrief Cottas vom November 1831 zu erschließen – Börnes »Briefe aus Paris«, deren beide ersten Teile im Oktober bei Campe erschienen waren, gelobt; das heißt, er hatte weniger Börne gelobt als sich wieder einmal gerächt. Er war gemeinsam mit Börne angegriffen worden, also pries er einen Börne-Satz, über den sich Cotta ereiferte: »Was Sie in demselben über Börne's Briefe sagen wird schwerlich passiren, denn Sie glauben nicht was Äusserungen wie diese: ›die Völker können ihre Regenten schon fortschiken wenn ihnen blos deren Nase mißfiele‹ p. p. – den bedachtsamen Deutschen auffallen [...] und solche Schrift zu loben, in dem Staat, der sie verbot, wird wohl nicht zu erwarten seyn –«. Außerdem mißfielen dem Verleger Hamburgiana, zumal Cotta keinen Pariser Korrespondeten brauchte, der aus und über Hamburg berichtete; Börne selber spottete über diese Streiche gegen irgendwelche Meyers und Wurms: »Es war ihm aber garnicht darum zu tun, mich zu verteidigen, sondern sich selbst, da er zugleich mit mir angegriffen worden. Heine hat darin eine wahrhaft kindische Eitelkeit; er kann nicht den feinsten, ja nicht einmal den gröbsten Tadel vertragen. Er sagte mir, er wolle jene Menschen vernichten.«

Dennoch schrieb Heine insgesamt neun große und achtzehn Tages-Berichte, die er – schon unter dem späteren Buchtitel »Französische Zustände« – zumeist mit einem Kreis, einige mit H. H. signierte. Die harsche Intervention des mit Cotta befreundeten Friedrich von Gentz legte beredt Zeugnis ab für den temperamentvollen Duktus dieser Beiträge. Der gewiefte Geschäftsmann Cotta verstand sie als deutliche Warnung – und als Risiko für das Weiterbestehen seiner Zeitung, die durch ein Verbot in Österreich ruiniert gewesen wäre.

»Endlich aber – Verzeihen Sie mir das starke Wort – ist das Maß dieser falschen, und wie ich glaube, höchst verderblichen Richtung voll geworden, durch die Aufnahme der schmählichen Artikel, die Heine seit einiger Zeit, unter dem Titel: ›Französische Zustände‹, wie einen Feuerbrand, in Ihre, solchem pöbelhaften Muthwillen bis dahin unzugängliche Zeitung geworfen hat. [...] Ich habe dem Spiel der Welt zu lange, und aus zu lehrreichen Standpunkten zugesehen, um nicht auf das Unglaublichste und Unsinnigste in den Revolutionen der Meinung stets gefaßt zu sein. – Daß Sie aber, mein edler Freund, jene giftigen Ausschweifungen, die Sie zuverlässig nicht billigen, auch nur *dulden* können, geht einigermaßen über meine Begriffe.«

Der seitenlange Brief, der auch Worte wie »Unhold« und »in den Koth treten« nicht aussparte, brauchte nur in heutige Orthographie gesetzt zu werden, um sehr aktuell zu sein. So

Abb. 1
Heines Mutter Betty, geb. van Geldern (1771–1859)
»Nach Deutschland lechzt' ich nicht so sehr,
wenn nicht die Mutter dorten wär'.«

Abb. 2
Heinrich Heine, 1831
Eine der Bizarrerien von Heines Leben sind die unterschiedlichen Aussagen über dessen Äußeres – so kann heute niemand sagen, wie er wirklich ausgesehen hat, nicht als Jüngling, nicht als Mann, nicht als Leidender.

Abb. 3
Heine in Paris, 1842

Abb. 4
Heine auf dem Totenbett, 1856

Abb. 5
Maximilian Heine (1805– 1879)

Abb. 6
Gustav Heine (1804–1886)

Abb. 7
Charlotte Embden, geb. Heine (1803–1899)
»Ich kann nicht umhin, Ihnen zu bemerken, daß Frau von Embden, unsäglich von mir geliebt wird, daß ich ihr mit zärtlichen Gefühlen, wie sie bei Brüdern selten sind, zugethan bin.«

Abb. 8
Salomon Heine (1767–1844)
»Weißt Du, Onkel, das Beste an Dir ist, daß Du meinen Namen trägst.«

Abb. 9
Heines kühle Cousine Amalie Friedländer (1799–1838), die ihn zu den gesplissen-schönsten seiner frühen Gedichte inspirierte.

Abb. 10
Heines Vetter Carl Heine (1810–1865)
»Er hat ein gutes Herz, aber von seinem Herzen bis zur Tasche geht keine Eisenbahn.«

Abb. 11
Mathilde Heine (1815–1883), Heines Ehefrau
»Sie ist wirklich eine brave Frau; um mich zu retten, würde sie *mein* letztes Hemd hergeben.«

Abb. 12
Cristina Principessa di Belgiojoso-Trivulzio (1808–1871)
»Der vollkommenste Mensch, den ich auf Erden gefunden habe.«

Abb. 13
Elise Krinitz, die »Mouche« (1828–1896)
»Ich liebe dich mit der Zärtlichkeit des Sterbenden, das heißt, mit der überhaupt denkbar größten Zärtlichkeit.«

Abb. 14
Christian Sethe (1798–1857), Jugendfreund Heines
»... ohne mir selber davon Rechenschaft geben zu können, warst Du mir immer ganz unendlich lieb und theuer ...«

Abb. 15
Rahel Varnhagen von Ense, geb. Levin (1771–1833)
»... wie Sie beide mir so viel Gutes und Liebes erzeigt, und mich mürrischen, kranken Mann aufgeheitert ...«

Abb. 16
Karl August Varnhagen von Ense (1785–1858)
»Er ist ein Mann dessen äußere Stellung, Charakter, Kritik und Loyalität das höchste Vertrauen verdient ...«

Abb. 17
Georg Wilhelm Friedrich Hegel (1770–1831), bei dem der Student Heine Vorlesungen hörte.

Abb. 18
Karl Leberecht Immermann (1796–1840), befreundeter Dichter und Dramatiker.

Abb. 19
Wolfgang Menzel (1798–1873), den Heine während seiner Studienzeit tief verehrte und später als »literarischen Großsprecher der Restauration« beschimpfte.

Abb. 20
August Wilhelm von Schlegel (1767–1845), der den jungen Dichter wesentlich prägte und den Heine später »mittels der Feder annullieren« wollte.

Abb. 21
August Graf von Platen-Hallermünde (1796–1835), einer der erbittertsten literarischen Gegner Heines
»Was wetten Sie, ich ärgere den Platen noch tot.«

Abb. 22
Ludwig Börne (1786–1837), Heines größter Konkurrent um die Gunst der Leser
»Was habe ich mit Börne zu schaffen, *ich* bin ein Dichter.«

Abb. 23
Der Verleger Johann Friedrich von Cotta (1764–1832)
»Ich bin eine von Cottas theuersten Puppen.«

Abb. 24
Der Verleger Julius Campe (1792–1867)
»Ein anderer Verleger hätte mich/ Vielleicht verhungern lassen ...«

Abb. 25
François Guizot (1787–1874), der Heine als französischer Außenminister eine Pension über 4800 Francs bewilligte, die ihm später zum Verhängnis wurde.

Abb. 26
James de Rothschild (1792–1868), Heines großzügigster Mäzen »Herr von Rothschild ist in der That der beste politische Thermometer; ich will nicht sagen Wetterfrosch, weil das Wort nicht hinlänglich respektvoll klänge.«

Abb. 27
Heinrich Laube (1806–1884)

Abb. 28
Karl Gutzkow (1811–1878)

Abb. 29
Heine zu Besuch bei Karl und Jenny Marx, Paris 1844.

Abb. 30
Heines früheres Grab auf dem Montmartre-Friedhof in Paris

»Wenn ich sterbe wird die Zunge
Ausgeschnitten meiner Leiche;
Denn sie fürchten, redend käm' ich
Wieder aus dem Schattenreiche.«

nahm der Fortgang der Affäre vorweg, wie derartige Angelegenheiten auch in den Zeitungshäusern des 20. Jahrhunderts ablaufen. Alsbald legte Redakteur Kolb dem Verleger einen anderen Artikel Heines (über das Hambacher Fest) vor mit dem Hinweis auf Abonnementskündigungen und dem Erwägen: »Wir wagen ihn unter solchen Umständen nicht zu geben.« Er wurde nicht »gegeben«, recte: nicht gedruckt. Der Verleger ermahnte seinen Redakteur, der Redakteur ermahnte seinen Korrespondenten, er möge harmloser, »durch Vermeidung von Witzen«, schreiben, vielleicht Schilderungen des Volkslebens einflechten; Heine zog seine Mitarbeit zurück, übrigens mit einem noblen Brief an Cotta, in dem er seinen Übersetzer Loëve-Veimars als Mitarbeiter vorschlug, weil er selber keine Lust habe, ihm »mit kleinen unwichtigen Notizbriefen« das Geld aus der Tasche zu ziehen, wenn er auch nicht verhehlen mag: »[...] dabey bin ich durch die jetzigen Reakzionen sehr bitter gestimmt.«

Das stimmte gewiß. Zumal auch eine Einkommensquelle versiegte. Heine publizierte zwar viel, auch in Frankreich, wo 1834 in der »Revue des Deux Mondes« sein »De l'Allemagne« erschien, wo Renduel im selben Jahr die französische Ausgabe von »Reisebilder II und III« herausbrachte, ein Jahr zuvor hatte er »De la France« publiziert – aber in Auflagen von achthundert beziehungsweise tausend Exemplaren. Auch die deutschen Auflagen bei Campe waren minimal: 1833 wurden Nachauflagen von »Reisebilder III und IV« mit je tausendfünfhundert Exemplaren gedruckt, Ende desselben Jahres »Salon I« mit zweitausend Exemplaren. Alle Bücher verkauften sich schlecht; ein Grund für endlose Briefquerelen und Honorarverhandlungen mit dem Verleger, der Heines oft geübte Praxis, längst Bekanntes, in Zeitschriften und Almanachen bereits Publiziertes zu »Neuerscheinungen« zusammenzufassen, rügend dafür verantwortlich machte. Dabei bezeichnete Campe in zwei berühmten Briefen vom März und Oktober 1835 sogar das »Buch der Lieder« und alle »Reisebilder« als »erfolgreiche Familienmitglieder«, obwohl zu Lebzeiten Heines auch die »Reisebilder« nur insgesamt vier Auflagen erreichten. An dem Mißerfolg der zwei »Salon«-Bände ließ Campe keinen Zweifel – »Das Zwillingspaar, der Salon, leidet an Skrofel«, stellte er plastisch seine Diagnose; noch Jahre später, am 14. März 1841, berichtete er Heine ganz unumwunden, daß sein Börne-Buch im Süden Deutschlands überhaupt nicht verkauft werde und aus Berlin von fünfzig Exemplaren vierzig zurückgesandt worden seien. Heine war in Deutschland berühmt, in Frankreich bekannt – erfolgreich war er nicht. Den Ausfall fester Bezüge konnte er nicht als Lappalie wegbuchen.

Gravierender jedoch für sein Lebensgefühl – und das heißt: für seine Arbeit – fällt ins Gewicht, daß er in diesen Jahren sehr bald eine starke Veränderung durchmacht. Selbst der kämpferisch klingende Brief vom Sommer 1833 an Heinrich Laube, seinen Statthalter bei der damals noch keineswegs nur mondänen »Eleganten Welt«, ist, genau besehen, wenig revolutionär, vielmehr eine saint-simonistische Heilsverkündung:

»Sie stehen höher als alle die Anderen, die nur das Aeußerliche der Revoluzion, und nicht die tieferen Fragen derselben verstehen. [...] Die bisherige spiritualistische Religion war heilsam und nothwendig, solange der größte Theil der Menschen im Elend lebten und sich mit der himmlischen Seeligkeit vertrösten mußten. Seit aber, durch die Fortschritte der Industrie und der Oeconomie, es möglich geworden die Menschen aus ihrem materiellen Elende herauszuziehen und auf Erden zu beseligen, seitdem – Sie verstehen mich. Und die Leute werden uns schon verstehen, wenn wir ihnen sagen, daß sie in der Folge alle Tage Rindfleisch statt Kartoffel essen sollen, und weniger arbeiten und mehr tanzen werden.«

In unserem Sprachgebrauch ist das liberal, nicht radikal – alles für das Volk, nichts durch das Volk. Heines einzig sympathische Revolution hatte einen König hervorgebracht; und zwar einen, an dem er wieder und wieder hervorhob, wie schlau er den Radikalen ein Schnippchen geschlagen habe, die ihn, den Orléans, fälschlich für einen Hampelmann gehalten hatten. Diesen Louis Philippe I. – dessen Namen Heine stets Ludwig Philipp schreibt, als wolle er den mit seinem Regenschirm Promenierenden noch mehr verbürgerlichen – nennt er einen »großen König«. Man lasse sich nicht irritieren, wenn vieles davon erst in den »Lutezia«-Artikeln formuliert worden ist, mit denen er ab Ende der dreißiger Jahre seine Mitarbeit an der »Allgemeinen Zeitung« wieder aufnahm. Expressis verbis bezog sich Heine darin auf seine Anfangszeit in Paris, als er kurz nach der Juliusrevoluzion hierher kam. Der Unhold, der Friedrich von Gentz so schaudern machte, war Royalist voll Bewunderung für den Patriotismus des Bourbonenkönigs; beides konnte er nicht genug preisen bei gleichzeitiger Warnung vor dessen Gegnern, »wenn es ihnen gar einfiele, die Republik, das alte Stück, wieder aufzuführen«:

»Ludwig Philipp ist ein Patriot, und zwar im bürgerlichen, familienväterlichen, neufränkischen Sinne, wie denn überhaupt in den Orleans eine ganz andre Art des Patriotismus sich entwickelte, als in den Bourbonen der älteren Linie, die mehr vom historischen Stammesstolze, vom mittelalterlichen Adelthum, beseelt waren, als von eigentlicher Liebe für

Frankreich. [...] Ja, wer in Frankreich das Nazionalgefühl besitzt und begreift, übt den unwiderstehlichsten Zauber auf die Masse, und kann sie nach Belieben lenken und treiben, ihnen das Geld oder das Blut abzapfen, und sie in alle möglichen Uniformen stecken, in die Rittertracht des Ruhmes oder in die Livree der Knechtschaft. Das war das Geheimniß Napoleons, und sein Geschichtschreiber Thiers hat es ihm abgelauscht, abgelauscht mit dem Herzen, nicht mit dem bloßen Verstande; denn nur das Gefühl versteht das Gefühl. Thiers ist wahrhaft durchglüht vom französischen Nazionalgefühl, und wer dieses gemerkt hat, versteht seine Macht und Unmacht, seine Irrthümer und Vorzüge, seine Größe und Kleinheit und sein Anrecht auf die Zukunft.«

Deutlich ist jedenfalls: Heine war geschüttelt von Ekel über die deutschen, zumal preußischen Zustände, fühlte sich selbst in Paris umlauert, umstellt. Geheimberichte von Spitzeln und Agentenprotokolle beweisen, daß das keine Hypochondrie war. Es existieren seitenlange Berichte dieser Art, etwa von Adalbert von Bornstedt an die österreichische Regierung, die sich wie nackte Schmähschriften lesen. Der Observierte wird dort als feige, lügnerisch, seinem besten Freund untreu werdend und jeder Festigkeit unfähig geschildert, sogar als »veränderlich wie eine Kokette, boshaft wie eine Schlange, aber auch glänzend und schillernd wie eine solche, giftig, ohne eine edle und wahrhaft reine Regung«. Wie Agenten zu allen Zeiten widersprechen sich auch die Anschwärzer, indem sie Heine bescheinigen, daß er das Vaterland nicht retten wolle, daß er von der »revoluzionären Canaille« spräche und einem moralischen und politischen Chamäleon gleich stets behaupte, königlich gesinnt zu sein. Es gibt sogar Mutmaßungen, Heines häufige Wohnungswechsel – für die Zeit von 1831 bis 1854 sind fünfzehn Pariser Adressen überliefert – hingen damit zusammen, daß er diesen Schatten entfliehen wollte.

Objektiv kann er nicht zur Ruhe kommen. Subjektiv sehnt er sich nach nichts so sehr wie nach Ruhe. Im Dezember 1835 warnt er Freund Laube, politische Dinge zu ernst zu nehmen – Monarchie oder Republik, demokratische oder aristokratische Institutionen seien gleichgültige Dinge, was zähle, seien die »ersten Lebensprinzipien«, sei »die Idee des Lebens selbst«. Diesem Weg-von-der-Welt-Gedanken entspricht nicht nur sein Zornesausbruch über eine biographische Notiz im »Journal des Débats«: »Je n'appartiens pas à la religion israélite [...], je ne me suis compromis dans ma patrie par aucun acte politique«, sondern auch seine tief berührende Selbstcharakteristik in einem Brief an Meyerbeer: »Aber, das ist sicher, in der Tiefe meines Herzens wohnt Sympathie für alles, was herrlich und tragisch ist, für die Mitmärtyrer in der Poesie und Kunst, Sympathie für das verwandte Genie.«

Dies alles – Abscheu vor Gruppen und Bindungen, Mißtrauen gegen Politik als Organisationsform, Proklamierung des Genies – wird sich bündeln in einem seiner wichtigsten Bücher, der »Denkschrift« über Ludwig Börne. Heine schreibt das Buch erst in einigen Jahren, er publiziert es – auf Anraten seines Verlegers – erst nach Börnes Tod. Aber er denkt das Buch jetzt.

Der Ritter und der Spielmann

Jetzt. Dieses Jetzt ist einer der entscheidenden Momente im Leben Heinrich Heines. In einer seiner hymnisch-liebenswürdigen Paris-Miniaturen hat er einmal beschrieben, wie er im Theater hinter einer Dame saß, deren riesiger Hut aus rosaroter Gaze ihm die Aussicht auf die Bühne versperrte, so daß alle Grand-Guignot-Greuel ihm im heitersten Rosenlicht erschienen: »Ja, es giebt in Paris ein solches Rosenlicht, welches alle Tragödien für den nahen Zuschauer erheitert, damit ihm dort der Lebensgenuß nicht verleidet wird. Sogar die Schrecknisse, die man im eignen Herzen mitgebracht hat nach Paris, verlieren dort ihre beängstigende Schauer. Die Schmerzen werden sonderbar besänftigt. In dieser Luft von Paris heilen alle Wunden viel schneller als irgendanderswo; es ist in der Luft etwas so Großmüthiges, so Mildreiches, so Liebenswürdiges wie im Volke selbst.«

Man stellt sich gerne vor, daß Paris in einem solchen herbstlichen Rosenlicht schimmert, als Heine Anfang Oktober 1834 durch eine seiner geliebten Passagen nahe dem Palais de Justice bummelt, vorbei an einem Schuhgeschäft, in dessen Tür ein Mädchen unter kastanienbraunem Haar die Passanten anlächelt. Mathilde. Keineswegs heißt sie Mathilde, vielmehr Crescentia Eugénie Mirat, uneheliche Tochter einer Bäuerin aus dem Dorf Vinot im Département Seine-et-Marne und eines hübschen reichen Fant. Bei Tante Maurel im Pariser Schuhsalon landet die noch ganz ländlich wirkende Schönheit, die weder lesen noch schreiben, dafür aber plappern und plaudern, tanzen und mit ihren Grübchen, ihrer Phantasie und ihrem Temperament die Menschen bezaubern kann. Den einen vor allem, der schon kurz darauf mit ihr auf einem Karnevalsfest tanzt; da heißt sie bereits Mathilde, weil ihr eigentlicher Name ihm im Hals kratzt. Ein Jahr später wohnen sie bereits zusammen in der »prächtigen und wollüstig angenehmen« Wohnung Cité Bergère Nr. 3 – ein Schlafzimmer, ein Arbeitszimmer, dessen Bibliothek, wie der Besucher Grillparzer sich erinnerte, aus einem geliehenen Buch bestand.

Heine hat sein Lebensglück gefunden. Auch sein Lebensunglück? Die Berichte und Anekdoten, Schmähungen und Huldigungen Mathildes, mit der Heine am 31. August 1841 in der Kirche Saint-Sulpice kurz vor einem Duell katholisch getraut wurde, von der er sagt, daß sie gar nicht ahne, daß er ein Jude sei, daß sie nur zwei Worte deutsch – »nebbech« und »jofe« (schön) – verstünde und an der er hervorzuheben weiß: »Es ist als ein Hauptvorzug an Mathilde zu rühmen, [...] daß sie von der deutschen Literatur nicht das Geringste weiß, und von mir und meinen Freunden und Feinden kein Wort gelesen hat.« – diese »Literatur über Mathilde Heine« ist so umfangreich wie die über viele ferne Geliebte berühmter Schriftsteller, von Kleists Wilhelmine bis Kafkas Felice.

Ist auch Mathilde so fern? Ist sozial und kulturell entfernt zu sein für Heine die einzige Möglichkeit, jemandem nahe zu sein, ohne Gefahr zu laufen, daß sein Kosmos betreten, auch nur begriffen würde? Bietet das Vergnügen, »unerkannt« geliebt zu werden, eine verzwackte Form von Inkognito-Affäre, deshalb Erfüllung, weil es den »eigentlichen Heine« weder anbietet noch preisgibt? Tanzt ein als Fürst Maskierter einen dreizehnjährigen Karneval mit einer Näherin? Eine reale Fürstin – etwa die Principessa Cristina di Belgiojoso-Trivulzio, in die nicht verliebt zu sein Heine oft beteuerte – verheißt dieses Glück der Berührung ohne Nähe nicht. Sie ist bedrohlich, weil ebenbürtig. Mathilde, von der er mit witziger Herablassung sagt: »Sie ist wirklich eine brave Frau; um mich zu retten, würde sie *mein* letztes Hemd hergeben«, ist nicht bedrohlich. Er kommt nicht zu ihr, er steigt zu ihr herab: worin auch das Wort Herablassung steckt. »J'ai oublié ma qualité de Dieu«, bekennt er ausgerechnet der Principessa, »j'ai compromis ma divinité, je suis descendu, dans la fange des passions humaines, et j'ai de la peine à me relever.« Härter, nein unbarmherziger noch gibt er das Gesetz dieser Verbindung preis, wenn er Laube, wie wir uns erinnern, gesteht: »Ich bin verdammt nur das niedrigste und thörichtste zu lieben.«

Heine läßt sich buchstäblich herab, er gibt sich nicht, er nimmt – ein Spielzeug. Das liebt er. Er kann es beobachten, beobachten wie eine Theaterfigurine, die amüsant, kokett, eigene Kreisel tanzt, ohne die Absichten des Regisseurs zu erahnen: »›Heine‹, sagt Mathilde von ihrem Mann, ›c'est un très-bon garçon, très-bon enfant; mais quant à l'esprit, il n'en a pas beaucoup!‹« Ihn belustigt, daß sie ihn anfleht weiterzuleben: »Du wirst mir das nicht anthun, Du wirst nicht sterben! Du wirst Mitleid mit mir haben! Diesen Morgen habe ich schon meinen Papageien verloren [...]«; nach dem Papagei nun auch noch der Mann, sie wäre *zu* unglücklich. Wiederum fragt sie ungläubig Besucher, ob es denn stimme, daß ihr Mann »un grand poëte allemand« sei, und der bereits Kranke konstatiert ungerührt, als sie der vom Kamin gefallenen Katze die ganze Nacht über kalte Umschläge macht: »Meinethalben hat sie noch nie gewacht.« Er ist »mon pauvre chien«, »mein armer Hund«, sie ist »eine Wildkatze«. Sie sind das perfekte Ehepaar. Sie haben sich nichts zu sagen. Er betrachtet sie wie durch ein Theaterglas, meist lacht er über die Possierlichkeiten, mal betrübt er sich über das putzsüchtige Flanieren entlang der Boulevards, wo die »Verbrengerin« gerne die Gedichthonorare in Spitzenschirme und Kaschmirschals umsetzt. Emotionen eines Theaterkritikers in der Loge: »Me Heine danse tous les soirs, elle est la reine de la saison, elle est brillante, elle est admirée, adorée, apotheosée, on lui debite forçe bêtises, qu'elle rend avec usure.«

Mathilde nimmt das große bunte Paris als Bühne für ihre Auftritte als mal kokette, mal leidenschaftliche Soubrette, sie bricht Eifersuchtsszenen vom Stapel über Liebesphrasen in seinen ins Französische übersetzten Gedichten, sie schlägt auch mal den Arzt, wenn er bessere Pflege anmahnt. Sie mag die Deutschen nicht, die sie nicht versteht. Er leidet unter den Deutschen, die er zu gut versteht. Sie ist ganz irdisch, er ist säkular. Anfangs fühlt Heine, der glaubt, er »sey den ewigen Göttern gleichgestellt in Ruhe, Besonnenheit und Mäßigung«, sich hinabstürzen. Dann fühlt er sich geborgen. Der Equilibrist ist auf sicherem Boden gelandet. Das lyrische Feuer der Gedichte süßen Trennungsschmerzes kann und braucht er aus dieser Verbindung nicht zu schlagen; das sind ja künstliche Paradiese gewesen, Töne aus vermeintlicher Abweisung und zugleich Sehnsucht nach dem Unerfüllbaren. Dies hier ist Zuordnung und Fülle. Es ist jene Ruhe, die Heine mehr und mehr für sich fordert; insofern ist es der Umschlag des Privaten ins Politische. Der Heine, der die private Erregung scheut, fürchtet die politische Aufregung. Gleichzeitig weist jenes Terrain-Abstecken des politischen Nolime-tangere dem Privaten einen genau abgegrenzten Raum zu; insofern ist es der Rückschlag der öffentlichen Misere in eine häusliche Normalität. Heine hat selber einmal die Frage gestellt, ob es nicht die »Arbeit« der verletzten Auster sei, eine Perle zu produzieren. Nun liegt die Perle in einer behaglichen Schatulle. Es ist das, was Klaus Theweleit – bei anderen und späteren Künstlern, zum Beispiel beim Ehepaar Thelma und Alfred Hitchcock, – die »institutionalisierte Arbeitsliebe« oder »Produktionssexualität« nennt. Heinrich Heine hat einen ganz eigenen, sehr modernen Contrat social paraphiert. Er hat sich von Frauen die Unruhe geliehen; die Unruhe für sein Uhrwerk Kunst. Von der einen Frau, die er an sein Leben bindet, nimmt und erwartet er Ruhe; um eben dieses Werk zu bergen. Ob Hamburger Sefchen, Drehbahndirnen oder Pariser Soubretten – sie waren possierliche, auch inspirierende Karussell-Puppen auf dem Jahrmarkt des Lebens. Ihr Sirren setzte das Räderwerk seiner Töne und Klänge in Gang, ihr Gesetz war das der Flüchtigkeit. Von Mathilde will er Beständigkeit. Er will sie nicht erobern, er will sie besitzen. Daher wohl die gelegentlich bezeugten Anfälle von Eifersucht.

Franz Wallner erzählt in seinen Memoiren von einem Spaziergang, bei dem ein Freund Moritz, »eine Waschbärennatur«, mit Mathilde dem Paar nur wenige Meter vorausging und Heine alle zehn Minuten mißtrauisch fragte: »Wo ist denn der Moritz mit der Mathilde?« Auf den neckenden Einwurf: »Ich glaube, Heine ist am hellichten Tage, auf offener Straße eifersüchtig«, habe Heine erwidert: »Lieber Freund, Mathilde ist eine Pariserin; jede Pariserin ist in fünf Minuten verführt.« Er hat diese Frau geliebt:

»Ich habe eine seltene Frau, die ich unaussprechlich geliebt, dreizehn Jahre hindurch mein eigen genannt, ohne das Schwanken einer Minute, ohne einen Moment des Wenigerliebens, ohne Eifersucht, in unwandelbarem Verständniß und in vollster Freiheit. Kein Versprechen, kein Zwang äußerer Verhältnisse band uns aneinander. Ich erschrecke jetzt in meinen schlaflosen Nächten noch oft vor dieser Seligkeit; ich schauere entzückt zusammen vor dieser Glückesfülle. Ich habe oft über solche Dinge gescherzt und gewitzelt und noch viel öfter ernsthaft darüber gedacht: die Liebe befestigt kein Miethkontrakt, sie bedarf der Freiheit, um zu bestehen und zu gedeihen.«

In diese Zeit der Gefühlsspannung fällt Heines Auseinandersetzung mit Ludwig Börne. Sie kulminiert in jenem Buch, das Thomas Mann von allen »dieses menschlich nicht immer ganz zuverlässigen« Autors bevorzugte, von dem sein Verfasser selber sagte: »und ich glaube, mein Börne wird als das beste Werk, das ich geschrieben, anerkannt werden«, und über dessen vom Verleger gewählten Titel »Heinrich Heine über Ludwig Börne« er sich empörte, weil auf diese Weise Börne zu sehr im Vordergrund stehe. In der Tat – nicht Börne ist das Thema des Buches, vielmehr Heines tiefgreifende Selbstanalyse, nicht Börnes »Déclaration des droits de l'hommes«, sondern die Deklaration des Menschen Heinrich Heine, seiner politischen wie moralischen Position. Die Entstehung des Buches ist nicht exakt datierbar. Erstmals deutet er in einem Brief vom Juli 1837 an, daß er sein Schweigen über Börne brechen werde. Es wird eine der profundesten Selbstbefragungen des Heinrich Heine und steht in engem Zusammenhang mit dem Plan, Memoiren zu verfassen.

Börne stammte aus vermögendem Hause. Der Vater, Jakob Baruch, war als Finanzagent der Stadt einer der wohlhabenden Frankfurter Juden und hatte seinem Sohn Löb ein so beträchtliches Vermögen hinterlassen, daß dieser sich gar eine eigene Zeitschrift leisten konnte; »Die Wage« erschien erstmals im Juli 1818. Eine frühe Frankfurter Begegnung mit dem Kritiker und Publizisten wurde alsbald in Paris erneuert. Eine Freundschaft war es nie. Schon aus dem Jahre 1830 ist von August Lewald die Anekdote überliefert, derzufolge Heine zu Campe gesagt haben soll: »›Der Börne kostet ihm zuviel und will noch immer nicht recht ziehen.‹ – ›Aber Börne wird ziehen, wenn Sie längst vergessen seyn werden‹, gab dann Campe zurück. ›Das ist ein Unglück für ihn und für Sie‹, erwiderte Heine, ›daß so lange darauf gewartet werden muß.‹« Ferdinand Hiller wiederum erinnert sich: »Börne [...] war Heine's Gespenst, seine bête noire. Bereit, das glänzende Talent jenes von Geist sprühenden Publicisten anzuerkennen, war es ihm doch unerträglich, daß man sie stets als Dioscuren zusammen nannte. ›Was habe ich mit Börne zu schaffen‹, rief er eben so häufig als unmuthig aus, ›*ich* bin ein *Dichter*!‹ Und es lag hierin eben so viel Wahrheit als Selbstbewußtsein.«

Sie waren Konkurrenten. Das Schicksal wollte es, daß man ihre Namen in der literarischen und politischen Öffentlichkeit Deutschlands ständig in einem Atemzug hörte, daß Börne mit seinen Büchern – noch dazu im selben Verlag veröffentlicht – der weitaus Erfolgreichere war und daß sie nun beide in Paris lebten, in deutschen Zeitungen aus Frankreich berichteten. Allein dies konnte nicht gutgehen. Wir wissen aus zahllosen Briefen, Tagebüchern, Memoiren und Kolportagen von Rankünen und Querelen unter Schriftstellern unseres Jahrhunderts: ob Thomas Mann angeekelt das luxuriöse Haus des weitaus populäreren Lion Feuchtwanger verließ, der nach seinem Geschmack trotz aller ledergebundenen Klassiker-Erstausgaben und erlesenen Stifte und Papiere nur Schund produzierte, oder ob Robert Musil den Rat der

Freunde, nach Latein-Amerika zu emigrieren, entsetzt mit: »Da ist bereits Stefan Zweig« ausschlug; ein Kontinent wurde unbewohnbar, weil ein gehaßter Kollege dort lebte.

Paris war das Zentrum der Welt. Ein »Kontinent« war es nicht. Die Emigranten verkehrten in denselben Salons, speisten in denselben Restaurants, besuchten gar dieselben Zirkel. Heine schaudert es, wenn er sich an einen Besuch in Börnes Wohnung Rue de Provence Nr. 24 erinnert: »Im Hintergrunde kauerten einige deutsche Eisbären, welche Tabak rauchten, fast immer schwiegen und nur dann und wann einige vaterländische Donnerworte in tiefstem Brummbaß hervorfluchten.« So ging es zu bei jenem Ludwig Börne, der als einer der prominentesten Demonstranten der »Hambacher Feste« gefeiert worden war; vom 27. bis 30. Mai 1832 fand auf dem Hambacher Schloß bei Neustadt an der Haardt eine machtvolle Manifestation von 30.000 Studenten, Kleinbürgern und Handwerkern statt, deren Programm die Forderung nach Freiheit und Einheit Deutschlands war und die eine revolutionäre, nationaldeutsche Demokratie proklamierten, symbolisiert in den Farben der verbotenen Burschenschaften Schwarz, Rot, Gold. Hingerissen vermittelt Börne am 28. Mai der Freundin Jeanette Wohl einen Eindruck von seinem Triumph: »Ich werde als ein Napoleon angesehen. Gestern abend brachten mir die Heidelberger Studenten [...] ein Vivat mit Fackelzug vor meine Wohnung. Schon früher zog mir auf den Straßen alles nach mit Geschrei: es lebe Börne, es lebe der deutsche Börne! Der Verfasser der Briefe aus Paris! [...] Als ich heute über die Straße ging, riefen die Abreisenden aus den Wagen: es lebe Börne. [...] Gestern abend war mein Zimmer gedrängt voll Menschen, die alle stehen mußten, die Tür blieb offen, und die anderen, die keinen Platz hatten, blieben auf dem Vorplatz. Sie ergriffen meine Hand und drückten sie an das Herz, wie die einer Geliebten.«

Schlecht vorzustellen, ein solcher Taumel-Kassiber aus der Feder Heines. Er wäre davongelaufen. Er *ist* davongelaufen. Es gibt den trefflichen Bericht von einer Zusammenkunft der »Amis du peuple«, bei der in einer Pause zwischen den republikanischen Reden Heines Saalnachbar ihn gefragt habe, ob er seine Pistole dabei hätte, da die Nationalgarde jeden Augenblick die Versammlung stürmen wolle: »›Ich will sie holen‹, sagte Heine, und fuhr zu einer Soirée im Faubourg St. Germain.« Auch wenn andere Augenzeugen von seinem entrüstet-ennuyierten »Was geht mich denn der Papst an« berichten, als ihm schmutzige Proletarierfäuste Resolutionen gegen die päpstliche Politik in der Romagna vorlegten, ist das der Heine, wie ihn Freund Heinrich Laube – ihm wollte er ursprünglich das Börne-Buch dedizieren – charakterisiert: »Politik war ihm nur ein Thema wie irgend ein anderes. Er war eine Künstlernatur, die unter anderem auch den Tribun spielte, und die politische Welt sagte entrüstet: Du sollst nicht bloß spielen, du sollst sein, was du vorstellst, und du sollst nicht unter anderem Tribun sein, du sollst nur Tribun sein! Das hätte er gar nicht gekonnt, auch wenn er gewollt hätte.« Und das ist genau der Heine, dem Börne mißtraut – der »deutsche Börne« dem nicht sehr deutschen Heine, zwei nach Frankreich emigrierte Juden, demokratisch gesonnen, in der Heimat verfemt, und dennoch so weit auseinander: »Es ist Heine ganz einerlei, ob er schreibt: Die Republik ist die beste Staatsform, oder die Monarchie. Er wird immer nur Dasjenige wählen, was in dem Satze, den er eben schreiben will, einen besseren Tonfall macht.«

Sie glichen sich nicht, dennoch ähnelten sie einander. Sie

wohnten nahe beieinander, wie Emigranten oft, aber einer lebte fern vom anderen, wie der nichtjüdische Kommunist Bertolt Brecht sein Haus in Kalifornien unweit vom nunmehr verabscheuten katholisch getauften Juden Alfred Döblin hatte. Der eine schreibt seinen »Galilei«, der andere seinen »Hamlet« – der eine schreibt »Briefe aus Paris«, der andere über »Französische Zustände«. »Heringssalat« hieß Börnes Angriff im Februar 1833 auf den einstigen Gefährten im 74. der »Briefe aus Paris« wegen Heines Veröffentlichungen in Deutschland, vordringlich der der »Französischen Zustände« in Cottas Augsburger »Allgemeinen Zeitung«. Die stehen unter dem Motto: »Von der Politik stehe ich jetzt ferne. Ich werde von den Demagogen gehaßt.«

Von dieser Konkurrenzsituation (in der Börne ja der Erfolgreichere ist) ist der eigentliche Konflikt Heine-Börne nur äußerlich diktiert. Schon im Oktober 1831 schreibt Börne an Jeanette Wohl: »Ein schwacher Charakter wie Heines, wie er mir schon aus seinen Schriften hervorleuchtete, muß in Paris völlig ausarten. Ich sehe ihn auf bösem Wege und werde aus historischem und anthropologischem Interesse seiner Spur nachgehen. [...] Ein Deutscher erzählte mir, Heine habe ihm gesagt: Metternich könnte mich nur auf eine Art erkaufen: wenn er mir alle Mädchen von Paris gäbe. (Ich sage *Mädchen*; Heine aber gebrauchte den gemeinsten Ausdruck dafür.) Er hat eine Art von Lüderlichkeit, die mir nie, weder in Büchern noch im Leben, vorgekommen ist und die ich mir psychologisch gar nicht erklären kann. [...] Heine aber läuft den gemeinsten Straßendirnen bei Tag und Nacht nach und spricht in einem fort von dieser häßlichen Gemeinheit, in welcher er ein ästhetisches Vergnügen findet.« Börne legt gewiß auch nicht falsch Zeugnis ab, wenn er Jeanette Wohl im Januar

1833 berichtet, daß über Heines lachendes Gesicht plötzlich eine dicke finstere Wolke gezogen sei, als davon gesprochen wurde, daß der 3. und 4. Teil seiner »Pariser Briefe« im Dezember 1832, also zwei Wochen nach Heines »Französischen Zuständen« erscheinen sollten.

Der Basso continuo dieser Briefe Börnes an Frau Wohl – die Heine zu dieser Zeit, da unpubliziert, nicht kennen konnte – ist Enttäuschung, Verächtlichkeit und Verbitterung über den Kollegen, der ihm lachend eingestanden habe, daß er gegen seine Überzeugung ganz so gut schreiben würde wie mit ihr; daß er in seiner jüdischen Art zu witzeln einem Witz auch die eigene Überzeugung opfere; daß ihm nichts heilig sei; daß er keinen Glauben habe und an der Wahrheit nur das Schöne liebe; ein Lümpchen, der keine Ehre habe und auf keine halte, ein geborener Aristokrat, den das Volk seekrank mache, ein geschworener Feind jedes öffentlichen Lebens, ein Robespierre für einen halben Tag bei einer Revolution, »den starken Mann der Freiheit keine Stunde«. Börne war ein scharfsinniger Mann; er hatte ja auch rasch erkannt, daß »Heines erotische Poesien mehr Eingebungen einer nach- und vorschwelgenden Phantasie als eines gegenwärtigen Genusses« waren, »mehr Papiergeld als bare Münze der Liebe«.

Scharfsinnig. Nur reicht das nicht aus, die Gesetze der Kunst, die Gesetze eines Künstlers zu erkennen. Börne wäre wohl fähig gewesen, für mehr als eine Stunde, für mehr als einen halben Tag den Robespierre zu »machen«. Aber Robespierre ist stets, von früh an im historischen Kabinett des Dr. Heinrich Heine eine Horrorgestalt gewesen – nicht mehr ein Scharfsinniger, sondern ein Scharfrichter, aus eben jenen hehren Gefühlen und hochsinnigen Tugenden heraus, die Heine verabscheute, weil er in ihnen das Rigide-Diktatorische witterte. Erst im Jahre 1930 tauchte ein Heine-Fragment auf, das der Heine-Forschung als erster Entwurf des Börne-Buches gilt und in dem genau der Grundton des tiefen Dissenses schon angeschlagen ist: »Und doch war der Verstorbene ein ehrlicher Mann, tugendhaft, freilich im Sinne der alten Welt, aber tugendhaft und den edelsten Zwecken sein Lebensglück und das Leben selbst aufopfernd. Ja, das war es, weil er eben mit unbegrenzter Liebe sich den edelsten Zwecken hingab, war er nicht wählig in den Mitteln, und nach den Traditionen der Schule, worin sein Geist sich entwickelt, war ihm das schlechte Mittel gut, wenn es jene Zwecke förderte. Sonderbar! die zwei verschiedensten Sekten waren es, die dem schändlichen Grundsatze, daß der Zweck die Mittel heilige, unbedingt huldigten. Es sind nämlich Jakobiner und Jesuiten, die sich hier begegnen. Aber beide beseelte ein hoher Glaube, um dessentwillen viel gefrevelt und viel verziehen werden darf.«

Heine will keine roten Luftballons mit überirdischen oder irdischen Heilsverkündungen, deren Halteseile den Menschen die Kehle zuschnüren. Heine will Seifenblasen in vielen schillernden Farben. Sie zerstieben rasch. Sie bergen keine haltbaren Überzeugungen. Heine will nicht – schon gar nicht in der eigenen Wohnung – bejubelt werden »er lebe ... « – er will leben. Er jubiliert selber. *Er* ist die Nachtigall. Eine Nachtigall kann man nicht besingen. Man kann sie töten.

Ganz gewiß will Börne Heine nicht töten, er will ihn bloßstellen. Für Heine ist das dasselbe. Er fühlt sich nackt. Nackt ist der Tod. Im 109. Brief, vom 25. Februar 1833, seiner »Briefe aus Paris« kritisiert Börne Heines »Französische Zustände«. Ein glanzvoller Stilist fällt über einen kunstfertigen Wortsteller her, dessen Gewandtheit als Gelenkigkeit denunzierend, dessen Münze als Falschgeld entlarvend. Schon die Eingangsmetapher vom Knaben, der ihm an einem Tage des blutigsten Kampfes, auf dem Schlachtfelde nach Schmetterlingen haschend, »zwischen die Beine kömmt«, klingt so martialisch wie drohend. Das Bild evoziert den braven Kriegsmann und das verantwortungslos spielende Kind. Der Ritter und der Spielmann. Der Wehrhafte schlägt mit gestähltem Schwert dem Sänger die Leier aus der Hand. Der Aufrechte bekämpft den Leichtfertigen. Im Namen seines republikanisch festen Glaubens ruft Börne sein »Weiche, Satanas!« demjenigen entgegen, der nicht glaubt: »Heine würde die deutsche Freiheit anbeten, wenn sie in voller Blüte stände; da sie aber wegen des rauhen Winters mit Mist bedeckt ist, erkennt er sie nicht und verachtet sie. [...] Was Brutus getan, würde Heine verherrlichen, so schön er nur vermag; würde aber ein Schneider den blutigen Dolch aus dem Herzen einer entehrten jungen Nähterin ziehen, die gar Bärbelchen hieße, und damit die dummträgen Bürger zu ihrer Selbstbefreiung stacheln – er lachte darüber. Man versetze Heine in das *Ballhaus*, zu jener denkwürdigen Stunde, wo Frankreich aus seinem tausendjährigen Schlafe erwachte und schwur, es wolle nicht mehr träumen – er wäre der tollheißeste Jakobiner, der wütendste Feind der Aristokraten und ließe alle Edelleute und Fürsten mit Wonne an einem Tage niedermetzeln. Aber sähe er aus der Rocktasche des feuerspeienden Mirabeau auf deutsche Studenten-Art eine Tabakspfeife mit rot-schwarz-goldener Quaste hervorragen – dann pfui Freiheit! und er ginge hin und machte schöne Verse auf Marie-Antoinettens schöne Augen. Wenn er in seinem Buche die heilige Würde des Absolutismus preist, so geschah es, außer daß es eine Redeübung war, die sich an dem Tollsten versuchte, nicht darum, weil er *politisch reinen Herzens* ist, wie er sagt; sondern er tat es, weil er *atemreinen* Mundes bleiben möchte, und er wohl an jenem Tage, als er das schrieb, einen deutschen Liberalen Sauerkraut mit Bratwurst essen gesehen. Wie kann man je dem glauben, der selbst nichts glaubt?«

Ludwig Börne kennt den Lauf der Geschichte, zumindest will er ihn bestimmen. Heinrich Heine erfindet Geschichten, darin sieht er seine Bestimmung, in ihnen deutet er die der Menschen. Der Gegensatz ließ sich nicht überbrücken. Im Oktober 1835 ging aus Paris der Geheimbericht eines Spitzels an die österreichische Regierung, in dem von »Todtfeindschaft« der beiden gesprochen wird, vom Haß zweier einander Beneidenden, die sich nie sprechen, nie sehen, sich nicht grüßen, »es ist also Unsinn, zu behaupten, sie arbeiten zusammen«, denn Heine habe keinerlei Meinung, er sei mal absolutistisch und mal radikal, ein »politisches Kamäleon«, darauf aus, sich mit den deutschen Regierungen gutzustellen: »wenn sie nur wüßten, wie ich denke, sie würden nur günstig für mich gestimmt sein«.

Es ist das Jahr der Bundestagsbeschlüsse, das Jahr der Verbote von Heines Büchern, das Jahr, in dem er sich »verdammt« sah, »nur das niedrigste und thörichste zu lieben«; das Jahr, in dem er Campe seine »Romantische Schule« mit den Worten: »Ich bin Ihr einziger Classiker« anbot, das Jahr, in dem Renduel als Band V und VI der »Oeuvres« »De l'Allemagne« verlegte, darin enthalten »Die Romantische Schule« und »Zur Geschichte der Religion und Philosophie in Deutschland« – und es ist das Jahr von Börnes fulminantestem Angriff. Am 30. und 31. Mai 1835, zwei Tage vor einem Diner bei der Fürstin Belgiojoso, veröffentlichte Börne im Feuilleton des »Réformateurs«, dem Organ der französischen

Linksrepublikaner, sittenstreng und gesinnungsfest ein Strafgericht über den politisch unzuverlässigen Aristokraten Heine, der sich zwar als Regimentstambour der Literaten ausgebe, aber – »ein Talent, doch kein Charakter« – letztlich auf der Seite der Volksgegner, des Juste-Milieus und der Regierung Thiers stehe. Heine, der Schmeichler; Heine, der Intrigant; Heine, der Allesbescheidwisser; Heine, der Popularisierer; Heine, ein wendiger, feiger, banalisierender und eitel-vertänzelter Journalist:

»Im Dienste der Wahrheit genügt es nicht, Geist zu zeigen, man muß auch Mut zeigen. Es ist nicht genug, dem Frankfurter Bundestag einige boshafte Redensarten an den Kopf zu werfen und von Zeit zu Zeit einen Strauß mit einem schönen Glückwunsch für Deutschlands Freiheit zu überreichen; nur an diesen kleinen Ergötzlichkeiten erfreut sich die rhetorische Eitelkeit eines Schriftstellers, sie ergötzen aber nicht unsere unglücklichen unter den Bleidächern der deutschen Inquisition seufzenden Landsleute und können ihrer Sache nicht förderlich sein. [...] Der gewandtesten, schlausten, katzenartigsten Kritik würde es dennoch nie gelingen, Herrn Heine zu ertappen, der noch mehr Maus als die Kritik Katze ist. Er hat sich in allen Winkeln der moralischen, geistigen, religiösen und sozialen Welt Löcher aufgespart, und alle diese Löcher haben unterirdische Verbindungsgänge untereinander. Ihr seht Herrn Heine aus einer von diesen kleinen Meinungen heraustreten, ihr verjagt ihn, er begibt sich dahin zurück: ihr umzingelt ihn; ihr werdet selbst ertappt, siehe, da entwischt er aus einer ganz entgegengesetzten Meinung. Ergebt euch, ihr verliert eure Mühe und eure List. Ihr lest die oder die Seite von Herrn Heine, wo ihr eine falsche, abgeschmackte, lächerliche Behauptung findet; beeilt euch nicht, sie zu widerlegen, wendet das Blatt um, Herr Heine hat umgewendet und widerlegt sich selbst. Wenn ihr solche schillernden Geister nicht zu schätzen wißt, um so schlimmer für euch, ihr seid nicht auf der Höhe der rhetorischen Küche, es gibt nichts Köstlicheres, als diesen Mischmasch von Meinungen.«

Obzwar gerade ein ins Französische übersetztes Buch von Heine in einer Pariser Zeitschrift in französischer Sprache rezensiert worden war – beabsichtigt war der Rundumschlag gegen Heines Reputation in Deutschland. Und er hatte dort auch ein unerhörtes Echo. Auszüge oder Referate erschienen bereits im Juni 1835 und den ganzen Sommer hindurch in mindestens zehn Blättern; Campe meldet am 15. September: »Ehrlich dürfen wir über dergleichen Reden; ich thue es, und muß Ihnen offen sagen, daß Sie dabei schlecht weg kommen. Für Sie ist kein Advocat aufgestanden, alle stehen auf Börne's Seite.« Wir kennen Heine inzwischen gut genug, um zu wissen: derlei wird geahndet. Doch zu Lebzeiten Börnes schwieg er. Lange mußte er nicht an sich halten. Am 12. Februar 1837 – eine Woche vor Georg Büchner – starb Ludwig Börne, François Raspail pries ihn bei der Beerdigung auf dem Friedhof Père-Lachaise als eine Seele, »die für das Gute brannte, für das Schlechte litt, für die Verteidigung der heiligen Sache des Volkes kämpfte«.

Heines Nachruf – den er »eine Denkschrift« nennen wird – brauchte länger. Die Korrespondenz der Jahre bis zum Erscheinen des Buches im August 1840, zumal der Briefwechsel mit Campe, zeigen, daß Heine nicht nur Rache üben wollte, das auch; vor allem aber sollten die Plätze im Olymp richtig – was für ihn hieß: gerecht, nämlich Heine »über« Börne – verteilt werden, zumal er von Gutzkows Plan, eine Börne-Biographie zu verfassen, gehört hatte. Doch seine ständige Beteuerung, daß er an seinen Memoiren arbeite und das Einweben der seltsamen »Helgoländer Briefe«, von denen er Campe in gewohnter Bescheidenheit versicherte, »sie gehören zum besten, was ich geschrieben«, deuten auch auf Profunderes hin als auf eine literarische Vergeltung. Seltsam muß man jene »Helgoländer Briefe« deshalb nennen, da es sie ja als »Briefe« gar nicht gab, da sie Erfahrungen und Einsichten fixieren, die zehn Jahre zurücklagen, da man bis heute nicht weiß, wann genau sie überhaupt geschrieben wurden, ob es etwa Notizen des Jahres 1830 waren, die Heine 1839 und 1840 ausformuliert oder ausgebaut hat.

So beginnt das »Zweite Buch« der Börne-Polemik zwar mit dem Datum »Helgoland, den 1. Julius 1830«; aber die Auswanderungsprojektionen mit der schockierenden Überlegung über das »ungeheure Freyheitsgefängniß« Amerika, »wo der widerwärtigste aller Tyrannen, der Pöbel, seine rohe Herrschaft ausübt [...], alle Menschen sind dort gleich, gleiche Flegel«, hören sich nicht an wie Gedanken des von der Juli-Revolution in Paris Beflügelten, der vom Fischer schwärmt, von dessen Applaus: »Die armen Leute haben gesiegt.« Das »O Freyheit! du bist ein böser Traum!« ist vielmehr ein Seufzer des reiferen Heine, der ja im »Romanzero«-Gedicht »Jetzt wohin?« denselben Alptraum bannt:

Manchmal kommt mir in den Sinn
Nach Amerika zu segeln,
Nach dem großen Freyheitsstall,
Der bewohnt von Gleichheits-Flegeln –

Das ist noch Abwehr von Widrigem. Eine Hälfte des Börne-Buches besteht daraus – sich zu erwehren eines Anspruchs, daß er, der Tambour-Major mit dem großen Federbusch, Teil sein und Teil haben solle an den »blutdürstigen, terroristischen Expektorazionen«, an der »rothen Wuth« und dem »jakobinischen Veitstanz« sauerkrautfressender, biertrinkender, tabakrauchender Republikaner; denn »eine Revoluzion ist ein Unglück, aber ein noch größeres Unglück ist eine verunglückte Revoluzion«.

Heines Rage ist stets auch Revanche. Und stets benutzt er dazu dasselbe Mittel: die sexuelle Denunziation. Das ist auch die Methode der Aufklärer, deren »pornographische« Produkte in der »Enfer«, »Hölle«, genannten Abteilung der Bibliothèque Nationale landeten. Ein gut Teil der Aufklärungsliteratur – nicht nur der Hochliteratur wie Diderots »Die Nonne« oder Laclos' »Gefährliche Liebschaften«, auch aggressiver Broschüren wie »Thérèse philosophe« – nutzt bewußt und perfide sexuelle Darstellungen und Verdächtigungen für den Angriff auf die herrschende Moral: das Abschildern kopulierender Körper ist das Entkleiden des Hofzeremoniells, die Koitusstellung als Entlarvung der Höchstgestellten. Das Wort »Männchen« ist Kampfvokabular, ist Entmannung von König, Fürst und Bischof. Verhöhnt Heine nun den Gegner Börne als Männchen mit kleinem Köpfchen und glatten schwarzen Härchen zu gestricktem Kamisölchen, so landet dieser nicht in der antiaristokratischen Bibliothekshölle, sondern in der ganz privaten Rache-Hölle des Heinrich Heine. Im Widerschein des Feuers wird Heines Gesicht zur Grimasse. Es ist ein unreinliches Verfahren.

Der vierte Teil des Börne-Buches ist eine einzige Infamie, voll hämischer Andeutungen auf Börnes Beziehung zu Jeanette Wohl, der »zweydeutigen Dame«, voll philiströser Entgeisterung über die vermeintliche Dreiecksbeziehung, da Madame Wohl inzwischen Herrn Strauß geheiratet hatte, den Heine Diener, Laufbursche und Hausierer schimpft, dem er unterstellt, lüsterner Kuppler der eigenen Frau zu sein, da – man denke nur! – »alle drey einen einzigen Haushalt bildeten«. Das ist Heines falsche Modernität.

Nach meinem Ermessen hat Adorno unrecht, wenn er – im Gefolge von Karl Kraus – das Fragwürdige an Heines Modernität in dessen allzu keckem Spiel mit der Sprache sieht. Zumal ihm offenbar verborgen geblieben ist, daß zahlreiche der inkriminierten Grobianismen Leihgaben sind – vorzugsweise von Byron, in dessen »Don Juan« sich Heines anstößiges: »Die Stadt Göttingen, berühmt durch ihre Würste und Universität« mit dem: »Seville, famous for oranges and wives«, fast wörtlich vorgeformt findet.

Adornos höchst fragwürdiges Verdikt, Heines »von der kommunikativen Sprache erborgte Geläufigkeit und Selbstverständlichkeit ist das Gegenteil heimatlicher Geborgenheit in der Sprache« – zu deutsch: Der Jude Heine jongliert mit ihm »nicht heimatlichen«, also fremden Bällen – ließe sich nicht nur auf ihn selber zurückverweisen. Es ist auch eine literarhistorisch nicht haltbare These. Gerade durch das Fungibelmachen der Alltagssprache – für Adorno ist das die »fertige, präparierte Sprache« – hat Heine neue poetische Maßstäbe gesetzt; er hat den Innenraum des romantischen Ich verlassen. Sein »Mein Fräulein, seien Sie munter« ist viel mehr als ein frivoler Gassenjungenpfiff; es ist das Öffnen der Sprache für Verdinglichung, Ware und Tausch. Es ist die Saat, aus der die Sprache Bertolt Brechts und Gottfried Benns hervorgehen wird. Wenn Adorno im Anschluß an die Feststellung, Heines Mutter sei des Deutschen nicht ganz mächtig gewesen, zu Protokoll gibt: »Seine Widerstandslosigkeit gegenüber dem kurrenten Wort ist der nachahmende Übereifer des Ausgeschlossenen«, so ist das über das Fatale dieser Äußerung hinaus unrichtig.

Das Fatale vielmehr liegt in der Bedenkenlosigkeit, mit der Heine Fahndungsbriefe ausschreibt (und sich übrigens nonchalant – auch in diesem Fall nach einem Duell mit Madame Wohls Ehemann Strauß – dafür entschuldigt). Er instrumentalisiert eine Entrüstung, die er gar nicht hat: »Soll ich die Wahrheit gestehen, so sah ich in Börnes Haushalt eine Immoralität, die mich anwiderte. [...] Madame Wohl that sich mit Börne zusammen unter dem Deckmantel der Ehe mit einem lächerlichen Dritten, dessen bitteres Fleisch ihr vielleicht manchmal mundete, während ihr Geist sich weidete am süßen Geiste Börnes [...] beruhte der ganze Haushalt auf der schmutzigsten Lüge, auf entweihter Ehe und Heucheley, auf Immoralität.«

Auf dem Katheder des Moralapostels gibt Heine keine gute Figur ab, auch wenn er nicht wirklich Sitte und Anstand predigen, sondern nur die Kannegießereien patriotischer Oberlehrer verächtlich machen will. Es sind Ausfälle wie aus einer belagerten Festung. Heine hat keine Heimat, kein Vaterland, und wenn er überhaupt einen Gott hat, dann einen sehr privaten. Seine Welt ist eine ästhetische Konstruktion. Diesen Globus kartographiert er. So scharf wie bisher nie zeichnet er den Äquator ein. Jenseits seines Reiches leben die Antipoden. Sie heißen Nazarener. Er heißt Hellene. Börne ist nur ein Pseudonym. Heine ist ein Homonym. Wenn er Börne der »nazarenischen Beschränktheit« zeiht, dann definiert er diesen Begriff sehr genau; er ist ein Mixtum compositum aus »jüdisch« und »christlich«, Bezeichnung nicht für die Eigenschaft eines Volkes, sondern für die eines Naturells: eines hären, geistigen, missionarischen – »der judäische Spiritualismus gegen hellenische Lebensherrlichkeit«. Auch mit den Hellenen meint Heine kein bestimmtes Volk, sondern eine »angebildete Geistesrichtung und Anschauungsweise«. In der ihm eigenen Bescheidenheit nimmt er Goethe in Anspruch, stellt sich neben ihn in gemeinsamer »Majestät der Genußseligkeit«:

»[...] alle Menschen sind entweder Juden oder Hellenen, Menschen mit ascetischen, bildfeindlichen, vergeistigungssüchtigen Trieben, oder Menschen von lebensheiterem, entfaltungsstolzem und realistischem Wesen. So gab es Hellenen in deutschen Prädigerfamilien, und Juden, die in Athen geboren und vielleicht von Theseus abstammen. Der Bart macht nicht den Juden, oder der Zopf macht nicht den Christen, kann man hier mit Recht sagen. Börne war ganz Nazarener, seine Antipathie gegen Goethe ging unmittelbar hervor aus seinem nazarenischen Gemüthe, seine spätere politische Exaltazion war begründet in jenem schroffen Ascetismus, jenem Durst nach Martyrthum, der überhaupt bey den Republikanern gefunden wird, den sie republikanische Tugend nennen und der von der Passionssucht der früheren Christen so wenig verschieden ist.«

Es ist mehr als ein Terrain, das Heine hier für sich absteckt. Er errichtet sich *ein eigenes* Königreich. Dort bestimmt er die Gesetze und verteilt er die Rollen. Sich selber gestattet er eine Doppelrolle: Herrscher im Hermelin und Hofsänger mit der Leier. Dieses Königreich gibt auch ein spezielles Wörterbuch aus: Leichtsinn hat seinen Stamm in leichtem Sinn, Hochmut in hohem Mut und Verantwortung birgt die Antwort des Echos. Mit dem Börne-Buch, das höchst doppeldeutig »Eine

Denkschrift« heißt, stellt sich Heinrich Heine einen Freibrief aus. Dieses Passepartout erlaubt ihm, mit den Rothschilds zu verkehren, revolutionäres Volk als »souveränen Rattenkönig« zu verunglimpfen und für alle großen Robespierres und kleinen Börnes weniger Individualinjurie als vielmehr eine Gattungsbezeichnung zu finden: »Im Gesichte lauerndes Mißtrauen, im Herzen eine blutdürstige Sentimentalität, im Kopfe nüchterne Begriffe.« Tatsächlich ist dies der Text, in dem Heine dem »Nero der Finanz«, Baron Rothschild, mit dem Arm in Arm, »ganz famillionär«, durch die Straßen von Paris flaniert zu sein er sich brüstet, ein höchst dialektisches Zeugnis ausstellt: Der sei, wie weiland sein Vorgänger, der römische Nero, ein gewaltsamer Zerstörer des Patriziertums »und Begründer der neuen Demokrazie«. Durch die Erfindung des Systems der Staatspapiere – so Heine, der gerne und nicht allzu selten von Baron James solche Papiere entgegennahm – habe dieser »für den gesellschaftlichen Fortschritt in Europa überall die ersten Bedingnisse erfüllt, gleichsam Bahn gebrochen«.

König Heine ernennt Baron Rothschild in seinem Reich zum Finanzminister. Citoyen Heine sieht in ihm – wohl zu Recht – den eigentlichen Herrscher, den wahren »Bürgerkönig«. Deswegen vermutlich hat er jene leicht dubiosen »Helgoländer Briefe« einmontiert, jene Zeugnisse seiner Begeisterung für die Juli-Revolution, für Louis Philippe. Heine ist ein verspäteter Mirabeau. Wie dieser wollte und will er das Königtum keineswegs abschaffen, wie dieser wollte und will er einen »Royalismus mit menschlichem Antlitz«. Beide haßten sie die Revolution. Börnes Unterstellung, bei Gelegenheit hätte Heine wohl gar Gedichte auf Marie Antoinette geschrieben, ist ja deutliche Anspielung. In eben deren Privatgemächern fand das rasende Volk, als es das Schloß stürmte, die Geheimkorrespondenz und die Belege aus der Schatulle »der Österreicherin« für die Bezüge des Grafen Mirabeau. Flammende Reden hatte er gehalten, den Thron hatte er nicht stürzen wollen: Gabriel de Riqueti, Graf von Mirabeau war ein IM.

Keineswegs sind das willkürlich zusammengebogene Drähte eines Bezugssystems. Genau in der Passage des Börne-Buches, in der Heine sich so hoffärtig gebärdet – er werde sich die Hand waschen, habe das Volk sie ihm gedrückt; er will sich die Nase zuhalten vor dem Geruch des Volkes in Revolutionszeiten – fällt der Name Mirabeau. Heine begreift dessen Satz, man mache keine Revolution mit Lavendelöl, und er bekennt: »So lange wir die Revoluzionen in den Büchern lesen, sieht das alles sehr schön aus.« L'Imagination au pouvoir – Die Phantasie an die Macht: Solange Aufbruch und Umbruch edle Gebärde oder schöne Spruchweisheit sind, ist auch Heine gerne ihr Trompeter. Die Phantasie an der Macht ändert nicht die Machtverhältnisse. Heine benutzt dafür eine andere Metapher – man betrachte so gerne auf Landschaftszeichnungen auch schmutzige und schäbige Details, vorzüglich auf weißem Velinpapier; denn »in kupfergestochene Misthaufen riechen nicht, und der in kupfergestochene Morast ist leicht mit den Augen zu durchwaten«.

Das ist die Kunsttheorie von Heinrich Heine. In der Kunst ist alles erlaubt; sogar Politik. Das ist der Politikbegriff von Heinrich Heine. In der Politik ist fast alles erlaubt; außer Praxis. Das ist die Lebensmaxime von Heinrich Heine. Im Leben ist nichts verboten; außer das Leben. Das Wirkliche ist das Niedere. Deswegen ist Ludwig Börne ein Männlein mit Chemisettchen oder ein süßhölzernes Männchen, ehrbar und ein großer Patriot, an dem nur die Literatur nicht viel verloren, ein mutiger Tölpel und kämpferischer Tor voller »Gelüste nach einer recht saftigen deutschen Dummheit, wie eine schwangere Frau nach einer Birne« und ganz gewiß zernagt von jenem gelben Neid, »den der kleine Tambour-Maitre gegen den großen Tambour-Mayor empfindet: er beneidete mich ob des großen Federbusches, der so keck in die Lüfte hineinjauchzt, ob meiner reichgestickten Uniform, woran mehr Silber als er, der kleine Tambour-Maitre, mit seinem ganzen Vermögen bezahlen konnte [...]«. Börnes Vermögen – in Louisdor und Talern – ist real; also verächtlich. Was Heine vermag – in Vers und Prosa – ist nicht real; also preisenswert. Doch es ist eine irdische Irrealität, es sind die »Zuckererbsen hinieden«. Heine will nicht Verheißungen, er haßt Vertröstungen – ob von den Radikalen auf ein besseres Diesseits, ob von den Nazarenern jeglicher Couleur auf ein besseres Jenseits.

Hier, in diesem Zusammenhang, fällt das berühmte Wort von der Religion und dem Opium, das sich Karl Marx einige Jahre später in seiner »Kritik der Hegelschen Rechtsphilosophie« mit dem Diktum »Die Religion ist das Opium des Volkes« verkürzt zu eigen machte und das vielleicht auf dem Mischgetränk »Rum and true religion« in Byrons »Don Juan« basiert: »Wie der Einzelne sich trostlos die Adern öffnete und im Tode ein Asyl suchte gegen die Tyranney der Cäsaren: so stürzte sich die große Menge in die Ascetik, in die Abtödtungslehre, in die Martyrsucht, in den ganzen Selbstmord der nazarenischen Religion, um auf einmal die damalige Lebensqual von sich zu werfen und den Folterknechten des herrschenden Materialismus zu trotzen ... Für Menschen, denen die Erde nichts mehr bietet, ward der Himmel erfunden

... Heil dieser Erfindung! Heil einer Religion, die dem leidenden Menschengeschlecht in den bittern Kelch einige süße, einschläfernde Tropfen goß, geistiges Opium, einige Tropfen Liebe, Hoffnung und Glauben!« Noch im September 1850 äußert Heine anläßlich eines Paris-Besuchs von Adolf Stahr, daß die meisten Menschen sich nicht träumen ließen, wieviel Verwandtschaft zwischen Opium und Religion sei.

Tabakschwaden, Weihrauch, Opiumdünste – alles eins. Für Heine sind das wabernde Wolken der Vernunftlosigkeit. Vernunft aber ist ihm hohes Gebot. Sie führt nicht zu einem »Standpunkt«, ehern, unverrückbar und verläßlich, sondern zur Entwicklung des menschlichen Denkens. Denken ist für Heine ein Prozeß, etwas Fortschreitendes, Veränderliches. Die Antinomie, in die Börnes Verdikt mündet – »ein Talent, doch kein Charakter« – ist ihm fremd. Die beharrliche Identifizierung mit »einer bestimmten Lebensanschauung« – wenig später wird es »Weltanschauung« heißen – ist ihm Reservat der »geistig Blöd- und Kurzsichtigen«, die dem zujubeln, der für alle seine Handlungen nur einen einzig gültigen Maßstab hat: »Seht, das ist mein Charakter.« Heine reklamiert für »ausgezeichnete, über ihr Zeitalter hinausragende Geister« – also für sich – eine andere Sphäre. Er wehrt sich mit dem Verweis auf Dante, Cervantes oder Goethe, die manchmal sogar Charakter gezeigt hätten, gegen die herablassende Klassifizierung, »nur Dichter« zu sein. Und nimmt zugleich für den Künstler, der nicht dem Worte gehorcht, sondern ihm befiehlt, einen »Raum der Willkühr« in Anspruch, für den er – wie auch in jenem Brief vom 23. August 1838 an Gutzkow, aus dem wir das zugespitzte Bekenntnis: »Kunst ist der Zweck der Kunst« kennen – den Begriff »Autonomie« benutzt; im Börne-Buch heißt das: »Es ist immer ein Zeichen von Bornirtheit, wenn man von der bornirten Menge leicht begriffen und ausdrücklich als Charakter gefeyert wird. Bey Schriftstellern ist dies noch bedenklicher, da ihre Thaten eigentlich in Worten bestehen, und was das Publikum als Charakter in ihren Schriften verehrt, ist am Ende nichts anderes als knechtische Hingebung an den Moment, als Mangel an Bildnerruhe, an Kunst.«

Das ist tiefernst. Heine übt den aufrechten Gang. Gehen aber ist ein Tätigkeitswort. Das Statische einer einmal bezogenen, nie veränderten Position entspricht weder seinem Talent noch seinem Charakter. Heinrich Heine ist Realist, der sein utopisches Potential nicht auf der Flamme der kleinen Aktualität einkocht. Ludwig Börne ist Naturalist, der seine illusionäre Energie dem Augenblick opfert. Heine ist Stratege, Börne ist Taktiker.

Taktik ist für den Verfasser der Denkschrift Quacksalberei; Börnes Revolution ein Hausmittelchen. Heine, der skeptisch Hoffende, sieht »das große Heilmittel«, die Befreiung der Menschheit, noch in weiter Ferne, und er sieht, daß die Radikalkur der Radikalen »höchstens den gesellschaftlichen Grind vertreibt, aber nicht die innere Fäulniß«. So setzt er ans Ende seines Buches – gegen »die öde Werkeltagsgesinnung der modernen Puritaner« – einen Traum; für ihn das probate Mittel, aus der Gegenwart zu fliehen, sie aber gedanklich nicht zu verlassen. Dieser Traum ist Heines pessimistisches Voran. Es ist die Gegenposition zu Börnes optimistischem Jetzt; literarhistorisch die Position des Romantikers Heinrich Heine.

Die Idee der Romantik – die Außenwelt verwandelt sich in Seelenlandschaften, in den Bildern Caspar David Friedrichs besonders deutlich – ist ja bereits in den »Reisebildern« manifestiert. Für Heines Romantikbegriff ist wesentlich, daß er Gesellschaft als etwas Komplexes versteht; daß er versucht, ihre innere und äußere Dimension – seine Stellung innerhalb dieser Gesellschaft und als ihr Außenseiter – in der Balance zu halten, daß er keineswegs glaubt, alles habe seine Ordnung, vielmehr Zweifel an jeglicher Ordnung anmeldet, Sicherheiten leugnet, daß er Fragmente der Wirklichkeit neu zusammensetzt. Das Bindemittel ist – seine – Phantasie, und das Material der Phantasie sind Worte. Mit diesem Verfahren will er die auseinanderstrebenden Züge seiner Persönlichkeit beherrschen, wie er es etwa im Brief vom 30. Oktober 1836 an »la personne la plus complète que j'ai trouvée sur la terre«, die Fürstin Belgiojoso, beschreibt: »J'ai soif d'unité morale, de faire harmoniser mes opinions avec mes sentiments.«

Mit diesem Verfahren auch zirkelt er seine politischen Vorstellungen ein, die sich jeglicher aktueller Parteien-Scene verweigern: »mein Streben [ist] kein politisch revoluzionäres, sondern mehr ein philosophisches [...], wo nicht die Form der Gesellschaft sondern ihre Tendenz beleuchtet wird«, schreibt er 1837 an August Lewald. Und dieses Verfahren erlaubt ihm schließlich, die Formulierung über das Formulierte zu stellen, mit einem »Ist's nicht schön ausgedrückt?« setzte er sich über Einwände gegen sein Börne-Buch hinweg.

Einwände gab es reichlich. Kaum war das Pamphlet im August 1840 erschienen, hagelte es Verrisse. Campe mäkelte schon beim Korrekturlesen des Manuskripts, Heine habe sich der deutschen Nation entfremdet: »Das Leben in Paris rächt sich.« Ein zähes Feilschen um das Honorar schloß sich an, in dessen Verlauf Heine übrigens eigene frühere Bücher schonungslos herabsetzte – die »Französischen Zustände« seien bloß aus politischen Blättern »abgeklatscht«, »Die Romantische Schule« eigentlich nicht mehr als eine andere Ausgabe »eines schon seit Jahr und Tag existirenden Buches« gewesen, und aus dem »Salon« sei alles zuvor gedruckt worden. Nur das Börne-Buch ließ er gelten. Übrigens nicht nur im Augenblick des Erscheinens. Alfred Meißner erinnert sich an ein Gespräch im Frühjahr 1849, in dessen Verlauf Heine gesagt habe: »Börne war ein Ehrenmann, ehrlich und überzeugt, aber ein ingrimmiger, verdrießlicher Mensch, so das, was der Franzose un chien hargneux nennt. Seine ›Briefe‹ mag ich nicht lesen, Galle ist kein angenehmes Getränk. Was ich über ihn geschrieben, ist wahr, dessenungeachtet gestehe ich, daß ich es nicht geschrieben zu haben wünschte, oder es gern wieder zurücknähme. Es ist immer eine bedenkliche Sache, eine gehässige Wahrheit gegen einen Autor auszusprechen, der einen großen Leserkreis und ein Heer von Anhängern besitzt. Man kämpft da nicht allein gegen diese oder jene Zeile seines Buches, man tadelt dann nicht allein diese oder jene Unart seines Charakters, sondern man greift zugleich damit das ganze Heer seiner Freunde an, und fühlt sich auch der Autor im Innern berührt, getroffen und entwaffnet, es rücken hinter ihm die hunderttausend Besitzer seiner Werke ins Treffen vor. Göthe war ein kluger Mann. Er hatte gewiß manches Bedenken gegen Schiller, aber er hütete sich wohl, irgend eins auszusprechen, um nicht die Begeisterung einer ganzen Zeit gegen sich zu kehren.«

Damit stand Heine alleine. Als die Börne-Denkschrift erschien, verbrachte er den Sommer in Granville und der Bretagne. Julius Campe kam der Bitte seines Autors um Nachrichten, wie das Buch aufgenommen worden sei, am 14. August 1840 umgehend nach:

»Soll ich Ihnen die *Wahrheit* sagen? –

Ich habe mich mit dem Buche abgefunden; habe Ihnen gesagt, daß ich es beklage, daß Sie sich mit Börne verglichen, alles das war mir fatal und sagte ich Ihnen: Sie würden *dafür* aushalten müssen! – Wie gesagt, *ich* bin darüber schon hinaus, und bin ein ›Lettore Benevole –‹ ; aber wie sind die Leser, die das Buch zum ersten Male durchlaufen! – [...]

Börne, hat eine unbeschreibliche Popularität in Deutschland gewonnen; alle sehen in ihn einen seltenen Charakter, – man *liebt* und *verehrt* ihn – *allgemein* ! –

Nun kommen Sie, greifen den Haus-Götzen an. Schänden ihn, setzen ihn herunter! – Er, ist todt; kann sich nicht wehren. – Es ist ein allgemeiner Schrei *gegen Sie* und noch sprach ich, außer Ihrer Mutter, keinen Menschen der sich dieser Gedanken erwehren konnte. Die allgemeine Indignation haben Sie geweckt. Die Sentimentalität geht weit. – [...]

Wenn ich Ihnen als ehrlicher Mann sage: *keiner* hat das Buch gelobt, jeder, Jeder hat sein Misfallen dick und derb zum besten gegeben; so berichte ich Ihnen die Wahrheit – die Sie von mir verlangt haben. Machen Sie sich auf das gefaßt, das Sie treffen muß.«

Campe war ein ruhiger Mann, ein Bildungsbürger von Format, und er war seinem Autor Heine ein guter, wenngleich nicht serviler Verleger; er hatte nicht übertrieben. Die Empörung in der deutschen Presse war einhellig, die von Jeanette Wohl noch im Oktober desselben Jahres in Frankfurt veröffentlichten Briefe »Ludwig Börne's Urtheil über H. Heine« taten das ihre. Die von Helmut Koopmann auf 25 Seiten der Heine-Gesamtausgabe zusammengestellten Pressestimmen lesen sich wie ein einziger Aufschrei. Am gellendsten wohl der Angriff Gutzkows, der »Börne zur Parthei des Berges, Heine zur Parthei des Sumpfes« ausrief: »Herr Heine affektirt, ein Dichter zu sein und schreibt wie ein Gamin. Börne war nicht frei von Irrthümern, aber im Feuer seiner Überzeugung härtete sich sein stählerner Charakter. Herr Heine schwimmt im Meer der Lüge und wird sich allmälig ganz verdunsten in das ›goldne Nichts‹ der Eitelkeit. Börne stritt gegen die Lebenden und versöhnte sich mit den Todten. Herr Heine fürchtet die Lebenden und erst, wenn sie sterben, bekämpft er sie.«

Heine war Unwetter gewohnt. Sie waren ihm lieber, wenn er es war, der Blitz und Donner zündete, der die Bären tanzen ließ. Und die liebsten waren ihm die künstlichen Gewitter. Schon drei Jahre nach dem Börne-Buch veröffentlichte er in der »Zeitung für die elegante Welt« sein »letztes Waldlied der Romantik«, den »Atta Troll«.

Stimme und Echo zugleich

Der »Atta Troll. Ein Sommernachtstraum« erschien vom 4. Januar bis 8. März 1843 in der von Heinrich Laube redigierten »Zeitung für die elegante Welt«. Heines Bemerkung in der »Vorrede« vom Dezember 1846 zur Buchausgabe, daß das Poem im »Spätherbst 1841« entstanden sei, klingt irreführend; da er mit Mathilde erst im Juni 1841 im eleganten Pyrenäenbad Cauterets eintraf, konnte es sich nur um die allererste konzeptionelle Phase handeln. Das Ehepaar nahm im Hotel Larrieu Quartier. Im Anmeldebogen trug Heine als »Motif du voyage« »Santé« ein – er erhoffte sich von den Heilquellen des idyllisch gelegenen Ortes eine Linderung seines beginnenden Rückenmarks- und seines Augenleidens. Die schwefelhaltigen Thermalquellen – »Aufrecht saß er in dem Sessel / Wie ein kranker Badegast«, heißt es von dem toten Bären Atta Troll – wie »Les Griffons« und »Thermes de la Raillière« lagen außerhalb von Cauterets, die Badegäste wurden per Sänfte dorthin transportiert. Auch viele Kennzeichen der Landschaft – die Pont d'Espagne, der Lac de Gaube auf einer Höhe von 1728 m, den man noch heute nur über einen steilen Fußweg erreichen kann, oder der unweit gelegene Cirque de Gavarnie – tauchen bei Heine auf; Bärengeheul und Bärenjagd evozieren die Gebirgswelt der Hautes Pyrénées. Die Berge, die Cauterets umgeben, sind bis zu 2500 m hoch und eine zwar damals für deutsche Leser noch unbekannte, exotische, halb spanische, halb französische Landschaft, von den französischen Romantikern, wie Chateaubriand, Victor Hugo, Prosper Mérimée oder George Sand aber auf ihrer beseelten Suche nach den Ursprüngen sehr geliebt und viel besungen.

Das mit Caput XXVII. abbrechende Poem – dem es erging »wie allen großen Werken der Deutschen, wie dem Cöllner Dome, dem Schellingschen Gotte, der preußischen Constituzion«: es blieb unvollendet – ist eines der komplizierteren Werke Heines; die sechs Jahre Entstehungsgeschichte und die mehr als vierhundert erhaltenen Seiten von Konzepten und Reinschriften, auch die umfangreiche Korrespondenz mit dem oft und energisch auf Textänderungen drängenden Laube, sind der äußere Nachweis für die an Andeutungen, versteckten Zitaten und Motivvariationen überreiche innere Struktur. Was Heines Kollege Franz Dingelstedt – er war seit 1841 ebenfalls als Korrespondent der »Allgemeinen Zeitung« in Paris – dem gemeinsamen Verleger Cotta unter dem Titel »Trullo« anbot, war keineswegs fertig; nicht einmal im Konzept. Heine, auch als Zeitungsmitarbeiter säumig, war es noch nicht gelungen, die Balance zwischen romantisierenden und zeitkritischen Elementen zu finden, aus einem lose verbundenen Gedichtzyklus ein Versepos zu komponieren. Es waren auch nicht die Monate, sich in Ruhe der Poesie zu widmen.

Salomon Strauß, der Gatte von Madame de Wohl, hatte Heines Unterstellungen einer »Ehe zu dritt« mit Ludwig Börne, seiner Duldung eines intimen Verhältnisses, nicht klaglos hingenommen. Die leidige Affäre – Heine meinte später: »Leider hatte ich Unrecht, seine Frau zu beleidigen« – eskalierte schließlich in einem Duell. Das in zahlreichen deutschen Zeitungen kolportierte Gerücht, der empörte Ehemann habe Heine in Paris auf offener Straße geohrfeigt, erboste den stets auf seine Ehre Bedachten, der es nicht nur angenehm fand, »zufällig ein berühmter Mann« zu sein; er hielt es sich, seinem Publikum und der feindselig ihn verunglimpfenden Öffentlichkeit für schuldig, Satisfaktion zu erzwingen. So forderte er über Raspail, einen seiner ersten Sekundanten, Salomon Strauß auf Pistolen, um den verleumderischen und geschmacklosen Gerüchten ein Ende zu bereiten.

Die Sorge vor dem Ausgang des Duells war der Anlaß, Mathilde zu heiraten; sie wäre eine unversorgte Mätresse gewesen. Dem Duell vom 7. September 1841 bei Saint-Germain – Heine erhielt einen Streifschuß an der Hüfte – war am 31. August die Trauung in der Kirche Saint-Sulpice vorausgegangen, abgesegnet von Onkel Salomon mit der Erhöhung der Jahresrente. Ein halbes Jahr später schreibt Dingelstedt an Cotta, bei dem das »Morgenblatt« erscheint: »Da fällt mir ein, daß ich für Freund Heine noch eine Anfrage bei Ew. Hochwohlgeboren wagen soll, [...] Er hat eine Reihe von Liedern fertig, sehr hübsch, zusammen eine Art episches Gedichtlein im komisch-romantischen Genre, die Ausbeute seiner Pyrenäenfahrten [...] Was ich daraus kenne, ist ganz reizend, ein Bären-Idyll, freilich mit sehr picanten Digressionen.«

Vielleicht war Heinrich Laubes Angebot für den Abdruck des »Atta Troll« in der »Zeitung für die elegante Welt« verlockender gewesen; vielleicht auch hatte es Heine besonders gestört, daß bei Cottas »Morgenblatt« ja jener Gustav Pfizer Redakteur war, dessen aggressiv niederträchtiges »Heine's Schriften und Tendenz« er noch nicht vergessen hatte; vielleicht auch ärgerte er sich besonders darüber, daß der Verleger Cotta sich honorig mit den Worten weigerte, er sei »kein absoluter Journalbesitzer und nicht der Kaiser von China«, den Text an seinem Redakteur Pfizer vorbei ins Blatt zu bringen: 1842 war Heine mit der Reinschrift fertig. Das rekonstruiert Winfried Woesler in seinem Kommentar zur »Atta Troll-Edition« vor allem anhand von Heines Spott über Herwegh. Im Herbst 1842 war der berühmte »Parteienstreit« zwischen Ferdinand Freiligrath und Georg Herwegh ausgebrochen, nachdem der erstere in seinem Ende 1841 gedruckten Gedicht »Aus Spanien« deklariert hatte, der Dichter

stehe auf einer höheren Warte
Als auf den Zinnen der Partei,

worauf Herwegh mit seinem Gedicht »Die Partei« antwortete:

Selbst Götter stiegen vom Olymp hernieder
Und kämpften auf der Zinne der Partei!
Partei! Partei! Wer sollte sie nicht nehmen,
die noch die Mutter aller Siege war!

Es wurde eine folgenreiche Debatte. Das Lyrikerdebüt des jungen Freiligrath war glanzvoll gewesen, im Dezember 1833 in eben demselben »Musenalmanach« Adelbert von Chamissos, der einem anderen lyrischen Anfänger dessen frühe Gedichte mit einem so »höchst unbedeutenden Zettel« zurückgesandt hatte, daß dieser ihn vor Wut und Demütigung zerkaute und runterschluckte: dem neunzehnjährigen Karl Marx. Freiligrath war dann Kommis bei einer Indigo- und Baumwollfirma in Barmen – wo der siebzehnjährige Friedrich Engels derart unter seinen Einfluß geriet, daß sein erstes publiziertes Gedicht »Die Beduinen« sich ganz à la Freiligrath gerierte. Herweghs Kampfgesang hingegen erschien in der »Rheinischen Zeitung«, ihr Redakteur hieß Karl Marx. Umgehend nach der Veröffentlichung ging ein – vorerst unbeantworteter – Brief an Freiligrath, in dem Herwegh seinen tiefsten Abscheu betonte, »vor der armseligen Kunst, artige Artikelchen zu machen und kritischen Skandal zu veranlassen«: »Verse schmieden und schön schreiben ist Millionen Menschen gegeben. Das hilft nichts. Ich will Menschen aus einem Gusse, [...] ich will Richtung, [...] einseitige Richtung.«

Herwegh war nicht nur ein berühmter Dicher. Er war auch ein berüchtigter Fall. Auf einer Reise durch Preußen hatte er eine Einladung König Friedrich Wilhelm IV. angenommen, was allenthalben als skandalös gewertet wurde, ihm aber offenbar schmeichelte. Der Herrscher mußte nach diesem spektakulären Empfang für Herwegh in allerlei Gazetten düpiert dessen Brief an ihn, »Unter vier Augen«, lesen, woraufhin er Herwegh auswies. Prompt korrigiert Freiligrath sich im Vorwort seines großen »Glaubensbekenntnis«-Gedichts, daß er »nun doch von jener ›höheren Warte‹ auf ›die Zinnen der Parthei‹ herabgestiegen« sei.

Doch entscheidend für die Datierung der Arbeit am »Atta Troll« ist, daß Herweghs Gedicht in der »Rheinischen Zeitung« vom 28. Oktober 1842 publiziert wurde – da Heine darauf eingeht, kann er das Poem nicht 1841 geschrieben haben. Entscheidender allerdings ist, *wie* er darauf eingeht – es nimmt nicht Wunder: voller Spott auf Herwegh und seine olympischen Götter, die für ihn Gänse sind, gemästet mit Tendenzen, und die er in der frühesten Fassung des Caput III. mit lahmen Schwingen, heis'ren Kehlen und platten Füßen ausstattet, um schließlich einen sarkastischen Gesang anzustimmen, der durchaus die Tonfolge der Börne-Polemik noch einmal aufnimmt:

Traum der Sommernacht! Phantastisch
Zwecklos ist mein Lied. Ja, zwecklos
Wie die Liebe, wie das Leben,
Wie der Schöpfer sammt der Schöpfung!

Nur der eignen Lust gehorchend,
Galoppirend oder fliegend,
Tummelt sich im Fabelreiche
Mein geliebter Pegasus.

Ist kein nützlich tugendhafter
Karrengaul des Bürgerthums,
Noch ein Schlachtpferd der Partheywuth,
Das pathetisch stampft und wiehert!

Zwei Leitmotive webt der »Atta Troll« kunstvoll ineinander. Das eine ist noch einmal die emphatische Abwehr jeglicher Inanspruchnahme durch egal welche Parteiungen und Gruppierungen, der Horror des Artisten Heinrich Heine – der abermalige Göttlichkeitsvergleich unterläuft ihm ja nicht unabsichtlich; mehrere Male verwirft er hohnvoll die Alternative »ein Talent, doch kein Charakter«, und die für die spätere Buchausgabe verfaßte Vorrede ist geradezu ein Manifest der »unveräußerlichen Rechte des Geistes, zumal der Poesie«: »Damals blühte die sogenannte politische Dichtkunst. Die Opposizion, wie Ruge sagt, verkaufte ihr Leder und ward Poesie. Die Musen bekamen die strenge Weisung, sich hinführo nicht mehr müßig und leichtfertig umherzutreiben, sondern in vaterländischen Dienst zu treten.«

Das andere Leitmotiv ist die absichtlich kecke Umkehr der Romantik in eine Gegen-Romantik. Schon in der ausführlichen Korrespondenz mit seinem Redakteur Laube betont Heine, daß ihm daran liege, »die alte Romantik, die man jetzt mit Knüppeln todtschlagen will, wieder geltend zu machen, aber nicht in der weichen Tonart der frühen Schule, sondern in der kekſten Weise des modernen Humors«. Dieser Impuls wird in der späteren Vorrede noch stärker betont, indem er darauf pocht, das Gedicht nur zur eigenen Lust und Freude geschrieben zu haben, »in der grillenhaften Traumweise jener romantischen Schule«, wo er seine »angenehmsten Jugendjahre verlebt, und zuletzt den Schulmeister geprügelt« hat.

Heines Romantik ist weltlich statt verbutzt. Sie ist aggressiv statt besinnlich. Sie ist frech statt versponnen. Sie ist antinationalistisch statt national. Sie guckt übrigens auch unter den Rock, statt am Spinnrocken zu hocken. Das gab nicht zuletzt allerlei Reibungen mit Laube, der immer und immer wieder »Anstand nahm«, bestimmte Passagen zu drucken. Die verquere Mischung aus sittlicher Verschmocktheit und national geschminktem Schamgefühl wird bereits aus seinem Brief vom 27. November 1842 deutlich, mit dem er auf Caput I. eingeht:

»Die Verse nämlich:

›Daß sie etwas *kankanire;*
Ihres Hintertheils Bewegung‹

kann ich nicht in die Prospectus-Nummer nehmen, ohne Ihrem Gedichte von vornherein den Hals zu brechen. Sie haben keine Vorstellung von dem herrschenden *Widerwillen* gegen diese Gattung halb impotenter Pariser Rohheit – Sie haben keinen schlimmeren Erfolg zu gewärtigen, wenn Sie ›onaniren‹ sagen, so Ekel erregend ist diese Kankan-Geschichte. […] Geben Sie mir zwei andre, verschleierte Zeilen *umgehend*, sonst sitzen wir auf dem Sande.

Verkennen Sie doch ja nicht, daß dem jetzigen Nationalstile Deutschlands etwas sehr würdig Sittliches zum Grunde liegt, welches sich den franzoesischen Frivolitaeten gegenüber [...] vernichtend aeussert [...] Lascivitaet und Derbheit müssen durchaus national sein, wenn sie goutirt werden sollen. Jene Zeilen sind zunächst das Aergste.«

Wie man weiß, hat Heine die Stelle geändert – und viele andere, denen drohte, vom Zensor Wilhelm Wachsmuth aus Leipzig getilgt zu werden. Heines Selbstzensur – unter Laubes Regie – ist gerade anhand der diversen Fassungen des »Atta Troll« akribisch nachgewiesen. Wer darüber – wie über sein häufiges Übernehmen honorarverlockender Aufträge – die reine Stirn der widerständigen Unschuld runzelt, möge sich zum einen erinnern, wie viele Werke der Kunst – von Velasquez' »Las Meninas« bis zu Picassos »Guernica« – Auftragsarbeiten waren, wie häufig in der Geschichte der Literatur Künstler nachgaben: bis auf den heutigen Tag. Sie beugten und beugen sich dem Ukas des Herrschers, dem Begehr und Geldbeutel des Mäzens oder der Einschaltquote – mutig-feige, wie Wolf Biermann es einmal nannte. Der Markt ist nicht immer der Platz des forensischen Diskurses, er ist oft auch der Ort, da das Geld abgewogen wird. Man möge sich zum anderen darauf besinnen, wie selbstverständlich etwa der so gerne auf einen blank geputzten Sockel gehievte Schiller Geschäft und Geld mischte; in einem Nachruf-Aufsatz auf die verdienstvolle Mitherausgeberin der Schiller-Nationalausgabe, Lieselotte Blumenthal, kann man lesen: »Es ging um ein Geschäft, und da lieferte er Routinearbeit, das heißt: Er strich ganze Szenen und kürzte Monologe, Erzählungen, Gespräche bis aufs notwendigste. Außerdem fragte er ... vorher ... an, was er ... berücksichtigen müsse: Hatten die Schauspieler nicht gelernt, Jamben zu sprechen, lieferte er eine Prosafassung; befürchtete man das Aufführungsverbot der Zensur, verschwand der Großinquisitor, und bestand das Publikum zumeist aus Katholiken, wurde Domingo in einen Staatssekretär Perez verwandelt. ... Das Spektakelstück verlangte den sichtbaren Tod des Helden auf der Bühne, und so mußte Karlos sich in Riga erdolchen. Schiller schrieb, was gewünscht wurde, und jede Bühne erhielt, was sie wert war. Aber er tat es beim ›Don Karlos‹ zum letzten Mal ... «.

Es zählt, was bleibt. Vom »Atta Troll« bleibt genug. Die wenigen Seiten der nur scheinbar possierlichen Fabel vom Tanzbär und seiner schwarzen Mumma sind ein Pandämonium, das in Spruchweisheit, Klage, Erkenntnis und Lächelweisheit die Elemente von Heines Lebenssumme vorführt: ob die Warnung »Traut nur keinem Unthier, welches Hosen trägt«, oder die vorgetäuschte Ungläubigkeit »Ja, sogar die Juden sollen / Volles Bürgerrecht genießen / Und gesetzlich gleichgestellt seyn / Allen andern Säugethieren«; ob die Beschwerde über die »schlechtgelecksten Tölpeln / [...] in der theuren Heimath« oder der kokette Seufzer »Liebeswahnsinn! Pleonasmus! / Liebe ist ja schon ein Wahnsinn!« oder der nasenstübernde, aber auch ungerechte Ausfall Schlenker gegen die gesamte schwäbische Dichterschule,

> Sittlichkeit ist unsre Muse
> Und sie trägt vom dicksten Leder
> Unterhosen [...]

Heine ist in diesem »Sommernachtstraum« viele in einem: Oberon *und* Titania, Theseus *und* Hippolyta, aber auch Schnock *und* Zettel *und* Flaut, die Elfe Droll *und* der

Kesselflicker Schnauz; nur eines ist er nicht: übersetzt von Schlegel. Er hat sich den Zottelpelz des Tanzbären übergezogen. Doch als der Tanz aus ist, schlüpft er aus dem Kostüm, eine der vielen geliehenen Häute, zugleich Teil seines Selbst und Objekt seiner Demonstrationsgeste:

> Atta Troll, Tendenzbär; sittlich
> Religiös; als Gatte brünstig:
> Durch Verführtseyn von dem Zeitgeist,
> Waldursprünglich Sanskülotte;
>
> Sehr schlecht tanzend, doch Gesinnung
> Tragend in der zott'gen Hochbrust;
> Manchmal auch gestunken habend;
> Kein Talent, doch ein Charakter!

Das ist der Romantiker Heine. Was der Kritiker Albert von Schirnding in einer seiner klug-sondierenden Überlegungen über Thomas Mann schrieb – »Schein ist nicht nur Lug und Trug, bedeutet mehr als das Gegenteil von Sein … meint auch Erscheinung« –, trifft in erhöhtem Maße auf Heinrich Heine zu. Nicht die dingdichte Exaktheit seiner Wirklichkeitsspiegelung, sondern die Vorspiegelung macht seine Texte durchsichtig. Er ist nicht identisch mit dem, was er sagt. Er ist nur identisch mit sich. Es sei noch einmal betont: Dieses Ich ist immer ein anderer. Kein leerer Kopf, der sein volles Herz vorschützt.

So hat einer der kenntnisreichsten Romantik-Forscher, Gerhard Schneider, gewiß nicht unabsichtlich auf diese Geste des Demonstrierens hingewiesen, die dem Künstler eigen ist; von Goethe bis Thomas Mann. Schneider führt den Goethe-

Satz: »Von den interessierten Personen habe sich der eine gerettet, um die Geschichte erzählen zu können, man wüßte sonst nichts von ihr« ins Feld, ironische Antwort auf die Frage nach dem Wahrheitsgehalt des »Werther«, und im selben Zusammenhang zitiert er Thomas Manns hoch-heiklen »Ehe«-Aufsatz als Distanzvermessung zwischen der Abkehr des Senators Buddenbrook von der Idee der Familie und der eigenen Heirat. Die komplizierte Dialektik, die zum Umschlag des sozialen Kältegefühls in private Erhitzung führt, läßt sich von Eichendorffs Gefühl, daß keiner Zeit habe zu lesen, zu denken, zu beten, bis zu Friedrich Schlegels damals höchst anstößiger »Lucinde« verfolgen: »Ich genoß nicht bloß, sondern ich fühlte und genoß auch den Genuß«; Einsamkeitsratio, die alle naive Emotion überdeckt. In seiner Studie zu Clemens Brentano kommt Schneider zu einem Schluß, der ohne Not auch auf Heine übertragbar ist:

»Bürgerliches Freiheitspathos verkehrte sich in den Kult des Einzigen und seines Eigentums; eine von Haus aus soziale Fragestellung verflüchtigte sich in die Existenzproblematik deklassierter Intellektueller. [...] In diesem Spannungsfeld entstanden die romantischen Ansichten von Liebe, Ehe und weiblicher Bestimmung. Ausgangsort bildet eine individualistische Ethik, die dem Menschen als höchste Aufgabe die Bewahrung und Entwicklung seiner Individualität zuweist, des innerlich Charakteristischen, vermöge dessen er eine eigne Darstellung der Menschheit sei [...]. Diese Apotheose der Liebe ist, ebenso wie die romantische Apotheose der Kunst, eine zwielichtige Angelegenheit.«

So ganz ohne Not indes können wir Heine doch nicht in diese Romantische Schule zurückschicken; er ist ihr ja entlaufen. Seinen Abschiedsbrief hatte er schon 1833 mit seiner

»Romantischen Schule« geschrieben. An dieses kurze Pamphlet ist durchaus bei der Betrachtung sowohl der Börne-»Denkschrift« als auch des »Atta Troll«-Poems zu erinnern: es formuliert bereits den ganz eigenen Widerspruch, den die Romantiker gegenüber Heines Existenz und Kunst verkörpern. Er wirft ihnen ihre Abkehr von der Gegenwart vor – und lobt zugleich Achim von Arnims und Clemens Brentanos Volkslieder-Sammlung »Des Knaben Wunderhorn«; er zaust Ludwig Tiecks weiches Waldhorn und das auf weißem Zelter vorüberjagende schöne Fräulein mit wehenden Federn auf dem Barett – und sieht zugleich in ihm einen honetten, nüchternen Spießbürger, seine Grämlichkeit als »Zeichen unserer politischen Unfreyheit«; er attestiert den Dichtungen des Novalis, ihr Rosenschein sei nicht die Farbe der Gesundheit, und der Purpurglut in E.T.A. Hoffmanns Phantasiestükken, sie habe nicht die Flamme des Genies, sondern die des Fiebers – aber er fügt hinzu: »Oder ist die Poesie vielleicht selbst eine Krankheit des Menschen, wie die Perle eigentlich nur der Krankheitsstoff ist, woran das arme Austerthier leidet?«; Justinus Kerners Wort von der »Poesie: Denn keine Politik sie kennt« zitiert er zwar nicht – doch er kannte es, er schmähte es, um es selber, schöner, niederzuschreiben.

Heines Überwinden der Romantik ist seine Modernität. Er ist nicht mehr Kunstrichter oder Dichter oder Prosaschriftsteller oder Journalist – sein Gedicht ist sein Journal, sein Kunstrichtertum ist exzessiv subjektiv, seine Prosa personalisiert. Er will nicht professoral sein noch philosophisch noch philologisch: er will das alles in einem sein. Sein Ton scheut das Urbane nicht und nicht das Unterhaltsame – ein Schriftsteller mit Geschmacksurteil als Literaturkritiker, kein Rezensent. Heine ist der Vorläufer der Alfred Kerr, Karl Kraus und Kurt Tucholsky. Er mengt das Politische ins Ästhetische, das Moralische ins Persönliche. Damit sprengt er das gesellschaftliche Kategoriensystem; denn er beurteilt die Gesellschaft, aber steht außerhalb von ihr. Verblüffend zumal sein Einspruch gegen Ludwig Uhland; den Zeilen

> Willkommen, Königstöchterlein!
> Ein Geisterlaut herunterscholl,
> Ade! du Schäfer mein!

des für ihn schönsten Gedichts bescheinigt er nun »komisches Pathos« – nicht nur, weil seine Musik im Widerklang erschalle zum Sturmschritt der Nationalgarde, sondern weil es für ihn »eine weit schmerzlichere Liebe giebt [...] In der That, schmerzlicher ist es, wenn der geliebte Gegenstand Tag und Nacht in unseren Armen liegt, aber durch beständigen Widerspruch und blödsinnige Caprizen uns Tag und Nacht verleidet [...] Ja, schmerzlicher als der Verlust durch den Tod ist der Verlust durch das Leben, z. B. wenn die Geliebte, aus wahnsinniger Leichtfertigkeit, sich von uns abwendet, wenn sie durchaus auf einen Ball gehen will, wohin kein ordentlicher Mensch sie begleiten kann, und wenn sie dann ganz aberwitzig bunt geputzt und trotzig frisirt, dem ersten besten Lump den Arm reicht und uns den Rücken kehrt [...]«.

Der Romantiker Heinrich Heine ist Mathematiker. Er will die Quadratur des Kreises: er will Heimat sagen dürfen, ohne national zu sein; er will die ballsüchtig protzig frisierte Mathilde einen »Gegenstand« nennen dürfen und sie dennoch lieben; er will sie alle höhnen, die Brentano und Tieck und Schlegel und Görres und Arnim und Eichendorff, auch Uhland (und Börne sowieso) – und sie dennoch beerben. Er gehört nicht zu ihnen, sie gehören ihm. Er ist das Kaleidoskop, das die tausend farbigen Scherben selber je nach Belieben und Bedarf zum gewünschten Bilde fügt; und ritzt ihn einer der Splitter, dann macht er aus den Blutstropfen die Tinte für seine schönsten Verse.

Dieselben Splitter aber konnte er auch in den Federhalter des politischen Journalisten stecken. Am 25. Februar 1840 hatte Heine die insgesamt 82 Artikel seiner Paris-Berichterstattung für die »Allgemeine Zeitung« mit einer Hymne auf Louis Philippe, »eine der edelsten und kostbarsten Blüthen, die dem Boden Frankreichs entsprossen sind«, begonnen. Diese journalistische Arbeit, oft unterbrochen und immer wieder zurückgedrängt zugunsten literarischer Projekte wie »Der Rabbi von Bacherach« oder »Atta Troll«, das Börne-Buch oder »Deutschland. Ein Wintermärchen«, zuweilen beklagt als »Strudel […], zu groß […] als daß ich poetisch frey arbeiten konnte«, erstreckt sich bis ins Jahr 1848; ab April 1840 übrigens signiert er mit dem sechszackigen Stern, der zu diesem Zeitpunkt wohl kein antisemitisches Symbol, sondern aufgrund der sich gegenseitig durchdringenden Dreiecke Zeichen einer Symbiose des Geistes und des Sinnlichen war. Das bis auf den heutigen Tag so beharrlich repetierte Urteil über den genialen Journalisten Heine decken die Artikel jedoch nicht ab; als Journalist ist Börne gewiß der Bedeutendere. Die Genialität Heines liegt darin, daß er sich nicht scheute, Kratzer und Schründe des Alltäglichen in seine Literatur einzuschmelzen. Die Artikel selber sind mal schmunzelnde Beobachtungen, mal dahingeplauderte Erwägungen zum Pariser gesellschaftlichen Leben, wobei sie auch dem Klatsch etwa über Liebesaffären des Kronprinzen nicht ausweichen; sie sind eher selten politische Urteile; sei es anläßlich der Rückführung von Napoleons sterblichen Überresten, sei es, und da am eindringlichsten, wenn sie die Angst vor einer Revolution ausdrücken. Der Artikel vom 30. April 1840 bemüht ein solches willentlich warnendes Bild voller Dramatik nach einem Besuch der Arbeiter-Ateliers im Faubourg Saint- Marceau:

»Dort entdeckte [ich], welche Lektüre unter den Ouvriers, dem kräftigsten Theile der unteren Classe, verbreitet wird. Dort fand ich nemlich mehre neue Ausgaben von den Reden des alten Robespierre, auch von Marats Pamphleten. [...] Schriften, die wie nach Blut rochen; – und Lieder hört ich singen, die in der Hölle gedichtet zu seyn schienen, und deren Refrains von der wildesten Aufregung zeugten. [...] Nichts als Leidenschaft und Flamme! Eine Frucht dieser Saat, droht aus Frankreichs Boden früh oder spät die Republik hervorzubrechen. Wir müssen, in der That, solcher Befürchtung Raum geben; [...] Nun aber wissen wir, daß in einer Republik der angedeuteten Art ein eifersüchtiger Gleichheitssinn herrscht, der alle ausgezeichneten Individualitäten immer zurückstößt, ja unmöglich macht, und daß also in Zeiten der Noth nur Gevatter Gerber und Wursthändler sich an die Spitze des Gemeinwesens stellen werden. Durch dieses Grundübel ihrer Natur müssen jene Republiken nothwendigerweise zu Grunde gehen.«

Das ist der Ton der Börne-Denkschrift; das ist Heines Position dieser Jahre. Sie erregte Anstoß im republikanischen Lager – und sie erregte Anstoß bei der preußischen Zensur. Wenn er auch die »rohen Tugendklötze« verabscheute, so ist schon der Satz: »Aus Haß gegen die Nazionalisten könnte ich schier die Communisten lieben« hochverdächtig. Der »Communismus« – von Heine keineswegs glorifiziert, eher argwöhnisch als gefährliche und kunstfeindliche Zukunftsvision beschrieben – wird zum Reizthema, dem einige seiner Artikel zum Opfer fallen müssen. Heines Prophetie einer sozialen Revolution bei gleichzeitiger Ablehnung der politischen ist für Preußen untragbar. Im Mai 1843 schickt ihm Redakteur Gustav Kolb einen der inkriminierten Artikel zurück: »*Unmöglich* darin ist die communistische Grundlage. Ist das Ihre Ueberzeugung, so werden Sie das nicht ändern wollen, obgleich Sie sonst den Republikanern nicht hold waren, während der Communismus über allen Republicanismus des National weit hinausgeht.«

Heine kannte den um ein Jahr jüngeren Sohn einer Stuttgarter Goldschmiedfamilie, Gustav Kolb, der 1825 wegen Geheimbündelei zu viereinhalb Jahren Festungshaft verurteilt worden war, seit den gemeinsamen Jahren in München; dort hatte der nach eineinhalb Jahren Haft auf dem Hohenasperg begnadigte Journalist bei Cotta Unterschlupf gefunden, anfangs als Korrektor, bis er schließlich zum Leiter der Augsburger »Allgemeine Zeitung« aufstieg. Volkmar Hansen nennt ihn den »einflußreichsten deutschen Journalisten seiner Zeit«: ein klassischer Liberaler, der sich dagegen zur Wehr setzte, von den Regierungen als Revolutionär und von den Radikalen als Serviler verschrien zu werden. Die Brief-Debatte mit Kolb zog sich über Jahre hin, noch im November 1844 bekennt Heine: »Nur ist der jetzige Communismus doch eine weit respektablere und imposantere Erscheinung als der damalige schale nachgeäffte Jakobinismus.«

In eben diese Zeit fällt die Bekanntschaft mit Karl Marx, der im Oktober 1843 in Paris eingetroffen war und dem Heine am 20. Dezember zum ersten Mal begegnete. Das ist genau vier Tage nach seiner Rückkehr aus Deutschland. Die vierwöchige Reise – in Hamburg wohnte er im Hotel »Alte Stadt London« und besuchte oft die Verwandten, am häufigsten anscheinend den Onkel Salomon – zeitigte ein wundervolles Resultat: »ein höchst humoristisches Reise-Epos [...] das Publikum wird mich in meiner wahren Gestalt sehen. Meine Gedichte, die neuen, sind ein ganz neues Genre, versifizirte Reisebilder, und werden eine höhere Politik athmen als die bekannten politischen Stänkerreime.«

Die 27 »Caput« benannten Strophen von »Deutschland. Ein Wintermärchen« gehören zum Schönsten aus Heines Feder; sie sind die perfekte Mischung all jener Elemente, die seine Dichtung auszeichnen – Klagelied und Frotzelei, gefälschte Daten und Wege, Rempelei gegen Zeitgenossen und Kampfgesang gegen die Zeit. Ein großer Dichter, knapp 50 Jahre alt und bereits mit einem schlimmen Augenleiden kämpfend, sieht nach fast eineinhalb Jahrzehnten die Heimat wieder. Seine Kunstfertigkeit ist nicht zu überbieten. Seine Trauer auch nicht.

Selbst die Mutter hatte Heine – der übrigens keineswegs »Im traurigen Monath November«, vielmehr am 21. Oktober 1843 um 18.00 Uhr Paris mit der Postkutsche in Richtung Lille verließ – über die exakte Reiseroute im unklaren gelassen; er fürchtete Repressalien, wenn nicht gar Inhaftierung. Von Brüssel aus nahm er auf der soeben eröffneten Bahnlinie den direkten Zug nach Köln; 1843 benutzten die belgischen Eisenbahnen schon fast drei Millionen Passagiere. Ob Heine den Zoll tatsächlich in Aachen oder doch erst bei der Ankunft »zu Cöllen« passiert hat, ist zumindest fraglich; jedenfalls konnte er bei einem laut Fahrplan nur 45minütigen Aufenthalt weder Aachen noch Carolus Magnus besichtigt haben: in bewährter Manier inszenierte Heine sich die Wirklichkeit, die er zugleich ironisch auf Distanz hielt. »Die Augen begunnen zu tropfen« ist ja infolge der altdeutschen Brechung des Wortes eher Hinweis darauf, daß nicht geweint wurde. So ist von den ersten Versen an das Deutschland-Poem auch eine Selbstparodie, eben ein kunstvoll mit Zitaten, Andeutungen und Zwinkereffekten spielendes Märchen. Winfried Woesler, der Herausgeber des Bandes innerhalb der Gesamtausgabe, vermutet bereits in der Zeile »Sie sang von Liebe und Liebesgram« eine Anregung durch Bürgers »Leonore«:

> Ach Kind, vergiß dein irdisch Leid
> Und denk' an Gott und Seligkeit,

im »Eyapopeya« die Anspielung auf den Beginn des durch Volksgut überlieferten Wiegengesangs und in den »Tempelkleinodien« eine Paraphrase der Apostelgeschichte. Was immer man näher betrachtet, ob den verhaßten Vogel auf dem Aachener Posthausschild – also den preußischen Adler –, das berühmte

> Die Flamme des Scheiterhaufens hat hier
> Bücher und Menschen verschlungen

(als Hinweis auf Hinrichtungen während der Verfolgung von Protestanten in Köln) oder sein Bild vom verteufelt schwarz emporragenden »Dom von Cöllen«, mit dem er den Weiterbau des Kölner Doms als Zeichen der verhaßten Verbindung von Thron und Altar bloßstellen will: Heines Vaterlands-Elegie ist nicht ein leichthin geträllertes Chanson, so musikantisch es sich auch lesen mag. Wenn er auf »lecker« hurtig reimt:

Doch schwerer liegen im Magen mir
Die Verse von Niklas Becker

dann muß man sich vergegenwärtigen, daß der Geilenkirchener Gerichtsschreiber Nikolaus Becker im September 1840 in der »Trierschen Zeitung« ein wütend-nationalistisches Gedicht »Der deutsche Rhein« veröffentlicht hatte, dessen rasche Popularität hundertfünfzig Komponisten dazu verführte, es zu vertonen:

Sie sollen ihn nicht haben
Den freien deutschen Rhein,
Ob sie wie gier'ge Raben
Sich heiser darnach schrei'n.

Und wenn gleich darauf vom »Gassenbub« – als der wurde ja auch Heine gescholten – Alfred de Musset die Rede geht, von seinen schlechten Witzen, dann ist es hilfreich, des französischen Dichters spöttische »Réponse« auf die hohen Dome zu kennen, die sich im deutschen Strome spiegeln:

Qu'il coule en paix, votre Rhin allemand,
Que vos cathédrales gothiques
S'y reflètent modestement,
Mais craignez que vos airs bachiques
Ne reveillent les morts de leur repos sanglant.

Das Deutschland-Poem ist ein kleines Wunderwerk, mal Gassenhauer-gerissene Reime wagend wie »Schenkte mir freundlich den Punsch ein« auf »Mondschein« oder »Des vaterländischen Pfühles« auf »Nacht des Exiles« oder »Preußisch« auf »Beyschais'« – mal zum hohen Ton prophetischer Drohung ansetzend:

> Ich bin kein Schaaf, ich bin kein Hund,
> Kein Hofrath und kein Schellfisch –
> Ich bin ein Wolf geblieben, mein Herz
> Und meine Zähne sind wölfisch.

Heine mag wohl recht gehabt haben, wenn er Campe gegenüber bemerkt: »Hab auch auf meiner Reise mancherley Verse gemacht, die mir mit größerer Leichtigkeit gelingen, wenn ich deutsche Luft athme.« Doch man täusche sich nicht: die Linien, auf denen die Noten zu der heiter-frivolen Musik tanzen, sind im Zorn gezogen. Das ließe sich Vers für Vers belegen; so ist der Dank an jenen Cherusker, über den der junge Heine einst in Berlin so eifervoll referierte:

> Gottlob! Der Hermann gewann die Schlacht,
> [...]
> Und wir sind Deutsche geblieben!

giftige Perfidie. Sie ist gemünzt auf das Hermannsdenkmal auf der Grotenburg im Teutoburger Wald, zu dessen Einweihungsfest zweihundertfünfzig Sänger die beiden neu geschriebenen Strophen schmetterten, die Ernst Moritz Arndt seinem 1813 geschriebenen Gedicht »Des Deutschen Vaterland« hinzugefügt hatte:

> Das ganze Deutschland soll es sein!
> Das sei der Ruf, der Klang, der Schein,
> Der junge und der alte Schluß,

Der Blücher, der Arminius!
Das soll es sein!
Das ganze Deutschland soll es sein!

Das ganze Deutschland soll es sein!
So klingt's vom Belt bis über'n Rhein.
Der Römer sank, der Römling sinkt,
Wo Stahl in deutschen Fäusten blinkt.

Heines Poem ist ein Mäander; Bedeutungen, Stimmungen, Attacken und Melancholie sind so verzwickt ineinandergehakt, daß sich der Leser zwischen Witz und Wut, Munterkeit und Misanthropie verlaufen kann. Immer noch und noch einmal rächt sich Heine an einem Antisemiten, der nur in Form von » ... « auftaucht (die Heine-Forschung vermutet dahinter den Hamburger Kritiker Christian Friedrich Wurm); jedenfalls vermerkt Heine diesen als einen, »der mich aufs gemeinste, nemlich von Seiten der Geburt, angriff«. Neu hingegen ist seine Erbitterung über den verlöschenden Impuls der bürgerlichen Revolution in Frankreich:

Sie philosophiren und sprechen jetzt
Von Kant, von Fichte und Hegel,
Sie rauchen Tabak, sie trinken Bier,
Und manche schieben auch Kegel.

Sie werden Philister ganz wie wir
Und treiben es endlich noch ärger;
Sie sind keine Voltairianer mehr,
Sie werden Hengstenberger.

Tiefer Abscheu: der Berliner Theologieprofessor Ernst Wilhelm Hengstenberg ist Synonym für die protestantische Restauration. Tieferer Abscheu: der deutsche Zukunftsdunst, »ich konnt es nicht länger ertragen« – Heine wendet sich von Deutschland voller Grausen ab. Das Märchen gerinnt zum Alptraum. Das Gedicht wird zum Epitaph. Heinrich Heine wußte genau, was ihm da gelungen war: »Es ist ein gereimtes Gedicht, welches [...] die ganze Gährung unserer deutschen Gegenwart, in der keksten, persönlichsten Weise ausspricht. Es ist politisch romantisch und wird der prosaisch bombastischen Tendenzpoesie hoffentlich den Todesstoß geben.« Selbst der äußeren Erscheinung nach scheint da ein anderer Heine durch Hamburg zu spazieren; ein Zeitgenosse verwundert sich: »Er mag sich verändert haben, ich stellte mir Heine als einen Elegant vor. Das ist er nicht. Er hat Embonpoint, trägt keine Strippen unten an den Beinkleidern, keine Vatermörder, noch Manschetten, noch Handschuh; sein Gesicht ist rot, glattrasiert, die linke Seite partiell gelähmt, namentlich das Auge. Nur der Mund hat auf beiden Winkeln das satirisch-diabolisch-gemütliche Lächeln.«

Im Oktober 1844 erscheint das Buch in einer Auflage von 2050 Exemplaren. Noch im selben Monat wird es in Preußen verboten, vier Wochen später in Frankfurt und Bayern, im Dezember in Württemberg und Hannover. Friedrich Wilhelm IV. ordnet an, Heine beim Überschreiten der preußischen Grenze zu verhaften. Im selben Monat wird Heine Mitglied der Pariser Freimaurerloge »Trinosophes«. Vierzehn Tage zuvor hatte ihn eine andere Loge in Anspruch genommen: Friedrich Engels schreibt in der »New Moral World« am 13. Dezember 1844 in einem Artikel über den »Rapid Progress of Communism in Germany«: »Henry Heine, the most eminent of all living German poets, has joined our ranks.« Stimmt das?

Die Beziehung zwischen Heinrich Heine und Karl Marx war komplex und widerläufig. Sie ist oft – aus erkenntnisfälschendem Interesse – als gradlinig dargestellt worden, so, als habe der um zwanzig Jahre ältere berühmte Dichter ein Schüler-Verhältnis zu dem noch weithin unbekannten Emigranten unterhalten. Das ist falsch. Die Verbindung war freundschaftlich, aber sehr kurz. Es ist nur ein einziger Brief von Heine an Marx erhalten, mit dem er ihm für den »Vorwärts« das soeben fertiggestellte »Wintermärchen« anbietet – das dort auch in neun Folgen vorab erschien, nachdem das Blatt bereits einige Heine-Gedichte gedruckt hatte. Es war übrigens der marxistische Literaturforscher Franz Mehring, der – 1911 – jeglichen Einfluß von Marx auf das Poem negierte, weil nichts darin stehe, was nicht längst in Heine angelegt gewesen sei. Nach den – nicht allzu zahlreichen – zuverlässigen Zeugnissen hat Heine während der Pariser Zeit gerne im Marxschen Hause verkehrt, soll sich gar der weinenden Tochter angenommen, jedenfalls mit Marx angelegentlich disputiert haben – nicht über dessen Theorien, sondern über die eigenen Gedichte. Darüber berichtet Marx' Tochter Eleanor, genannt Tussy:

»Es gab eine Zeit, wo Heine tagaus tagein bei Marxens vorsprach, um ihnen seine Verse vorzulesen und das Urteil der beiden jungen Leute einzuholen. Ein Gedichtchen von acht Zeilen konnten Heine und Marx zusammen unzählige Male durchgehen, beständig das eine oder das andere Wort diskutierend und so lange arbeitend und feilend, bis alles glatt und jede Spur von Arbeit und Feile aus dem Gedicht beseitigt war. Dabei hieß es aber sehr geduldig sein, denn Heine war krankhaft empfindlich für jede Kritik. Er kam mitunter buchstäblich weinend zu Marx, weil irgend ein obskurer Literat in einem Blatt ihn angegriffen. Marx wußte sich dann nicht anders zu helfen, als ihn zu seiner Frau zu schicken, deren Witz und Liebenswürdigkeit den verzweifelten Poeten bald zur Raison brachte.«

Marx muß nicht nur sehr viel humorvolle Geduld mit seinem empfindsamen Gast gehabt, er muß ihn auch sehr gemocht haben; sein Wort von den Dichtern, die sonderbare Käuze und deswegen nicht mit dem Maßstab gewöhnlicher Menschen zu messen seien, auch nicht mit dem ungewöhnlicher, ist viel zitiert. Bei seiner Ausweisung aus Paris wollte er ihn am liebsten »miteinpacken«.

Tatsächlich war am 12. September 1844 der königliche Befehl wiederholt worden, die Mitarbeiter des »Vorwärts«, Marx, Ruge und Heine, seien bei Betreten preußischen Bodens zu arretieren, ihre Papiere zu beschlagnahmen; der preußische Gesandte Heinrich Friedrich von Arnim intervenierte beim Minister Guizot in Paris, das Blatt »wegen der empörenden Schmähungen auf des Königs Majestät« zu verbieten. Der »Vorwärts«, am 1. Januar 1844 erschienen, wurde in Frankreich im Dezember verboten, sein Herausgeber Bernays zu Gefängnis verurteilt, Marx ausgewiesen. Heine konnte bleiben, da er laut Gesetz vom Oktober 1814 – es betraf alle zwischen 1791 und 1801 in Düsseldorf Geborenen – als ehemaliger französischer Untertan galt; berechtigt zum unbeschränkten Aufenthalt in Frankreich. Dennoch fürchtete er durchaus seine Verhaftung. In jenem Brief an Marx vom 21. September 1844 – unterschrieben mit »herzinnigst« – klagt er:

»[...] ich habe nicht Lust auf mich fahnden zu lassen, meine

Beine haben kein Talent eiserne Ringe zu tragen, wie Weitling sie trug. Er zeigte mir die Spuren. Man vermuthet bei mir größere Theilname am Vorwärts als ich mich deren rühmen kann, und ehrlich gestanden das Blatt beurkundet die größte Meisterschaft im Aufreitzen und Compromittiren.«

Das klingt nach Kumpanei. Nach Solidarität klingt es nicht. Zumal Heine verdrossen war über einen illegalen Nachdruck des »Wintermärchens«, den Heinrich Börnstein mit der fingierten Verlagsangabe »New York 1845« veranstaltet hatte; der Druckvermerk »Printed by Paul Renouard, 5 Garancière-street« indes war Hinweis genug: 5, rue Garancière war die Adresse der »Vorwärts«-Druckerei.

Gewiß gab es geistige Einflüsse. Es scheint jedoch, als seien sie stärker von Heine auf Marx ausgeübt worden als umgekehrt. Zahlreiche indirekte Zitate und direkte Anspielungen in den Marxschen Frühschriften – etwa in »Zur Kritik der Hegelschen Rechtsphilosophie« – finden sich als Gedankenblitze bei Heine: ob die zur Religionskritik oder die vom Philosophen, in dessen Hirn die Revolution beginnt. Wie eng diese Verflechtung ist, zeigt die Ähnlichkeit des »Eyapopeya vom Himmel«, womit man das Volk »einlullet« aus »Caput I« des »Wintermärchen«, mit dem Satz von Marx aus der Einleitung zu »Zur Kritik der Hegelschen Rechtsphilosophie«: »Die Kritik der Religion endet mit der Lehre, daß der *Mensch das höchste Wesen für den Menschen* sei, also mit dem *kategorischen* Imperativ, alle Verhältnisse umzuwerfen, in denen der Mensch ein erniedrigtes, ein geknechtetes, ein verlassenes, ein verächtliches Wesen ist, [...].«

Das aber ist wiederum ein fast wörtliches Zitat aus Heines »Zur Geschichte der Religion und Philosophie in Deutschland« aus dem Jahre 1834. Marx war ein gigantischer Verwerter, ein Papier produzierender Papierverschlinger, einer, der sich zeitlebens bewußt war, auf den Schultern der Vorgeborenen zu stehen. Offensichtlich war er stolz, Heine als Mitarbeiter zu haben; er versuchte immer wieder, Texte von ihm zu erhalten – so im Januar 1845 für die »Rheinischen Jahrbücher« –, er benutzte die Verbindung auch, um dem Verleger Campe eigene Bücher zu empfehlen. Ob Heine »Die Heilige Familie«, die Marx ihm schickte – seit Februar 1845 lebte er in Brüssel – gelesen hat, läßt sich so wenig nachweisen wie irgendeine andere Marx-Lektüre. Nachweisen aber läßt sich, daß Heine sich nicht vereinnahmen lassen wollte. Der Brief an Marx ist ausreichende Distanzvermessung. Auch »Deutschland. Ein Wintermärchen« wollte er nicht nur im Einzugsbereich des vorabdruckenden »Vorwärts« sehen, klüglich versandte er Kritikerexemplare an liberale Journalisten wie Heinrich Laube, Redakteur der »Zeitung für die elegante Welt«, Georg Schirges, Redakteur des »Telegraph für Deutschland« oder August Lewald, Herausgeber der »Europa«. Ludwig Marcuse hat das Verhältnis auf die knappe Formel gebracht:

»Von dem Moment der Bekanntschaft an ist Marx sehr hinter dem Dichter her, [...]. Es kann aber aus dieser Aktivität nicht gefolgert werden, daß Marx sich mit Heine mehr identifizierte als mit irgendeinem der radikalen deutschen Liberalen, [...]. Es sieht so aus, als ob Heines Anteil an dieser Verbindung darin bestand, sich umwerben und gebrauchen zu lassen. [...] Heine hatte sich weder den Reihen von Marx und Engels angeschlossen (es gab damals gar keine solche Reihen) noch Sozialismus gepredigt. [...] Heine schenkte diesen Männern nicht die Aufmerksamkeit, mit der sie ihn bedachten. [...] In Marx bewunderte Heine die von ihm vorausgesagte

Konsequenz der Philosophie des deutschen Idealismus – mit schlimmen Vorahnungen. Heine war pessimistisch – auf kurze Sicht; er glaubte, die nahe Zukunft werde eine Anarchie, ein Trümmerfeld sein. [...] In Heine bewunderte Marx die kriegerische Musik, den Witz, den Charme und die bisweilen radikal formulierte Einsicht, daß nicht das Politische, sondern das Ökonomische der Hebel ist, der die Bewegung lenkt. Marx hatte für Heine eine Schwäche – [...].«

Heine selber hat es in seinen »Geständnissen« noch genauer gekennzeichnet, wenn er Marx – »Indes ist der Mensch bei alledem wenig, wenn er nichts als ein Scheermesser ist« – seinen »noch viel verstocktern Freund« nennt; verglichen mit dem »Thürhüter der Hegelschen Schule«, dem grimmen Ruge, dessen »fürchterliche Todtschlagblätter, die Hallischen Jahrbücher«, er nie gelesen habe. In diesen »Geständnissen« formuliert er die radikalste Absage an »diese gottlosen Selbstgötter« – und zwar in zwei Varianten. Die »Geständnisse« sind 1854 französisch, im Oktober 1854 deutsch und 1855 noch einmal in der definitiven Buchfassung französisch erschienen. Sie basieren auf Notizen des Jahres 1844. Sie stellen ein wahres Gemetzel dar an der »rohen Masse«, dem »Pöbel«, dem »täppischen Souverain«, vor dessen Regierungsantritt der Dichter »ein unheimliches Grauen« empfinde. Heine verwahrt sich – und warnt – emphatisch vor den »fanatischen Mönchen des Atheismus, Großinquisitoren des Unglaubens«, deren Doktrinen noch legitim gewesen sein mögen, solange sie »Geheimgut einer Aristokratie von Geistreichen« gewesen seien – »so lange gehörte auch ich zu den leichtsinnigen Esprits-Forts«. Dann aber folgt die Angst-Parole: »Diese Cohorten der Zerstörung, diese Sapeure, deren Axt das ganze gesellschaftliche Gebäude bedroht, sind den Gleichmachern und Umwälzern in anderen Ländern unendlich überlegen, wegen der schrecklichen Consequenz ihrer Doktrin; denn in dem Wahnsinn, der sie antreibt, ist, wie Polonius sagen würde, Methode.«

Das möge, wer will – und wer das Epitheton »schrecklich« beim Wort »Consequenz« überlesen will – noch als Ausrufen einer herbeihalluzinierten Zukunft mißverstehen. Doch schließt die französische Version zwei Sätze an, die in der deutschen fehlen, und die sind kaum noch mißzuverstehen:

»Les chefs plus ou moins occultes des communistes allemands sont de grands logiciens dont les plus forts sont sortis de l'école de Hegel, et ils sont sans nul doute les têtes les plus capables et les caractères les plus énergiques de l'Allemagne. Ces docteurs en révolution et leurs disciples impitoyablement déterminés sont les seuls hommes en Allemagne qui aient vie, et c'est à eux, je le crains, qu'appartient l'avenir.«

Als habe Heine die Mitwelt, die Nachwelt und seine Interpreten narren wollen, hat er diesen Passus auch noch verwischend redigiert: das »je le crains« – »ich fürchte« steht nur in der französischen Erstfassung, abgedruckt in der »Revue des Deux Mondes«. Es fehlt in der französischen Buchfassung. In der deutschen fehlt der ganze Absatz. Verwirrspiel Heine. Er ist Stimme und Echo zugleich und äfft mit verstellter Stimme den Klang des eigenen Echos nach, als sei es der Hall von Fremdem. Ein Raupenfallensteller. Schnappt die Falle nach seiner pelzigen Larve, entschlüpft er ihr schwerelos – ein vielfarbiger Schmetterling schwingt sich, allen davonflatternd, in die Lüfte, ungeheuer oben.

Doch da unten überstürzten sich die Ereignisse der Jahre 1844 bis 1845. Heine, der in Paris mit Friedrich Hebbel, Franz Liszt und Giacomo Meyerbeer engen Umgang pflegte, veröffentlichte in der revolutionär-demokratischen Zeitschrift »Vorwärts« so wichtige Gedichte wie »Die armen Weber« oder »Doktrin«; doch nicht nur das »Wintermärchen«, auch der Band »Neue Gedichte« wurde verboten: im Oktober 1844 in Preußen (das alle deutschen Bundesstaaten zur Beschlagnahme aufforderte), im selben Monat in Hamburg, Hessen, Hessen-Nassau, Braunschweig, Lübeck, Frankfurt am Main, im November in Württemberg, Bayern. Im Dezember bedeutete die Verurteilung des Redakteurs Bernays das Ende des »Vorwärts«. Im Juli 1844 war Heine, diesmal gemeinsam mit Mathilde, für einen zweiten Besuch nach Hamburg aufgebrochen, das sie allerdings – da sie sich mit den Verwandten nicht verstand – überstürzt nach drei Wochen floh. Die Herbstmonate in Hamburg – Heine traf am 16. Oktober 1844 wieder in Paris ein – galten wohl neben allerlei Nebensächlichkeiten, Theaterbesuchen und Verhandlungen mit Campe vor allem dem Applanieren seines Verhältnisses zum Onkel Salomon, mit dem er noch eine Woche vor Mathildes Abreise eine heftige Auseinandersetzung hatte. Einen Monat später schreibt er ihr nach Paris: »Je le vois souvent et il est enchanté de moi.« Doch einen Tag vor Heiligabend – ist Übervater Salomon tot. Am 29. Dezember liest Heines Schwester Charlotte Embden: »Dieser Mann spielt eine große Rolle in meiner Lebensgeschichte und soll unvergeßlich geschildert werden. Welch ein Herz! Welch ein Kopf! Ueber seine letzten Verfügungen bin ich längst ohne Besorgniß.«

Wie grausam Heine sich da irrte, erfuhr er 24 Stunden später. Da teilte ihm sein Vetter, Salomons Sohn Carl, mit, daß sein Legat lediglich auf den kläglichen Betrag von 8.000 Mark Banko festgesetzt sei. Die bot er an, für ihn zu verwalten. Zugleich setzte er die bisherige Jahresrente auf die Hälfte, nämlich 2.000 Francs herab. Heine wird schwerkrank vor enttäuschtem Zorn, er hatte fest mit einer fürstlichen Hinterlassenschaft des reichen Mannes gerechnet, mit einem von nun an sorgenfreien Leben. Jahrelang hatte er nicht nur Mathilde getröstet, sondern auch mit der Aussicht geprahlt, daß er eines Tages Millionär sein werde. »Ein kranker, arbeitsunfähiger Kopf«, so addiert er seine Unbill: »Mathilde, grimmige Privatfeinde, politische Verfolgung, noch allerley geheime Schäden, die täglich ausbrechen können und dabey kein Geld – das kann ich nicht aushalten.«

Irreale Memoiren und reale Bezüge

Heines letzter großer Kampf beginnt. Er setzt alle verfügbaren – und nicht verfügbaren – Waffen ein, Freunde, den Verleger. Er droht, intrigiert, bittet. Er sieht dies als seinen »Todeskampf«, in dem ihm alle Mittel recht sind, Gerichte, die Öffentlichkeit. »Ich will mein Recht, und müßte ich es mit meinem Tode besiegeln.«

Die Wunderwaffe in diesem Erbkrieg waren seine Memoiren – in dem an Mystifikationen reichen Leben Heines wohl die üppigste. Sowohl der Brief an die Schwester vom Dezember 1844 als auch der Bescheid des Vetters Carl, der Heine warnt, irgend etwas Abträgliches über den Onkel zu publizieren, sind voller Andeutungen. Heine selber hat sein Leben lang mit diesen Memoiren gedroht, getändelt, gefoppt, gelockt. Schon sein Göttinger Jugendfreund Eduard Wedekind berichtet von einem Gespräch im Juni 1824, in dem der Achtundzwanzigjährige ihm von der Arbeit an Memoiren erzählt habe: »[...] und sie sollen entweder nach meinem Tode herausgegeben werden oder noch bei meinem Leben, wenn ich so alt werde wie der alte Herr [Goethe]«; fünf Monate später beichtet Heine dem Berliner Freund Moses Moser, daß es »blutwenig« sei, was er »diesen Sommer geschrieben. Ein paar Bogen an den Memoiren. Verse gar keine. Am Rabbi wenig«.

Und noch vom sterbenden Heine weiß Alfred Meißner den Bericht zu geben, wie er auf ein Kästchen gezeigt, das auf einem Schrank gegenüber seinem Bett gestanden habe: »Sehn Sie dahin! dort liegen meine Memoiren, darin sammle ich seit

Jahren frazzenhafte Portraits, abschreckende Silhouetten. Manche wissen von dem Kästchen und zittern, daß ich es öffne und verhalten sich inzwischen in banger Erwartung still oder lassen wenigstens nur verstohlen durch nichtige Subjekte und literarische Handlanger den Krieg gegen mich führen. In diesem Kästchen liegt ein hoher, keineswegs der letzte meiner Triumphe.« Mit luziferischer Triumphgebärde soll Heine fast gefeixt haben über die aufgeblasenen Frösche, perfiden Schlangen und unausstehlichen Bandwürmer, Mißgeburten sogar, die er, der große Vertilger, gefangen, gepackt und in Spiritus aufbewahrt habe.

Nun gilt Meißner in der Heine-Literatur als nicht sehr zuverlässig. Aber auch die Mouche, die letzte Liebe des Erlöschenden, hat in ihren Aufzeichnungen »Heinrich Heine's letzte Tage« festgehalten: »Unzählige Male habe ich Heine getroffen, wie er große, weiße Papierblätter vor sich liegen hatte, und diese mit jenen markigen Schriftzügen bedeckte, deren Form allein schon die Kühnheit und Klarheit seiner Gedanken verriet. Mit fieberhafter Geschwindigkeit flog die Bleifeder dahin und wurde zwischen den abgemagerten Fingern des Kranken gleichsam zu einer tötlichen Waffe, mit welcher einem scheinbar fleckenlosen Rufe zu Leibe gegangen werden sollte. Eines Tages verstummte plötzlich das Geräusch der Feder, und es ertönte ein Lachen, aus dem gesättigte Rache sprach. Ich sah Heine an. ›Ich halte sie‹, rief er, ›weder tot noch lebendig können sie mir jetzt entschlüpfen. Wer es gewagt hat, sich an mir zu vergreifen, kann sich freuen, wenn er diese Zeilen liest! Heine stirbt nicht wie der erste Beste, und die Krallen des Tigers werden auch nach dem Tode des Tigers zerfleischen.‹«

Diese Memoiren – ein Besucher erinnert sich an Heines

Satz: »Ja, ich schreibe allerdings meine Memoiren«, ein anderer hat im Ohr: »Du hast Recht! Ich schreibe aber selbst nichts über meinen Lebenslauf. Selbstbiographien gleichen alten Weibern, die sich mit falschen Zähnen, künstlichen Haaren und geschminkten Wangen herausputzen« – diese ominösen Memoiren Heinrich Heines haben einen gewaltigen Nachteil: es gibt sie nicht, fast nicht. Ein Zeitzeuge bekundet, daß Heine ihm genau Auskunft gegeben habe, weshalb er *keine* Selbstbiographie schreibe, ein anderer, daß er sie aus religiösen und Familien-Rücksichten »theilweise verbrannt theils einer dritten Person anvertraut« habe, und der besonders dubiose Chronist Heinrich Heine gibt zu Protokoll: »Ich arbeite seit Jahren daran. Das Buch wird drei Bände haben, mindestens drei Bände. Einzelne Partien sind ganz fertig, aufs sorgsamste ausgearbeitet.«

Das Phantom-Geschoß blieb unauffindbar, das Mündungsfeuer, vor dem viele Feinde sich fürchteten, das die Familie schon bedrohlich aufblitzen sah und mit dem der Kanonier Heine Gegner, Verleger, Weggefährten blendete – war eine Riesenwunderkerze. Heine, der ja schon als Jüngling wußte, daß eines fernen Tages »grünverschleyerte, vornehme Engländerinnen« reichliche Trinkgelder verteilen würden, wenn man ihnen die Stube zeigte, worin er »das Licht der Welt erblickt«, hatte schon 1837 seinem Bruder Maximilian gegenüber geprotzt, daß sein wichtigstes Werk seine Memoiren seien, von denen ihm am liebsten wäre, wenn sie erst nach seinem Tode gedruckt würden. Aber schon hier nahm er die Drohgebärde zu Hilfe: es sei seine Geldnot, die es notwendig mache, »die Welt mit einem großen Scandal zu regaliren«. Fünfzehn Jahre später hingegen erklärte er dem anderen Bruder Gustav: »Hätte ich nur nicht voriges Jahr mich zu vorschnell mit dem Verbrennen des größten Theils meiner Papiere vergaloppirt.« Dieses Autodafé muß er zwei Jahre später schon vergessen haben, wenn er Jakob Dietrich Trittau wiederum von den vollendeten Memoiren berichtet.

Dieser Rauch ohne Feuer vernebelte Zeitgenossen wie Forschern die Augen. Alfred Meißner verdanken wir die Kolportage eines Besuchs bei Heines Witwe, die ihm in einem Wandschrank gelagerte große Foliobögen vorgewiesen hätte, in Meißners Schätzung 500 bis 600 Blatt: »›Sind das die Memoiren?‹, fragte ich in hoher Erregung. ›Es sind die Memoiren.‹« Diese Szene ist insofern einigermaßen diffus, als sie eine Mathilde Heine voraussetzt, die sich sehr genau im Werk, in den einzelnen Entstehungsphasen, gar in der Handschrift Heines auskennt. Tatsächlich aber war Mathilde schon in den Jahren ihres Zusammenlebens mit dem Dichter die Arbeit ihres Mannes fremd; zum einen, weil sie weder Deutsch sprach noch las, zum anderen, weil sie zu künstlerischem Schaffen, Gedicht wie Prosa, keinen Zugang hatte.

Das Gespenst ging um in Europa. Noch Heines erster Biograph Adolf Strodtmann rapportiert, daß ihm Heines Bruder Gustav im Juli 1861 bestätigt habe, im Besitz dreier Bände der »Memoiren« zu sein, die er aber mit Rücksicht auf noch lebende Personen nicht veröffentlichen wolle. Diese Memoiren – es gab sie nicht, und es gibt sie nicht; was es gibt, ist ein Fragment von wenigen Seiten. Heine hat seine Verwandtschaft mit einer Spielzeugpistole bedroht, ein Kidnapper ihrer Ehre, doch die vorgewiesene Sprengladung war eine Handvoll Knete. Unmittelbar nach dem Tode von Onkel Salomon, im Februar 1845, warnte er bedeutungsschwanger davor, er könnte mögliche Indiskretionen über ihn preisgeben. Irgend etwas »Ehrenrühriges« mußte da begraben liegen, denn sonst hätte sich wohl Vetter Carl schließlich nicht Heines Bedingungen gebeugt: gegen die Verpflichtung, nie eine Zeile zu schreiben, die seine Familie verletzen könnte, forderte Heine die legale Zusicherung, daß die jährliche Pension in der bisherigen Höhe von 4.800 Francs lebenslänglich weiter gezahlt werde: »Kann ich den Frieden mir sichern, so werde ich eben so zahm und lenksam seyn, wie ich wild und zähe bin wenn ich Krieg führen muß.«

Die Hand mit dem Handschuh, der keine Fingerabdrücke hinterläßt, ragte noch jahrelang aus dem Grab.

Ausgerechnet Henri Julia ist es, der in seinen Erinnerungen an Heinrich Heine dem Schicksal der Phantom-Memoiren genauestens nachgeht; Mathildes juristischer Berater und, wenn man bösen Zungen glauben darf, mehr als das. Jedenfalls ist ein mesquiner Brief von Marx an Engels vom September 1856 erhalten, der Verdächtigungen kolportiert:

»Über Heine habe ich allerlei Details erhalten, die Reinhardt meiner Frau in Paris erzählt. Darüber ausführlicher ein andermal. Nur das für jetzt, daß das

Sie aber schon um achte
Trank roten Wein und lachte

buchstäblich bei ihm eingetroffen. Seine Leiche stand noch im Sterbehaus – am Tag des Begräbnisses –, als der Zuhälter der Mathilde mit ihrer Engelsmilde schon vor der Tür stand und sie in der Tat abholte. Der brave Meißner, der so weichen Kuhmist apropos von Heine dem deutschen Publikum ums Maul geschmiert hat, hat bares Geld von der Mathilde erhalten, um dies Saumensch, das den armen Heine zu Tode gequält, zu verherrlichen.«

Das Licht, das »der Zuhälter« Henri Julia – von Mathilde nach Heines Tod beauftragt, das hinterlassene Material zu sichten – in die Angelegenheit bringt, ist schummrig; er beginnt seine Erklärungen mit dem Satz: »Um die Memoiren hatte sich nach und nach ein ganzer Sagenkreis gebildet«, um dann aber die Märchenfährte eher zu verwischen. Der Darstellung von Baron Gustav, Heines Bruder, daß er ihm die drei Bände wie einem Pfandleiher einen Pelz übergeben habe, widerspricht er einleuchtend; es gäbe weder Zeugen noch Zeugnisse für das Überlassen des Manuskripts, dieses »Geschäft« ergäbe auch keinen Sinn, da ja ein Schriftsteller eine gegen Geld weggegebene Arbeit mühelos noch einmal schreiben könne, von einem regulären Verkauf hätten Frau Heine und er, ihr Anwalt, Kenntnis haben müssen: »Es darf mit Sicherheit behauptet werden, daß bei Lebzeiten des Dichters kein derartiges Schriftstück verschenkt oder verkauft worden ist, und ebenso fest steht, daß es nicht durch Erbschaft in andere Hände fiel: denn Heinrich Heine hatte nur einen Erben, seine Frau. Frau Heine aber hat ihrem Schwager weder ein Manuskript verkauft noch geschenkt.«

Danach wird das Märchen zum Krimi. Der Vermutung des ersten Heine-Biographen Strodtmann, die Familie habe das geheimnisvolle Manuskript der österreichischen Regierung verkauft, tritt Julia in seinen Erinnerungen mit dem Abdruck bemerkenswerter Briefe Wiener Diplomaten entgegen. In der Tat gab es in den Jahren 1864 bis 1868 recht energische Bemühungen – mal schreibt ein Gesandtschaftssekretär, mal der kaiserliche Gesandte höchstselbst, mal ein Legationsrat – Heines Witwe mit dem Angebot von »10.000 Frank bar und eine[r] jährliche[n] Rente von 2.000 Frank« zum Verkauf der Memoiren zu bewegen: »Fürst Metternich wünscht mit Ihnen über die Vorschläge zu sprechen ... «; »Der österreichische Gesandte hat die Ehre; sich Frau Heine zu empfehlen ...«; »Ich bin von seiner Exzellenz, dem Minister, beauftragt, die Sache zu Ende zu bringen, da S. Majestät, unser gütiger Kaiser, Ihnen das geben will, was Sie verlangen.« Arme Mathilde. Sie mußte standfest bleiben, denn es gab ja gar keine Chance, schwach zu werden, unehrbar zu sein und nach dem süßen Solde zu greifen: sie hatte nichts zu verkaufen. Was man so dringlich zu erwerben trachtete, existierte nicht. Henri Julias Satz: »Frau Heine hat von der österreichischen Regierung weder die 10.000 Frank noch die Leibrente erhalten; sie hat nicht einen Centime bekommen« ist richtig; nur entspricht er nicht der Wahrheit – schwer, etwas zu verkaufen, was man nicht hat. Leichter war es, sich Ängste bezahlen zu lassen. Einen Monat nach Heines Tod geht ein Brief von Hamburg nach Paris:

»Madame!

Da Sie sich verpflichten, die unter Heinrichs Nachlaß befindlichen Familienmemoiren niemals zu veröffentlichen, – von dieser Bedingung, ich wiederhole es, würde ich zu keiner Zeit abgehen – so gereicht es mir zum größten Vergnügen, sofort die nötigen Schritte in Ihrem Interesse zu thun. [...] Ich eröffne Ihnen von heut an einen Credit bei den Herren, B. L. Fould und Fould Oppenheim, rue bergère No. 22; einen jährlichen Kredit von 2.400 Frank, zahlbar in zwei Raten von 1.200 Frank, jeden ersten Januar und ersten Juli [...].

Auch habe ich bereits die nötigen Verfügungen in meinem Testament getroffen. Sie meiner Ergebenheit versichernd, bin ich Carl Heine.«

Neun Jahre später, am 21. Juli 1865, erhielt Mathilde Heine von den Testamentsvollstreckern die Nachricht, daß der verstorbene Carl Heine qua letzten Willen ihre Bezüge auf 5.000 Francs jährlich erhöht habe. Glaube heißt Crédit, hatte der junge Harry einmal übersetzt. So kam es, daß 28 Jahre nach Heines Tod vergangen waren, als 1884 das eher blasse, keineswegs spektakuläre »Memoiren«-Fragment erschien – eine Nicht-Sensation von knapp 40 Druckseiten.

Doch noch lebt Heine. Er lebt sogar recht vergnügt, gequält allenfalls von dem sich verschlimmernden Augenleiden, über das er bei Varnhagen klagt, »ein ganz geschlossenes und ein bereits sich schließendes Auge«. Alexander Weill hat eine Gedächtnisskizze in Manetscher Manier gezeichnet, die diese Zeit recht heiter erscheinen läßt. Da erzählt er von den Sommern in Montmorency mit Théophile Gautier und Alphonse Royer, die beide gleich Heine, jeder mit einer Schönheit seiner Wahl, in wilder Ehe lebten. Amüsiert hält Weill fest, daß die drei Mätressen der drei Schriftsteller jährlich 6.000 bis 10.000 Francs ausgaben und zugleich nie einen Sou in der Tasche hatten, daß sie, in elegante Roben gekleidet, winters im Café Montmartre Kotelett à la Provençale oder zwei Dutzend Austern mit vielen Flaschen Sauterne genossen, danach Käse- und Eisdessert: »Welcher Übermut, welche Stimmung! Ein- oder zweimal nahm auch Balzac an einem solchen Essen mit dem nie fehlenden Kotelett à la Provençale teil – das Rezept dieses Gerichts kennen unsere heutigen großen Restaurants nicht mehr, ebensowenig wie Steinbutt mit Weinsauce, ein Lieblingsgang Heines und Gautiers. Bei großer Hitze trank man ein erfrischendes Gemisch aus Bier, Eis, Zitronensaft, viel Zucker und Orangen. Es schmeckte köstlich!«

Das mag etwas zu fröhlich-impressionistisch hingetupft sein. Hungern aber mußte der Dichter nicht. Er litt auch keine Not. »Aber verhungert bin ich nicht«, schreibt er dann auch in dem höchst eigenartigen Text »Retrospektive Aufklärung«, der einen besonders aparten Abschnitt in Heines Leben aufschlüsselt, was bei ihm stets heißt: auch verschlüsselt.

Beim Besuch von Vetter Carl im Februar 1847 in Paris versöhnte sich Heine mit ihm und der Erbschaftsstreit wurde endgültig beigelegt. »Mit Carl Heine bin ich ganz aufs Reine«, schreibt er an die Mutter. Bis dahin waren zumindest die vorangegangenen letzten beiden Jahre bestimmt von Fatalitäten. Zunächst einmal der Kampf um das Hamburger Erbe, das er immer wieder mit Drohgebärden herbeizupressen suchte. Gegen den immer »patziger und arroganter und beleidigender« werdenden Vetter Carl – »ich bin mit einem entsetzlichen Memoire beschäftigt« – setzte er wahre Armeen von Verbündeten ein: Alexander von Humboldt, Varnhagen, Lassalle, Meyerbeer, die er zu Verhandlungen, Besänftigungen oder Belagerungsverkündigungen bevollmächtigte. Heine trieb die Kriegslist ziemlich weit, indem er selber einen Schmähartikel gegen Heinrich Heine verfaßte, den er in die Presse lancieren und auf den er zugleich, etwa von Varnhagen, öffentlich antworten lassen wollte: »Ist dieser Artikel gedruckt, dann ist von Vermittlern alles zu erwarten.« Ein Dichter, derart von vermeintlichen Feinden bloßgestellt, der öffentlich geziehen wird, zu Unrecht in das Portefeuille des toten Onkels greifen zu wollen, und ein Dichter, der nicht nur in diesem Punkt von hochmögenden Freunden in Schutz genommen wird – der, so glaubte Heine, würde den Gegner in die Knie zwingen: »Ich ziele in Allem darauf hin, meinen Vetter zu einer *legalen Anerkennung* der Pension zudrängen, damit ich nicht mehr turmentirt werden kann […] Sie haben keinen Begriff davon, wie selbstquälerisch mein Gemüth ist, wenn es sich gedemüthigt sieht in sich selber. Nur an der Achtung Heinrich Heines liegt mir etwas, und ich habe demgemäß gelebt und gelitten; was ich bey der Welt gelte ist mir gleich.« Mit diesem Aplomb beschließt er, nicht ganz logisch, seinen Brief an Varnhagen, dem der Schmähartikel zum Weiterreichen an die »Kölnische Zeitung« beilag, mit dem Vorschlag, auch Lassalle möge dem dann Gebrandmarkten zu Hilfe eilen. Doch im selben Brief heißt es auch: »Mit meiner Gesundheit geht es leider täglich schlechter. Das Uebel lähmt mir die Lippen.«

Das ist mehr als eine Fatalität. Der knapp Fünfzigjährige war bereits schwer krank. Die Briefe an den hoch geschätzten Lassalle sind durchzogen von Klagen: »Ich bin so unglücklich und elend, wie ich es nie war, und ließe ich nicht ein hilfloses Weib zurück, so würde ich ruhig meinen Hut nehmen und der Welt Valet sagen.« Gelegentlich mischen sich die Fatalitäten – im selben Brief, in dem sich Heine bei Lassalle über Varnhagen beschwert, der selbstverständlich abgelehnt hat, an der üblen Intrige teilzunehmen, berichtet er von Lähmungen, von Gefühllosigkeit – aber: »Trotz meines elenden Körperzustandes such ich mich zu zerstreuen, nur nicht bei Weibern, die mir jetzt den Garaus geben könnten.«

Am selben Tag, dem 27. Februar 1846, bat er Balzac zum Diner, zwei Tage später Berlioz. Am 2. März heißt es im Brief an Campe: »[…] meine Krankheit […] hat seit 14 Tagen entsetzliche Fortschritte gemacht«. In diesem Frühjahr führte Heine ein reges gesellschaftliches Leben, gab Diners für zwölf Personen, war zu Gast bei Rothschilds, suchte im Sommer Linderung in Baguères-de-Bigorre, berichtete Campe, daß er während der Rückreise an Lähmungen, Behinderung beim Kauen und Schlucken, häufigen Ohnmachten gelitten habe. »Auch bin ich entsetzlich abgemagert. [...] Ich sehe aus wie ein dürrer einäugiger Hanibal. [...] Meine Meinung geht dahin, daß ich nicht mehr zu retten bin, daß ich aber vielleicht noch eine Weile, ein oder höchstens zwey Jahre, in einer trübseligen Agonie mich hinfristen kann.« Im selben Brief bittet er seinen Verleger, ihm alle seine Bücher zuzusenden, damit er die Gesamtausgabe vorbereiten könne.

Die ist eine weitere Fatalität: Heine rang keineswegs schon mit dem Tode, auch wenn er finster prophezeite: »und ich pfeife vielleicht auf dem letzten Loche«, übrigens am selben Tag, an dem er Friedrich Engels bei sich empfing, wie er ja auch kurz nach seinen erbarmungswürdigen Billetten an Campe Gäste bewirtete oder eine Verdi-Premiere besuchte. Heine rang mit seinem Verleger um eine Gesamtausgabe von 19 Bänden, und das bedeutete vor allem: um Geld. Er rang um sein Nachleben, und sei es, indem er mit seinem Tode winkte; »[...] es ist möglich daß mein Tod Ihnen eine sehr vorzügliche Reklame macht für meine Gesammtausgabe«, wußte er dem zögernden Verleger zu verheißen. Der Ruhm nach dem Tode war ihm sicher, das wußte Heinrich Heine; das Geld wollte er vorher.

Er verdiente Geld in diesen Jahren. Publikationen da und dort, Nachdrucke, Übersetzungen ins Französische, mal ein 1.000-Francs-Geschenk des versöhnungsbereiten Vetters, mal der mit James Rothschilds Hilfe eingetriebene Spekulationsgewinn an Eisenbahnaktien in Höhe von 20.000 Francs und mal das sehr beträchtliche 4.000-Francs-Honorar des Londoner Impresarios Lumley für das Ballett »Göttin Diana«; schließlich, nach »Friedensschluß«, die 4.800 Francs jährlich von Vetter Carl. Doch das waren nicht Heines eigentliche Einnahmen. Von der ohnehin ungeliebten Revolution von

1848 – am 24. Februar hatten die Aufständischen gesiegt, Louis-Philippe dankte ab, eine provisorische republikanische Regierung unter Alphonse de Lamartine wurde gebildet und am 26. Februar die République Française proklamiert – erfährt er nicht nur eine persönliche Lieblosigkeit. Nach Verschlechterung seines Gesundheitszustandes und einem Nervenzusammenbruch Mathildes lebte Heine seit Anfang Februar in der Heilanstalt Faultrier in der Rue Lourcine. Auf dem Rückweg zu seiner Wohnung geriet er in Straßenkämpfe, und seine Kutsche wurde zum Barrikadenbau verwendet. Eine Woche später veröffentlichte die »Revue Rétrospective« eine Liste der »Fonds secrets« des alten königlichen Außenministeriums, auf der peinlich genau die Namen und die Bezüge derer erfaßt waren, die von diesem Reptilienfonds heimlich bezahlt wurden. Ziemlich obenan stand der Name Heinrich Heine. Er hatte seit langer Zeit eine jährliche Apanage von 4.800 Francs erhalten, was etwa dem Jahresgehalt eines gut verdienenden Universitätsprofessors entsprach. Von wem zugesprochen, seit wann und wofür – das beschäftigte rasch die Öffentlichkeit.

Die Sensation war da. Nein, der Skandal. Mit Datum des 22. Aprils druckte die Augsburger »Allgemeine Zeitung« in ihrer Nummer vom 28. April einen nicht gezeichneten Pariser Korrespondentenbericht, der die wichtigsten Namen der Korruptionsliste aufführte – darunter die zahlreicher Gräfinnen, Prinzen und Fürsten und auch den Heines; vermerkt mit einer Fußnote: »wenn Heine solche Geldunterstützung erhielt, so geschah es wohl mehr für das was er nicht schrieb«. Die Antwort des Beschuldigten ließ nicht lange auf sich warten. In der Nummer vom 23. Mai 1848 konnte das deutsche Publikum seine »Erklärung« lesen:

»Die Revue Rétrospective erfreut seit einiger Zeit die republicanische Welt mit der Publication von Papieren aus den Archiven der vorigen Regierung, und unter andern veröffentlichte sie auch die Rechnungen des Ministeriums der auswärtigen Angelegenheiten während der Geschäftsführung Guizots. Der Umstand daß der Name des Unterzeichneten hier mit namhaften Summen angeführt war, lieferte einen weiten Spielraum für Verdächtigungen der gehässigsten Art, und perfide Zusammenstellungen, wozu keinerlei Berechtigung durch die Revue Rétrospective vorlag, diente einem Correspondenten der Allgem. Ztg. zur Folie einer Anklage, die unumwunden dahin lautet als habe das Ministerium Guizot für bestimmte Summen meine Feder erkauft um seine Regierungsacte zu vertheidigen. Die Redaction der Allgem. Ztg. begleitet jene Correspondenz mit einer Note, worin sie vielmehr die Meinung ausspricht daß ich nicht für das was ich schrieb jene Unterstützung empfangen haben möge, ›sondern für das was ich nicht schrieb‹. Die Redaction der Allgem. Ztg., die seit zwanzig Jahren nicht sowohl durch das was sie von mir druckte, als vielmehr durch das was sie nicht druckte* hinlänglich Gelegenheit hatte zu merken daß ich nicht der servile Schriftsteller bin der sich sein Stillschweigen bezahlen läßt – besagte Redaction hätte mich wohl mit jener levis nota verschonen können. Nicht dem Correspondenzartikel, sondern der Redactionsnote widme ich diese Zeilen, worin ich mich so bestimmt als möglich über mein Verhältnis zum Guizot'schen Ministerium erklären will. Höhere Interessen bestimmen mich dazu, nicht die kleinen Interessen der persön-

* Heine's Buch ›Pariser Briefe‹ ist eine Sammlung der von ihm in der Allg. Zeitung erschienenen Aufsätze.

lichen Sicherheit, nicht einmal die der Ehre. Meine Ehre ist nicht in der Hand des ersten besten Zeitungscorrespondenten; nicht das erste beste Tagesblatt ist ihr Tribunal; nur von den Assisen der Litteraturgeschichte kann ich gerichtet werden. Dann auch will ich nicht zugeben daß Großmuth als Furcht interpretirt und verunglimpft werde. Nein, die Unterstützung welche ich von dem Ministerium Guizot empfing, war kein Tribut; sie war eben nur eine Unterstützung, sie war – ich nenne die Sache bei ihrem Namen – das große Almosen welches das französische Volk an so viele Tausende von Fremden spendete, die sich durch ihren Eifer für die Sache der Revolution in ihrer Heimath mehr oder weniger glorreich compromittirt hatten und an dem gastlichen Herde Frankreichs eine Freistätte suchten. Ich nahm solche Hülfsgelder in Anspruch kurz nach jener Zeit als die bedauerlichen Bundestagsdecrete erschienen die mich, als den Chorführer eines sogenannten jungen Deutschlands, auch finanziell zu verderben suchten, indem sie nicht bloß meine vorhandenen Schriften, sondern auch alles was späterhin aus meiner Feder fließen würde, im voraus mit Interdict belegten, und mich solchermaßen meines Vermögens und meiner Erwerbsmittel beraubten, ohne Urtheil und Recht. Daß mir die Auszahlung der verlangten Hülfsgelder auf die Casse des Ministeriums der äußern Angelegenheiten und zwar auf die Pensionsfonds angewiesen wurde, die keiner öffentlichen Controle ausgesetzt, hatte zunächst seinen Grund in dem Umstand daß die andern Cassen dermalen zu sehr belastet gewesen. Vielleicht auch wollte die französische Regierung nicht ostensibel einen Mann unterstützen der den deutschen Gesandtschaften immer ein Dorn im Auge war, und dessen Ausweisung bei mancher Gelegenheit reclamirt worden. Wie dringend meine kö-

nigl. preußischen Freunde mit solchen Reclamationen die französische Regierung behelligen ist männiglich bekannt. Hr. Guizot verweigerte jedoch hartnäckig meine Ausweisung und zahlte mir jeden Monat meine Pension, regelmäßig, ohne Unterbrechung. Nie begehrte er dafür von mir den geringsten Dienst. Als ich ihm, bald nachdem er das Portefeuille der auswärtigen Angelegenheiten übernommen, meine Aufwartung machte, und ihm dafür dankte daß er mir trotz meiner radicalen Farbe die Fortsetzung meiner Pension notificieren ließ, antwortete er mit melancholischer Güte: ›Ich bin nicht der Mann der einem deutschen Dichter, welcher im Exile lebt, ein Stück Brod verweigern könnte.‹ Diese Worte sagte mir Hr. Guizot im November 1840, und es war das erste- und zugleich das letztemal in meinem Leben daß ich die Ehre hatte ihn zu sprechen. Ich habe der Redaction der Revue Rétrospective die Beweise geliefert welche die Wahrheit der obigen Erläuterungen beurkunden, und aus den authentischen Quellen die ihr zugänglich sind mag sie jetzt, wie es französischer Loyauté ziemt, sich über die Bedeutung und den Ursprung der in Rede stehenden Pension aussprechen.
Paris, den 15. Mai 1848.

Heinrich Heine«

Eine typische Heine-Antwort. Sie ließ fast alle Fragen offen: von wem, ab wann, wofür.

Die »bedauerlichen Bundestagsdecrete« datierten vom Dezember 1835, das Ministerium Guizot wurde am 29. Oktober 1840 gebildet; da Heine von einer bewilligten »Fortsetzung« der Pension spricht, könnte man daraus schließen, daß die Zahlungen auch schon früher geleistet wurden, etwa zwischen Februar und August 1836, als Louis-Adolphe Thiers

Ministerratsvorsitzender und Außenminister war. Thiers war aber auch – von März bis Oktober 1840 – ein zweites Mal Ministerpräsident. Neuere Forschungsergebnisse lassen eher das Jahr 1840 als Beginn der Pensionszahlung plausibel erscheinen, zumal sie sich auf eine im Nachlaß von Guizot gefundene Notiz berufen können, die in einer genauen Aufstellung der Ausschüttungen aus dem Geheimfonds für den Beginn der Zahlungen an Heine das Jahr 1840 angibt und hinzufügt: »allocation établie par M. Thiers et confirmée par M. Guizot (pas de décision écrite) 4.800,–«.

Heines Tremolo vom »Almosen« für den heimatlos gemachten Flüchtling, durch Dekret einkommenslos und per Auslieferungsantrag gesucht, war also zumindest irrig; wenn nicht irreführend. Heimatlos, Flüchtling und in Deutschland verboten war er lange vor 1840, ob er per Auslieferungsantrag zwangsrepatriiert werden sollte, ist zumindest fraglich – immerhin plante er 1846 eine Reise nach Hamburg und Berlin, deretwegen er Alexander von Humboldt bat, bei der preußischen Regierung zu intervenieren, daß ihm die freie Reise zugesichert würde.

In seiner »Erklärung« weist Heine die Unterstellung zurück, daß Guizot seine »Feder gekauft« habe. Den Namen Thiers erwähnt er nicht. Genau darauf geht der Heine-Forscher Michael Werner ein: »Die Präzisierung des Datums hat nicht nur dokumentarische Bedeutung, sondern sie impliziert auch politische Probleme. Denn in der Tat war Heine im März 1840 in Paris nicht ein x-beliebiger deutscher Flüchtling, dem Thiers aus rein humanitären Gründen unter die Arme griff; er war vielmehr seit kurzem ›reaktivierter‹ Korrespondent der einflußreichen ›Allgemeinen Zeitung‹, und dies zu einem Zeitpunkt, da das neue Ministerium Thiers eine großangelegte Offensive zur Verbreiterung seiner Basis in Parlament und Öffentlichkeit gestartet hatte. Auch wenn zwischen Thiers und Heine wohl nie detaillierte Dienste ›ad hoc‹ vereinbart wurden, so läßt sich doch nicht bezweifeln, daß zwischen Heines journalistischer Position und Thiers' Pensionsbewilligung, die bezeichnenderweise nie schriftlich niedergelegt wurde, eine gewisse Beziehung bestanden hat. Es ist mehr als ein Zufall, daß Heine in der ersten Aufstellung des Außenministeriums (von 1840) über die Verwendung der Geheimfondsgelder als ›publiciste‹ und in der zweiten (von 1841) ausdrücklich als ›correspondant de la Gazette d'Augsbourg‹ verzeichnet ist.«

Nun gibt es aber jenen weitaus sorgfältigeren Text, den Heine 1854 unter dem Titel »Retrospektive Aufklärung« in die deutsche Buchfassung seiner »Lutezia«-Aufsätze einmontierte; in der französischen Buchausgabe fehlt der Aufsatz. Da schreibt er sich erst einmal aus Wut in Mut hinein, von der Erfindung der Guizotine, da man keine Guillotine mehr hatte, von Käuzen, denen er gestatte, ihr Handwerk zu treiben – »wir können nicht alle ehrliche Leute seyn« –, von der schrecklichen Krankheit des Exils, der Armut und davon, daß das Leben in Paris so kostspielig sei, »besonders wenn man hier verheurathet ist und keine Kinder hat. Letztere, diese liebe kleine Puppen vertreiben dem Gatten und zumal der Gattinn die Zeit, und da brauchen sie keine Zerstreuung außer dem Hause zu suchen, wo dergleichen so theuer.«

Dann aber wird Heine grundsätzlich. Jetzt fällt der Name Thiers, des Nebenbuhlers von Guizot. Er bekennt, ihn – »aber nur seiner Persönlichkeit wegen, nicht ob seiner Geistesrichtung« – geliebt, jedoch beide gelobt zu haben. Heine unterscheidet fein zwischen »administrativen Akten«, die er häufig und streng getadelt, und »gouvernementalen Ideen«, die er wärmstens gewürdigt habe. Damit, muß man sagen, kann ein zahlender Staatsmann leben – daß man einerseits von ihm veranlaßte Steuermaßnahmen, Ehescheidungsgesetze oder Mieterlasse tadelt, ihm andererseits hingegen Umsicht und Größe in und vor der Geschichte bescheinigt. Die Herren Minister waren schlau, der Korrespondent war gerissen. Klug waren alle drei. Manchmal allerdings war Heine – verständlich in seinem Ärger, enttarnt worden zu sein – zu beflissen, verständnisvolle Alliierte herbeizuzitieren. So führt er mehrere seiner »Landsleute, darunter der entschiedenste und geistreichste, Dr. Marx« als Kronzeugen für die Empörung Gleichgesinnter auf, die ihm geraten hätten, auf die Verleumdung gar nicht zu reagieren. Darüber amüsiert sich Marx nach Erhalt der »Lutezia«-Ausgabe in einem Brief an Engels:

»Ich habe Heines 3 Bände nun zu Hause. Unter anderm erzählt er ausführlich die Lüge, ich etc. seien ihn trösten gekommen, als er in der Augsburger ›A.Z.‹ wegen der Erhaltung von Louis-Philippschen Geldern ›angegriffen‹ war. Der gute Heine vergißt absichtlich, daß meine Intervention für ihn sich Ende 1843 ereignete, also nicht mit facts zusammenhängen konnte, die *nach* der Februarrevolution 1848 ans Licht kamen. But let it pass. In der Angst seines bösen Gewissens, denn der alte Hund hat für allen solchen Dreck ein monströses Gedächtnis, sucht er zu kajolieren.«

Die Angelegenheit ist zwielichtig. Ganz gewiß konnte man einen Heine nicht bestechen; nicht in dem vordergründigen Sinne, daß er mit der rechten Hand geschrieben, weil man ihm in die linke einen Obolus geschoben hätte. Doch wenn die eine Hand das schrieb, was er ohnehin dachte – dann war die andere nicht zögerlich, nach Silberlingen zu greifen. Schon im Frühsommer 1840 war er im Pariser »Le Commerce« namentlich als Werkzeug von Thiers angegriffen worden – und er entgegnete im »Le Constitutionnel« vom 6. Juni mit eben demselben Argument, das er auch acht Jahre später bemühte: »Ich lobte nie Herrn Thiers als Minister; seit dem 1sten Merz habe ich etwa ein Dutzend Artikel in der Augsburger Zeitung geschrieben, und ich darf behaupten, daß die Akte des Thiersschen Ministeriums darin mehr mit strenger Critik als mit Lob besprochen wurden. Nur dem Talente des Herrn Thiers, nur seiner Capazität zollte ich unbedingtes Lob und ich glaube ich war nicht der einzige der es that. Ich war immer der Höfling seines Genies, nie seiner Person, um die ich mich wenig bekümmerte.«

Der Eigentümer des »Constitutionnel« übrigens, Louis-Désiré Véron, hatte das Vorbild für die Figur des Monsieur Crevel in Balzacs »Cousine Bette« abgegeben: die Inkarnation des Pariser Philisters. Heine war – unabhängig von Fragen der persönlichen Integrität – ein viel zu raffinierter Journalist, um sich als anderer Leute Lautsprecher zu verkaufen. Eben weil er die Mechanismen des Gewerbes so gut kannte, so gut zu handhaben wußte, war er sich auch darüber im klaren: seine Stellungnahmen für »das Genie« von Thiers waren zum einen glaubwürdiger durch Mäkeleien an dessen Tagesgeschäft, zum anderen wirkungsvoller im Sinne der generellen öffentlichen Meinungsbildung. Thiers war ein oft und auf vielfältige Weise angegriffener Politiker, den man Parvenü schimpfte oder dem man unterstellte, er habe das getätigt, was man heute als »Insidergeschäfte« bezeichnen würde; also daß er seinen Informationsvorsprung als Ministerpräsident für riesige Spekulationsgewinne mißbraucht habe. Wenn Heine das als eine »haltlose Verleumdung« charakterisierte, war er damit selbstverständlich der Persönlichkeit wie dem Politiker nützlich. Michael Werner zieht die Summe: »In dieser Perspektive besaß Heines in der A. Z. geäußerte Anerkennung von Thiers' persönlichen Qualitäten erheblichen politischen Wert. [...]

All diese Elemente legen es nahe, daß Heines Pension so unschuldig nicht war, wie er es zu seiner Rechtfertigung glauben machen wollte. Wenn sich Heine auch nie zu Thiers' Sprachrohr in der A. Z. degradieren ließ und namentlich in der Beurteilung von Thiers' politischen Akten eine bemerkenswerte Unabhängigkeit bezeugte, so scheint doch die Verteidigung von Thiers' staatsmännischen, die einzelnen politischen Akte überdauernden Qualitäten der Preis gewesen zu sein, den Heine als Gegenleistung für die Pension um so leichter erlegte, als er damit offenbar nur seinen eigenen Überzeugungen Ausdruck zu geben brauchte.«

Ein reines Hilfsgeld, das den Begriff »Almosen« rechtfertigte, war es gewiß nicht. Allein die Höhe der Summe – Heine nahm schließlich in acht Jahren 37.600 Francs ein – schließt das aus, zumal wenn man sie mit den Bezügen anderer namhafter Pensionsempfänger vergleicht: der schwedische Kronprinz beispielsweise wurde weit geringer entlohnt, und auch der berühmte Historiker Thierry konnte sich mit seinen jährlichen 1.800 Francs mit Heine nicht messen. Man stelle sich vor, es sei im Jahre 1925 enthüllt worden, daß der Pariser »Weltbühnen«-Korrespondent Kurt Tucholsky oder der Pariser Mitarbeiter der »Frankfurter Zeitung«, Joseph Roth, auf einer geheimen Zahlungsliste von Außenminister Briand gestanden hätten – das hätte wohl einige Verwunderung ausgelöst.

Heine denkt sein Leben neu: die religiöse Wende

Heinrich Heine war ein Fuchs. Noch in der Falle wußte er sich geschickt zu bewegen. So nutzte er die sechs Jahre nach der Affäre – auch nach Ende der Zahlungen 1854, denn die Zweite Republik hatte die alten Verpflichtungen nicht übernommen – verfaßte »Retrospektive Aufklärung« zu einem ganz anderen Bekenntnis; er konnte sicher sein, daß es niemand unberührt, gar ohne Rührung, lesen würde. Mit ihm dementierte er das Gerücht, er habe sich in Frankreich naturalisieren lassen, er »sey durch ein französisches Bürgerrecht gegen mancherley Vexationen und Machinazionen geschützt«. Zwei Jahre vor seinem Tod schob er die zurückliegende Denunziation, die eigene Verwicklung, Anklage und Verteidigung wie raschelndes Papier beiseite, um in hohem Ton sein Verhältnis zu Deutschland zu klären:

»In Bezug auf das, was wir gewöhnlich Patriotismus nennen, war ich immer ein Freygeist, doch konnte ich mich nicht eines gewissen Schauers erwehren, wenn ich etwas thun sollte, was nur halbweg als ein Lossagen vom Vaterland erscheinen mochte. Auch im Gemüthe des Aufgeklärtesten nistet immer ein kleines Alräunchen des alten Aberglaubens, das sich nicht ausbannen läßt; man spricht nicht gern davon, aber es treibt in den geheimsten Schlupfwinkeln unserer Seele sein unkluges Wesen. [...] Die Naturalisazion mag für andre Leute passen; ein versoffener Advokat aus Zweybrücken, ein Strohkopf mit einer eisernen Stirn und einer kupfernen Nase, mag immerhin, um ein Schulmeisteramt zu erschnappen ein Vaterland aufgeben, das nichts von ihm weiß und nie etwas von ihm erfahren wird – aber dasselbe geziemt sich nicht für einen deutschen Dichter, welcher die schönsten deutschen Lieder gedichtet hat. Es wäre für mich ein entsetzlicher, wahnsinniger Gedanke, wenn ich mir sagen müßte, ich sey ein deutscher Poet und zugleich ein naturalisierter Franzose. – Ich käme mir selber vor wie eine jener Mißgeburten mit zwey Köpfchen, die man in den Buden der Jahrmärkte zeigt.«

Die Geburt der Definition aus dem Geiste der Polemik: Heine kann sich selber stets am genauesten bestimmen, wenn er aggressiv seine Entfernung zu anderen vermißt. Hier dient ihm als Teufelsmaske, gegen die er die Gemme der eigenen Kontur schnitzt, Joseph Savoye, einer der Organisatoren des Hambacher Festes. Dieser hatte am Collège Louis Grand unterrichtet, dann ein Sprachinstitut gegründet und war, kurz vor der Februar-Revolution naturalisiert, unter Lamartine französischer Gesandter beim Frankfurter Bundestag geworden. Keine Rolle für Heinrich Heine. Der weiß, daß er »die schönsten deutschen Lieder gedichtet« hat. Er ist Sprachkünstler, nicht ein Sprachlehrer, er ist sein eigener Gesandter. Nichts hätte ihn weniger interessiert als ein Bundestag. Schon schlimm genug, diese erste Erfahrung mit der Revolution, die seine Kutsche für den Bau von Barrikaden genutzt hatte. Das ist nicht die Art von Fortbewegung, die Heinrich Heine schätzt. Auch die Fortbewegung der Geschichte qua Revolution schätzt er nicht. In seinem Artikel für die Augsburger »Allgemeine Zeitung« gleich nach der Februar-Revolution sinniert er: »Sie haben jetzt die Republik, und es kommt wenig darauf an ob sie dieselbe lieben oder nicht lieben. Sie *haben* sie jetzt, und wenn man einmal so etwas hat, so hat man es, wie man einen Leistenbruch hat, oder eine Frau, oder ein deutsches Vaterland, oder sonst ein Gebreste.«

Zum emphatischen Jubel wird man das nicht stilisieren können. Die Ereignisse der Februar-Revolution und Heines sehr ambivalente Reaktion darauf verdeutlichen noch einmal seinen widerläufigen Revolutionsbegriff. Er liebt die Idee einer sozialen Revolution, die Lösung »der großen Suppenfrage«, Befreiung von Armut und Despotie – und er haßt die Wirklichkeit einer politischen Revolution, ihre notwendige Grausamkeit, ihr plebejisches Element. Heine ist ein aristokratischer Revolutionär; er will dem Volke sein schweres Los erleichtern, aber er lehnt ein Volk ab, das sich nimmt, was ihm sein eigen dünkt. Jürgen Habermas nennt, diesen Widerspruch analysierend, Heine den ersten Intellektuellen, Vorläufer von Zola und Sartre: »Nach seinem normativen Selbstverständnis gehört dieser Typus in eine Welt, in der Politik nicht auf Staatstätigkeit zusammenschrumpft; in der Welt des Intellektuellen ergänzt eine politische Kultur des Widerspruchs die Institutionen des Staates. Dieser Welt steht Heinrich Heine nah und fern zugleich. [...] Schon des *Inhalts* seiner Schriften wegen blieb Heine, zwischen 1848 und 1945, ein Außenseiter.«

Es ist ein subjektives Gerechtigkeitsgefühl, nicht das objektive Erkennen historischer Gesetzmäßigkeiten – Anerkennen schon gar nicht. Heines Persönlichkeitsstruktur ist die des Sinnenmenschen, und es ist seine sinnliche Wahrnehmung, die sich gegen Not, Armut, Drangsal empört; ihr entspringt die Hoffnung auf Veränderung, die Forderung nach Revolution: als Idee. Die Praxis, die Entfesselung dämonischer Gewalten, die Anwendung zerstörerischer Gewalt, läßt ihn schaudern. Heine ist kein analytischer Geist. Daher die scheinbar so endlos zitierbaren widersprüchlichen Äußerungen, die man in einem großen Leporello gegeneinanderstellen könnte. Was ihm im Februar und März 1848 in Paris noch imposant schien, verspottet er sechs Jahre später im »Waterloo«-Fragment, in dem »die Februarrevoluzion überhaupt ein sehr trauriges Ereigniß« war, »das unsäglich viel Unheil über die Welt brachte« – um gleich anzuschließen, daß sie jedoch für die Franzosen, ihr Nationalgefühl »so wie auch für die Demokratie im Allgemeinen [...] eine große Genugtuung war«. Die Einsamkeit des Logenbesuchers: Heine beobachtet die Revolution vom Balkon aus; er applaudiert im 1. Akt, er ist ennuyiert im 2., und er zieht dem 3. ein Souper vor. Es ist nicht er, der da agiert: »Meine Gefühle bei dem Umschwung, den ich unter meinen Augen vor sich gehen sah, können Sie sich leicht vorstellen«, schreibt er am 12. April an Meißner. »Sie wissen, daß ich kein Republikaner war, und werden nicht erstaunt sein, daß ich noch keiner geworden. Was die Welt jetzt treibt und hofft, ist meinem Herzen völlig fremd, ich beuge mich vor dem Schicksal, weil ich zu schwach bin, ihm die Stirn zu bieten.«

Entsprechend wird auch den Akteuren, die das blutige Stück »unter seinen Augen« aufführen, je nach dem momentanen Geschmacksempfinden des Betrachters Beifall gezollt oder ein Buh zugerufen. In jenem »Artikel vom 10. März 1848« ist Lamartine ein »wahrhafter Prophet«, »anfangs nur ein Dichter, zwar ersten Ranges«, doch nun, als er »die politischen Reden Lamartines vernahm, jauchzte ihm« seine »wahlverwandte Gesinnung entgegen«, und die Begeisterung für dessen Prachtstück »Die Girondisten« ist überschäumend: »Wir sehen hier nemlich die abentheuerlichen Bachantenzüge der französischen Revoluzion, Thyrsusschwingende

Koribanten der Freyheit und Gleichheit, terroristische Zymbalschläger und moderantistische Doppeltflötenspieler, bocksfüßige Satyrgestalten *bougrement patriotiques*, Mänaden der Guillotine mit flatterndem Haar, von dem göttlichen Wahnsinn berauschte Schaaren, in den unerhörtesten und unglaublichsten Posituren dahintaumelnd, und bey deren Anblick uns ebenfalls eine grauenhafte, zerstörungssüchtige Trunkenheit ergreift – [...].«

Überschäumende Begeisterung? Nein. Heine malt ein jubelndes Schreckensbild, nie und nimmer sind »Mänaden der Guillotine« und »vom Wahnsinn berauschte Schaaren« seine Götter gewesen. Es ist das »Vorwärts, Genosse Mauser« des Wladimir Majakowski – der sich mit eben jenem Mauser-Revolver erschoß. Heine erschießt lieber die anderen – Lamartine etwa, mit Worten. Im »Waterloo«-Fragment heißt er bereits »Herr de la Martine [...] Dieser falsche Bruder«, und er ist ein »Gott der Incapazität« und taugt weder als Dichter noch als Politiker: »Die Musen sind ganz unschuldig an der gouvernementalen Inepzie des zweydeutigen Mannes, und es ist noch eine Frage, ob das überhaupt Poesie ist, was die Franzosen in seinen Werken bewundern. Seine Schönrednerey, seine brillante Suade erinnert viel mehr an einen Rhetor, als an einen Dichter. So viel ist gewiß, der *chantre d'Elvire* sündigte nie durch Ueberfluß an Poesie. Er ist kein schlechter Staatsmann weil er ein großer Poet. Er war immer nur ein lyrischer Ehrgeitzling, der uns in Versen gelangweilt und in Prosa düpiert hat.«

Krankhafte Eifersucht eines kranken Rivalen? Wankelmut eines Renegaten? Laune eines in die eigenen Wortspiele Verliebten? Wir haben es wohl mit größeren Zusammenhängen zu tun, mit Ernsterem.

Heinrich Heine hat kein objektives Bild der Geschichte, er sieht kein ehernes Gesetz walten. Darin unterscheidet er sich von Karl Marx. Heine ist Revisionist. Marx ist Marxist (obwohl er den Begriff abwehrte – allerdings nur falschen Anhängern gegenüber, keineswegs dann, wenn es darum ging, seine Lehre auszurufen). Heine ist Herzdenker. Marx ist Hirnfühler. Der junge Marx ist der alte Moses – er nimmt allerdings keine Gesetzestafeln auf dem Berge Sinai entgegen, er stellt eigene Gesetze auf in seinem Hungerloch. Weil Marx ein festes Interpretationsschema hat, kann er beispielsweise die französische Revolution von 1848 so glanzvoll interpretieren. Heine barmt. Marx psalmodiert.

Im Sommer 1852 erschien in der New Yorker Zeitschrift »Die Revolution«, die das 1851 emigrierte Mitglied des »Bundes der Kommunisten«, Joseph Weydemeyer, »in zwanglosen Heften« herausgab, »Der achtzehnte Brumaire des Louis Bonaparte« von Karl Marx. Es ist eine der furiosen Frühschriften, deren stilistische Eleganz, auch gedankliche Luzidität, jedes Mal und immer wieder bestechen – eine seiner großartigen, treffsicheren Analysen, deren Pointen immer auch Treffer sind: »›Frankreich verlangt vor allem Ruhe.‹ Also verlangte Bonaparte, daß man ihn ruhig gewähren lasse«; »Hier in der bürgerlichen Republik, die weder den Namen *Bourbon* noch den Namen *Orléans* trug, sondern den Namen *Kapital*«; »Die soziale Revolution des neunzehnten Jahrhunderts kann ihre Poesie nicht aus der Vergangenheit schöpfen, sondern nur aus der Zukunft. [...] Die Revolution des neunzehnten Jahrhunderts muß die Toten ihre Toten begraben lassen, um bei ihrem eignen Inhalt anzukommen. Dort ging die Phrase über den Inhalt, hier geht der Inhalt über die Phrase hinaus« – Donnerworte, die nicht an die

Pforten eines Domes, aber an die Portale der Banken angeschlagen wurden. Die Diagnose des Dr. Marx sieht mit kühler Sachkenntnis, daß die Fieberkurve des Patienten die Produktionskurve ist, daß die wirklichen Heerführer hinter dem Kontortisch sitzen und daß der Kampf den Namen Konkurrenz trägt. Während Heine dem »Royalismus mit menschlichem Antlitz« eines Louis Philippe nachhängt, stellt Marx das Glaubensbekenntnis des Royalismus nicht in Frage, sondern bloß:

»Unter den Bourbonen hatte das *große Grundeigentum* regiert mit seinen Pfaffen und Lakaien, unter den Orléans die hohe Finanz, die große Industrie, der große Handel, d.h. *das Kapital* mit seinem Gefolge von Advokaten, Professoren und Schönrednern. Das legitime Königtum war bloß der politische Ausdruck für die angestammte Herrschaft der Herren von Grund und Boden, wie die Julimonarchie nur der politische Ausdruck für die usurpierte Herrschaft der bürgerlichen Parvenüs. Was also diese Fraktionen auseinanderhielt, es waren keine sogenannten Prinzipien, es waren ihre materiellen Existenzbedingungen, zwei verschiedene Arten des Eigentums, es war der alte Gegensatz von Stadt und Land, die Rivalität zwischen Kapital und Grundeigentum.«

Mit solchem Skalpell läßt sich der Leichnam des französischen Königtums trefflich sezieren und der Staatsstreich des Neffen, Karl Ludwig Napoleon – der anfangs nur zum Präsidenten gewählt worden war, seit Januar 1852 als erblicher Kaiser Napoléon III. genannt wurde, Begründer des bis 1870 währenden zweiten Kaiserreichs – als Legalisierung eines neuen Raubzugs enthüllen: »Bonaparte möchte ganz Frankreich stehlen, um es an Frankreich zu verschenken, oder vielmehr um Frankreich mit französischem Gelde wiederkaufen zu können, denn als Chef der Gesellschaft vom 10. Dezember muß er kaufen, was ihm gehören soll. [...] Das Witzwort, womit die Gräfin L., die Mätresse des Herrn de Morny, die Konfiskation der orleansschen Güter charakterisierte: ›C'est le premier vol de l'aigle‹, paßt auf jeden Flug dieses *Adlers*, der mehr *Rabe* ist.«

Bei Heine liest sich das anders. Bereits im April 1851 hat der Name »Louis Bonaparte ein Mirakel zu Gunsten der Franzosen« für ihn den alten – wenn auch geraubten – Glanz, und wie er Napoleon stets von jeglichem Gemetzel abzutrennen wußte, so ist ihm ein neuer Kaiser lieber als gar keiner. Heine, der gewiß eher Bordeaux von Burgunder unterscheiden konnte als Finanzkapital von Industriekapital, zimmert sich eine immer entrücktere Loge.

Im Juni 1848, kurz nach dem Aufstand der Arbeiter, die sich von den bürgerlichen Republikanern um die Früchte ihrer Revolution geprellt sahen, schreibt er an Campe: »Ueber die Zeitereigenisse sage ich nichts; das ist Universalanarchie, Weltkuddelmuddel, sichtbar gewordener Gotteswahnsinn! Der Alte muß eingesperrt werden, wenn das so fort geht. – Das haben die Atheisten verschuldet, die ihn toll geärgert.«

Neue Töne. Von der Selbstvergottung zu einem Gott über uns allen, der Verantwortung hat oder hätte, sie nicht oder – verärgert – schlecht wahrnimmt. Schon drei Monate zuvor, in seinem Artikel für die »Allgemeine Zeitung« vom 22. März 1848, konnte man einen höchst seltsamen Verzweiflungsschrei vernehmen, gleich nachdem Heine über »Februarmährchen von Paris« wie über die »unmöglichen, von übelgesinnten Tollhäuslern ausgeheckten Zauber-Revoluzionen, die an den stillen Ufern der Donau und der Spree statt gefunden haben sollen«, räsoniert, wobei man gewärtig sein muß, daß

»Mährchen« im Heineschen Sprachgebrauch das Dunkle, Dräuende, Unheimliche assoziiert: »Werden die Angelegenheiten dieser Welt wirklich gelenkt von einem vernünftigen Gedanken, von der denkenden Vernunft? Oder regirt sie nur ein lachender Gamin, der Gott-Zufall?«

Heine denkt sein Leben neu. Er zieht sich ein anderes Koordinatensystem. Ludwig Kalisch hat aus einem wichtigen Gespräch, zu dem Heine ihn am 20. Januar 1850 bat, festgehalten: »Mit meinem Atheismus ist es mir niemals Ernst gewesen. Meine früheren Freunde, die Hegelianer, haben sich als Lumpen erwiesen. Das Elend der Menschen ist zu groß. Man *muss* glauben.« Und dann koppelt Heine diese Gedanken ganz unmittelbar an sein Erleben des Arbeiteraufstandes vom Juni 1848: »Ich sah den Tod mit seiner unbarmherzigen Sense die Pariser Jugend hinmähen. In solchen gräßlichen Augenblicken reicht der Pantheismus nicht aus; da muß man an seinen persönlichen Gott, an eine Fortdauer jenseits des Grabes glauben. Ich bin kein Mucker geworden. Ich habe den Weg zum lieben Gott weder durch die Kirche, noch durch die Synagoge genommen. Es hat mich kein Priester, es hat mich kein Rabbiner ihm vorgestellt. Ich habe mich selbst bei ihm eingeführt, und er hat mich gut aufgenommen.«

Heines Lebensweg verhält an einem entscheidenden Kreuzweg. Die Revolution in Paris hat ihn erschreckt, die Revolution in Deutschland enttäuscht. Und er ist, ein Mann von Anfang Fünfzig, schwer krank. Im Mai 1848 geht er das letzte Mal aus, zu jener – mag sein: stilisierten – Begegnung mit seiner Göttin der Schönheit. Wir haben an früherer Stelle diese Begegnung in den Zusammenhang eines anderen Trennungsschmerzes gestellt, als Ablösung vom Liebeserlebnis, etwa Goethes eilenden Schritt in den Mannheimer Antikensaal erwähnt: Abtrennung von Glück. Jetzt erleben wir das Zeichen des Adieu zu Politik und Vaterland, dem alt gewordenen Unglück, und das Winken einer neuen Hoffnung zugewendet.

Der Schilderung schickt er sein »kein Glockenklang hat mich verlockt, keine Altarkerze hat mich geblendet« voraus, um sich noch einmal zu seinem »persönlichen Gott« zu bekennen: »Nur mit Mühe schleppte ich mich bis zum Louvre, und ich brach fast zusammen, als ich in den erhabenen Saal trat, wo die hochbeneidete Göttin der Schönheit, Unsere liebe Frau von Milo, auf ihrem Postamente steht. Zu ihren Füßen lag ich lange und ich weinte so heftig, daß sich dessen ein Stein erbarmen mußte. Auch schaute die Göttin mitleidig auf mich herab, doch zugleich so trostlos als wollte sie sagen: siehst du denn nicht, daß ich keine Arme habe und also nicht helfen kann?«

Die Zeugnisse der Zeitgenossen wie Heines Selbstzeugnisse zu seiner religiösen Wende lesen sich so widersprüchlich wie alles in seinem Leben: manches gequält ironisch, manches bitter, manches sehr still. Alfred Meißner hat eine Koketterie vom Februar 1849 aufgeschrieben: »›Wenn ich nur ein paar Schritte gehen könnte – meinetwegen mit Krücken.‹ – ›Wohin würden Sie gehen?‹ – ›Mein Gott, in die Kirche! Freilich, wenn ich ohne Krücken gehen könnte‹, fügte er dann hinzu, ›würde ich nicht in die Kirche gehen, sondern vermutlich zu Mabille oder Valentino!‹« Und die häufig zu Besuch weilende Caroline Jaubert notiert schon im November 1847 in ihrem Tagebuch ein Aperçu als Antwort auf ihre Frage nach Unsterblichkeit und nach dem Nichts: »Il y a pourtant un coin divin dans l'homme.«

Doch immer wieder tiefernste Finsternisse, »Verzweiflung des Leibes« oder die Beichte, daß er »Jehovah immer respectirt« habe, »er brauchte mich nicht martern zu lassen«. In einem Brief aus dem Revolutionsjahr erinnert ihn der Siegesruf der Aufständischen »Des lampions! Des lampions!«, der vor seinem Fenster ertönt war, an die brennenden Dochte, die ihm die Ärzte an diesem Tag die Wirbelsäule entlang gesetzt hatten: »J'en ai plein le dos.« Heine spart auch nicht mit Spott über den »kranken Greis«, wenn er in jenem Brief an Laube, in dem von der »Verzweiflung des Leibes« die Rede ist, bemerkt: »Gottlob, daß ich jetzt wieder einen Gott habe, da kann ich mir doch im Uebermaaße des Schmerzes einige fluchende Gotteslästerungen erlauben; dem Atheisten ist eine solche Labung nicht vergönnt.« Zwei Wochen zuvor war Laube der Adressat eines profunden Bekenntnisses gewesen: »[...] ich habe nämlich, um Dir die Sache mit einem Worte zu verdeutlichen, den Hegelschen Gott oder vielmehr die Hegelsche Gottlosigkeit aufgegeben und an dessen Stelle das Dogma von einem wirklichen, persönlichen Gotte, der außerhalb der Natur und des Menschen Gemüthes ist, wieder hervorgezogen.«

Es gibt auch Anekdoten wie die von Heines sarkastischem »Ja, ja, das ist das wahre Bild unseres Herrn – er war ja auch ein Jude«, als der Maler Kietz ihn in schwarzer Kreide porträtiert hatte; und es gibt auch schwarze Lustigkeiten, eine Art aufbäumenden Trotzes: »Ja, ich bin froh, meiner angemaßten Glorie entledigt zu seyn, und kein Philosoph wird mir jemals wieder einreden, daß ich ein Gott sey! Ich bin nur ein armer Mensch, der obendrein nicht mehr ganz gesund und sogar sehr krank ist. In diesem Zustand ist es eine wahre Wohlthat für mich, daß es Jemand im Himmel giebt, dem ich beständig die Litaney meiner Leiden vorwimmern kann, besonders nach Mitternacht, wenn Mathilde sich zur Ruhe begeben, die sie oft sehr nöthig hat. Gottlob! in solchen Stunden bin ich nicht allein, und ich kann beten und flennen so viel ich will, und ohne mich zu geniren, und ich kann ganz mein Herz ausschütten vor dem Allerhöchsten und ihm Manches vertrauen, was wir sogar unsrer eignen Frau zu verschweigen pflegen.«

Vor allem aber gibt es eines: die große Abkehr von Hegel – und das ist die Abkehr von dem Gedanken eines Weltgeistes mit der Petschaft: »alles was ist, ist vernünftig«. Abkehr also von der Vergottung des Menschen und seiner Anmaßung, sich sinnvoll diese Welt untertan zu machen. Abkehr von der Machbarkeit von Geschichte. Abkehr von der Revolution. Heines sich nicht bessernde Krankheit führt ihn dazu, die Besserung dieser Welt zu leugnen: »In manchen Momenten, besonders wenn die Krämpfe in der Wirbelsäule allzu qualvoll rumoren, durchzuckt mich der Zweifel ob der Mensch wirklich ein zweybeiniger Gott ist, wie mir der selige Professor Hegel vor fünfundzwanzig Jahren in Berlin versichert hatte [...] ich bin kein göttlicher Bipede mehr [...] ich bin kein lebensfreudiger etwas wohlbeleibter Hellene mehr, der auf trübsinnige Nazarener heiter herablächelt – ich bin jetzt nur ein armer todtkranker Jude, ein abgezehrtes Bild des Jammers, ein unglücklicher Mensch.«

Es ist wohl übertrieben, Heines Krankheit in unmittelbaren Bezug zu den »politischen Aufregungen« zu setzen, als legten seine Klagen an die Mutter, »der Spektakel« habe ihn sehr heruntergebracht, Zeugnis ab von den »gesellschaftlichen Ursachen« der Krankheit; aber zweifelsfrei läßt sich sagen, daß der unselige Zusammenfall der deutschen und französischen Ereignisse der Jahre 1848 mit der sich verschlimmernden Krankheit seinen geistigen Habitus wesentlich bestimmte. Heine sieht keine irdischen Götter mehr.

Für einen kurzen Moment war Lassalle ihm in seinem Erbkrieg mit Vetter Carl behilflich gewesen, der für ihn – wobei es ihn schauderte – das neue Geschlecht der harten Gladiatoren repräsentierte; 1846 hatte er ihn dem Freund Varnhagen empfohlen: »Mein Freund, Herr Lassalle, der Ihnen diesen Brief bringt, ist ein junger Mann von den ausgezeichnetsten Geistesgaben: mit der gründlichsten Gelehrsamkeit, mit dem weitesten Wissen, mit dem größten Scharfsinn, der mir je vorgekommen; mit der reichsten Begabniß der Darstellung verbindet er eine Energie des Willens und eine Habilité im Handeln, die mich in Erstaunen setzen, und wenn seine Sympathie für mich nicht erlöscht, so erwarte ich von ihm den thätigsten Vorschub. Jedenfalls war diese Vereinigung von Wissen und Können, von Talent und Charakter für mich eine freudige Erscheinung und Sie bey Ihrer Vielseitigkeit im Anerkennen, werden gewiß ihr volle Gerechtigkeit widerfahren lassen.« Doch diese Flamme der Begeisterung war bald erloschen, wenig später entrüstete sich Heine über das Gerücht, daß er Lassalle nach Berlin empfohlen, in ihm gar den neuen Erlöser gesehen hätte: »Wehe über die Erlösten!«

Keine Erlöser weit und breit. Deshalb die Rückkehr zu dem Einen. Die rasch zu einem nationalen Liberalismus verkümmernde Paulskirchen-Bewegung ekelte Heine, die alten Recken Friedrich Ludwig Jahn und Ernst Moritz Arndt konnten ihm den Spott vergällen, der zu Abscheu wurde; dem ihm befreundeten Pariser Buchhändler Jean-Jacques Dubochet klagt er, daß die Nachrichten aus dem Vaterlande seine Qual vergrößerten. »Die sogenannte ›nationale‹ Partei, die Teutomanen, brüsten sich in ihrem Übermut, der ebenso lächerlich wie rücksichtslos ist, ihre Großsprechereien sind unglaublich. Sie träumen von nichts anderem als davon, die

Hauptrolle in der Weltgeschichte zu spielen, alle im Osten und Westen verlorenen Stämme Deutschland wieder einzuverleiben, und wenn Sie sich nicht beeilen, ihnen das Elsaß wiederzugeben, werden sie nicht säumen, auch Lothringen zu verlangen, und Gott weiß, wo sie in ihren teutonischen Ansprüchen haltmachen werden.«

Der ausführliche Bericht, den der Archäologe Ferdinand Meyer von seinem Besuch in Heines »luftig und hell gelegener Hofwohnung« in der Rue d'Amsterdam im September 1849 hinterließ, gipfelt dann in dem Satz: »Alle seit dem Februar 1848 aufgetretenen Freiheits-Helden, aber auch alle erfüllten ihn mit Ekel.« Kein Bonaparte mehr; Hegel verabschiedet: »Diese spinnwebige Berliner Dialektik kann keinen Hund aus dem Ofenloch locken, sie kann keine Katze tödten, wie viel weniger einen Gott.« Und kein das Firmament aussaufender Dichter-Gott mehr, sondern »ein kleines Mäus'chen in der rue d'Amsterdam«; kein Weltenzündler – nirgendwo: »Die schönen Ideale von politischer Sittlichkeit, Gesetzlichkeit, Bürgertugend, Freyheit und Gleichheit, die rosigen Morgenträume des achtzehnten Jahrhunderts, für die unsere Väter so heldenmüthig in den Tod gegangen, und die wir ihnen nicht minder martyrthumsüchtig nachträumten – da liegen sie nun zu unseren Füßen, zertrümmert, zerschlagen, wie die Scherben von Porzellankannen, wie erschossene Schneider – .«

Der Spiegel, in dem Heine Sonne und Blitz und den Glitzertand der Ballsäle reflektiert, in dem er das Feuer aus den Hütten zum Brennen der Paläste gebündelt, mit dem er Fürsten und Feinden das Gesicht gesengt, in dem er Freunden, Gegnern, Konkurrenten das Konterfei zur Fratze entstellt hat: der Spiegel ist leer; auch der des Narziß. Er schaut nun in unendlich scheinendes Wasser, doch auf dem Grunde dieses Meeres erblickt er verwundert ein so anderes Ebenbild: »Ich bin zu der Gewißheit gekommen, daß es einen Gott giebt, der ein Richter unserer Thaten ist, daß unsere Seele unsterblich und daß es ein Jenseits giebt, wo das Gute belohnt, das Böse bestraft wird – ja, dies sagt Ihnen Heinrich Heine, und wenn Sie je Zweifel darüber gehabt haben, so lassen Sie sie schwinden, und sehen Sie hier, wie man bei einem festen Glauben an Gott selbst die schrecklichsten irdischen Qualen ohne Murren ertragen kann [...]«.

Eine kranke Weltmacht in der Rue d' Amsterdam

Der Leben feiernde Dichter ist ein kranker Mann. Aus der Pose des nervös Leidenden ist Leid geworden. Ludwig Börnes hämische Prophezeiung von 1831, der bedauernswürdige Heine habe sich durch Ausschweifungen so zerrüttet, »so daß dieser so geistreiche Mensch noch einmal dumm, ja wahnsinnig werden kann, wenn er nicht so glücklich ist, früher das Leben zu verlieren«, ist nun, Ende der vierziger Jahre, fast eingetroffen. Dumm und wahnsinnig ist Heine zwar nicht – vielmehr angesichts der zunehmenden Martern von höchst erstaunlicher geistiger Präsenz, »mein Kopf ist frey, geistesklar, sogar heiter«, schreibt er am 26. April 1848 an Campe –, aber sein Körper läßt ihn zunehmend im Stich. Im September 1846 berichtet Friedrich Engels dem Freund Marx, daß der arme Teufel scheußlich auf dem Hund sei, ein gutes Jahr später klingt das schon bedrückender: »Heine ist am Kaputtgehen. Vor 14 Tagen war ich bei ihm, da lag er im Bett und hatte einen Nervenanfall gehabt. Gestern war er auf, aber höchst elend. Er kann keine drei Schritt mehr gehen, er schleicht, an den Mauern sich stützend, vom Fauteuil bis ans Bett und vice versa.«

Bereits im Januar 1847 war ein Münchner Arzt bei seinem Besuch entsetzt vom Anblick des Kranken – »Es ist ein Christuskopf mit geschlossenen Augen«, trauert Bruder Maximilian –: »H. Heine ist *ganz elend, körperlich ganz siech* [...] sein Anblick ist *schreckenerregend*: auf der ganzen linken Körperhälfte gelähmt, hängt der an und für sich mäßig große, aber sehr magere Körper nach Links, Kopf und Hals nach der linken Schulter herabgesunken; Arm und Fuß der linken Seite sind kaum noch für die nöthigsten Dienste brauchbar, hängen meist schlaff herab und hemmen hierdurch sowie durch Störung des natürlichen Gleichgewichtes jede freiere Bewegung des Körpers. Dazu ist nun auch das linke Ohr taub, das linke Auge vollkommen verschlossen, die linke Wange und der linke Mundwinkel schief und todt herabhängend, was in der Unterhaltung seine Worte unzusammenhängend, mühevoll und undeutlich ausgesprochen und längere Sätze ihm vollkommen unmöglich macht. Auch das rechte Auge ist in Folge von Mitleidenschaft nur halb geöffnet, etwas durch die vermehrte Anstrengung entzündet, geröthet und thränend und um damit Jemanden ansehen zu können, muß Heine mit sichtlicher Anstrengung nicht blos den gebückten Körper emporrichten sondern mühevoll auch den Kopf soweit als möglich zurücklegen, um dem durch den gelähmten Augendeckel zur Hälfte verschlossenen rechten Auge, dessen Bewegungsfähigkeit gleichfalls nicht mehr ganz in seiner Gewalt zu stehen scheint, so viel als thunlich Sehraum zu verschaffen.«

Früh wurde der als Kapazität geltende Dr. Wertheim zu Rate gezogen, der wahre Ärzte-Konsilien am Bett des Patienten abhielt, so im Oktober 1848 mit drei weiteren Medizinern; die Behandlungsmethoden wechselten ständig: Rückgratmassagen mit neapolitanischer Seife, Pottaschenlösung, Abführmittel, Aderlässe, Blutegel und Haarseile, bis Morphium die Haupt-Medizin wurde, das man anfangs oral oder per Klistier verabreichte, dann direkt in eine am Hals ständig offen gehaltene Wunde einstreute. Im Juni 1848 berichtet Heine seinem Verleger: »Meine Krankheit hat zugenommen in einem fürchterlichen Grade. Seit 8 Tagen bin ich ganz und gar gelähmt, so daß ich nur im Lehnsessel und auf dem Bette seyn kann; meine Beine wie Baumwolle und werde wie ein Kind getragen. Die schrecklichsten Krämpfe. Auch meine rechte Hand fängt an zu sterben und Gott weiß ob ich Ihnen noch schreiben kann. Diktiren peinigend wegen der gelähmten Kinnladen. Meine Blindheit ist noch mein geringstes Uebel.«

Ein Besucher beschloß seinen dramatischen Bericht über Heines heroische Disziplin, mit der ein fast vollständig Gelähmter sich erfolglos aufzurichten oder das Lid des einen Auges, auf dem er noch halbwegs sehen konnte, anzuheben mühte: »Dieses krank ersterbende Gesicht hatte etwas von jenen Köpfen, wie wir sie auf schön geschnittenen Steinen finden. Der ganze Mensch sah aus wie eine sehr traurige Elegie.« Heine selber wehklagte so gut wie nie – mal mokierte er sich über die »Holzpuppe mit abgezehrten Beinen«, mal nannte er die »Passionsgeschichte eine Reclame für die Gesammtausgabe meiner Werke«, und mal warnte er übermütig, Gott möge gnädig sein dem Hintern, den die zuckenden Fußspitzen demnächst treffen würden. Immer wieder mischte sich in das »Ich bin fast ganz blind und sehr schwach«, in das unerträgliche »Unleben« ein geradezu trotziges: »Meine Krankheit wird täglich unerträglicher [...] Dabey aber geistig stark, geweckt, ja geweckt, wie ich es nie vorher gewesen.«

Wir wissen, daß er der Mutter, für die er der diktierten Briefe wegen tausend Ausreden erfand, den jämmerlichen Zustand standhaft verschwieg, »wir befinden uns alle wohl« ist die stete Redewendung. Seufzer wie »Ach! Gott hätte ich nur Beine! Nur auf 8 Tage!«, und Klagen erlaubt er sich am ehesten den Brüdern gegenüber: »Ja, lieber Gustav, Alles was Dir die Gerüchte von meinem tragischen Zustande melden konnten, wird von der gräßlichen Wirklichkeit noch unendlich übertroffen: Du hast keinen Begriff davon, wieviel ich gelitten und noch leide; beständige Krämpfe und Zusammenziehungen, besonders der Beine und des Rückgrats, zusammengekrümmt liege ich auf einer Seite im Bette, ohne mich bewegen zu können und nur alle 24 Stunden werde ich auf einige Minuten wie ein Kind auf den Sessel gesetzt, während man mir das Bett macht; um die Schmerzen zu betäuben, nehme ich beständig Zuflucht zum Opium, auch mein Kopf ist daher sehr dumpfig [...]«

Gerüchte um seine Krankheit gab es in der Tat. Zahllose Briefe gingen nach Deutschland, alsbald berichteten auch Zeitungen. Heine war bösartige Neugier und übelwollende Falschmeldungen gewohnt. Bereits im August 1846 hatte die Leipziger »Deutsche Allgemeine Zeitung« seinen Tod gemeldet, nachdem sie ihn drei Wochen zuvor als in ein Pariser Irrenhaus eingewiesen verleumdet hatte; keineswegs hatte der Totgesagte sich über die »böse Eule« nur amüsiert, vielmehr war er »sehr verstimmt« und witterte schon damals hinter den »bösgemeinten Notizen« über sein »Privatleben« Rankűne und gezielte Verunglimpfung. Nach der Berichtigung der Zeitung, man habe ihn mit dem berühmten Orthopäden B. Heine, Professor in Würzburg, verwechselt, konnte er dann immerhin seinen »Untod« feiern. Jetzt ergrimmte den Kranken durchaus das indiskrete Gewisper.

Über die Ursache, die Art der Erkrankung wurde und wird – bis heute – spekuliert. Fast alle waren sich zu allen Zeiten sicher, daß Heine an Syphilis litt, auch Fritz Mende hält in seiner »Heine-Chronik« eine »Lues cerebrospinalis« fest. Ganz schlaue Schnüffler wissen den Tag und das Jahr, sogar die Köchin beim Namen zu nennen, bei der sich stud. jur.

Harry Heine die venerische Entzündung geholt, auch wenn er eben jenen Besuch damit ausgeschmückt hat, daß er »Condome aus veilchenblauer Seide« bei sich gehabt habe. Die leckere Küchenfee hin, die possierlichen Kleidungsstücke her: einen schlüssigen, medizinisch stichhaltigen Beweis gibt es nicht. Heine selber hat sogar die »Berichtigung« formuliert, die im Juni 1849 in drei verschiedenen deutschen Zeitungen erschien: »Ich lasse dahingestellt seyn, ob man meine Krankheit bei ihrem rechten Namen genannt hat, ob sie eine Familienkrankheit (eine Krankheit die man der Familie verdankt) oder eine jener Privatkrankheiten ist woran der Deutsche der im Auslande privatisirt zu leiden pflegt, ob sie ein französisches ramollissement de la moëlle épinière oder eine deutsche Rückgratschwindsucht ist – so viel weiß ich daß sie eine sehr garstige Krankheit ist die mich Tag und Nacht foltert, und nicht bloß mein Nervensystem, sondern auch das Gedankensystem bedenklich zerrüttet hat.«

Es gibt eine einzige Quelle, die dem Rumor von der Geschlechtskrankheit Vorschub leistet, und die ist der Kranke selber – wenn man auch in Rechnung stellen muß, daß der Empfänger dieses Briefes deftige Anekdoten mit sexuellen Andeutungen besonders liebte. Im Juli 1855 schreibt Ferdinand Lassalle an Karl Marx: »Heine, bei dem ich auch erst einmal war, ist *äußerst* herunter. Sein Geist aber so hell und scharf wie je, nur etwas gegen die Welt verbittert, wie es mir schien. Er freute sich sehr, mich zu sehen und rief nach der ersten Begrüßung gleich aus (auf seinen Schwanz weisend): ›Sehen Sie, welcher Undank! Diese Partie, für die ich soviel getan habe, hat mich so weit gebracht.‹ Sein Anblick ist übrigens wirklich schreckenerregend. – Dich hält er in sehr freundlichem Angedenken.«

Das Phänomen ist nicht die Krankheit, sondern die bravouröse Disziplin, mit der Heine sein rasch fortschreitendes Siechtum bekämpft. Nicht die sich nicht schließende »Wunde Heine« gilt es zu bedenken, vielmehr das Wunder Heine. Sisyphus spielte mit einer Murmel – verglichen mit diesem Vulkan, der noch immer eine Lava-Fontäne aus glühendem Felsgeröll in den Himmel schießt. Heine liegt zwar im Bett – aber er ist aktiver denn je. Er engagiert Sekretäre und entläßt sie; er engagiert Pflegerinnen und entläßt sie; er holt seinen Arzt Wertheim zurück, den Mathilde mit Ohrfeigen aus dem Hause gescheucht hatte; er schwärmt von seiner Liebe zu Mathilde, der er zugleich bescheinigt: »so dick, so leidend, so trampelnd« zu sein, und: »gepflegt werde ich ganz außerordentlich«; er vergißt jedoch nicht hinzuzufügen: »aber sie ist doch mein einziger Verdruß«. Sein bizarrer Satz: »Ich bin in diesem Augenblick sehr krank und sehr beschäftigt« ist buchstäblich wahr. Heine liest – Goethe, Schiller, Spaldings »Vertraute Briefe, die Religion betreffend«, Spittlers »Grundriß der Geschichte der christlichen Kirche«, Tholucks »Predigten«, »Stunden christlicher Andacht« oder »Die religiöse Poesie der Juden in Spanien«. Diese Lektüre war weder zufällig noch folgenlos.

Vom »Laster« zu lästerlichen Gebeten: Heine, der immer wieder betonte, seine neue Beschäftigung mit Religion und Gott habe nichts mit seiner Krankheit zu tun, zimmerte sich, wie wir sahen, eine neue Sicht der Welt; deren Alltäglichkeit ihn ekelte und erbitterte. Während in der »Neuen Rheinischen Zeitung« Marx und Engels die Fanfaren des Kampfes schmettern ließen, tönten in Heines Ohren die Posaunen von Jericho. Marx' Artikel über die Juni-Revolution – am 23. Juni 1848 hatte das Pariser Proletariat sich erhoben, am 24. Juni war nach Straßenkämpfen der Belagerungszustand erklärt und am 25. Juni war von Cavaignac, der drei Tage später Ministerpräsident wurde, der Volksaufstand niedergeschlagen worden – klingen metallen: »Man wird uns fragen, ob wir keine Träne, keinen Seufzer, kein Wort für die Opfer haben, welche vor der Wut des Volkes fielen, für die Nationalgarde, die Mobilgarde, die republikanische Garde, die Linie? Der Staat wird ihre Witwen und Waisen pflegen, Dekrete werden sie bestatten, feierliche Leichenzüge werden ihre Reste zur Erde bestatten, die offizielle Presse wird sie unsterblich erklären, die europäische Reaktion wird ihnen huldigen vom Osten bis zum Westen. Aber die Plebejer, vom Hunger zerrissen, von der Presse geschmäht, von den Ärzten verlassen, von den Honetten Diebe gescholten, Brandstifter, Galeerensklaven, ihre Weiber und Kinder in noch grenzenloseres Elend gestürzt, ihre besten Lebenden über die See deportiert – ihnen den Lorbeer um die drohend finstere Stirn zu winden, das ist das *Vorrecht*, das ist das *Recht der demokratischen Presse*.«

Karl Marx – Heines begnadeter Schüler. Allein, der Lehrer hatte anderes im Kopf. Er arbeitete im selben Monat an seinem literarischen Testament – dem genauen Plan zu einer achtzehnbändigen Gesamtausgabe; er verfaßte auch ein weltliches Testament; und er schrieb ein blasses Gedicht »Hans ohne Land«, in dem er den soeben von der sich konstituierenden preußischen Nationalversammlung zum Reichsverweser erkorenen Erzherzog Johann von Österreich verspottete; dieser Onkel des Habsburger Kaisers (wegen seiner Ehe mit einer Postmeisterstochter nicht unpopulär) war politisch völlig machtlos, da die Paulskirchenversammlung finanziell wie militärisch von den Einzelstaaten abhängig blieb. Der pathetische Ton erhabener Trauer war gleichsam an Karl Marx ausgeliehen; bei Heine hätte er ohnehin dem stets bemißtrauten »Volk« nicht gegolten. Nun galt sein müder Spott einer politischen Randfigur; oder dem belächelten Kollegen Georg Herwegh, der mit einer räuberzivilistischen Truppe von Handwerkern – »Deutsche Demokratische Legion« – aus dem Pariser Exil über den Rhein gezogen war, wo er nach wenigen Tagen von Soldaten des Württembergischen Militärs geschlagen wurde. Herweghs Flucht in die Schweiz, versteckt unter den Planen eines von seiner Frau gelenkten Wagens, regte Heine zu dem Gedicht »Simplizissimus I« an – das ihm jedoch so fragwürdig erschien, daß er zu Lebzeiten den Druck verhinderte.

»[…] und ich liebe doch das Leben mit so inbrünstiger Leidenschaft« – dieser Aufschrei bestimmt die Tonfolge der ersten Krankheitsjahre. Heine – der immer wieder eine Übersiedlung nach Hamburg erwägt – bestellt sein Haus. Im Kopf. In der Seele. In der Poesie.

Im Kopf – mit aller verbleibenden Kraft, mit allen möglichen, an frühere Zeiten gemahnenden Intrigen treibt er die Verhandlung mit Campe wegen der Gesamtausgabe voran. Er führt andere, verlockende Angebote an, er stiftet Bruder Gustav zu Zwischenverhandlungen an, er lockt mit neuen Arbeiten, die zu integrieren wären.

In der Seele – die Verabschiedung Hegels und die Inthronisation eines »wirklichen, persönlichen Gottes« lassen ihn sogar Gedichte »aus der blasphemischen Periode« verbrennen, lassen ihn immer wieder versuchen, den Grund seiner Existenz neu zu bestimmen: »Ich bin kein Frömmler geworden […] wie nahe ich auch der Gottheit gekommen, so steht mir doch der Himmel noch ziemlich fern; glauben Sie nicht den umlaufenden Gerüchten«, schreibt er an Campe, »als sey ich ein frommes Lämmlein geworden. Die religiöse Umwälzung, die in mir sich ereignete, ist eine bloß geistige, mehr ein Akt meines Denkens als des seligen Empfindelns, und das Krankenbett hat durchaus wenig Antheil daran, wie ich mir fest bewußt bin.«

In der Poesie – Heine arbeitet »an der dritten Säule« seines lyrischen Ruhmes: es entstehen die »Romanzero«-Gedichte. Da liegt einer auf drei am Fußboden übereinander geschichteten Matratzen, halb blind, halb gelähmt; von Schmerzen durchjagt; von Geldsorgen wegen der hohen Krankheitskosten bedrückt; von Freund Laube – dessen Buch »Das erste deutsche Parlament« er als »Verrath an der Sache der Vernunft und der Wahrheit« betrachtet – enttäuscht; von den meisten gemieden – »Ich lebe ganz isolirt und sehe wenig Deutsche«; von vielen bereits totgesagt – er lebe zufällig noch, läßt er Marx ausrichten; da liegt dieser deutsche Tantalus und schreibt Gedichte. Mal entfernt sich das Projekt, aus ihnen ein neues Buch zu formen, weil seine Krankheit ihm »nicht erlaubt, das flüchtig Crayonnirte aufzuzeichnen und für den Druck zu ordnen«, mal rückt es nahe, weil ihm nun ganze Tage zur Verfügung stehen, »nur Poetisches« zu verfassen. Campe schickt ihm die Korrekturbögen des »Romanzero«, und Heine verfolgt Satz und Druck aufs akribischste, kämpft um die Änderung einer Strophe oder schimpft über die »typographische Maulsperre«, weil der Verleger mit nur vier Strophen pro Seite das Buch zu strecken sucht. Als es dann endlich soweit ist, wird der sieche Dichter zu seinem strengsten Richter: »Meine neuen Gedichte haben weder die künstlerische Vollendung, noch die innere Geistigkeit, noch die schwellende Kraft meiner früheren Gedichte, aber die

Stoffe sind anziehender, kollorirter, und vielleicht auch die Behandlung macht sie der großen Menge zugänglicher, und das kann ihnen wohl einen Succes und nachhaltige Popularität verschaffen.«

Er ist sich selber gegenüber ungerecht. Sein Poetik-Katapult ist voller Energie, schnellt wie eh und je unverschämte Reime – »Tochter« auf »vermocht' er«; »Rücken« auf »Eunucken«, »Thier« auf »Kaschimir«; »unverzückert« auf »geschlückert« – empor, und seine in Deutschland als besonders despektierlich empfundene gedankliche Keßheit hat kein bißchen nachgelassen; das Gedicht »Maria Antoinette« etwa ist so gut in Blutrot getauchte Rokoko-Rempelei wie harsches Urteil über die revolutionären Henker:

Das sind die Folgen der Revoluzion
Und ihrer fatalen Doktrine;
An Allem ist Schuld Jean Jacques Rousseau,
Voltaire und die Guillotine.

Die Farben auf Heines Palette sind durchaus nicht verblaßt; er mischt sein heiteres Blaurosa des Pariser Gesellschaftsklatsches ungeniert mit dem verschatteten Braunschwarz seiner Melancholie. So kann er im Chanson-Rhythmus über eine Pariser Salonschönheit des Empire Napoleon III., die Gräfin Marie Kalergis, fabulieren, auf die Théophile Gautier sein im Januar 1849 publiziertes Gedicht »Symphonie en blanc majeur« gemünzt hatte; Heine liebt derlei mondäne Kassiber und amüsiert sich schon bei der Vorveröffentlichung in der »Revue des Deux Mondes«, daß »der weiße Elephant«, ein »Spaßgedicht auf eine wohlbekannte Dame des hiesigen Hofes«, gewiß viel Aufsehen machen werde:

Die Dichter jagen vergebens nach Bildern,
Um ihre weiße Haut zu schildern;
Selbst Gautier ist dessen nicht kapabel, –
O diese Weiße ist *implacable*!

Toulouse-Lautrec war noch gar nicht geboren; aber Heine malt schon wie der gräfliche Krüppel. Jener scheute sich nicht, Cancan-Plakate drucken zu lassen – dieser scheute sich nicht, Orient-Schlager zu dichten. »Der Dichter Firdusi« ist eines der Beispiele für Heines Virtuosität, die ihn mühelos Rollen, Kostüme, Szenarien wechseln läßt, immer in der Gewißheit, sein Publikum werde ihn schon verstehen. Das ist die Gefahr des Schlagermelodiösen, der Heine keineswegs immer entgeht. Der Schlager ist ja die Trivialvariante des Gedichts: wo dieses das Ungewöhnliche – oft Unverständliche – formuliert, wiegt jener sich im Einverständnis mit dem Publikum, rhythmisiert lediglich das Erwartete.

Die Erzählung vom Verrat des mächtigen und reichen Schahs am armen, aber stolzen und charakterfesten Dichter Firdusi, Autor des persischen Nationalepos Schâch-Nâme, lebt von den deutlichen Anspielungen auf Heines Erbschaftsstreit mit dem Nachfahren des reichen Onkels Salomon, dem Vetter Carl. Der zweite Teil des epischen Gedichts ist unverhohlen Widerhall von Heines enttäuschter Liebe zum Hamburger Millionär, den er ja in trotzigem Anspruch verehrte und von dem er sich – durch das überaus kärgliche Legat; Silber statt Gold in der Firdusi-Parabel – belogen wie auch gedemütigt fühlte; eben wie der persische Dichter, dem der »Ehrensold für seine Dichtung« in kränkend kleiner Münze gezahlt wurde:

Hätt' er menschlich ordinär
Nicht gehalten, was versprochen,
Hätt' er nur sein Wort gebrochen,
Zürnen wollt' ich nimmermehr.

Aber unverzeihlich ist,
Daß er mich getäuscht so schnöde
Durch den Doppelsinn der Rede
Und des Schweigens größre List.

Stattlich war er, würdevoll
Von Gestalt und von Geberden,
Wen'ge glichen ihm auf Erden,
War ein König jeder Zoll.

Wie die Sonn' am Himmelsbogen,
Feuerblicks, sah er mich an,
Er, der Wahrheit stolzer Mann –
Und er hat mich doch belogen.

Mit ungebrochener poetischer Kraft vermag Heine die ganz persönliche Unbill in die wundervoll klingende Sage aus ferner Welt zu transportieren und dadurch in eine eigene Form der politischen Klage zu überhöhen: Der Firdusi seines Gedichts scheitert an Herrscherwillkür; es ist damit ein Gesang von Herr und Knecht, ein Abgesang auf den Absolutismus, ein Haßgesang auf Willkür und Verfügungswahn, die Marx zum Moralgesetz der Klassengesellschaft erklären wird. Heine weiß, daß man sich der Zuckererbsen erinnern wird, wenn er nun den spätreuigen Schah seine »Kamehle« für den im Elend lebenden Dichter beladen läßt:

Auch Confituren und Mandeltorten,
Und Pfefferkuchen von allen Sorten.

Und er weiß, daß man sich an anderes – an einen anderen, an Heinrich Heine – eines Tages erinnern wird, wenn die »Karawane mit Lärmen und Schreyn« vorübergezogen ist:

Doch durch das Ost-Thor am andern End'
Von Thus, zog in demselben Moment
Zur Stadt hinaus der Leichenzug,
Der den todten Firdusi zu Grabe trug.

Das ist ein Verweis im doppelten Sinne des Wortes – Strafmandat für die vermessenen Macher, die kunstfremd an den Schöpferischen bestenfalls ein Trinkgeld austeilen; und Hinweis auf die eigene Befindlichkeit. Unüberhörbar klingt als Leitmotiv des »Romanzero« das große Vergebens. So erspart sich Heine im Abschnitt »Lamentazionen« nicht die schwarze Prophetie:

Keine Messe wird man singen,
Keinen Kadosch wird man sagen,
Nichts gesagt und nichts gesungen
Wird an meinen Sterbetagen.

Der Zyklus ist durchzogen vom Ton des Abschieds, vom Gedanken an das zerronnene Leben, vom Blick auf den erlöschenden Glanz der Sonne, vom Geräusch der Lazarus-Klapper, vom Lauschen auf den Hufschlag: »Das ist der böse Thanatos« – ist grundiert vom Gefühl des bleibenden Unglücks, das das Motto-Gedicht der »Lamentazionen« prägt:

Das Glück ist eine leichte Dirne,
Und weilt nicht gern am selben Ort;
Sie streicht das Haar dir von der Stirne
Und küßt dich rasch und flattert fort.

Frau Unglück hat im Gegentheile
Dich liebefest an's Herz gedrückt;
Sie sagt, sie habe keine Eile,
Setzt sich zu dir an's Bett und strickt.

Die deutsche Kritik, schon damals bibelfest und stilunsicher, wußte an dem – übrigens rasch ins Französische, Englische und sogar Russische übersetzten – Gedicht vor allem zu rügen, daß »Glück« und »Unglück« Neutra seien, was bedeute, daß Heinrich Heine das Deutsche »radebreche«.

Ohnehin hatte das Buch ein absonderliches Schicksal. Vorausgegangen war ein ernsthaftes Zerwürfnis mit dem Verleger, der seinem Autor übelgenommen hatte, daß er ihm seit November 1846 eine Gesamtausgabe abpressen wollte und dabei nicht einmal davor zurückschreckte, seinen drohenden Tod als Druckmittel einzusetzen. Campe empfand Heines Bemerkung, daß er wohl auf seinen Tod als gute Möglichkeit für Reklame warte, als Unterstellung und brach den Briefwechsel ab. Zwischen 1848 und 1851 existieren lediglich Briefe von Heine an Campe. Der meldete sich im Frühjahr 1851 nur mit der Zusendung einer Kiste mit Büchern, untersagte sich aber ansonsten jede Antwort aus Sorge, daß ihre Schärfe Heine noch mehr kränken würde. Selbst ein dramatisches Schreiben Heines blieb ohne Echo: »Da ich die Gründe Ihres langjährigen Zögerns in Beantwortung der wichtigen Anfragen durchaus nicht kenne, so darf ich dieselben von vornherein nicht allzuherbe verdammen, aber so viel weiß ich, daß Sie durch Ihre Zögerniß meinen litterärischen Interessen großen Schaden zugefügt und vielleicht unverantwortliche und unwiederbringliche Zerstörnisse verursacht haben. In einer Zeit, wo in der Außenwelt die größten Revoluzionen vorfielen und auch in meiner inneren Geisteswelt bedeutende Umwälzungen stattfanden, hätte schnell ins Publicum gefördert werden müssen, was geschrieben vorhanden lag [...]«.

Das ist der Brief, in dem Heine davon berichtet, daß er viele Arbeiten seiner »blasphematorischen Periode« verbrannt und davon, daß er beim Knistern der Flammen nicht mehr recht gewußt habe, ob er ein Heros oder ein Wahnsinniger gewesen sei, und in dem er auch die »Umwälzungen« als religiöse Revision definiert. Campe muß von diesem »document humain« berührt gewesen sein, die Erklärungen, die er einem Vertrauten gab, zeugen zum einen von ungebeugter Herrscherlichkeit und zum anderen von schlechtem Gewissen. Er »vindiciere« sich das Recht, schreibt er im Oktober 1851 an Adolf Stahr, »ein Sonderling seyn zu dürfen«, wenn er dazu Lust habe, ebenso wohl, als irgendein Privatmann: »Dadurch, daß ich [...] 3 Jahre hindurch seine Briefe nicht beantwortete, hat die Literatur vielleicht ein paar Bücher weniger bekommen, was mir leid ist, u niemand verliert dadurch mehr, als eben ich selbst. Aber ich trage zuviel Selbstgefühl, als daß ich mich zum Johann irgend eines Menschen herleihen mögte.«

Der Kaufmann als Schah. Dieser Brief wäre einen Essay wert über das janusköpfige Wesen namens Verleger, der stets auf der Grenze zwischen Dienen und Selbstgefälligkeit balanciert, einerseits um die Früchte aus den Gärten aller Firdusis buhlend, andererseits um den Preis feilschend, mal werbend, mal abschätzig, das Selbstgefühl höher stellend als den Verlust »um ein paar Bücher weniger für die Literatur« und sich selber gerne überhebend: Johann hießen damals die Kutscher. Der gebildete, halsstarrige, hochfahrende und zwischen Wachsamkeit, Feigheit und Mut immer hin und her lavierende Julius Campe war das Holz, aus dem bis zum heutigen Tage Verleger geschnitzt sind. Sie publizieren gerne Fotoalben, in denen sie im Kreise ihrer möglichst berühmten Autoren zu besichtigen sind, gelegentlich auch Briefbände mit den beflissenen Schreiben der Abhängigen, und sie verweisen auf Widmungsgedichte oder Memoirenpassagen, in denen sie erwähnt werden. Doch ihre Leistung wird nicht geschmälert, wenn man sich vergegenwärtigt: geschrieben haben die Bücher nun einmal die Autoren – Thomas Mann oder Robert Musil oder Bertolt Brecht, und auch ohne Samuel Fischer, Ernst Rowohlt und Peter Suhrkamp hätte es sie gegeben. Umgekehrt ist das fraglich.

Auch Campes Leistungen sind unübersehbar. Heine war durchaus das, was man heute einen »Profi« nennt – er wußte genau, wie wichtig der Hamburger Verlag für ihn war. So benutzte er zwar allerlei listenreiche Tricks und Drohungen, etwa mit einer möglichen Subskriptionsausgabe bei einem anderen Verlag; ernsthaft wollte er weder die Subskription noch »den Schmock«, den Wiener Pseudoverleger Joseph Adalbert Bacher. Daher gibt er sich mal nicht aggressiv, sondern versöhnlich:

»Liebster Campe! Das beste Epitheton, das ich Ihrem Stillschweigen beilegen kann ist, daß es kindisch ist [...]. Lassen Sie doch das kindische Stillschweigen; [...].

Schreiben Sie mir bald; Ihr Stillschweigen hat mir viel geschadet und auch Ihnen wird mittelbar kein Nutzen daraus erwachsen [...] ich habe Nichts beschlossen, aber Viel angehört, und da Sie mich weder als Charlatan noch als Lügner kennen, so dürfen Sie mir wohl auf mein Wort glauben, wenn ich Ihnen sage, daß ich mich mit einem Federzug aus allen meinen Nöthen reißen könnte, vorausgesetzt, daß es Julius Campe's ernstliche Absicht wäre, meine billigsten Ansprüche unbeachtet zu lassen. Sie kennen den Zustand meiner Finanzen; Sie wissen das Carl Heine's Großmuth kaum bis an die Waden meiner Bedürfnisse reicht [...].

Sie wissen, ich habe das Buch der Lieder Ihnen nicht angepriesen, ehe es gedruckt war; Sie wissen, dasselbe war der Fall mit den neuen Gedichten und die dritte Säule meines lyrischen Ruhmes wird vielleicht ebenfalls von gutem Marmor, wonichtgar von besserem Stoffe sein.«

Die Rue d'Amsterdam zu Paris war die Kommandozentrale einer kranken Weltmacht, keine 60 Kilo an Gewicht, doch ihres Gewichtes sich ganz sicher: der sieche Heine intrigierte, finanzierte, fingierte. Er schickte mal den Bruder Gustav zu dubiosen Verhandlungen vor, mal den ihm sehr ergebenen Kollegen Georg Weerth, der ihn, ausgestattet mit Empfehlungen von Marx, Engels und von Heines neuem Sekretär Richard Reinhardt, im Februar 1851 aufgesucht hatte. Weerth war von dem Besuch bei »dem deutschen Dichter«, den er »unter allen neueren Autoren am meisten ehre und liebe«, tief beeindruckt und konnte Heine schon im selben Monat von seiner kollegialen Intervention bei Campe, mit dem er sich »ganz herrlich gezankt« hat, berichten, daß dieser es innerlich sehr bedauert habe, so lange geschwiegen zu haben, und daß er noch im Frühjahr nach Paris reisen werde. Die große Bataille flaute ab, noch allerlei Scharmützel flackerten auf. Heine spottete über die Verlagsproduktion, die ihn mit jenem

Bücherpaket erreichte – statt das Geld in derlei zu investieren, hätte der Verleger es besser gleich an ihn schicken sollen; auch schilderte er sich wieder drohend als »mit einem Fuß im Grabe« stehend. Doch bald kann Weerth mit dem ihm eigenen Humor die Paris-Reise des Tycoons avisieren, der nach Art der großen Herren bereits Begleitung akquiriert hatte – und nicht nur die: »Mehr als alles Andere ist mir aber der Umstand wichtig, daß Campe, nach der Versicherung seiner Leute, ›große Pantoffeln‹ für seine Reise bestellt hat – – Bei allen andern Völkern würde dies ein Beweis sein, daß Jemand ruhig zu Hause zu bleiben gedenkt; wenn aber ein Deutscher seine Pantoffeln anzieht, so kann man gewiß sein, daß er etwas sehr Großes im Schilde führt.«

Als Julius Campe am 20. Juli 1851 an der »Etagenthür« von Heines Wohnung läutete, verwehrte eine Zofe ihm den Eintritt mit den Worten, der Dichter sei »si malade il ne parlera à personne«, woraufhin der resolute Geschäftsmann die denkwürdigen Worte: »Il n'y a aucune Règle sans exception« sprach und vorgelassen wurde. Er unterhielt sich mit Heine »so lebendig, so geistreich«, wie er ihn »in gesunden Tage nicht gefunden«, fast vier Stunden aufs angeregteste und besiegelte die alte freundschaftliche Beziehung aufs neue. Der Pakt hielt. Heine erhielt einen höchst lukrativen Vertrag für das »Romanzero«-Buch über insgesamt »Sechs Tausend Mark Hamburger Banko, oder Zwölf Tausend Franken«. Beide überboten sich nun in ihrem Enthusiasmus – Campe, wie Heine sich in einem klüglichen Bestätigungsbrief erinnerte, huldigte seinem Autor: »Sie können nichts schlechtes schreiben, und Sie brauchen mir nur ein Buch und Ihren Namen dabei zu geben«; Heine wiederum prophezeite, daß er am Ruine des »Buch der Lieder« arbeite.

Beide sollten recht behalten. Der »Romanzero« erschien Mitte Oktober 1851 in einer Erstauflage von 5.000 Stück. Das erste Buch mit einem illustrierten Schutzumschlag wurde ein sensationeller Erfolg. Campe druckte bereits zwei Wochen später die zweite Auflage, im Dezember eine dritte und vierte, insgesamt knapp 20.000 Bücher, für die damalige Zeit eine ungewöhnlich hohe Anzahl. Was auch der Verleger nicht zu bereuen brauchte – hatte er den Vertrag doch auch für sich lukrativ paraphiert: Heine hatte ihm »die buchhändlerische Ausbeutung [...] der gestallt verkauft, daß dieser in das volle Eigenthumsrecht des Verfaßers tritt; so oft und soviele Auflagen davon, gleichviel in welchem Format, abdrucken darf, als ihm gefällt und erforderlich werden dürften [...]«. Nur in einem hatte Heine sich geirrt – vom »Buch der Lieder« war im Februar 1851 immerhin die 9. Auflage erschienen. Er war jetzt nicht mehr nur berühmt, sondern auch erfolgreich – von der Moskauer »Literaturnaja Gazeta« bis zur Pariser »Revue des Deux Mondes« wurden allenthalben Texte von ihm gedruckt, das Ballett »Der Doktor Faust. Ein Tanzpoem« wurde zwar nicht aufgeführt, aber doch publiziert. Die Muse der Bühne war Heine nicht hold – auch das 1846 im Auftrag des Londoner Operndirektors Benjamin Lumley verfaßte Ballett »Die Göttin Diana« blieb, obwohl honoriert, unaufgeführt. Aber ob in einer »Revue Suisse«, in einem Leipziger »Album für Deutschlands Töchter« oder in einer Londoner Vorstellung von »Metrical Translations from the German«: Heine war nun »notorisch«, wie Sigmund Freud den eigenen Ruhm umschrieb.

Die Aufnahme des »Romanzero« durch die Literaturkritik indes blieb geteilt. Heine selber hatte vorausgesehen, daß Campes übertriebener Werbeaufwand Folgen haben würde:

»[...] die Art und Weise, wie mein Buchhändler die Sache betreibt, muß eine Reakzion gegen mich hervorbringen, selbst wenn ich ein Homer oder Shakespeare wäre.« Und prompt rügte im »Dresdner Journal« einer der ersten Rezensenten das sich »ankündigende literarische Hundegebell« und das »Klappern, welches zum Komödiantenthum, durchaus aber nicht zum Handwerk der Schriftstellerei gehört«.

Das war noch eher dem Verleger als dem Autor anzulasten. Der Chorus der Kritik pegelte sich aber rasch auf die gegenüber Heine schon obligaten Vorbehalte ein, von: »Es ist Heine zu keiner Zeit rechter Ernst mit einer Sache gewesen«, über: »dieselbe graziöse Frivolität, dieselbe süß vergiftete Sinnlichkeit« zur: »Genialität und Ungezogenheit«. Heinrich Heine, ob munter durch den Harz ziehend, und – ungeahndeter Frevel – am Ende des Bürgers liebstes Standbild in Weimar frech besuchend, hedonistisch die Pariser Boulevards entlang flanierend oder nun in der »Matratzengruft«, wie sie im »Romanzero«-Nachwort heißt, lebendig begraben: der von Harry zu Henri mutierte Heinrich Heine konnte es seinen Deutschen nie recht machen; mit der Witterung feiner Herrenrassen-Nasen erschnupperten sie immer den Fremden. Die allererste Rezension, dreiteilig vom 30. Oktober bis 2. November in der »Breslauer Zeitung« zu lesen, schlug diesen Akkord an: »Der Fluch, der auf Israel ruht, und der, trotz Atheismus, Emanzipation und Revolution, nicht gehoben ist, hat drei Kinder dieses Volkes verschont. Diese drei scheinen Alles, was von Segen noch ihrem Volke gelassen wurde, auf sich konzentrirt zu haben. Diese drei sind: Rothschild, gesegnet durch den Wohlklang des Goldes, Meyerbeer, gesegnet durch den Wohlklang der Töne, Heinrich Heine, gesegnet durch den Wohlklang der Sprache.«

Entartet hieß damals noch »Ausartung«, pervers hieß noch »liederlich« – aber die Summa-iniuria-Verwerfung bemühte bereits die Dreieinigkeit »Immoralität, Frivolität, Zynismus«. Verbrennen hätte man den Juden Heine erst ein Jahrhundert später können. Verbannen konnte man den Außenseiter schon zu Lebzeiten. Verbieten allemal. Die Zensur der Vormärzzeit war zwar abgeschafft, die deutsche Bundesversammlung vom 3. März 1848 hatte die Maßnahme aufgehoben, derzufolge alle Druckerzeugnisse unter 20 Bogen durch die Landesbehörden zu genehmigen seien. Aber eine verschärfte Pressegesetzgebung hatte mit der Androhung von Konzessionsentziehung für Drucker und Verleger oder »polizeilicher Verweisung« von Redakteuren flexiblere Instrumente in der Hand. »Oesterreich ist also für das Buch *verschloßen*«, mußte Campe das erste Verbot im November vermelden. Auch wenn Heine das anfangs für eine Maßnahme gegen den Verleger und nicht gegen den Autor hielt – »obgleich das Buch selbst nicht zu jenen böswilligen Schriften gehört und der Verfasser vielmehr nie und nimmer sich gegen die österreichische Regierung vergangen hat« –; auch wenn er von Wiener Buchhändler-Mißgunst und allerlei Intrigen wissen wollte; auch wenn er sich – das »Maria Antoinette«-Gedicht galt als Vorwand – belustigte, »wahrlich, den Östreichern ist es nichts neues, daß Maria Antoinette geköpft worden« –: das Buch blieb verboten.

Es wurde sogar verbrannt. Am 19. Februar 1852 erkannte das Berliner Stadt- beziehungsweise Kriminalgericht auf »Vernichtung«; aus Stettin wurden 18 »confiscirte« Exemplare nach Berlin geschickt und verbrannt, Bayern, Württemberg und andere deutsche Staaten folgten. Über beifällige Berichte der Zeitungen, die aus »Gründen der Sittlichkeit«

applaudierten, empörte sich der Hamburger Gentleman Campe: »Ist es doch so zu betrachten, als hätten wir priapische Romane überboten! [...]. Der Deutsche ist ein Vieh, wenn er von verletzter Moralität hört.« Was Campe vermutlich nicht wußte: daß Julian Schmidt in einem Artikel im »Grenzboten« tatsächlich von der »priapischen Poesie« des »Romanzero« gesprochen hatte. Es war ein unheimliches Wechselspiel zwischen einer Literaturkritik, die sich zum Büttel machte, und einer politischen Polizei, die eilends die ihr so wohlfeil gelieferte Waffe einsetzte. Nicht ästhetische Kriterien wurden formuliert, sondern moralische Bannbullen ausgegeben. Abgehört wurde nicht der poetische Ton, sondern der vermeintlich fliegende Puls, weil ja »Krankheitsstoff« zur Debatte stand, wie in einer großen Verdammungssuada zu lesen war.

»Positiv und wahrhaft in dieser ungeheuren und bodenlosen Lüge, in der es nichts Festes, nichts Dauerndes, nichts Heiliges, weder Sittlichkeit noch Vaterland noch Freiheit, weder Haß noch Liebe, weder Schmerz noch Lust mehr giebt, sondern nur die Wollust der Selbstverhöhnung, die neben ihrer Wollust doch auch zugleich ihre Qual und Pein empfindet und die eine wie die andere gleichmäßig verachtet – positiv und wahrhaft ist nur das unvergleichliche Talent, das diese Lüge plastisch zu gestalten und sie dadurch sogar zu einer gewissen ästhetischen Versöhnung zu bringen weiß.« Weswegen ihm dann dereinst der Ehrentitel »unbekannter Dichter« verliehen werden wird; ganz unbegabt war der Kerl halt nicht, nur ein Ferkel, ein Vaterlandsverhöhner, ein Heilloser – die »Loreley« kaufte man ihm ab für Rheindampferfahrten.

Heine wehrte sich auf seine Weise; er arbeitete. Und zwar

an der Zusammenstellung seiner früheren – oft vom zensurbesorgten Redakteur Kolb gekürzten, oft auch gar nicht erschienenen – Artikel für die Augsburger »Allgemeine Zeitung«. Wobei man sich verdeutlichen muß, daß ein Autor jener Zeit ja keine Kopien hatte – er mußte sich in zäher Bitt-Korrespondenz die eigenen Arbeiten zurückfordern, um sie sichten, redigieren, bearbeiten zu können. Einerseits erwägte der hinfällige Poet die Übersiedlung in ein »Maison de santé«, klagte herzzerreißend: »Ich leide Tag und Nacht an den grausenhaftesten Contrakzionen [...] Ich fürchte – ich möchte fast sagen, ich hoffe, daß ich den Winter nicht überstehe«, verfaßte ein abermaliges Testament zu Mathildes Gunsten als Universalerbin – andererseits schreibt er von der »gar zu großen Lust«, frühere Arbeiten wie die »Romantische Schule« zu erweitern, Studien über Grabbe, Kleist, Immermann anzufügen, und bald schon fällt ein neuer Titel, wenn er im Juni 1852 dem Verleger ankündigt: »[...] in meinem Geiste formirt sich ein Buch, welches Blüthe und Frucht, die ganze Ausbeute meiner Forschungen während einem Vierteljahrhundert in Paris sein wird, und wo nicht als Geschichtsbuch, doch gewiß als eine Chrestomathie guter publicistischer Prosa, sich in der deutschen Literatur erhalten wird.«

Lutetia soll das Buch heißen. Das ist der lateinische Name von Paris. Die Huldigung eines Sterbenden an die Metropole der Welt – Heine, der keinen Schritt mehr gehen konnte, wollte noch einmal durch die geliebte Stadt schlendern, Museen, Opern, Bilderausstellungen und die großen Autoren von Hugo bis Balzac Revue passieren lassen, ein bewegungsloser Flaneur. Sein Glückspanorama jedoch wurde vorerst nicht goutiert. Campe weigerte sich, das geplante Buch unter Vertrag zu nehmen. Er wollte nicht nur das von Heine geforderte Honorar von 6.000 Mark banko nicht zahlen, er wollte – unbeeindruckt von dessen Selbstreklame für das »Musterbuch von stehendem Werth« – gar nichts bezahlen. Der Verleger war wie gelähmt von den »Romanzero«-Verboten. Der gelähmte Autor war wie elektrisiert von dem Gedanken, ein Buch zusammenzustellen, dessen Held nicht Louis Philippe sein würde, sondern: »der wahre Held desselben ist die sociale Bewegung«.

Es folgte eine lange, unerquickliche Rangelei, in deren Verlauf Heine damit drohte, das Buch einem anderen Verleger anzuvertrauen, den Bruder Maximilian vorschickte, der wiederum andeuten sollte, daß Heines zweiter Bruder Gustav die Publikation in eigene Hände nehmen könnte; Gustav wiederum wurde um einen fingierten Brief gebeten, mit dem Heine seinen Verleger glauben machen wollte, daß er ein seriöses Alternativ-Angebot habe – doch Campe blieb vorerst sehr gelassen, schlug Heine gar vor, das Buch getrost im Selbstverlag herauszugeben. Es wird lange dauern, bis man sich – statt auf die ersehnte Gesamtausgabe – auf eine Zusammenstellung »Vermischte Schriften« einigt, als deren zweiter und dritter Band endlich im Oktober 1854 zwei »Lutezia«-Bücher erschienen. Heine hatte zwei Jahre unter Aufbieten seiner letzten Kräfte daran gearbeitet: »Tag und Nacht beschäftigte mich diese Hundearbeit des Umarbeitens, des Hinzuschmiedens von etwa 8 bis 10 Bogen, Alles um *das Werk* artistisch vollendet und mit den Zeitfragen im Einklang erscheinen zu lassen.« Einer Selbstbeschwörung gleich betont er immer wieder seine »artistischen Interessen« und seinen Ehrgeiz, »das Ganze künstlerisch zu runden«, und während er klagt: »Mit mir geht es täglich schlechter; meine Sehkraft nimmt von Woche zu Woche ab, und ich sehe die Zeit voraus, wo auch mein Geist, der auf Momente noch stark war und heiter, den körperlichen Schmerzen erliegen wird«, wirft er sich den Rettungsring voran: »Das Ganze liest sich wie ein Roman, während es zugleich ein historisches Aktenstück ist, und mein prägnantester Styl sich darin kund gibt.«

Ein hochseltsamer Vorgang. Heine, der noch immer vorgab, an seinen Memoiren zu schreiben, der tatsächlich fast täglich an neuen Gedichten arbeitete, der vom Krankenbett aus Aktiengeschäfte betrieb, der ein vorletztes Mal – nach Batignolles bei Paris, wie sich bald herausstellte, in eine zu kalte und feuchte Wohnung – umzog, der sich um Nichtigkeiten wie zwei Karten für die Uraufführung von Hector Berlioz' »L' Enfance du Christ« kümmerte, nach wie vor gelegentlich Besucher empfing und sich (die meist hämischen) Kritiken von seinem Sekretär vorsortiert vorlesen ließ – Heine schreibt diese Memoiren nicht, aber er rollt sein Leben rückwärts auf; denn in »Lutezia« faßt er die Jahre 1840 bis 1848 zusammen: Bälle, Klatsch, Vernissagen, die Ära des Bürgerkönigs, den er als »Repräsentanten der Revoluzion« begreift, einen König der Franzosen, »nicht *parceque Bourbon*, sondern *quoique Bourbon*«. Das alles war seine Symphonie einer Großstadt – sein geliebtes Fischerbild von Robert, ein süffisantes Bonmot über Meyerbeer, eine Sottise über die neuen Kapitalisten, ein Nasenstüber für »die erkünstelte Schwermuth« von Chateaubriand oder die stete Fanfare »Toujours lui! Napoleon und wieder Napoleon!«. Heine, der nur sehr wenige Zwischentexte – etwa aus dem »May 1854« – in die alten Berichte einmontiert, hängt sich vor sein Matratzenlager die alten Glückshorizonte, ergötzt sich wohl auch an seiner alten Gelenkigkeit: »Ja, wer in Frankreich das Nazionalgefühl besitzt und begreift, übt den unwiderstehlichsten Zauber auf die

Masse, und kann sie nach Belieben lenken und treiben, ihnen das Geld oder das Blut abzapfen, und sie in alle möglichen Uniformen stecken, in die Rittertracht des Ruhmes oder in die Livree der Knechtschaft.«

Das genau – und zwar in Inhalt und Form – provozierte wahre Schimpfkanonaden in der deutschen Presse; noch Jahrzehnte später schreibt der Shakespeare-Forscher Michael Bernays von Heines »entehrendem Verhältniß zu Frankreich«, in dem er hauptsächlich anbiedernde Unehrlichkeit erkennt. Eine der ersten zeitgenössischen Rezensionen des »Lutezia«-Buches liest sich wie eine Vorwegnahme der Schmähungen von Karl Kraus. Sie höhnt Heine den »größten Feuilletonisten, den Deutschland bisher besessen hat«, und das Feuilleton eine französische Erfindung, eine Literaturform, in der es mehr darauf ankomme, wie etwas gesagt wird als was – »Selbst die Lüge ist gestattet, wenn sie als Witz erscheint«; es sei das Produkt einer »Nation, die nur für den Augenblick lebt und mehr Witz als Gedankentiefe besitzt [...]. In schöner Fassung und bei brillanter Beleuchtung läßt man sich auch falsche Edelsteine gefallen und nimmt sie für ächt.«

Kurzum: der krummnasige Undeutsche, der mit falschen Brillanten schachert. Ausgerechnet in der »Augsburger Allgemeinen« erschien ein – anonymer – Beitrag, der diesen Ton noch verschärfte, in dem der Verfasser sich allenfalls damit tröstet, »er gehört ja nicht zu den Unsern«, und dann resümiert: »Ohne Ehrfurcht, ohne Treue, Glauben und Liebe ist er jetzt gezwungen am Abend seines Lebens, auf seinem Sterbebette bei feilen Federn um ein Ehrlichkeitszeugniß zu betteln.« Solche Koppelschoß-Lyrik im Stabreim mag mit den feilen Federn wohl die Reaktion der französischen Presse auf die Pariser »Lutèce«-Ausgabe im Sinn gehabt haben – erstmals hatte der in Literaturkreisen zwar bekannte, von Eingeweihten gepriesene, aber ansonsten erfolglose, einem größeren Publikum in Paris unbekannte Heine einen veritablen Erfolg zu verzeichnen. »Das Buch des Heinrich Heine, ›Lutèce‹, ist der Gott des Tages«, heißt es ironisierend in einem deutschen Bericht, man nenne ihn »den deutschen Voltaire, den drittgrößten deutschen Dichter nach Schiller und Goethe«.

Doch gab es nicht nur strafende Monokel-Blitze; es gab auch ehrliche Entrüstung. Der alte Freund Varnhagen notiert entgeistert in seinem Tagebuch seine »Mißempfindung« über Heines volksverachtende Ausdrücke, über seine Beurteilung des Jahres 1848, »an denen sich die infame Kreuzzeitung erfreuen mag«, nicht er: »Dies an Heine zu erleben, ist mir eine wahre Demüthigung; ich werde dabei erinnert, daß schon vor einem Vierteljahrhundert Rahel große Gefahr der Ausartung voraussah, freilich in andrer Richtung, sie sprach von ›schmutzigem Harlekin‹; wie aber wenn solcher noch gar vornehm thun und der wohlgekleideten Aristokratie gefallen will! Armer Heine, warum nicht lieber früher gestorben!«

Die Angelegenheit war komplizierter. Solche Reaktionen bezogen sich ja auf die – in den »Vermischten Schriften« ebenfalls gedruckten – »Geständnisse«, auf »Retrospektive Aufklärung«, nur in geringerem Maße auf die alten Artikel der »Lutezia«. Doch was seine deutschen Freunde nicht kannten, gewiß nicht Varnhagen, offenbar auch weder Marx noch Engels, auch Freiligrath nicht und nicht Lassalle, war das »Préface« zur französischen Ausgabe der »Lutèce«. Es wird bis heute ungern zur Kenntnis genommen, war vornehmlich für die marxistische Heine-Forschung ein apokrypher Text – und ist doch eines der wichtigsten Dokumente überhaupt, ein tragisches De profundis. Heinrich Heines Lebensriß in der letzten großen Formulierung. Es ist die Magna Charta des großen Piraten, der noch einmal sein zerfetztes schwarzes Segel setzt, geraubten Lorbeer im zerrauften Haar, der die absynthenen Meere seiner Einsamkeit durchfurcht. Eine große Unabhängigkeitserklärung ist dieser Fünf-Seiten-Text, eine Deklaration der Verlorenheit – hier spricht in radikaler Modernität ein nur auf sich selber setzender einzelner, bar jeder Bindung an Gruppen, Ideologien oder Kampfesziele. In scharfschlüssiger Dialektik definiert Heine seinen historischen Ort, sein Grausen vor der bejahten Zukunft, sein Gruseln vor jeder verlockenden Verheißung. Er will nicht logisch sein – »Der Teufel ist ein Logiker, sagt Dante« –, vielmehr seine »Widersprüche und Leichtsinnigkeiten« einbekennen; er nimmt sich heraus, sowohl »die Misere der herrschenden Bourgeoisie in ihrer widerwärtigsten Blöße« zu zeigen wie den fahlen Terror derer, »denen die Zukunft gehört«:

»Dieses Geständniß, daß den Communisten die Zukunft gehört, machte ich im Tone der größten Angst und Besorgniß, und ach! diese Tonart war keineswegs eine Maske! In der That, nur mit Grauen und Schrecken denke ich an die Zeit wo jene dunklen Iconoklasten zur Herrschaft gelangen werden: mit ihren rohen Fäusten zerschlagen sie als dann alle Marmorbilder meiner geliebten Kunstwelt, sie zertrümmern alle jene phantastischen Schnurrpfeifereyen die dem Poeten so liebe waren; sie hacken mir meine Lorbeerwälder um und pflanzen darauf Kartoffeln, die Liljen welche nicht spannen und arbeiteten und doch so schön gekleidet waren wie König Salomon, werden ausgerauft aus dem Boden der Gesellschaft wenn sie nicht etwa zur Spindel greifen wollen, den Rosen den müßigen Nachtigallbräuten geht es nicht besser, die Nachtigallen, die unnützen Sänger werden fortgejagt und ach! mein Buch der Lieder wird der Krautkrämer zu Düten verwenden um Kaffe oder Schnupftabak darin zu schütten für die alten Weiber der Zukunft – Ach! das sehe ich alles voraus und eine unsägliche Betrübniß ergreift mich wenn ich an den Untergang denke womit meine Gedichte und die ganze alte Weltordnung von dem Communismus bedroht ist – Und dennoch ich gestehe es freimüthig, übt derselbe auf mein Gemüth einen Zauber, dessen ich mich nicht erwehren kann, in meiner Brust sprechen zwey Stimmen zu seinen Gunsten, die sich nicht zum Schweigen bringen lassen, die vielleicht nur diabolische Einflüsterungen sind – aber ich bin nun einmal davon besessen und keine exorcirende Gewalt kann sie bezwingen.«

Heine nimmt Abschied von der Zukunft. Noch einmal ist er Vorläufer: der des Paris-Flaneurs Walter Benjamin. Dessen grandios-schauriges Konzept von der Geschichte als Katastrophe ist auch das eines Heinrich Heine. Die politische Zukunft, akzeptiert und zu Teilen bejaht, ist zugleich seine Furcht. Damit verabschiedet er sich aus der Gegenwart, damit gründet er die eigene Vergangenheit. Die seines Ruhmes.

Der sterbende Fechter ficht den letzten Kampf

Ruhm hat ein scheckiges Federkleid. Es wird noch dauern, bis Heine im August 1855 – ein halbes Jahr vor seinem Tode – triumphieren kann: »Meine französischen Bücher machen einen Weltlerm.« Vorerst plustert der windige Lärm der Welt das Federkleid. »Ich bin krank wie ein Hund, arbeite wie ein Pferd, und bin arm wie eine Kirchmaus«, schreibt Heine hilfeflehend an James Rothschild. Die Matratzengruft ist eine Mischung aus monasterischer Dichterklause, Korrespondenzbüro, Anwaltskanzlei und Heim-Börse; der oft nächtelang von Erstickungsanfällen Geschüttelte vollführte wahrlich atemberaubende Transaktionen und Spekulationen. Innerhalb weniger Tage wurden im Januar 1852 Aktien der Eisenbahnlinie Paris-Straßburg abgestoßen, Aktien der Eisenbahnlinie Paris-Le Havre gekauft und fünf Tage später wieder verkauft – zwei Tage später erhielt der Baron Rothschild einen Brief mit der Bitte um finanzielle Unterstützung; einer der letzten Briefe, die Heine geschrieben hat, sechs Wochen vor seinem Tode, war der Auftrag, Eisenbahnaktien zu verkaufen und andere aufzukaufen.

Mathilde, über deren »Unfähigkeit häuslicher Einrichtung und Geschäftsführung« er klagte und der er zugleich nachrief: »Sie ist mir unentbehrlich in meinem Leiden, und mich graut vor dem Gedanken, daß ich sie verlassen muß« – Mathilde konnte bei alldem keine große Hilfe gewesen sein; noch um das Geringfügigste, eine Mütze für die Mutter, auch schon mal einen Pariser Hut für die Schwester, kümmerte sich da jemand, der zugleich täglich Gott bat, ihm seine »endliche Erlösung zu gönnen«. Heinrich Heine – ob in der zugigen und schlecht beheizten Wohnung in Batignolles-Barrière de Paris oder schließlich in der komfortableren in der Avenue Matignon an den Champs-Élysées – schlürfte das Leben, das aussträpfelte, in sich hinein. Er korrespondierte mit Berlioz und Sainte-Beuve, Guizot und Buloz, Dumas und Wilhelm von Humboldt, mit der Mutter Betty ohnehin, bei der er sich im Dezember 1854 vorgeblich zufrieden zeigte: »Die hiesigen Blätter enthalten sehr viele Artikel über mich, und sind des Lobes voll. Bei diesem Volk hat der Schriftsteller noch einen Dank für seine Mühsehligkeiten.«

Heinrich Heine ist nun wahrlich der sterbende Fechter – aber, gleichsam unter dem Kampfruf: »Ich sterbe an den Prügeln, die ich nicht austheilen kann«, legt er sich lustvoll seufzend die Rüstung an, um noch einmal zu kämpfen: gegen Raubdrucke seiner Bücher in New York und Amsterdam, gegen verfälschende Übersetzungen, gegen Schmähartikel in deutschen Zeitungen. Vor allem aber gegen und mit dem Verleger, den er lockt, daß »der poetische Heine […] noch ein bedeutend letztes Wort zu sagen hat«, bei dem er mit dem Erfolg der französischen »Lutezia«-Ausgabe prahlt, dem er den Vorschlag, »Atta Toll« und »Deutschland – Ein Wintermärchen« in einem Band zusammenzufassen, mit dem Hinweis auf noch viele unveröffentlichte Gedichte ablehnt und den er – vergebens – beauftragt, öffentlich dem Verbot des »Romanzero« wegen Unsittlichkeit entgegenzutreten: »Ich habe immer meine artistischen Interessen im Auge.«

Mit der Energie seines Geistes, mit dem Hunger seiner Neugier, mit der Kraft seines Genies ficht Heinrich Heine gegen den Tod. Während er seufzt: »Ich sterbe in großer Verstimmung und mit verschlossenen Lippen«, bestellt er Abdrucke seines Bronzemedaillons aus der Werkstatt von David d'Angers; während er spottet: »Ich sterbe verflucht langsam, aber ich fühle doch den täglichen Grabesfortschritt«, kontrolliert er die bevorstehende Veröffentlichung von »Götter im Exil« in der »Revue des Deux Mondes«; während er in Briefen auftrotzt, wieviel er arbeite, obwohl er krank sei, fragt er nach entlegensten Büchern über Magie und Dämonologie, bestellt sich Band 9 von Scheibls »Kloster-Mythologie der Volkssagen und Volksmärchen« oder Eisenmengers »Entdecktes Judentum«. Und er verschickt, etwa an den »Deutschen Musenalmanach« von Christian Schad, Gedichte: »Das hohe Lied« und »Lied der Marketenderin«. Als die – geschmückt mit einem Stahlstich nach dem von Charles-Gabriel Gleyre gezeichneten Heine-Porträt – im Dezember 1853 dort erschienen, wurde der »Musenalmanach« alsbald verboten.

Der Dichter mit den verschlossenen Lippen ist nicht verstummt. Heines späte Lyrik ist auf Moll eingestimmt. Den Grundakkord schlägt jenes »Lazarus«-Gedicht an, das als »La Vie de Lazare« zuerst in Taillandiers Übersetzung in der »Revue des Deux Mondes« erschien, Verse von »des Poeten Leichenhand«:

Mein Leib ist jetzt ein Leichnam, worin
Der Geist ist eingekerkert –
[...]
Ertrage die Schickung, und versuch
Gelinde zu flennen, zu beten.

Der Klage über das »Lebensleid« und dem »ich bin zu Grund gerichtet« stellt er den altbewährten zynisch-schnippischen Klang entgegen:

> O Herr! ich glaub', es wär das Beste,
> Du ließest mich in dieser Welt;
> Heil' nur zuvor mein Leibgebreste
> Und sorge auch für etwas Geld.

Heine ist sich seiner Melodie ganz sicher, mit geradezu souveräner Erhabenheit destilliert er ihren süßen Schmelz und variiert sein Schema wie sein Thema – nur der Schmerz produziert die Schönheit:

> Geheime Wollust schwelgt im Schmerz,
> Und Weinen ist ein süßer Balsam.
>
> Verwundet dich nicht fremde Hand,
> So mußt du selber dich verletzen;

Es ist eben diese Heine-Melodie, die ihm – noch einmal, ein letztes Mal – eine für diesen Ton erbarmungslos taube Kritik vorhielt. Mit der intriganten Kraft eines jungen Mannes kämpfte der früh gealterte Sterbende ja um diese letzten Gedichte, die er in einem eigenen Band vorstellen und nicht in der Ausgabe »Vermischte Schriften« verborgen sehen wollte. Den lakonisch zurückhaltenden Campe, der lieber seinen Plan der »Vermischten Schriften« verfolgte – »Ueber die Gedichte, habe ich kein Urtheil« –, versuchte Heine wieder einmal mit der erprobten Konkurrenz-Drohung aufzustacheln: »Cottas Steckenpferd ist die Lyrik und für einen Band Poesie könnte ich seine Hose haben.« Dem Unterhändler August Gathy, der ihn in Campes Auftrag im September 1853 besuchte, erklärte er: »Campe glaubt, er besitze den poetischen Heine vollständig [...] aber er irrt sich. O nein, noch lange nicht. Hier liegen der Gedichte noch viele, die der Augenblick erzeugt, womit ich meine Leiden verscheuche, Gedichte der Agonie. Noch bin ich nicht todt.«

Gedichte der Agonie, wohl wahr. Einzigartig in der Literatur, hat ein verlöschender Dichter das flackernde Licht seines Lebens noch einmal zu lächelnden Lemuren choreographiert, sein »Mich ruft der Tod« zu einem poetischen Hall werden lassen, hat das beinerne Pochen zu Rhythmen geformt, hat sich mit einem »Nicht gedacht soll seiner werden« den Abschied von sich selber zugerufen. Daß er den »Himmel, der bläulich und maylich« so verzagend wie verzierend auf »O schöne Welt, du bist abscheulich« reimte, verargte ihm die literarische Welt. Der getreue Freund Meißner sagte zwar fassungslos beim Lesen der Manuskripte: »Nie noch haben Sie dergleichen geschrieben und ich habe noch nie dergleichen Töne gehört«, und Heine antwortete ihm: »Ja, ich weiß es wohl, das ist schön, entsetzlich schön! Es ist eine Klage wie aus einem Grabe, da schreit ein Lebendigbegrabener durch die Nacht, oder gar eine Leiche, oder gar das Grab selbst. Ja ja, solche Töne hat die deutsche Lyrik noch nie vernommen«; aber in den Rezensionen wurden die Leiche als zu schön frisiert, das Grab als hohl verurteilt. Heines »cynisch-lascive Neigung zum Scandalosen« wurde bemängelt, seine »Eitelkeit, Lüsternheit und cynische Klatschsucht«, und selbst die Londoner Besprechung von Schads »Deutscher Musenalmanach« formulierte ein seltsames Mißverständnis:

»Never was the pen of Herr Heine more licentious than

when his own shattered condition, depicted in the engraving with terrible accuracy, was the subject of the sepulchral joke. Strange to say, the book that contained the picture and the poem was one of those smart little volumes that seem framed by the binder, as birthday gifts for sentimental young ladies, or as rewards of merit for proficient schoolboys. The book was a drawing-room book, intended to fill up the dull intervals of a soirée – [...].«

Raffiniert geschrieben, schlicht gedacht. Heines Sprachgebärde mag raffiniert sein, sein Denken ist streng.

Die Deutschen sind gnadenlos. Vollstrecker. Sie nehmen das elegante Reimparfüm – Holofernes auf modernes, Nilstromwasser auf Kinderabschlachtenlasser – für Rücksichtslosigkeit, den Fatalismus für fatal, das Lächeln im Tode für erstorbenes Grinsen. Sie ver-wechseln die Prägung der Kunst mit der Prägung barer Münze und bewegen beim Lesen die Lippen, mit denen sie »übermütig« buchstabieren, wenn einer spricht:

Der Hand entsinkt das Saitenspiel. In Scherben
Zerbricht das Glas, das ich so fröhlich eben
An meine übermüth'gen Lippen preßte.

Hochbedeutsame negative Dialektik. Heines kunstfertiges Ausbeuten des Volkstons ist weit entfernt vom Stimmenimitieren des Trivialen. Das Wesen der Trivialliteratur – ob Roman oder Schlager – besteht eben darin, stets nur eine Erwartungshaltung zu bedienen, das Bekannte zu variieren. Darin liegt ihr populärer Erfolg. Das Wesen der Kunst aber ist, das Unerwartete zu formulieren, auch den Schock – ob in der Malerei, in der Musik oder in der Literatur: Sie greift hinter den Horizont des Bekannten. Das Mißverstehen von Heines Werk hat darin seine Wurzel: die vermeintlich biegsame, gar anschmiegsame Wortmelodie birgt stets auch den Riß, das Fremde. Dieses Fremde ist seine Größe. Darum verübelte man sie ihm.

Heine kämpft gegen das Untergehen. Niemand kennt besser als er die doppelte Bedeutung des Wortes »eitel« – hoffärtig und vergebens. So erdichtet er sich einen Spiegel, in dem er – »Der Hals ist mir trocken, als hätt ich verschluckt / Die untergehende Sonne« – den fröhlichen Genießer von Rebensaft, Lindenbaum und Finkengezwitscher zugleich mit einem abgemergelten bleichen Konterfei erblickt:

Der Bursche behauptet er sey ich selbst,
Wir wären nur eins wir beide,
Wir wären ein einziger armer Mensch,
Der jetzt am Fieber leide.

Nicht in der Schenke von Godesberg,
In einer Krankenstube
Des fernen Paris befänden wir uns –
Du lügst du bleicher Bube.

Noch einmal der Spiegel, noch einmal das Spiel, noch einmal die Doppelheit aus Lust und Schmerz. Doch ist es nicht der Spiegel der Koketterie, es ist der Spiegel des Denkens: »Nur Narren wollen gefallen; der Starke will seine Gedanken geltend machen.« Mit dieser Stärke behielt er die Regie der Heine-Inszenierung in der Hand. Er verfaßte erneut ein Testament zu Mathildes Gunsten. Er beauftragte den Dichter Gérard de Nerval mit Übersetzungen. Er entließ den Sekretär

Reinhardt, weil der sich beschwert hatte, nicht als Übersetzer der »Lutèce« genannt worden zu sein. Er empfing Besucher – den Lyriker Pierre Jean de Béranger, den Schriftsteller Philibert Audebrand, den saint-simonistischen Politiker Michel Chevalier, den ungarischen Arzt David Gruby, den Theologen Leopold Zunz. Bald wird er nur noch einen Menschen zu sich lassen, dem wird er sich vorstellen: »Ein Todter, lechzend nach den lebendigsten Lebensgenüssen! Das ist schrecklich.«

Zuvor aber wechselte er noch einmal die Wohnung. Am 6. November 1854 bezog er die elegante Wohnung in der Avenue Matignon, auf deren Balkon gebettet, abgedeckt gegen Sonne und Licht, er auf die Champs-Élysées, auf den heutigen Rond Point blicken konnte. Wir erinnern uns, daß von fast allen Zeitgenossen Heines diverse Wohnungen als bescheiden – gar »hinter der eines französischen Autors zweiten oder dritten Ranges« weit zurückstehend – geschildert wurden, mal drei kleine Zimmer mit wenig Komfort, deren einzige Besonderheit eine »alte pockennarbige Mohrin mit einem buntseidenen Tuche um den Kopf« war, und mal, mit Aussicht auf die Jahresrente aus Hamburg, etwas luxuriöser mit großen Spiegeln, prächtigen goldenen Verzierungen, purpurnen Bett- und Fensterdekorationen, meist in den gehobenen, aber nicht vornehmen Bezirken Feydau, Faubourg Montmartre oder Faubourg Poissonnière. Die Wohnung in der Rue d'Amsterdam (das Haus, heute modernisiert, existiert noch), die er sechs Jahre innehatte, lag in der zweiten Etage eines Hinterhauses, selbstverständlich mit dem Extraeingang für Dienstboten und den in Paris üblichen Chambres-de-Bonne in den Mansarden des sechsten Stocks – ein Schlafzimmer zwischen zwei Kammern, Wohnzimmer, Eßzimmer, Toilette.

Heines letzte Wohnung in der Avenue Matignon, die er kurz nach einer Geschwulst-Operation am Rücken bezog, wurde von einer Besucherin beschrieben; wobei man sich verdeutlichen muß, daß das »niedrige Bett« mehrere übereinandergelegte Matratzen waren, aus denen Heine herausgehoben und ans Fenster oder auf den Balkon getragen werden mußte, damit er wehmütig-sehnsuchtsvoll die so lebendigen Spatzen oder ein pinkelndes Hündchen beobachten konnte. »Die Wohnung enthielt drei oder vier Zimmer, von denen eins das Eßzimmer war und zwei dem Herrn und der Frau vom Hause als Wohnräume dienten. Die Ausstattung des Krankenzimmers bestand aus einem ziemlich niedrigen Bette hinter einem Wandschirme, einigen Stühlen und einem Schreibtische aus Nußbaumholz, welcher der Thüre gegenüber stand. An der Wand hingen in Rahmen, die aus den ersten Regierungsjahren Louis Philipps stammten, zwei Kupferstiche, ›Die Schnitter‹ und ›Die Fischer‹, nach Léopold Robert. Die Fenster, welche nach der Straße zu lagen, führten auf einen kleinen Altan hinaus, der bei großer Hitze mit einem Zeltdache überspannt wurde, wie dies in ähnlicher Weise bei kleinen Kaffeehäusern zu geschehen pflegt.«

Wer war die Besucherin? Hätte sie nicht wirklich gelebt, könnte man annehmen, daß sie eine Erfindung von Heinrich Heine sei – Fee, Alraune, Engel aus einem heiteren Poussin-Himmel, den der in die Hölle Gestürzte über sich malte. Doch nicht aus phantasmagorischen Fernen, sondern mit der Samstagspost kam die erste Botschaft; im Juni 1855 erhielt Heine diesen Brief: »Schon seit Jahren, mein Herr, seit dem Tage, an dem ich zum ersten Mal in Ihren Werken las, hatte ich das Empfinden, daß wir früher oder später einmal Freunde werden würden. Von diesem Augenblicke an habe ich Ihnen eine innige Zuneigung bewahrt, welche nur mit meinem Leben aufhören wird, wovon ich Ihnen, wenn es Ihnen Freude macht, und Sie es wünschen, gern einmal Zeugnis ablegen will. [...]

Da ich aber die Schwäche habe, zu glauben, daß alle wahre Poesie am besten von einfachen Herzen verstanden wird, will ich Ihnen ohne weiteren Umschweif den Zweck meines Schreibens sagen. [...] Wenn mein Anliegen nichts Verletzendes für Sie enthält, und wenn Sie meine Vertraulichkeit als die Begeisterung meines Herzens auffassen, vielleicht gewähren Sie mir dann meine Bitte, vielleicht erlauben Sie, daß ich Sie besuchen darf.

Jedenfalls sollte mein Anspruch als Landsmännin sowie das Gefühl, das meine Bitte diktiert, mich – so hoffe ich – von jeder Indiskretion freisprechen, der ich mich vielleicht schuldig gemacht habe.

Adieu, mein Herr – adieu – lieber Dichter!«

Eine Landsmännin jedoch war die junge Dame nicht, und auch wie jung sie war, läßt sich mit letzter Sicherheit nicht feststellen. Elise Krinitz ist nach eigenen Angaben 1833 geboren; nahezu ein Dutzend Städte galten als Geburtsort, bis der Verleger Fritz Mauthner sie am Ende ihres Lebens in Rouen besuchte, um mit ihr über den Druck ihrer Lebenserinnerungen zu verhandeln. Sie las ihm einige Kapitel aus dem Manuskript vor, und Mauthner erkannte nicht nur sofort Prag, sondern rief auch bei der Schilderung des Geburtshauses: »Aber das ist ja das ... sche Palais in der Spornergasse.« Ob das nun, wie einige Quellen angeben, der Wohnsitz des Grafen Nostiz gewesen war oder – laut anderen Berichten – das Stadthaus eines vom Wiener Hof verbannten Adligen: Die Gouvernante hatte am 26. Juni 1828 ein uneheliches Mädchen geboren, das ein Jahr später – nach dem Tod der Mutter – von einem Ehepaar Krinitz aus Torgau adoptiert wurde; offiziell das Kind armer unbekannter Fischersleute. In seiner unnachahmlichen Unbekümmertheit, mit der Ludwig Marcuse Situationen, Augenfarben und Modedetails erfindet, um seine Biographien auszuschmücken, fabuliert er vom ersten Erfolg des jungen Mädchens: »Ein achtzehnjähriges Mädel – blaue, helle Augen, kecke Stupsnase, kleiner Mund, braune Locken, zierliche Hände und Füße – sitzt, die grünen Stiefelchen gegen den gegenüberliegenden Sitz gestemmt, in dem Zug, der von Le Havre nach Paris fährt. Sie hat soeben Abschied von ihrem Pflegevater genommen, der nach Amerika geht. Wer ihre Eltern sind, weiß sie nicht. Sie ist in Deutschland geboren und in früher Kindheit nach Paris genommen worden. Ein großer Mann mit hoher Stirn steigt in ihr Abteil. Er stellt sich vor: Alfred Meißner aus Böhmen, Poet, Journalist; in Paris anwesend, um Heinrich Heine zu sehen; augenblicklich auf der Rückfahrt von Le Havre, wo er einige Tage vor seiner Abfahrt nach Deutschland noch den Ozean genießen wollte.«

Wir wissen nicht, wie blau die Augen, wie grün die Stiefelchen gewesen sein mögen, wir wissen auch nicht, ob Meißner bei beginnender Dunkelheit – den Schaffner bittend, sie nicht zu stören – die Frierende in ein Plaid gehüllt und sie zwischen Yvetot und Rouen in den Arm genommen hat. Wir wissen jedoch, daß Mademoiselle sich »Margot« nannte, Meißner ihren Ring schenkte und sich freute, als sie ihm zwei Jahre später, 1849, im Pariser Hotel »Britannique« wiederbegegnete. Wie fröhlich, ungezwungen oder gar mehr die gemeinsamen Ausflüge nach Amiens und Chateaurouge waren, verharrt im Bereich der Fabel. Sicher ist nur, daß nach dem Abschied die schöne Unbekannte für Meißner »Margot« blieb – und daß, als er sie wenige Monate später vor einem Londoner Juweliergeschäft aus einer eleganten Equipage aussteigen sah, ihm ein hochmütiges: »Ich habe nicht die Ehre, Sie zu kennen« zuteil wurde.

Familie Krinitz war wohlhabend geworden, sie hatte Elise alias Margot an einen Franzosen aus guter Familie verheiratet – sie war jetzt Madame Margot Bellgier; M.-B. poste retante hatte sie auch Heine in ihrem Brief als Absender angegeben. Aber sie war jetzt auch wieder arm, denn der Herr Gemahl hatte im Fluge ihre Mitgift verjubelt und sich bei einer fingierten Geschäftsreise nach London auf makrabe Weise von ihr getrennt: Man fuhr »zu Freunden« aufs Land in eine vornehme Villa, wo ein zuvorkommender älterer Herr sie begrüßte. Der Herr war ein Arzt, die Villa war ein Irrenhaus, und der Ehemann war weg. Zurück in Paris, lebte sie – nun wieder Elise Krinitz – bei der kranken Ziehmutter, gab Klavierstunden, Deutschunterricht und wurde Camilla Selden, die Schriftstellerin, nein, der Schriftsteller; denn anfangs bevorzugte sie den Namen Abel de Gérard, dann wählte sie Camille, weil undeutlich bleibt, ob das männlich oder weiblich ist. Sie wird mit dem Roman »Daniel Vlady, histoire d'un musicien« und ihren Essays »Portraits de Femmes« und »L'esprit moderne en Allemagne« das Lob des bedeutenden Kulturhistorikers Hippolyte Taine ernten. Doch das war Jahre später, nachdem sie auf den Namen getauft worden war, mit dem sie recht eigentlich in die Literatur eingegangen ist: Mouche.

Dem poetischen Schöpfer der unirdischen Schmetterlinge war ein flirrender Falter zugeflogen, so bunt, so heiter, so liebenswert. »Sehr liebenswürdige und charmante Person« war Heines Anrede in einem der ersten Billette, die er ihr zukommen ließ. Bald hieß es »Liebste« oder »Süßeste Person«. Er hatte sie rasch empfangen, er hatte ihr nach dem Symbol ihrer Petschaft den Namen »Mouche« gegeben, der neben der eigentlichen Bedeutung »Fliege, Mücke« viele Assoziationen in sich birgt: Schönheitspflästerchen, Florett, mit dem man – faire mouche – ins Schwarze trifft, die »Pattes de mouche« sind die Fliegenbeinchen, die einem im Kopf herumkrabbeln, auch das unleserliche Gekritzel eines Schreibenden, und »Quelle mouche t' a piqué?« heißt: »Was ist dir in die Krone gefahren?«.

Der sterbende König der Worte trägt noch seine Krone auf dem Kopf; in ihr brechen sich nun die Glitzerstrahlen einer irrealen Hoffnung; so könnte Leben sein. So war Leben. So ist Leben. So wird Leben nimmermehr sein. Das Leben wird überhaupt nicht mehr sein. »Misère, dein Name ist H. H.«, schreibt er ihr – und er schreibt für sie die schönsten, die letzten Gedichte:

Wahrhaftig wir beide bilden
Ein kurioses Paar
Die Liebste ist schwach auf den Beinen
Der Liebhaber lahm sogar.

Sie ist ein leidendes Kätzchen
Und Er ist krank wie ein Hund;
Ich glaube im Kopfe sind beide
Nicht sonderlich gesund.

[…]

Die Lotosblume erschließet
Ihr Kelchlein im Mondenlicht;

Doch statt des befruchtenden Lebens
Empfängt sie nur ein Gedicht.

Grandioser Lebensschluß. Heinrich Heine hat die perfekte Liebe gefunden, sternenfern. Die geradezu surreale Unerreichbarkeit verleiht ihm im Aufbäumen die Kraft zur Form, das Begehren ist nur mehr » tollster Traum«; deshalb kann er sein »bâteau ivre«, der Kunstschätze voll, in den sicheren Hafen retten:

Mein Leib liegt todt im Grab, jedoch
Mein Geist er ist lebendig noch.

Elise Krinitz, zwar »holdselige Bisamkatze« oder »letzte Blume« genannt, war dennoch kein zartbesaitetes Dummerchen. Sie war vielmehr eine gebildete, erfahrene Frau, deren so entsagungsvolle wie hingebungsvolle Liebe sie nicht blind machte. Heine schickte ihr immer öfter und immer flehentlicher seine Hilferufe: »[...] je öfter Sie kämen, desto glücklicher wär ich. Meine gute, holdseligste fine mouche! Flattern Sie mir ein bischen um die Nase herum mit Ihren kleinen Fittichen! Ich kenne ein Lied von Mendelsohn, wo der Refrain ist ›Komme Du bald‹! Die Melodie summt mir beständig im Kopfe: – Komme Du bald!

Ich küsse die beiden lieben Pfoten; nicht auf einmal, sondern die eine nach der andern; – faute de pouvoir poser une empreinte vivante sur ... Adieu! H.H.«

Das hat sie zu Tränen gerührt. Das hat sie dazu bewogen, den erkrankten Sekretär zu vertreten – Heine korrigierte beim Diktat ihre falsche Schreibweise, nachdem er das gelähmte Lid mit der Hand hochgehoben hatte. Stundenlang las sie ihm Romane, theologische Werke, auch aus Anatomie- und Pathologie-Büchern vor; wenn er müde wurde, nahm er ihre Hand in die seine. Aber sie erkannte auch, daß er sie benutzte, um den eigenen Nachen kunstvoller über den Styx zu steuern: »Er sprach mit leiser, hohler Stimme wie ein Toter, und seine fahlen Lippen erinnerten mich an einen dieser Vampire, die, nach der düsteren ungarischen Sage, um Mitternacht ihrem Grabe entsteigen, um aus dem Blute der Lebenden neue Kraft zu fangen.«

Alles kommt vor bei Heine in den Briefen an die Mouche – Beschwerden über den enervierenden Bruder Gustav, der ihn ihm November 1855 besuchte: »Mein Bruder schwatzt mich todt«, Lob über die »gute Abschrift« eines Briefes an Madame de Rothschild; Klagen über entsetzliche Migräne: »leide sehr – komme Du bald!«; »Komme heute nicht […] Komm morgen«; und natürlich Küsse, lachend vor Schmerz: »Knirsche und bin toll«, »Holdseligte Närrin! – Ich verharre zärtlich toll Dein ergebenster«. Walter Wadepuhl berichtet auch von einem anderen »Vorkommnis« – von so anzüglichen, so stark erotischen Gedichten, daß sie mit Rücksicht auf den Autor vernichtet worden seien. Eine kommt nicht vor. Mathilde. Wo ist Mathilde, wenn ihr Mann an die Mouche schreibt: »Ich liebe Dich mit der Zärtlichkeit des Sterbenden, das heißt, mit der überhaupt denkbar größten Zärtlichkeit.

Dienstag. H. Heine«?

Mathilde ist da. Sie ist auch vorhanden. Eine wärmende Selbstverständlichkeit. Nicht ein lockend ferner, strahlender Kristall. Heine dankte ihr sein Leben lang – bis hin zum Vermächtnis – für eine Liebe der Geborgenheit, wie er sie seiner Mutter entgegenbrachte, der einer seiner letzten Briefe galt. Ohne Wahn. Also ohne Kunst. Die wenigen Gedichte für

Mathilde zählen nicht zu Heines bemerkenswerten. Die Briefe an sie sind Briefe an eine zärtliche Freundin.

So versorgt sie, inzwischen eine korpulente Schönheit mit Geschmack an Hüten, Roben und dem Paris der Boulevards, ohne Eifersucht den Haushalt und den Kranken nach ihrem Maß. Da ist sie. Nahe ist sie wohl nicht. Sie heißt Frau Heine. Die Gedichte Heines aber, die sie nicht kennt, tragen den Namen Sehnsucht. Er schleift sie zurecht: ein Diamant, hinter dessen spöttischen Lichtblitzen er sich so gut ins Dunkel des nicht Greifbaren, in den Schatten des Unbegreiflichen zurückziehen kann. »Er hatte mich so lieb, er spielte mit mir wie mit einer Puppe« – die Mouche versteht das Hexische dieses Liebeskunstspiels, das er in einem seiner allerletzten Gedichte, ihr gewidmet, noch einmal aufführt; alle flickenbehängten Soli ins Rampenlicht wirbelnd und alle Finsternisse des sterbenden Bajazzo ins Wasser schreibend; denn das spiegelt dem toten Narziß nur mehr die Maske:

Worte! Worte! keine Thaten!
Nimals Fleisch, geliebte Puppe,
Immer Geist und keinen Braten,
Keine Knödel in der Suppe!

Doch vielleicht ist dir zuträglich
Nimmermehr die Lendenkraft
Welche gallopiret täglich
Auf dem Roß der Leidenschaft

Zu Recht spricht Alberto Destro in seinem Kommentar zu den Gedichten an die Mouche davon, daß Heine für sich und für sie Rollen erfunden hat; das Kind, die Fee, die Bisamkatze, die Lotosblume, die »fine mouche«: ein Puppenspiel mit dem Titel »Der Tod und das Mädchen«, das nur ein knappes Jahr währte. Wie ein Dirigent den Klang der Instrumente dämpft oder hervorlockt, so gibt Heine hier eine sinistre Vorstellung – nur, daß er Komponist, Autor, Interpret und Regisseur in einer Person ist.

An Mathilde gibt es kein Abschiedswort, kein letztes Gedicht, doch – sorgsam überlegt – setzte er sie in den seit 1846 wechselnd ausformulierten Testamenten als Universalerbin ein; dabei mit kühler Vernunft über den eigenen Leichnam verfügend: Er verbot eine Autopsie, wünschte – »da meine Krankheit oft einem starrsüchtigen Zustand ähnlich ist« –, vor der Beerdigung zur Ader gelassen zu werden, bestimmte den Friedhof Montmartre, verbat sich jegliche Rede – »sei es deutsch oder französisch« – am Grab, untersagte, daß seine »Asche nach Deutschland gebracht werde« und die Begleitung durch einen lutherischen Geistlichen: »[...] auch verzichte ich auf jede andere heilige Handlung, um mein Leichenbegängniß zu feiern. Dieser Wunsch ist nicht der schwache Wille eines Freigeistes; seit vier Jahren habe ich allen philosophischen Stolz abgelegt, und ich bin wieder zu religiösen Ideen übergegangen. Ich sterbe, glaubend an Einen und ewigen Gott, Erschaffer der Welt, dessen Barmherzigkeit ich anrufe für meine unsterbliche Seele. Ich bedauere in meinen Werken von heiligen Dingen oft respektlos gesprochen zu haben, aber ich wurde hiebei weit mehr von dem Zeitgeist fortgerissen als durch den eigenen Trieb.«

Das Spiel ist aus. Rien ne va plus.

Elise Krinitz sah Heine am Dienstag, den 12. Februar 1856, zum letzten Mal. Danach wurde sie von Mathildes Gesellschafterin Pauline abgewiesen – doch eine letzte Eifersucht?

So jedenfalls, als »une barbarie bien raffinée« – wie auch den Umstand, daß man ihr eine Totenwache verwehrte – sah die Mouche das in ihren Memoiren »Les derniers jours de Henri Heine« an, die sie 1884 in Paris veröffentlichte; da war sie – nach längerem Aufenthalt in Italien – Sprachlehrerin am Lycée de jeunes Filles »Jeanne d'Arc« in Rouen, wo sie 1897 starb. Als sie am Sonntag, dem 17. Februar 1856, in die Avenue Matignon gegangen war, kam sie um fünf Stunden zu spät: »Obgleich es kalt war, und ich mich noch nicht völlig wiederhergestellt fühlte, klopfte ich doch um 10 Uhr morgens bei meinem geliebten Dichter an. Als ich hörte, daß er nicht mehr sei, stand ich einen Augenblick starr, betäubt, wie völlig des Verständnisses beraubt; dann verlangte ich, ihn zu sehen.

Man führte mich in das stille Zimmer, wo der Leichnam, einer Statue auf einem Grabe gleich, in der majestätischen Ruhe des Todes dalag. Keine Spur menschlicher Leiden und Leidenschaften war auf dieser kalten Hülle zurückgeblieben, die in ihrer wunderbaren Schönheit an die göttliche Gestalt der Wallfahrt von Kevelaar gemahnte. Zur Morgenstunde war der Tod, der große Tröster, erlösend an das Bett des Dichters getreten; aber er zeigte sich auch gerecht gegen den, der ihn geliebt und besungen hatte, und schuf ein bleiches Marmorantlitz, dessen regelmäßige Züge an die reinsten Meisterwerke griechischer Kunst erinnerten.«

Selbst Heines Tod, seine Sterbestunden, sind umrankt von Legenden, widersprüchlichen Zeugenaussagen und einer wahren Anthologie »letzter Worte«: Auf des Arztes Frage: »Pouvez-vous siffler?«, soll er geantwortet haben, »Hélas, non! Pas même les pièces de Monsieur Scribe« – wobei ebenso unklar bleibt, welcher der beiden Ärzte, die ihn zuletzt behandelten, das gehört haben will; es leuchtet auch nicht ein, warum Heine gerade pfeifen sollte. »Blumen! Blumen! Wie schön ist doch die Natur!«, will ein anderer Arzt als letztes gehört haben, nachdem der Kranke gebeten hätte, seine Frau nicht zu wecken, ihm aber von ihr gekaufte Blumen auf die Brust zu legen. Da sich in den letzten Stunden zwei Wärterinnen um ihn bemüht haben, hat die eine – anschließend an die geflüsterte Bitte: »Schreiben« – die zwei Wörter »Papier – Bleistift« überliefert, die andere – nachdem er die verordnete Arznei aus Orangenblütentee, Laudanum und Vichy-Wasser mit den Worten: »Ich habe nur mehr vier Tage Arbeit, dann ist mein Werk vollendet« abgelehnt hatte – will: »Ich liege im Sterben. Die Arzneien helfen nichts mehr« gehört haben. Am berühmtesten, gewiß, weil auch noch »lächelnd« geäußert, ist wohl der Satz, wie er es mit Gott hält; mal als Antwort auf die Frage eines anonymen Besuchers, mal von den Brüdern Goncourt als Beruhigung für seine neben ihm betende Frau kolportiert: »N'aie pas peur, ma chère, il me pardonnera; c'est son métier.«

Die Wahrheit ist Schimäre. Vor allem diese ein wenig zu sehr als Heine-Reliquie zurechtgeschnitzte, in drei verschiedenen Varianten tradierte Pfiffigkeit wirkt unwahrscheinlich. Mathilde nämlich, hier stimmen sämtliche Quellen überein, war in der Nacht nicht anwesend. Der Kranke, geschüttelt von Brechanfällen und Krämpfen, wurde abwechselnd von beiden Medizinern versorgt und von beiden Helferinnen gepflegt; in deren Armen starb er um fünf Uhr morgens.

Es wird auch nirgendwo erwähnt, daß Mathilde bei der Beerdigung anwesend gewesen sei.

Am 19. Februar hatte der französische Gipsformer Joseph Fontana die Totenmaske abgenommen, am Mittwoch, den

20. fand sich um elf Uhr vormittags im kalt-nebligen Wintermorgen die kleine Trauergemeinde zusammen, die den Sarg zu einem provisorischen Gewölbe begleitete: ein weinender Alexandre Dumas, Théophile Gautier, Alexander Weill, Richard Reinhardt, ein paar Journalisten; knapp hundert Personen. Am offenen Sarg hatte eine Dienerin gewacht; sie erlaubte, daß eine Locke von Heines Haar geschnitten wurde, die sein erster Biograph Adolf Strodtmann aufbewahrte. Die Frau, die er vor Unbill bewahren wollte über das Grab hinaus, hatte sich der Unbill des Adieu am Grabe entzogen.

Der Schmetterling ist davongeflogen. Der fliegende Hexenmeister hat sich davongestohlen. Ein allerletztes Mal hatte er sich beim Worte genommen; denn der ursprüngliche Name Schmetterling beruht auf dem Volksglauben, daß Hexen in Schmetterlingsgestalt fliegen, um Milch und Rahm zu stehlen – ein Molkendieb, eine butterfly. Doch er hatte gewußt, womit er uns beschenkt – er hatte noch einmal getändelt, tiriliert, gelockt, geseufzt und gedroht mit seinem Schmerz der Kunst; die hat er uns eingebrannt:

Wenn ich sterbe wird die Zunge
Ausgeschnitten meiner Leiche;
Denn sie fürchten, redend käm' ich
Wieder aus dem Schattenreiche.

Anhang

Zeittafel

1797	13. Dezember: Geburt Harry Heines in Düsseldorf als Sohn des Kaufmanns Samson Heine und seiner Frau Elisabeth van Geldern.
1800	Geburt seiner Schwester Charlotte.
1805	Geburt seines Bruders Gustav.
1806	Geburt seines Bruders Maximilian.
1807–1814	Besuch des Düsseldorfer Lyzeums im ehemaligen Franziskanerkloster. Abgang ohne Reifezeugnis.
1815	Beginn einer Lehre beim Bankier Rindskopf in Frankfurt. Besuch der Freimaurerloge »L' Aurore naissante«, wo Heine Ludwig Börne kennenlernt.
1816	Tätigkeit im Kontor des Bankhauses Heckscher & Co. seines Onkels Salomon Heine in Hamburg.
1818–1819	Führung des eigenen Kommissionsgeschäfts Harry Heine & Co., finanziert durch Salomon Heine. Baldiger Bankrott. Beitritt zur Jüdischen Gemeinde in Hamburg.
1819–1820	Jurastudium an der Universität Bonn. Finanzielle Unterstützung durch Salomon Heine. Heine hört u.a. Vorlesungen von August Wilhelm von Schlegel und Ernst Moritz Arndt. Über Wolfgang Menzel Beitritt zur Burschenschaft »Allgemeinheit«. Duell wegen einer antisemitischen

Beleidigung. Verbot von Duellen. Verbot der »Allgemeinheit«.

1820–1821 Fortsetzung des Studiums in Göttingen. Heine fordert den Studenten Wilhelm Wiebel zum Duell. Beendigung des Studiums durch Consilium abeundi am 23. Januar 1821. Ausschluß aus der Burschenschaft. Heine verläßt Göttingen.

1821–1823 Weiterführung des Studiums in Berlin. Bekanntschaft mit dem Verleger Friedrich Wilhelm Gubitz. Auf dessen Empfehlung hin Besuch des literarischen Salons der Rahel Varnhagen von Ense. Mitglied des Vereins für Kultur und Wissenschaft der Juden. – *Gedichte.* – *Tragödien, nebst einem lyrischen Intermezzo (Almansor; William Ratcliff); Ueber Polen.*

1824 Erneute Immatrikulation an der Göttinger Universität. Intensive Beschäftigung mit der Geschichte des Judentums. Reise nach Berlin. Fußwanderung durch den Harz. Besuch Goethes in Weimar.

1825 Juristisches Examen und Promotion. Am 28. Juni Taufe in Heiligenstadt. Aufenthalte in Hamburg und Norderney. Heines Wunsch, Advokat zu werden, erfüllt sich nicht.

1826 Aufnahme der Geschäftsbeziehungen mit dem Verlagsbuchhändler Julius Campe. Erneuter Aufenthalt in Norderney. – *Reisebilder. Erster Theil (Heimkehr; Harzreise; Nordsee I).*

1827 Englandreise. Anschließend Reise über Frankfurt (Treffen mit Börne), Heidelberg, Stuttgart nach München, wohin er übersiedelt. Robert

Schumann besucht Heine im Rechenbergschen Palais. Mitherausgeber der »Neuen Allgemeinen Politischen Annalen«. – *Reisebilder. Zweyter Theil (Nordsee II und III; Ideen. Das Buch Le Grand; Briefe aus Berlin)* – *Buch der Lieder (Junge Leiden; Lyrisches Intermezzo; Die Heimkehr; Aus der Harzreise; Die Nordsee).*

1828 Reise nach Italien. Bewerbung um ein Professur scheitert. Tod des Vaters – *Englische Fragmente IV (The Life of Napoleon Buonaparte by Walter Scott).*

1829 Wohnt in Potsdam. Kontaktaufnahme zu Johann Friedrich von Cotta. Platen-Streit – *Reisebilder. Dritter Theil (Reise von München nach Genua; Die Bäder von Lukka).*

1830 Lebt bei seiner Mutter in Hamburg und besucht Helgoland.

1831 Heine bemüht sich vergeblich um eine Stelle als Rats-Syndikus. Antisemitische Ausschreitungen in Hamburg. Juli-Revolution in Frankreich. Zerwürfnis mit Salomon Heine. Übersiedlung nach Paris. Enge Verbindung zum Kreis der Saint-Simonisten um Prosper Enfantin. Bekanntschaft mit James Rothschild. – *Einleitung* zu R. Wesselhöft: »Kahldorf über den Adel in Briefen an den Grafen M. von Moltke. Hrsg. von H. Heine.« – *Reisebilder. Vierter Theil (Die Stadt Lukka; Englische Fragmente).*

1832 Bundestagsbeschlüsse zur weiteren Unterdrükkung der Presse. Korrespondent der »Allgemeinen Zeitung. – *Französische Zustände.*

1833 Erste Rezension durch Heinrich Laube in »Zeitung für die elegante Welt«. – *Zur Geschichte der neueren schönen Literatur in Deutschland – De la France – Der Salon. Erster Band (Vorrede; Französische Maler; Nachtrag; Gedichte; Aus den Memoiren des Herrn Schnabelewopski).*

1834 Heine lernt seine spätere Frau Crescentia Eugenie Mirat (Mathilde) kennen.

1835 Bundestagsbeschlüsse gegen die Vertreter des »Jungen Deutschlands«. Verbot sämtlicher Schriften Heines in Preußen und Österreich – Erste französische Buch-Ausgabe *De l' Allemagne; Der Salon. Zweiter Band (Vorrede; Zur Geschichte der Religion und Philosophie in Deutschland; Neuer Frühling 1–37) – Die Romantische Schule.*

1836 Verbot von Heines Werken in Bayern. Die französische Regierung unter Thiers gewährt Heine ein Pension, die ab 1840 gezahlt werden soll.

1837 *Der Salon. Dritter Band (Florentinische Nächte, Elementargeister) – Ueber den Denunzianten (Vorrede).*

1840 Beginn der französischen Pensionszahlungen – *Ludwig Börne. Eine Denkschrift – Der Salon. Vierter Band (Der Rabbi von Bacherach; Gedichte; Katharina; Romanzen; Über die französische Bühne).*

1841 Vor einem Duell mit Salomon Strauß, bei dem Heine leicht verletzt wird, Hochzeit mit Mathilde in der Kirche Saint-Sulpice. Salomon Heine erhöht die Jahresrente für Heine von 4.000 auf 4.800 Frcs.

1843 Herbstreise durch Deutschland. Begegnung mit Karl Marx in Paris, Zusammenarbeit an den *Deutsch-Französischen Jahrbüchern*. Mitarbeiter des »Vorwärts« – *Atta Troll* in »Zeitung für die elegante Welt«.

1844 Heine wird Mitglied der Pariser Freimaurerloge »Trinosophes«. In Deutschland droht ihm Verhaftung. Zweiter Besuch Deutschlands, zusammen mit Mathilde. Salomon Heine stirbt. Beginn des Erbschaftsstreits – *Neue Gedichte* – *Deutschland. Ein Wintermärchen.*

1846 Gerüchte um Heines Tod. Abfassung des ersten Testaments.

1847 Spekulationen mit Eisenbahnaktien erbringen einen Gewinn von 20.000 Frcs. Vetter Carl Heine besucht ihn in Paris. Ende des Erbschaftsstreits – *Atta Troll. Ein Sommernachtstraum* in Buchform.

1848 Barrikadenkämpfe in Paris. Louis Philippe dankt ab. Proklamation der französischen Republik. Skandal um Heines französische Staatspension. Beginn der Rückenmarkserkrankung, die Heine bald für immer ans Bett fesselt (»Matratzengruft«). Lebt vorübergehend in der Heilanstalt Faultrier. Campe bricht die Beziehungen zu Heine ab.

1851 Auf Vermittlung Georg Weerths besucht Campe nach dreijährigem Schweigen Heine in Paris und erneuert ihre freundschaftliche Beziehung. Abfassung des zweiten Testaments zu Mathildes Gunsten. Zahlreiche Finanztransaktionen vom Krankenbett aus – *Romanzero (Historien, Lamentationen; Hebräische Melodien; Nachwort)* – *Doktor Faust. Ein Tanzpoem, nebst kuriosen Berichten über Teufel, Hexen und Dichtkunst).*

1854 *Sämtliche Werke, Bd. 1–4 – Vermischte Schriften, Bd. 1–3 (Geständnisse; Gedichte; Die Götter im Exil; Die Göttin Diana; Lutezia; Berichte über Politik; Kunst und Volksleben).*

1855 Beginn der Beziehung zu Elise Krinitz (Mouche), seiner letzten Liebe.

1856 17. Februar: Tod Heinrich Heines in Paris, Avenue Matignon 3. Beisetzung auf dem Friedhof Montmartre.

Zitatnachweis

Zitate werden im allgemeinen nur ausgewiesen, wenn es sich um vollständige Sätze handelt; einzelne Wörter oder Begriffe werden nicht nachgewiesen. Die Nachweise sind nach Buchseiten und Zeilen mit den jeweils letzten Worten des Zitats geordnet.

Die Schreibweise der Zitate differiert je nach benutzter Quelle. Da alle Heine-Texte nach der DHA (Werke) und der HSA (Briefe) zitiert sind, geben sie die dort beibehaltene Originalschreibweise – z. B. »sey«, »Thür«, »Betrübniß« – wieder; viele der benutzten Bücher (z.B. »Begegnungen mit Heine«) haben auch Quellen und Zeugnisse des 19. Jahrhunderts der heutigen Schreibweise angeglichen.

In einigen wenigen Fällen betrifft das auch Titel von Werken Heines: Walter Wadepuhl – Zitat S. 188 – schreibt »Lutetia«, während wir »Lutezia« schreiben. Dem System der DHA folgend, die »Wintermährchen« im Text, aber »Wintermärchen« auf Umschlag und Titelei druckt, wird beim Zitatnachweis »Wintermährchen«, im laufenden Text »Wintrmärchen« geschrieben.

Fremdsprachige Zitate sind im Text original belassen und im Nachweis übersetzt.

Ein Schöpfer steht außerhalb der Ordnung

7, 10 *Geierschnabel ausspreche*: Begegnungen mit Heine, Bd. 1, S. 43

7, 23 *Fechter gespielet:* »Die Heimkehr XLVI.«, in: »Buch der Lieder«, DHA, Bd. I/1, S. 259

7, 30 *unseres Jahrhunderts:* »Die Bäder von Lukka«, in: »Reisebilder III/IV«, DHA, Bd. 7/1, S. 106

8, 16 *zur Welt gekommen:* »Notiz für Charlotte Embden, 16.7.1853«, in: »Zu ›Kleinere autobiographische Schriften‹«, DHA, Bd. 15, S. 218

8, 20 *ich geboren bin:* »Notice biographique à l'adresse de Saint-René Taillandier, 3.11.1851«, DHA, Bd. 15, S. 114

9, 4 *das Jahr 1799:* Strodtmann, Leben und Werke, Bd. 1, S. 11

9, 6 *6. Januar 1798:* Wadepuhl, Heine, S. 16

9, 23 *im Restaurant »Brocci« schenken:* Strodtmann, Leben und Werke, Bd. 2, S. 226

9, 31 *meine Lieder hinein:* »Lieder IX«, in: »Buch der Lieder«, DHA, Bd. I/1, S. 65
10, 6 *mein Kaiser gefangen:* »Die Grenadiere«, in: ebd., S. 77
10, 17 *legitimer Souverain:* »Geständnisse«, DHA, Bd. 15, S. 22
11, 20 *war aus Hamburg:* »Deutschland. Ein Wintermährchen, Caput XIX.«, DHA, Bd. 4, S. 133
12, 4 *»Zur Falle«:* »Deutschland. Ein Wintermährchen«, Apparat, ebd., S. 1139
14, 12 *sich oft übergaben:* »Memoiren. Fragment«, DHA, Bd. 15, S. 80
14, 29 *er sterben könne:* »Aus den Memoiren des Herren von Schnabelewopski«, DHA, Bd. 5, S. 149f.
15, 2 *innere Leere verhüllen:* »Memoiren. Fragment«, DHA, Bd. 15, S. 79
15, 9 *fast weibliches:* ebd., S. 76
15, 11 *dieser Erde geliebt:* ebd., S. 82
15, 31 *nicht kennt:* Marcuse, Heine, S. 28
16, 18 *an unsäglichen Schmerzen:* Heine-Reliquien, S. 276f.
17, 29 *Respect aufgegessen:* Begegnungen mit Heine, Bd. 1, S. 28f.
18, 24 *Frau kann sterben:* »Neue Gedichte. Zeitgedichte«, DHA, Bd. 2, S. 129
19, 9 *Frau gehabt habe:* Greiner, zwischen Biedermeier und Bourgeoisie, zit. nach: Hädecke, Heine, S. 42
19, 17 *die nennen es: Liebe:* »Junge Leiden. Traumbilder«, in: »Buch der Lieder«, DHA, Bd. I/1, S. 40
20, 4 *mich nie geliebt:* »Lyrisches Intermezzo XLVII.«, in: ebd., S. 181
20, 23 *langgesuchte Liebe:* »Junge Leiden, Sonette II.«, in: ebd., S. 117f.
20, 28 *thörichtste zu lieben:* Heinrich Heine an Heinrich Laube, 27.9.1835, HSA, Bd. 21, S. 121
21, 9 *heimgesucht werden sollte:* »Memoiren. Fragment«, DHA, Bd. 15, S. 99
21, 29 *kannte sein Publikum:* ebd., S. 72
22, 20 *ersten Schreibunterricht:* Begegnungen mit Heine, Bd. 1, S. 23
22, 24 *eingetragen haben:* »Memoiren. Fragment«, DHA, Bd. 15, S. 75
23, 12 *von de Bank gefalle:* Strodtmann, Aus Heines Studentenzeit, S. 308f.
24, 11 *ohnehin keine Mutter:* Meißner, Erinnerungen, S. 161
25, 15 *Chance hatten:* Marcuse, Heine, S. 34
26, 2 *Gesetz nicht verwehrt:* Strodtmann, Leben und Werke, Bd. 1, S. 20
27, 16 *vielfach verspottete:* Hädecke, Heine, S. 117
27, 29 *in Ohnmacht fiel:* Strodtmann, Leben und Werke, Bd. 1, S. 26f.

28, 3 *nicht ausgeschlagen haben:* »Geständnisse«, DHA, Bd. 15, S. 54
28, 24 *Muskatnüsse aussehen:* »Memoiren. Fragment«, ebd., S. 63
29, 13 *Schadenfreude zu verbergen:* Börne, Sämtliche Schriften, Bd. 1, S. 47
29, 27 *zwei Juden nebeneinander:* Kircher, Heine und das Judentum, S. 20
30, 1 *antisemitischen Schrift:* Ruehs, Ansprüche der Juden, S. 33, S. 256
30, 17 *Taxe bezahlen:* Kircher, Heine und das Judentum, S. 15
31, 4 *dem Miste ausgebrütet:* Börne, Sämtliche Schriften, Bd. 1, S. 47
32, 3 *des deutschen Wesens:* Golo Mann, Deutsche Geschichte, S. 142
32, 13 *aufrufen konnte:* Hundt-Radowsky, Judenspiegel, S. 144
33, 19 *genießen zu müssen:* Begegnungen mit Heine, Bd. 1, S. 202
34, 14 *Teater besuchen:* Salomon Heine an Heinrich Heine, 26. 12. 1843, HSA, Bd. 26, S. 86f.
24, 26 *angewendet werden können:* Kircher, Heine und das Judentum, S. 98
35, 20 *Geliebte mein:* »Lyrisches Intermezzo LI.«, in: »Buch der Lieder«, DHA, Bd, I/1, S. 185
36, 6 *Künstler vor Allem:* »Romanzero«, Apparat, DHA, Bd. 3/2, S. 462
36, 10 *als ein Dichter:* »Geständnisse«, DHA, Bd. 15, S. 55
36, 12 *nicht ungehudelt lassen:* Heinrich Heine an Christian Sethe, 27.10.1816, HSA, Bd. 20, S 22

Polemik: das eigene Kunstprinzip

37, 8 *Bibel des Egoismus:* »Memoiren. Fragment«, DHA, Bd.15, S. 64
37, 14 *Anlage zur Satire:* Zit. nach: Marcuse, Heine, S. 62
39, 2 *mich nicht erinnere:* Begegnungen mit Heine, Bd. 1, S. 37
39, 23 *unrathsames Geschäft:* Heinrich Heine an Friedrich von Beughem, 15. 7. 1820, HSA, Bd. 20, S. 26
40, 2 *sich als Herr'n:* »Zu 'Lyrisches Intermezzo'«, in: »Buch der Lieder«, DHA, Bd. I/1, S. 456
40, 27 *mit Gewalt hinausgeworfen:* Begegnungen mit Heine, Bd. 1, S. 49
41, 9 *Nacht mehr schlafen:* Heinrich Heine an Christian Sethe, 14.4.1822, HSA, Bd. 20, S. 50
42, 9 *von Heine annehmen:* Begegnungen mit Heine, Bd. 1, S. 44, S. 47
42,22 *jubelnd um den Hals:* ebd., S. 36
42, 29 *mit Vergnügen:* Hüffer, Heine. Aufätze, S. 64
43, 7 *mit vielem Vergnügen. E. M. Arndt:* ebd., S. 66
45, 14 *ihn zu verbieten:* »Die deutsche Literatur 1828. Kleinere literarische Schriften«, DHA, Bd. 10, S. 241
45, 29 *der deutschen Literatur:* ebd., S. 246, S. 247

46, 18 *der Literatur erscheine:* Heinrich Heine an Wolfgang Menzel, 8.5.1828, HSA, Bd. 20, S. 332

46, 23 *vor Recht ergehen:* Heinrich Heine an Karl August Varnhagen, 6. 6. 1828, ebd., S. 333

46, 31 *ein kindisches Vergnügen:* »Ueber den Denunzianten. Eine Vorrede zum dritten Theile des Salons«, DHA, Bd. 11, S. 163f.

47, 30 *Mineurs zu sprengen:* ebd., Apparat, S. 825f.

48, 20 *unanständigste beliebäugelte:* Menzel, Die deutsche Literatur, Teil III, S. 335

50, 12 *die Taufe entfliehen:* Arendt, Totale Herrschaft, S. 115

51, 19 *Laster fliehen will:* »Ueber den Denunzianten. Eine Vorrede zum dritten Theile des Salons«, DHA, Bd. 11, S. 159

51, 23 *des monarchischen Prinzips:* ebd., S. 156

51, 26 *Quetschenbäume:* ebd., S. 157

52, 29 *so schöne Gedichte:* zit. nach: Strodtmann, Leben und Werke, Bd. 1, S. 369

53, 29 *der du, u.s.w.:* «Die Romantische Schule. Zweites Buch«, DHA, Bd. 8/1, S. 174

54, 17 *solche sehr zu wünschen:* Heinrich Heine an Friedrich von Beughem, 15. 7. 1820, HSA, Bd. 20, S. 25f.

55, 5 *ihren Beifall zollten:* Begegnungen mit Heine, Bd. 1, S. 42f.

55, 23 *Feder annullieren:* zit. nach: Strodtmann, Leben und Werke, Bd. 2, S. 14

56, 7 *als das Leben:* »Die Romantische Schule. Zweites Buch«, DHA, Bd. 8/1, S. 170

57, 24 *Sie nicht lieben:* Wolff, Heine, S. 65

Die Kunst ist das Höchste

59, 28 *allen Seiten heraus:* Goethes Gespräche, Bd. 3, S. 215, Nr. 2346

60, 13 *über Wasser zu halten:* zit. nach: Strodtmann, Leben und Werke, Bd. 1, S. 137f.

62, 3 *Fetzen von Byron:* Begegnungen mit Heine, Bd. 1, S. 75

62, 4 *er müßte mich morden:* zit. nach: Strodtmann, Leben und Werke, Bd. 1, S. 164

62, 14 *betrunkenen Shakespeare nennen:* »Memoiren. Fragment«, DHA, Bd. 15, S. 66, S. 67

63, 31 *Unordnung entgegengesetzt:* Hädecke, Heine, S. 132

64, 28 *tadelte dann scharf:* Rahel Varnhagen an Friedrich von Gentz, 9.10.1830

65, 12 *mich verlassen kann:* »Ludwig Börne. Eine Denkschrift. Erstes Buch«, Apparat, DHA, Bd. 11, S. 416

65, 16 *sollte er Prügel haben:* Marcuse, Heine-Monographie, S. 56
65, 29 *und Geistesspeise erquickt:* Heinrich Heine an Karl August von Varnhagen, 17. 6. 1823, HSA, Bd. 20, S. 94
66, 10 *mit ihm habe, wiedergegeben:* Begegnungen mit Heine, Bd. 1, S. 104
66, 12 *zerschmettert worden sein:* ebd., S. 107
68, 4 *Ich Ich Ich Ich:* Gombrowicz, Die Tagebücher, Bd. 1, Pfüllingen 1970 S. 9
68, 21 *wie die Lust unermeßlich:* »Buch der Lieder. Vorrede«, DHA, Bd. I/1, S. 13
69, 31 *statt fördernd wären:* Begegnungen mit Heine, Bd. 1, S. 50f.
70, 14 *dunkelen Schmerzen geahndet:* Heinrich Heine an Karl Leberecht Immermann, 24. 12. 1822, HSA, Bd. 20, S. 61
70, 30 *ganz gleichgültig ist:* »Reise von München nach Genua«, in: »Reisebilder III/IV«, DHA, Bd. 7/1, S. 17
71, 28 *Schrecklicheres als die Natur:* Heinrich Heine an Johann Hermann Detmold, 28. 5. 1837, HSA Bd. 21, S. 213
72, 4 *wieder durch den Menschen:* »Zur Geschichte der Religion und Philosophie in Deutschland. Entstehung und Aufnahme«, Apparat, DHA, Bd. 8/2, S. 523
73, 9 *ihn nicht verriet:* zit. nach: Hädecke, Heine, S. 148f.
73, 20 *hörte sein Gackern:* »Geständnisse«, DHA, Bd. 15, S. 33, S. 39
74, 8 *Parthie Whist einzuladen:* ebd., S. 34
75, 4 *stets in die Erinnerung:* zit. nach: Strodtmann, Leben und Werke, Bd. 1, S. 182f.
75, 10 *viel weniger einen Gott:* »Vorrede zur zweiten Auflage. zu ›Salon‹, 2. Band, 1852 «, DHA, Bd. 8/1, S. 497
75, 27 *Herr Hayne aufgenommen wird:* Begegnungen mit Heine, Bd. 1, S. 64
76, 7 *zu Israel lesen ließen:* »Ludwig Börne. Eine Denkschrift, Viertes Buch«, DHA, Bd. 11, S. 109f.
77, 3 *noch immer die meinigen:* zit. nach: Marcuse, Heine, S. 96f.
77, 18 *Antipathie gegen das Christentum:* Heinrich Heine an Moritz von Embden, 3. 5. 1823, HSA, Bd. 20, S. 82
78, 2 *Erhaltung eines Gegengifts:* Heinrich Heine an Moses Moser, 3. 8. 1823, ebd., S. 107
79, 24 *Edikts nicht getroffen:* Heinrich Heine an Immanuel Wohlwill, 1.4.1823, ebd., S. 72
80, 18 *zu Urhebern haben:* zit. nach: Wadepuhl, Heine, S. 47
80, 31 *Begeisterung* sprechen *gehört:* Begegnungen mit Heine, Bd. 1, S. 66

Lebensmelodie namens Schmerz

81, 14 *genannt werden wird:* Heinrich Heine an Moses Moser, 1.7.1825, HSA, Bd. 20, S. 204

82, 2 *meiner ganzen Verrücktheit:* Heinrich Heine an Friedrich Steinmann und Johann Baptist Rousseau, 29.10. 1820, ebd., S. 29

82, 31 *zu schreiben Bücher:* Houben, Gespräche, S. 204

82, 23 *mit dieser vermählt:* »Lyrisches Intermezzo XXXIX.«, in: »Buch der Lieder«, DHA, Bd. I/1, S. 171

84, 12 *große Elogen gemacht:* »Die Heimkehr XXXIV.«, in: ebd., S. 245

84, 22 *sterbenden Fechter gespielet:* »Die Heimkehr XLVI.«, in: ebd., S. 259

84, 29 *mich gar wenig:* »Lyrisches Intermezzo XII.«, in: ebd., S. 145

85, 9 *Dich, Geliebte mein:* »Lyrisches Intermezzo LI.«, in: ebd., S. 185

85, 16 *schon einmal geschehn:* »Die Heimkehr LVII.«, in: ebd., S. 269

86, 4 *Ernste mir mein Scherz:* ebd.

86, 12 *Gnade auf die Knie:* Kraus, Heine und die Folgen, S. 142, S. 156

86, 16 *Kammermusizi:* »Der Hirtenknabe. Aus der Harzreise«, in: »Buch der Lieder«, DHA, Bd. I/1, S. 351

86, 17 *Kunstgreis im Dunstkreis:* »An einen ehemaligen Goetheaner (1832.)«, in: »Neue Gedichte. Zeitgedichte«, DHA, Bd. 2, S. 111

86, 19 *bedenklich bei ästhetisch:* »Lyrisches Intermezzo L.«, in: »Buch der Lieder«, DHA, Bd. I/1, S. 283

87, 4 *in klein Oktav:* »Buch der Lieder«, Apparat, DHA, Bd. I/2, S. 817

87, 8 *Lyriker geschrieben:* Kraus, Heine und die Folgen, S. 148

87, 25 *Tatzen mich gräßlich:* »Vorrede. Buch der Lieder«, DHA, Bd. I/1, S. 13

88, 5 *die Lieder nach Haus:* »Junge Leiden. Traumbilder VIII.«, in: ebd., S. 50

88, 10 *sehr brauchbare Noten:* »Dandy mit wilden Gefühlen«, STERN-Gespräch mit Hans Werner Henze, in: STERN 23/96, S. 64

88, 17 *der Kindheit ist:* Pietzcker, Einheit, S. 34

88, 28 *eigenes Ideal war:* Freud, Narzißmus, S. 60f.

89, 8 *auch politischen Handelns:* Pietzcker, Einheit, S. 35

89, 14 *angeredet würde:* zit. nach: Sternberger, Heine und die Abschaffung der Sünde, S. 277f.

89, 25 *neue Einheit herzustellen:* Pietzcker, Einheit, S. 124 S. 126

90, 8 *Unterhaltung in der Ferne:* zit. nach: ebd., S. 127

90, 14 *hielt mich lange fest:* zit. nach: ebd., S. 125

90, 31 *das Leben mitgehen:* zit. nach: Kircher, Heine und das Judentum, S. 44

91, 21 *gefällt mir sehr gut:* Heinrich Heine an Ludwig Robert, 27.11. 1823, HSA, Bd. 20, S. 125

92, 2 *verliebt in sie gewesen:* »Buch der Lieder«, Apparat, Bd. I/2, S. 585

93, 13 *staatspapiernen Herrlichkeit:* »Ueber Polen. I. Theil«, DHA, Bd. 6, S. 62

93, 23 *hebräisch geschrieben:* Heinrich Heine an Moses Moser, 4.4.1824, HSA, Bd. 20, S. 156

94, 5 *Vaterunser nicht beherrscht:* »Der Rabbi von Bacherach. Entstehung und Aufnahme«, DHA, Bd. 5, S. 527

94, 18 *Creditfähigkeit ihrer Eheherren:* »Der Rabbi von Bacherach«, ebd.. S. 131, 133, 135

94, 27 *ganz verhaßt bin:* Heinrich Heine an Joseph Lehmann, 26.5.1826, HSA, Bd. 20, S. 246

96, 2 *uns so sehr entzückt:* »Der Rabbi von Bacherach. Erstes Capitel«, DHA, Bd. 5, S. 110

96, 20 *verlorengegangen:* ebd., S. 145

97, 21 *Väter entsagt habe:* Begegnungen mit Heine, Bd. 1, S. 128

98, 8 *inneren Notwendigkeit:* Kircher, Heine und das Judentum, S. 121

98, 17 *der christliche Staat:* Marcuse, Heine, Melancholiker, S. 93

98, 23 *nichts als Unglück:* Heinrich Heine an Moses Moser, 9.1.1826, HSA, Bd. 20, S. 234

99, 14 *mit Rauchfleisch:* »Aus den Memoiren des Herrn v. Schnabelewopski«, DHA, Bd. 5, S. 154

Geld: gierig verachtet, erbärmlich umworben

100, 23 *auf Euch niederschauen:* »Reisebilder. Erster Theil. Die Harzreise«, DHA, Bd. 6, S. 83

100, 31 *keinen Namen haben:* ebd., S. 83, S. 84

101, 1 *fast unglaublichen Keckheit:* ebd., S. 539

101, 26 *auf dem Rücken:* ebd., S. 530

102, 11 *Irvingscher Beobachtung:* Heinrich Heine an Ludwig Robert, 4.3.1825, HSA, Bd. 20, S. 187

102, 14 *verunglückter Enthousiasmus:* Heinrich Heine an Rudolf Christiani, 26. 5. 1825, ebd., S. 201

102, 27 *Heine von Göttingen:* Begegnungen mit Heine, Bd. 1, S. 125

103, 2 *in Weimar beendet:* zit. nach: Strodtmann, Leben und Werke, Bd. 1, S. 398f.

103, 15 *Titanen fürchtete:* Heinrich Heine an Moses Moser, 30.10.1827, HSA, Bd. 20, S. 303

103, 19 *ist wirklich gut:* Heinrich Heine an Moses Moser, 25.10.1824, ebd., S. 180

104, 13 *zu sagen hinaufzieht:* Heinrich Heine an Rudolf Christiani, 26. 5. 1825, ebd., S. 206; Heinrich Heine an Moses Moser, 1. 7. 1825, ebd., S. 205

104, 27 *Bärentatzen tappen:* »Zur Geschichte der Religion und Philosophie in Deutschland. Drittes Buch«, DHA, Bd. 8/1, S. 102

104, 31 *Namen H. Heine:* Heinrich Heine an Karl August Varnhagen, 30. 10. 1827, HSA,. Bd. 20, S. 304

106, 2 *lüsternes Mopsgesicht:* »Reisebilder. Zweyter Theil. Die Nordsee«, DHA, Bd. 6, S. 143, S. 144, S. 150

106, 16 *meinen Namen trägst:* Begegnungen mit Heine, Bd. 1, S. 153

106, 19 *Dein Name führt:* Salomon Heine an Heinrich Heine, 24. 12. 1839, HSA, Bd. 25, S. 234

107, 2 *Widmung beurkunden:* »Lyrisches Intermezzo« in: »Buch der Lieder«, Apparat, DHA, Bd. I/2, S. 748

108, 20 *genug in Händen:* Begegnungen mit Heine, Bd. 1, S. 202

109, 12 *Neffen H. Heine:* ebd., S. 102

109, 16 *dir gut getrefft:* Houben, Gespräche, S. 123

110, 8 *Nöthen lungern läßt:* Heinrich Heine an Julius Campe, 10.5.1837, HSA, Bd. 21, S. 209

112, 4 *und wieder zu Bett:* zit. nach: Werner, Genius und Geldsack, S. 41f. (Alle Zahlenangaben und -vergleiche beziehen sich auf dieses Buch.)

112, 26 *seine Gedichte bekommen:* zit. nach ebd., S. 58

114, 9 *auf der Börse zu thun:* Begegnungen mit Heine, Bd. 2, S. 16

114, 12 92.735 Francs: Werner, Genius und Geldsack, S. 113

115, 23 *kann es nichts helfen:* Heinrich Heine an Giacomo Meyerbeer, 6. 4. 1835, HSA, Bd. 21, S. 103

116, 21 *aber keine Subscriptionsliste:* Heinrich Heine an Joseph Bacher, 27. 1. 1851, HSA, Bd. 23, S. 85

117, 28 *Zahnweh im Herzen:* »Ideen. Das Buch Le Grand. Capitel XX.«, DHA, Bd. 6, S. 222

118, 7 *Altes Stück:* ebd., S. 171

118, 21 *und kehrt von hinten zurück:* »Neue Gedichte X.«, in: »Neue Gedichte. Verschiedene«, DHA, Bd. 2, S. 35f.

119, 9 *Familie von England:* »Ideen. Das Buch Le Grand«, Apparat, DHA, Bd. 6, S. 825

120, 2 *für das Essen selbst:* »Ideen. Das Buch Le Grand. Capitel XIV.«, ebd., S. 207f.

121, 2 *leben und sterben müssen:* Capitel XV, ebd., S. 214

121, 11 *und keiner von uns:* Hans Magnus Enzensberger, »Schaum«, in: »Landessprache«, Frankfurt / Main, 1963, S. 38
121, 16 *blauer Regellosigkeit:* »Reisebilder. Zweyter Theil«, Apparat, DHA, Bd. 6, S. 719, S. 718
121, 22 *wird Alles getadelt:* Heinrich Heine an Friedrich Merckel, 1.6.1827, HSA, Bd. 20, S. 289
121, 26 *wol ein Ende:* Heinrich Heine an Wilhelm Müller, 7. 6. 1826, ebd., S. 250

Die Welt ist der Feind

122, 12 *Vergessenheit hinabsegeln:* Heinrich Heine an Moses Moser, 30.10.1827, HSA, Bd. 20, S. 303
123, 1 *Das Wort reden:* zit. nach: »Buch der Lieder«, Apparat, DHA, Bd. I/2, S. 586
123, 11 *riesiger Giftbaum:* zit. nach: ebd., S. 595
123, 15 *kirchlichen Weihrauchdampf:* zit. nach: ebd.
124, 2 *Liebe sargen hinzu:* »Nachhall. Junge Leiden. Lieder« in: »Buch der Lieder«, DHA, Bd. I/1, S. 64
124, 6 *Original-Genie glänzen:* zit. nach: »Buch der Lieder«, Apparat, DHA, Bd. I/2, S. 603
124, 11 *als Gegner erfuhr:* Freud, Das Unbehagen in der Kultur, S. 238f.
124, 27 *bis sie gehenkt werden:* zit. nach: ebd., S. 239
125, 16 *hohle Phrase:* zit. nach: »Buch der Lieder«, Apparat, DHA, Bd. I/2, S. 603
125, 20 *mich gar wenig:* »Lyrisches Intermezzo XII.«, in: »Buch der Lieder«, DHA, Bd. I/1, S. 145
126, 4 *neu bestätigt hat:* Arendt, Die verborgene Tradition, S. 47
126, 14 *still und freudiglich:* »Lyrisches Intermezzo. Einzelgedichte«, in: »Buch der Lieder«, Apparat, DHA, Bd. I/2, S. 779
126, 22 *maliziös-sentimental:* Heinrich Heine an Karl Immermann, 24.12.1822, HSA, Bd. 20, S. 61
126, 26 *Vorbild war:* Heinrich Heine an Wilhelm Müller, 7. 6. 1826, ebd., S. 250
127, 15 *so traurig bin:* »Die Heimkehr I.«, in: »Buch der Lieder«, DHA, Bd. I/1, S. 206
128, 9 *Im Meer der Thränen:* zit. nach: Windfuhr, Heine und der Petrarkismus, S. 276
128, 17 *Vielweiberei voraussetzt:* ebd., S. 269
129, 4 *wenigstens paste es nie:* Heinrich Heine an Karl Immermann, 10.6.1823, HSA, Bd. 20, S. 92f.
129, 17 *Neuen Gedichten:* Windfuhr, Heine und der Petrarkismus. S. 274, S. 275

130, 2 *süßer das Betrogenseyn:* »Zu Die HeimkehrLXXIII.«, in: »Buch der Lieder«, DHA, Bd. I/1, S. 489f.
130, 21 *kein Geld haben:* Julius Campe an Heinrich Heine, 12. 7. 1833, HSA, Bd. 24, S. 188
131, 4 *meine eigne Gestalt:* »Die Heimkehr XX.«, in: »Buch der Lieder«, DHA, Bd. I/1, S. 231
131, 19 *bloß in der Idee:* »Buch der Lieder«, Apparat, DHA, Bd. I/2, S. 763
131, 30 *so elend gemacht:* »Die Heimkehr VI.«, in: »Buch der Lieder«, DHA, Bd. I/1, S. 215
132, 6 *gesprochen werden kann:* »Buch der Lieder«, Apparat, DHA, Bd. I/2, S. 890
132, 11 *– und sterbe:* »Die Heimkehr LXIII.«, in: »Buch der Lieder«, DHA, Bd. I/1, S. 275
132, 20 *ein adliges Geschlecht:* ebd., S. 343
133, 3 *theuersten Puppen:* Heinrich Heine an Moses Moser, 14.4.1828, HSA, Bd. 20, S. 328

Sexualisierter Klassenkampf

134, 29 *römische Reich tanzte:* »Ideen. Das Buch Le Grand. Capitel VIII.«, DHA, Bd. 6, S. 194
135, 2 *Vaters Uniform kostümierte:* Begegnungen mit Heine, Bd. 2, S. 451f.
135, 8 *er die Freyheit:* »Reise von München nach Genua. Capitel XXIX.«, in: »Reisebilder III/IV«, DHA, Bd. 7/1, S. 68
135, 25 *ausgerufen zu werden:* Kircher, Heine und das Judentum, S. 25
136, 8 *ihren Liebling:* »Lutezia XXIX.«, DHA, Bd. 13/1, S. 110
136, 16 *an unsäglichen Schmerzen:* Begegnungen mit Heine, Bd. 2, S. 452
137, 11 *Völkertilger halten:* »Lutezia I«, DHA, Bd. 13/1, S. 1026
137, 19 *verkauft und besingt:* »Englische Fragmente«, in: »Reisebilder III/IV«, DHA, Bd. 7/1, S. 225, S. 226
138, 21 *Kleinigkeiten des Lebens:* Begegnungen mit Heine, Bd. 1, S. 164, S. 165
139, 12 *dann Ghaselen:* »Die Nordsee. Dritte Abteilung«, DHA, Bd. 6, S. 166
139, 22 *Judenbuben zu schlagen:* Begegnungen mit Heine, Bd. 1, S. 170
139, 28 *viele Sodomitereien:* ebd., S. 173
142, 10 *er haßt unversöhnlich:* Houben, Gespräche, S. 161, S. 162, S. 163
142, 18 *sondern Vernichtungskrieg:* Heinrich Heine an Karl Immermann, 26. 12. 1829, HSA, Bd. 20, S. 374
143, 1 *ist aber der Mensch selbst:* Karl Marx, Zur Kritik der Hegel-

schen Rechtsphilosophie, in: Marx/Engels, Werke (MEW), Berlin (Ost) 1970, Bd. 1, S. 385

143, 11 *Kopf gezeigt hätte:* »Die Bäder von Lukka, Capitel XI.«, DHA, Bd. 7/1, S. 141

143, 29 *das er so sehr liebt:* »Die Bäder von Lukka. Capitel XI.«, in: »Reisebilder III/IV«, ebd., S. 135; S. 128, S. 129, S. 130, S. 141, S. 149

144, 19 *Menschen gegen Menschen:* Heinrich Heine an Karl August Varnhagen, 3. 1. 1830, HSA, Bd. 20, S. 378

144, 27 *des Laubhüttenfestes:* »Buch der Lieder«, Apparat, DHA, Bd. I/2, S. 730

145, 13 *Vergeltung übt:* Heinrich Heine an Karl August Varnhagen, 4.2.1830., HSA, Bd. 20,. S. 385

146, 2 *hinaus gesendet:* Begegnungen mit Heine, Bd. 2, S. 27

146, 26 *ich selbst gesehn:* ebd., S. 19

147, 12 *unsäglich geschadet:* Heinrich Heine an Karl August Varnhagen, 4. 1. 1830, HSA, Bd. 20, S. 384

147, 25 *Läufer oder Couriere:* »An Alexander, Pr. von W. Junge Leiden. Romanzen«, in: »Buch der Lieder«, DHA, Bd. I/1, S. 112

148, 13 *den gefeyten Waffen:* »Ludwig Börne. Eine Denkschrift. Zweites Buch«, DHA, Bd. 11, S. 50

149, 6 *Befreyung der Welt:* ebd., S. 254

149, 18 *und weißen Näschen:* ebd., S. 54

150, 5 *zu Grunde ginge:* Heinrich Heine an Karl August Varnhagen, 4.1.1831, HSA, Bd. 20, S. 428

151, 3 *der Vernunft der Zeit:* »Einleitung zu ›Kahldorf über den Adel‹« in: DHA, Bd. 11, S. 134, S. 135, S. 136, S. 141

»Die Sonne der Freyheit«

153, 16 *den Saint-Simonisten saß:* zit. nach: Sternberger, Heine und die Abschaffung der Sünde, S. 58

154, 6 *zahlreichern und ärmern Klassen:* »Französische Zustände. Aus der Normandie«, DHA, Bd. 12/1, S. 217

154, 27 *viele Feindschaften zugezogen:* Begegnungen mit Heine, Bd. 2, S. 281

155, 20 *gesellig vereint sein:* zit nach: Marcuse, Heine, S. 152f.

156, 5 *je kennengelernt:* Begegnungen mit Heine, Bd. 1, S. 270; Bd. 2, S. 17

156, 29 *einfach pensionirt:* Begegnungen mit Heine, Bd. 1, S. 403

157, 1 *Zweck der Kunst:* Heinrich Heine an Karl Gutzkow, 28. 8. 1838, HSA, Bd. 21, S. 292

157, 21 *und den Spatzen:* »Deutschland. Ein Wintermährchen. Caput I.«, DHA, Bd. 4, S. 92

158, 27 *Schuhsohlen mit sich schleppte:* Heinrich Heine an Karl August Varnhagen, 27. 6. 1831, HSA, Bd. 21, S. 21
159, 19 *das theure Frankreich:* »Zu Kleine Autobiographische Schriften. Testament«, DHA, Bd. 15, S. 204
159, 23 *auf Paris:* Heinrich Heine an Karl August Varnhagen, 27.6.1831, HSA, Bd. 21, S. 20
159, 28 *wie Heine in Paris:* zit. nach: Strodtmann, Leben und Werke, Bd. 2, S. 13
160, 4 *durch meine eigne Natur:* »Ludwig Börne. Eine Denkschrift«, Apparat, DHA, Bd. 11, S. 238
160, 10 *Dame am Arme führt:* Begegnungen mit Heine, Bd. 1, S. 250
161, 3 *Mühe es mir kostete:* Heinrich Heine an Julius Campe, 23.1.1837, HSA, Bd. 21, S. 175
161, 3 *viele Thränen gekostet:* »Memoiren. Fragment«, DAH, Bd. 15, S. 77
161, 7 *Allongeperücke Voltaire's:* Begegnungen mit Heine, Bd. 2, S. 349
161, 11 *französischen Schriftstellers:* Julia, Erinnerungen, Zweiter Teil, S. 38
161, 31 *nur halb zum Vorschein:* Begegnungen mit Heine, Bd. 2, S. 391f.
162, 18 *Geist mit Champagner:* »Geständnisse«, DHA, Bd. 15, S. 27
164, 3 *Hülfsmittel der Unterdrückung:* »Ludwig Börne. Eine Denkschrift«, Apparat, DHA, Bd. 11, S. 240
164, 8 *Gerücht es besagte:* ebd.
164, 12 *mich interessiren könnte:* Heinrich Heine an Karl August Varnhagen, 19. 11. 1830, HSA, Bd. 20, S. 423f.
164, 23 *mehr aufregende Arbeit:* »Einleitung zu ›Kahldorf über den Adel‹«, DHA, Bd. 11, S. 743
165, 17 *buchstäblich so aus:* ebd., S. 142f.
165, 23 *der Ideen durch Umwege:* Goethes Gespräche, Bd. III, 2. Teil, S. 154, Nr. 6008
166, 5 *die Censur dauert fort:* Begegnungen mit Heine, Bd. 2, S. 8f.
166, 31 *heraus – Selbstzensur:* Kaufmann, Politisches Gedicht, S. 147
168, 22 *zu Grunde schreiben will:* »Vorrede zur Vorrede zu Französische Zustände DHA, Bd. 12/1, S. 452f.
169, 6 *Volkes geerbt hat:* Pfizer, Heine's Schriften und Tendenz, S. 169, S. 173, S. 191
170, 11 *Dauer über seine Kraft:* Marcuse, Heine, S. 187f.
170, 28 *ohne das ist kein Leben:* Thomas Mann, Tagebücher 1953–1955, Frankfurt / Main 1995, S. 171, Eintragung vom 17. 1. 1954
171, 3 *Heines Produktion bestand:* »Zur Geschichte der Religion und Philosophie in Deutschland«, Apparat, DHA, Bd. 8/2, S. 553

171, 15 *wie irreligiöse Produkte:* ebd.
172, 18 *ungewöhnliche Bedeutung giebt:* ebd., S. 542
172, 25 *Idylle erscheinen möge:* »Zur Geschichte der Religion und Philosophie in Deutschland. Drittes Buch«, DHA, Bd. 8/1, S. 119
173, 3 *Jean Jacques Rousseau:* ebd., S. 80
173, 7 *Freyheitshelden spielen:* »Briefe aus Berlin. Dritter Brief«, DHA, Bd. 6, S. 40
173, 14 *heidnisch, dämonisch:* »Ludwig Börne. Eine Denkschrift. Drittes Buch«, DHA, Bd. 11, S. 494

Die Großmacht Heine gibt sich eine eigene Verfassung

175, 5 *nachher waschen werde:* »Ludwig Börne. Eine Denkschrift. Drittes Buch«, DHA, Bd. 11, S. 71
175, 20 *Kopf, der fällt:* Begegnungen mit Heine, Bd. 1, S. 208
176, 7 *für Genfer, für Uhrmacher:* »Zur Geschichte der Religion und Philosophie in Deutschland. Zweites Buch«, DHA, Bd. 8/1, S. 61f.
176, 16 *ihr theoretisches Gewissen:* Karl Marx, Zur Kritik der Hegelschen Rechtsphilosophie, Marx / Engels, Werke (MEW), Bd. 1, Berlin (Ost) 1970, S. 385
176, 20 *ihr Herz das Proletariat:* ebd., S. 391
176, 24 *Gehaltlosigkeit rügen konnte:* in: ebd., S. 433
177, 28 *besang sie als Artist:* »Die Romantische Schule. Erstes Buch«, DHA, Bd. 8/1, S. 134, S. 149, S. 150, S. 154
178, 12 *Vaterlandes entgegenwirkte:* ebd., S. 155f.
178, 24 *Gesundheit gesegnet sind:* »Die Romantische Schule. Zweites Buch«, ebd., S. 193
179, 22 *Atta Troll gedichtet habe:* »Geständnisse«, DHA, Bd. 15, S. 13
180, 5 *Heidenthum Reißaus:* »Die Romantische Schule«, Apparat, DHA, Bd. 8/2, S. 1088, S. 1097
180, 10 *Worte dabey ausspräche:* »Die Romantische Schule. Drittes Buch«, ebd., S. 215
181, 20 *einer geliebten Heimath:* »An eine hohe Bundesversammlung, 1.1.1836«, DHA, Bd. 11, S. 148f.
182, 6 *la voie du progrès:* »Préface«, DHA, Bd. 6, S. 351
182, 27 *ungeregelter Mensch:* »Zur Geschichte der Religion und Philosophie in Deutschland«, Apparat, DHA, Bd. 8/2, S. 554, S. 555
183, 11 *mich finanziel zu ruiniren:* Heinrich Heine an Moses Moser, 8.11.1836, HSA, Bd. 21, S. 169
183, 17 *Bekehrung der Höchstgestellten:* Heinrich Heine an Julius Campe, 23. 1. 1837, ebd., S. 175

183, 25 *de ce détestable écrivain:* zit. nach: Sternberger, Heine und die Abschaffung der Sünde, S. 146; dt.: »Monsieur Prinz Metternich … erhielt einen Brief des berühmt-berüchtigten Heine, der von vollkommenstem Gehorsam dieses verabscheuungswürdigen Schriftstellers zeugt.«

184, 18 *ist sein Prophet:* »Lutezia. XXXII.«, DHA, Bd. 13/1, S. 123

184, 23 *zwölf Jahren erwiesen hat:* Heinrich Heine an Julius Campe, 29.12.1843, HSA, Bd. 22, S. 92

185, 10 *europäischen Staatskreditbedarf:* Kircher, Heine und das Judentum, S. 32

185, 31 *Geschäfte gemacht hat:* »Lutezia. XXXII.«, DHA, Bd. 13/1, S. 122, S. 123

186, 24 *ins Leben zurückrufen:* Marcuse, Heine, S. 133

186, 28 *Heine, sein Gegner:* ebd., S. 134

187, 7 *Journalistik fehlt:* Heinrich Heines politische Journalistik in der Augsburger »Allgemeinen Zeitung«, S. 34

188, 5 *Buchform zu veröffentlichen:* Wadepuhl, Heine, S. 265f.

188, 22 *freudigsten Erinnerungen zählt:* Heinrich Heine an Betty de Rothschild, 9. 11. 1854, HSA, Bd. 23, S. 393

188, 29 *Sie wahrhaft liebe und verehre:* Heinrich Heine an James Rothschild, 13. 1. 1855, ebd., S. 406f.

189, 7 *ganz überflüssig ist:* zit. nach: Wadepuhl, Heine, S. 267

189, 12 *reaktionäre Politik des Bankhauses:* ebd., S. 271

189, 23 *läßt er gelten:* zit. nach: ebd., S. 267

189, 31 *aimable, adorable, divine:* Heinrich Heine an George Sand, 8.1.1835, HSA, Bd. 21, S. 93; dt.: »Ich versichere Sie, daß es unmöglich ist, auszudrücken, wie liebenswert, verehrungswürdig und göttlich Sie sind.«

190, 14 *Trösteinsamkeit:* Begegnungen mit Heine, Bd. 1, S. 427

190, 19 *Ehrenbezeugungen fast erdrückt:* Heinrich Heine an Maximilian Heine, 21. 4. 1834, HSA, Bd. 21, S. 83

191, 2 *für das ganze Leben:* Heinrich Heine an Karl August Varnhagen, 16. 7. 1833, ebd., S. 58

191, 5 *Vaterlandsretter hält:* Heinrich Heine an Betty Heine, 4.3.1834, ebd., S. 80

191, 7 *einziger Classiker:* Heinrich Heine an Julius Campe, 26. 7. 1835, ebd., S. 119

191, 29 *nicht zu erwarten seyn:* »Französische Zustände«, Apparat, DHA, Bd. 12/2, S. 638

192, 6 *jene Menschen vernichten:* ebd., S. 639

192, 28 *über meine Begriffe:* ebd., S. 644

193, 7 *nicht zu geben:* ebd., S. 647f.

193, 17 *sehr bitter gestimmt:* Heinrich Heine an Johann Friedrich v. Cotta, 1. 1. 1833, HSA, Bd. 21, S. 47

195, 4 *und mehr tanzen werden:* Heinrich Heine an Heinrich Laube, 10.7.1833, ebd., S. 56

196, 13 *Anrecht auf die Zukunft:* »Lutezia. XXV«, »Lutezia. XXXI.«, DHA, Bd. 13/1, S. 101, S. 118, S. 118f.

196, 28 revoluzionäre Cannaille: Begegnungen mit Heine, Bd. 1, S. 313, S. 314

197, 10 *Idee des Lebens selbst:* Heinrich Heine an Heinrich Laube, 23.11.1835, HSA, Bd. 21, S. 125

197, 14 *aucun acte politique:* zit. nach: Mende, Heine-Chronik, S. 129; dt.: »Ich gehöre nicht der israelitischen Glaubensgemeinschaft an [...], ich habe mich in meinem Vaterland durch keinerlei politische Aktivitäten kompromittiert.«

197, 18 *das verwandte Genie:* Heinrich Heine an Giacomo Meyerbeer, 6.4.1835, HSA, Bd. 21, S. 102

Der Ritter und der Spielmann

198, 20 *wie im Volke selbst:* »Florentinische Nächte. Zweite Nacht«, DHA, Bd. 5, S. 234

199, 20 *kein Wort gelesen hat:* Begegnungen mit Heine, Bd. 1, S. 318

200, 6 *letztes Hemd hergeben:* ebd., Bd. 2, S. 249

200, 11 *à me relever:* Heinrich Heine an Cristina di Belgiojoso, 4. 6. 1835, HSA, Bd. 21, S. 110; dt.: »Ich habe meine göttliche Natur vergessen«, bekennt er ausgerechnet der Principessa, »ich habe meine Göttlichkeit aufs Spiel gesetzt, ich bin in den Sumpf der menschlichen Leidenschaften hinabgestiegen, und nun habe ich Mühe, mich wieder herauszuziehen.«

200, 21 *il n'en a pas beaucoup:* Begegnungen mit Heine, Bd. 1, S. 458; dt.: »›Heine‹, sagt Mathilde von ihrem Mann, ›ist ein sehr braver Junge, ein sehr liebes Kind; aber was den Geist betrifft, so hat er wohl nicht allzuviel.‹«

200, 24 *meinen Papageien verloren:* ebd., Bd. 2, S. 318

200, 27 *un grand poëte allemand:* ebd., S. 18

200, 30 *noch nie gewacht:* Meißner, Erinnerungen, S. 169

201, 9 *qu'elle rend avec usure:* Heinrich Heine an Stephanie Barrieu, 31.8.1841, HSA, Bd. 21, S. 376; dt.: »Madame Heine tanzt ganze Abende hindurch, sie ist die Königin der Saison, sie macht eine glänzende Figur, sie wird bewundert, angebetet, leidenschaftlich geliebt, und wenn man sie foppt, zahlt sie es mit Zinsen zurück.«

201, 18 *in Ruhe, Besonnenheit und Mäßigung:* Heinrich Heine an Julius Campe, 2. 7. 1835, ebd. S. 114

202, 7 *Produktionssexualität:* Klaus Theweleit, Objektwahl (All You Need is Love …), München, Juli 1996, S. 87, S. 37
202, 27 *in fünf Minuten verführt:* Begegnungen mit Heine, Bd. 1, S. 454f.
203, 8 *und zu gedeihen:* Begegnungen mit Heine, Bd. 2, S. 112
203, 15 *anerkannt werden:* Heinrich Heine an Julius Campe, 18.2.1840, HSA, Bd. 21, S. 348
204, 11 *gewartet werden muß:* Begegnungen mit Heine, Bd. 2, S. 190
204, 17 *Wahrheit als Selbstbewußtsein:* ebd., S. 234
205, 12 *tiefstem Brummbaß hervorfluchten:* Wadepuhl, Heine, S. 461
206, 2 *die einer Geliebten:* Börne, Schmollen der Weiber, S. 32
206, 11 *Faubourg St. Germain:* Strodtmann, Leben und Werke, Bd. 2, S. 52
206, 12 *mich denn der Papst an:* ebd., S. 270f.
206, 22 *wenn er gewollt hätte:* Begegnungen mit Heine, Bd. 2, S. 416
206, 30 *besseren Tonfall macht:* Strodtmann, Leben und Werke, Bd. 2, S. 271
207, 13 *von den Demagogen gehaßt:* Heinrich Heine an Karl Immermann, 19. 12. 1832, HSA, Bd. 21, S. 43
207, 30 *ästhetisches Vergnügen findet:* zit. nach: »Ludwig Börne. Eine Denkschrift. Drittes Buch. Anhang«, DHA, Bd. 11, S. 507
208, 22 *bare Münze der Liebe:* Begegnungen mit Heine, Bd. 2, S. 253
209, 17 *verziehen werden darf:* Heinrich Heine, Sämtliche Werke, Band I–XIV, hg. von Hans Kaufmann, München 1964, Bd. XI, S. 304
211, 5 *selbst nichts glaubt:* Börne, Sämtliche Schriften, Bd. 3, S. 811f.
211, 19 *für mich gestimmt sein:* Begegnungen mit Heine, Bd. 1, S. 314
213, 5 *Mischmasch von Meinungen:* Börne, Schmollen der Weiber, S. 186, S. 187
213, 16 *auf Börne's Seite:* Julius Campe an Heinrich Heine, 15. 9. 1835, HSA, Bd. 24, S. 332
213, 23 *Sache des Volkes kämpfte:* Börne, Schmollen der Weiber, S. 353
214, 4 *was ich geschrieben:* Heinrich Heine an Julius Campe, 8.3.1840, HSA, Bd. 21, S. 353
214, 18 *gleich, gleiche Flegel:* »Ludwig Börne. Eine Denkschrift. Zweites Buch«, DHA, Bd. 11, S. 37
214, 28 *bewohnt von Gleichheits-Flegeln:* »Romanzero. Lamentazionen«, DHA, Bd. 3/I, S. 102
215, 7 *verunglückte Revoluzion:* »Ludwig Börne. Eine Denkschrift. Drittes Buch«, DHA, Bd. 11, S. 61, S. 68, S. 74
216, 6 *einzigen Haushalt bildeten:* ebd., S. 74
216, 15 *wörtlich vorgeformt findet:* Schalles, Heines Verhältnis zu Shakespeare, S. 63f.

216, 19 *Geborgenheit in der Sprache:* Adorno, Noten zur Literatur I, S. 150

217, 3 *Übereifer des Ausgeschlossenen:* ebd., S. 151

217, 17 *auf Immoralität:* »Ludwig Börne. Eine Denkschrift. Viertes Buch«, DHA, Bd. 11, S. 90, S. 91

218, 8 *Majestät der Genußseligkeit:* ebd., S. 18, S. 19

218, 23 *so wenig verschieden ist:* ebd., S. 18f.

219, 8 *nüchterne Begriffe:* ebd., S. 87

219, 14 *der neuen Demokrazie:* ebd., S. 27

219, 19 *gleichsam Bahn gebrochen:* ebd., S. 28

220, 24 *Augen zu durchwaten:* ebd., S. 71

221, 4 *nach einer Birne:* ebd., S. 105

221, 10 *Vermögen bezahlen konnte:* ebd., S. 88

221, 23 *Rum and true religion:* Schalles, Heines Verhältnis zu Shakespeare, S. 65

222, 4 *Liebe, Hoffnung und Glauben:* »Ludwig Börne. Eine Denkschrift. Viertes Buch«, DHA, Bd. 11, S. 103

222, 7 *Opium und Religion sei:* ebd., S. 593

223, 7 *Mangel an Bildnerruhe, an Kunst:* ebd., S. 120

223, 21 *die innere Fäulniß:* ebd., S. 129

224, 14 *avec mes sentiments:* Heinrich Heine an Cristina di Belgiojoso, 30. 10. 1836, HSA, Bd. 21, S. 166; dt.: »an die vollkommenste Persönlichkeit, die ich auf Erden gefunden habe«; »Ich dürste nach moralischer Ganzheit, um meine Meinungen und Gefühle miteinander zu versöhnen.«

224, 19 *beleuchtet wird:* Heinrich Heine an August Lewald, 25. 1. 1837, ebd., S. 179

224, 28 *in Paris rächt sich:* Julius Campe an Heinrich Heine, 3. 7. 1840, HSA, Bd. 25, S. 263

225, 3 *zuvor gedruckt worden:* »Ludwig Börne. Eine Denkschrift. Entstehung«, DHA, Bd. 11, S. 283f.

225, 25 *Zeit gegen sich zu kehren:* Begegnungen mit Heine, Bd. 2, S. 126

226, 20 *das Sie treffen muß:* Julius Campe an Heinrich Heine, 14. 8. 1840, HSA, Bd. 25, S. 274f.

227, 8 *bekämpft er sie:* »Ludwig Börne. Eine Denkschrift. Aufnahme«, DHA, Bd. 11, S. 321

Stimme und Echo zugleich

228, 19 *Wie ein kranker Badegast:* »Atta Troll. Ein Sommernachtstraum. Caput L. – XXVII.«, DHA, Bd. 4, S. 80

229, 7 *preußischen Constituzion:* ebd., S. 9

229, 28 *seine Frau zu beleidigen:* Heinrich Heine an Alexander Weill, 19. 8. 1841, HSA, Bd. 21, S. 416

230, 21 *sehr picanten Digressionen:* Franz Dingelstedt an Johann Georg v. Cotta, Anfang Juni 1842 (Werner/Houben, I., S. 510/511)

232, 8 *einseitige Richtung:* Georg Herwegh an Ferdinand Freiligrath, Anfang 1842. In: Wilhelm Büchner, Ferdinand Freiligrath. Ein Dichterleben in Briefen, Zwei Bände, Lahr 1881, S. 427

232, 19 *herabgestiegen sei:* ebd., S. 114

232, 29 *platten Füßen ausstattet:* »Atta Troll. Ein Sommernachtstraum. Entstehung und Aufnahme«, DHA, Bd. 4, S. 313

233, 14 *stampft und wiehert:* »Atta Troll. Ein Sommernachtstraum. Caput I. – XXVII.«, DHA, Bd. 4, S. 17

233, 29 *Dienst zu treten:* ebd., S. 10

234, 5 *des modernen Humors:* Heinrich Heine an Heinrich Laube, 20.11.1842, HSA, Bd. 22, S. 39

234, 10 *Schulmeister geprügelt:* »Atta Troll. Ein Sommernachtstraum. Vorrede«, DHA, Bd. 4, S. 11

235, 6 *zunächst das Aergste:* Heinrich Laube an Heinrich Heine, 27. 11. 1842, HSA, Bd. 26, S. 49f.

236, 9 *Don Karlos' zum letzten Mal:* Schiller, Vorträge aus Anlaß seines 225. Geburtstages, hg. von D. Grathoff und E. Leibfried, 1991, S. 10. Zit. nach: Jahrbuch 1991–1992 der Sächsischen Akademie der Wissenschaften, Berlin 1993, S. 280

236, 27 *vom dicksten Leder Unterhosen:* »Atta Troll. Ein Sommernachtstraum. Caput I. – XXVII.«, DHA, Bd. 4, S. 24, S. 27, S. 44, S. 59, S. 72

237, 15 *doch ein Charakter:* ebd., S. 79

237, 21 *meint auch Erscheinung:* Albert von Schirnding, Die Freude des Freude-Machens In: Süddeutsche Zeitung Nr. 207, 7./8. September 1996

238, 3 *sonst nichts von ihr:* Riemer, Mitteilungen über Goethe, hg. von Arthur Pollmer, Leipzig 1921, S. 297, zit. nach: Schneider, Romantik, S. 72

238, 8 *und der eigenen Heirat:* ebd.

238, 13 *genoß auch den Genuß:* Friedrich Schlegel, Lucinde, Deutsche Literatur in Einzelbänden, Bd. 4, S. 156, zit. nach: ebd., S. 93

238, 28 *zwielichtige Angelegenheit:* ebd., S. 85, S. 89, S. 92

239, 19 *Austerthier leidet:* »Die Romantische Schule, Zweites Buch«, DHA, Bd. 8/1, S. 193

239, 21 *keine Politik sie kennt:* Justinus Kerner, Sowinsky, Sämtliche poetischen Werke in vier Bänden, hg. von Josef Gaismaier, Leipzig o. J., Bd. 2, S. 156

240, 24 *uns den Rücken kehrt …:* »Die Romantische Schule. Drittes Buch«, DHA, Bd. 8/1, S. 233f.

241, 18 *frey arbeiten konnte:* Heinrich Heine an Friedrich Merckel, 24.8.1832, HSA, Bd. 21, S. 39

242, 24 *zu Grunde gehen:* »Lutezia I«, DHA, Bd. 13/1, S. 31, S. 32

242, 30 *die Communisten lieben:* »Anhang. Zur Préface«, ebd., S. 295

243, 11 *National weit hinausgeht:* Georg Kolb an Heinrich Heine, Mitte Mai 1843, HSA, Bd. 26, S. 68f.

243, 21 *Journalisten seiner Zeit:* »Lutezia. Entstehung und Aufnahme«, DHA, Bd. 13/1, S. 411

243, 27 *nachgeäffte Jakobinismus:* Heinrich Heine an Georg Kolb, 12.11.1844, HSA, Bd. 22, S. 141

244, 8 *politischen Stänkerreime:* Heinrich Heine an Julius Campe, 20.2.1844, ebd., S. 96

245, 9 *Liebe und Liebesgram:* »Deutschland. Ein Wintermährchen. Erläuterungen«, DHA, Bd. 4, S. 1091

245, 22 *und Menschen verschlungen:* »Deutschland. Ein Wintermährchen. Caput I. – XXVII.«, ebd., S. 98

246, 2 *von Niklas Becker:* ebd., S. 101

246, 14 *heiser darnach schrei'n:* »Deutschland. Ein Wintermährchen. Erläuterungen«, ebd., S. 1110

246, 26 *de leur repos sanglant:* ebd., S. 1111; dt.: Möge er in Frieden strömen, euer deutscher Rhein / daß eure gotischen Kathedralen sich bescheiden in ihm spiegeln / Aber gebt acht, daß eure bacchantischen Melodien nicht die Toten aus ihrer blutigen Ruhe wecken.

247, 7 *Zähne sind wölfisch:* »Deutschland. Ein Wintermährchen. Caput I. – XXVII.«, ebd. S. 113, S. 105, S. 109, S. 117

247, 12 *deutsche Luft athme:* Heinrich Heine an Julius Campe, 29.12.1843, HSA, Bd. 22, S. 91

247, 20 *Deutsche geblieben:* »Deutschland. Ein Wintermährchen. Caput I. – XXVII.«, DHA, Bd. 4, S. 115

248, 8 *in deutschen Fäusten blinkt:* »Deutschland. Ein Wintermährchen. Entstehung und Aufnahme«, ebd., S. 1123f.

248, 18 *der Geburt, angriff:* ebd., S. 1145

248, 30 *Sie werden Hengstenberger:* »Deutschland. Ein Wintermährchen. Caput I. – XXVII.« ebd., S. 102

249, 11 *den Todesstoß geben:* Heinrich Heine an Julius Campe, 17.4.1844, HSA, Bd. 22, S. 100

249, 20 *satirisch-diabolisch-gemütliche Lächeln:* Georg Schirges an Ludmilla Assing, 4. 12. 1843 in: Houben, Gespräche, Bd. 1, S. 537

250, 2 *has joined our ranks:* zit. nach Mende, Heine Chronik, S. 229; dt.: »Henry Heine, der bedeutendste aller lebenden Dichter ist in unsere Reihen eingetreten.«

251, 6 *zur Raison brachte:* »Deutschland. Ein Wintermährchen. Entstehung und Aufnahme«, DHA, Bd. 4, S. 928f.

252, 5 *Aufreitzen und Compromittiren:* Heinrich Heine an Karl Marx, 21. 9. 1844, HSA, Bd. 22, S. 130

252, 28 *verächtliches Wesen ist:* Marx, Zur Kritik der Hegelschen Rechtsphilosophie. Einleitung, in: Marx/Engels, Werke (MEW), Bd. 1, Berlin (Ost) 1970, S. 385

254, 8 *für Heine eine Schwäche:* Marcuse, Heine, S. 231, S. 232, S. 234, S. 235, S. 242

254, 11 *ein Scheermesser ist:* Begegnungen mit Heine, Bd. 2, S. 289

254, 15 *Hallischen Jahrbücher:* »Geständnisse«, DHA, Bd. 15, S. 39

254, 23 *unheimliches Grauen:* ebd., S. 30

254, 29 *leichtsinnigen Esprits-Forts:* ebd., S. 29

255, 4 *Polonius sagen würde, Methode:* ebd., S. 33

255, 16 *qu'appartient l'avenir:* ebd., S. 143; Sternberger, Heine und die Abschaffung der Sünde, S. 49ff.; dt.: »Die mehr oder minder geheimen Führer der deutschen Kommunisten sind große Logiker, von denen die stärksten aus der Hegelschen Schule hervorgegangen, und sie sind ohne Zweifel die fähigsten Köpfe und die tatkräftigsten Charaktere Deutschlands. Diese Doktoren der Revolution und ihre erbarmungslos entschlossenen Jünger sind die einzigen Männer in Deutschland, denen Leben innewohnt, und ihnen gehört, ich fürchte, die Zukunft.«

256, 21 *est enchanté de moi:* Heinrich Heine an Mathilde Heine, 19.9.1844, HSA, Bd. 22, S. 128; dt.: »Ich sehe ihn oft, er ist sehr freundlich zu mir.«

256,26 *ohne Besorgniß:* Heinrich Heine an Charlotte Embden, 29.12.1844, ebd., S. 150

257, 10 *kann ich nicht aushalten:* Heinrich Heine an Johann Hermann Detmold, 23. 1. 1845, ebd., S. 156

Irreale Memoiren und reale Bezüge

258, 11 *meinem Tode besiegeln:* Heinrich Heine an Julius Campe, 8.1.1845, HSA, Bd. 22, S. 151

258, 27 *Am Rabbi wenig …:* Wadepuhl, Heine, S. 394

259, 7 *letzte meiner Triumphe:* Meißner, Erinnerungen, S. 211

259, 30 *des Tigers zerfleischen:* Selden, Heine's letzte Tage, S. 55f.

260, 1 *meine Memoiren:* Begegnungen mit Heine, Bd. 2, S. 303

260, 5 *geschminkten Wangen herausputzen:* Heine – Reliquien, S. 277

260, 9 *keine Selbstbiographie schreibe:* Begegnungen mit Heine, Bd. 2, S. 280
260, 11 *dritten Person anvertraut:* ebd., S. 335
260, 15 *sorgsamste ausgearbeitet:* Meißner, Erinnerungen. Die Matratzengruft, S. 57
260, 29 *Scandal zu regaliren:* Heinrich Heine an Maximilian Heine, 5.8.1837, HSA, Bd. 21, S. 223
261, 2 *meiner Papiere vergaloppiert:* Heinrich Heine an Gustav Heine, 17. 4. 1852, HSA, Bd. 23, S. 203
261, 4 *Memoiren berichtet:* Jakob Dietrich Trittau an Julius Campe, 1.2.1854, ebd., S. 303
261, 10 *Es sind die Memoiren:* Meißner, Erinnerungen. Die Matratzengruft, S. 86
261, 23 *nicht veröffentlichen wollte:* Strodtmann, Heines Leben und Werke, Bd. 1, S. 385
262, 8 *Krieg führen muß:* Heinrich Heine an Julius Campe, 4. 2. 1845, HSA, Bd. 22, S. 162
262, 31 *gequält, zu verherrlichen:* Karl Marx an Friedrich Engels, 22. September 1856, in: Marx/Engels, Werke (MEW), Bd. 29, Berlin 1967, S. 72f.
263, 5 *Sagenkreis gebildet:* Julia, Heine. Erinnerungen, S. 298
263, 20 *verkauft noch geschenkt:* ebd., S. 299
264, 5 *was Sie verlangen:* ebd., S. 302, S. 303, S. 304
264, 12 *einen Centime bekommen:* ebd., S. 304
264, 29 *bin ich Carl Heine:* zit. nach: ebd., S. 305
265, 10 *sich schließendes Auge:* Heinrich Heine an Karl August Varnhagen, 3. 1. 1846, HSA, Bd. 22, S. 180
265, 29 *Es schmeckte köstlich:* Begegnungen mit Heine, Bd. 2, S. 881
266, 1 *Aber verhungert bin ich nicht:* »Lutezia II. Retrospektive Aufklärung«, DHA, Bd. 14/1, S. 72
266, 8 *ganz aufs Reine:* Heinrich Heine an Betty Heine, 28. 2. 1847, HSA, Bd. 22, S. 244
266, 14 *entsetzlichen Memoire beschäftigt:* Heinrich Heine an Julius Campe, 6. 2. 1846. ebd., S. 190
266, 22 *alles zu erwarten:* Heinrich Heine an Karl August Varnhagen, 16. 2. 1846, ebd., S.200
267, 4 *gelte ist mir gleich:* Heinrich Heine an Karl August Varnhagen, 24. 2. 1846, ebd., S. 200
267, 16 *der Welt Valet sagen:* Heinrich Heine an Ferdinand Lassalle, 13.2.1846, ebd., S. 195
267, 22 *Garaus geben könnten:* Heinrich Heine an Ferdinand Lassalle, 27. 2. 1846, ebd., S. 209

267, 26 *Fortschritte gemacht:* Heinrich Heine an Julius Campe, 2.3.1846, ebd., S. 210
268, 5 *mich hinfristen kann:* Heinrich Heine an Julius Campe, 1.9.1846, ebd., S. 223
268, 10 *dem letzten Loche:* Heinrich Heine an Ferdinand Friedland, 14.9.1846, ebd., S. 225
268, 18 *für meine Gesammtausgabe:* Heinrich Heine an Julius Campe, 12. 11. 1846, ebd., S. 232
269, 28 *was er nicht schrieb:* Augsburger »Allgemeine Zeitung«, 28. April 1848
272, 22 *15. Mai 1848. Heinrich Heine:* Heinrich Heines politische Journalistik in der Augsburger »Allgemeinen Zeitung«, S. 263
273, 10 *(pas de décision écrite) 4800,–:* Werner, Heines französische Staatspension, S. 136
274, 12 *verzeichnet ist:* ebd., S. 137
274, 26 *dergleichen so theuer:* »Lutezia II. Retrospektive Aufklärung«, Bd. 14/1, S. 72
275, 12 *geistreichste, Dr. Marx:* ebd.
275, 25 *sucht er zu kajolieren:* Karl Marx an Friedrich Engels, 17. Januar 1855, in: Marx/Engels, Werke (MEW), Bd. 28, Berlin (Ost) 1963, S. 423
276, 13 *ich mich wenig bekümmerte:* Entwurf zum Brief an Le Constitutionnel in Paris, 6. 6. 1840, HSA, Bd. 21, S. 364
277, 16 *Ausdruck zu geben brauchte:* Werner, Heines französische Staatspension, S. 138, S. 139

Heine denkt sein Leben neu: die religiöse Wende

278, 17 *Machinazionen geschützt:* »Lutezia II. Retrospektive Aufklärung«, Bd. 14/1, S. 82
279, 9 *Buden der Jahrmärkte zeigt:* ebd., S. 83, S. 84
280, 2 *sonst ein Gebreste:* ›Artikel vom 10.3.1848‹, ebd., S. 289
280, 21 *ein Außenseiter:* Habermas, Heinrich Heine und die Rolle des Intellektuellen in Deutschland, S. 1123, S. 1128
281, 10 *große Genugtuung war:* »Zu ›Geständnisse Waterloo‹, Fragment«, DHA, Bd. 15, S. 189
281, 20 *die Stirn zu bieten:* Heinrich Heine an Alfred Meißner, 14.4.1848, HSA, Bd. 22, S. 271
282, 8 *Trunkenheit ergreift:* Artikel vom 10.3.1848, DHA, Bd. 14/1, S. 290
282, 27 *in Prosa düpiert hat:* »Zu ›Geständnisse Waterloo‹, Fragment«, DHA, Bd. 15, S. 192, S. 193
283, 31 *die Phrase hinaus:* Karl Marx, Der achtzehnte Brumaire des

Louis Bonaparte, in: Marx/Engels, Werke (MEW), Bd. 8, Berlin 1969, S. 165, S. 131, S. 117

284, 22 *Kapital und Grundeigentum:* ebd., S. 139

285, 6 *der mehr Rabe ist:* ebd., S. 206; (vol heißt Flug und Diebstahl)

285, 9 *zu Gunsten der Franzosen:* Heinrich Heine an Gustav Kolb, 4.1851, HSA, Bd. 23, S. 97

285, 21 *ihn toll geärgert:* Heinrich Heine an Julius Campe, 9. 7. 1848, HSA, Bd. 22, S. 287

286, 5 *der Gott-Zufall:* ›Artikel vom 22.3.1848‹, DHA, Bd. 14/1, S. 292

286, 22 *hat mich gut aufgenommen:* Begegnungen mit Heine, Bd. 2, S. 155

287, 15 *also nicht helfen kann:* »Nachwort zum Romanzero«, DHA, Bd. 3/1, S. 181

287, 25 *Mabille oder Valentino:* Begegnungen mit Heine, Bd. 2, S. 122

287, 29 *divin dans l'homme:* ebd., S. 98; dt.: »Es gibt dennoch im Menschen ein Quentchen Göttlichkeit.«

288, 6» *J'en ai plein le dos.«:* Dt.: »Ich habe die Nase voll.«

288, 12 *Labung nicht vergönnt:* Heinrich Heine an Heinrich Laube, 7.2.1850, HSA, Bd. 23, S. 26f.

288, 19 *wieder hervorgezogen:* Heinrich Heine an Heinrich Laube, 25.1.1850, ebd., S. 24

288, 22 *ja auch ein Jude:* Houben, Gespräche mit Heine, S. 867

289, 5 *zu verschweigen pflegen:* »Geständnisse«, DHA, Bd. 15, S. 37

289, 22 *ein unglücklicher Mensch:* »Geständnisse. Entstehung«, DHA, Bd. 15, S. 243

290, 17 *Gerechtigkeit widerfahren lassen:* Heinrich Heine an Karl August Varnhagen, 3. 1. 1846, HSA, Bd. 22, S. 180

291, 6 *haltmachen werden:* Heinrich Heine an Jean-Jacques Dubochet, zit. nach: Grab, Heine und die deutsche Revolution von 1848, S 166

291, 12 *erfüllten ihn mit Ekel:* Begegnungen mit Heine, Bd. 2, S. 137

291, 15 *wie viel weniger einen Gott:* »Geständnisse«, DHA, Bd. 15, S. 39

291, 25 *wie erschossene Schneider:* Heinrich Heine an Gustav Kolb, 13.2.1852, HSA, Bd. 23, S. 181

292, 10 *Murren ertragen kann:* Begegnungen mit Heine, Bd. 2, S. 137f.

Eine kranke Weltmacht in der Rue d'Amsterdam

293, 13 *das Leben zu verlieren:* ebd., Bd. 1, S. 245

293, 17 *Sogar heiter:* Heinrich Heine an Julius Campe, 26. 4. 1848, HSA, Bd. 22, S. 272

293, 26 *ans Bett und vice versa:* zit. nach: ebd., Bd. 2, S. 99

293, 29 *mit geschlossenen Augen:* Heine-Reliquien, S. 250

294, 21 *Sehraum zu verschaffen:* Begegnungen mit Heine, Bd. 2, S. 11, 12

295, 7 *geringstes Uebel:* Heinrich Heine an Julius Campe, 7. 6. 1848, HSA, Bd. 22, S. 277

295, 15 *eine sehr traurige Elegie:* Begegnungen mit Heine, Bd. 2, S. 95

295, 24 *wie ich es nie vorher gewesen:* Heinrich Heine an Julius Campe, 9. 7. 1848; HSA, Bd. 22, S. 287

296, 10 *mein Kopf ist daher sehr dumpfig:* Heine-Reliquien, S. 124 (Heinrich Heine an Gustav Heine, 28. 9.1855); S. 46

297, 17 *bedenklich zerrüttet hat:* Heinrich Heine an?, Berichtigung, 15.4.1849, HSA, Bd. 22, 310

297, 31 *in sehr freundlichem Angedenken:* zit. nach: Begegnungen mit Heine, Bd. 2, S. 396

298, 16 *und sehr beschäftigt:* Heinrich Heine an Gustav Heine, 1.8.1851, HSA, Bd. 23, S. 110; Heinrich Heine an Betty Heine, 12.4.1852, ebd. , S. 198; Heinrich Heine an Julius Campe, 31.3.1852, ebd., S. 195

299, 19 *Recht der demokratischen Presse:* Karl Marx, Die Junirevolution, in: Marx/Engels Werke (MEW), Bd. 5, Berlin (Ost) 1964, S. 136f.

300, 15 *so inbrünstiger Leidenschaft:* Heinrich Heine an Maximilian Heine, 12. 9. 1848, HSA, Bd. 22, S. 294

301, 6 *ich mir fest bewußt bin:* Heinrich Heine an Julius Campe, 1.6.1850, HSA, Bd. 23, S. 43

301, 16 *und sehe wenig Deutsche:* Heinrich Heine an Heinrich Laube, 12. 10. 1850, ebd., S. 56

301, 21 *für den Druck zu ordnen:* Heinrich Heine an Heinrich Laube, 30. 11. 1850, ebd., S. 68

302, 4 *Popularität verschaffen:* Heinrich Heine an Julius Campe, 7.9.1851, ebd., S. 118

302, 18 *Voltaire und die Guillotine:* »Romanzero. Historien«, DHA, Bd, 3/1, S. 28

302, 31 *Dame des hiesigen Hofes:* Heinrich Heine an Julius Campe, 15.10.1851, HSA, Bd. 23, S. 138

303, 4 *O diese Weiße ist implacable:* »Der weiße Elephant«, in: »Romanzero. Historien«, DHA, Bd. 3/1, S. 16

304, 10 *Und* er *hat mich doch belogen:* »Der Dichter Firdusi«, in ebd., S. 51f.

305, 2 *Pfefferkuchen von allen Sorten:* ebd., S. 53

305, 11 *Firdusi zu Grabe trug:* ebd., S. 54f.

305, 24 *Wird an meinen Sterbetagen:* »Gedächtnisfeyer«, in: »Romanzero, Lamentazionen«, ebd., S. 114

306, 9 *zu dir an's Bett und strickt:* ebd., S. 78
307, 8 *geschrieben vorhanden lag:* Heinrich Heine an Julius Campe, 1.6.1850, HSA, Bd. 23, S. 42
307, 26 *Menschen herleihen mögte:* Julius Campe an Adolf Stahr, 11.10.1841, zit. nach: »Romanzero. Entstehung und Aufnahme«, Apparat, DHA, Bd. 3/2, S. 420
309, 14 *besserem Stoffe sein:* Heinrich Heine an Julius Campe, 28.9.1850, HSA, Bd. 23, S. 51f.
309, 24 *am meisten ehre und liebe:* Begegnungen mit Heine, Bd. 2, S. 252
309, 29 *nach Paris reisen werde:* Georg Weerth an Heinrich Heine, 21.2.1851, HSA, Bd. 26, S. 284, S. 285
310, 13 *Großes im Schilde führt:* Georg Weerth an Heinrich Heine, 10.6.1851, ebd., S. 294
310, 21 *Tage nicht gefunden:* Begegnungen mit Heine, Bd. 2, S. 265f.; dt.: Der Dichter sei »so krank, er wird mit niemandem sprechen«; »Es gibt keine Regel ohne Ausnahme ...«
310, 30 *Ihren Namen dabei zu geben:* Heinrich Heine an Julius Campe, 2.5.1854, HSA, Bd. 23, S. 329f.
311, 13 *erforderlich werden dürften:* »Romanzero. Entstehung und Aufnahme«, Apparat, DHA, Bd 3/2, S. 429
312, 3 *Homer oder Shakespeare wäre:* Heinrich Heine an Gustav Kolb, 14. 11. 1851, HSA, Bd. 23, S. 160
312, 7 *der Schriftstellerei gehört:* »Romanzero. Entstehung und Aufnahme«, Apparat, DHA, Bd. 3/2, S. 475
312, 13 *Genialität und Ungezogenheit:* ebd., S. 477, S. 476, S. 473
312, 31 *Wohlklang der Sprache:* ebd., S. 472
313, 15 *für das Buch verschloßen:* Julius Campe an Heinrich Heine, 11.11.1851, HSA, Bd. 26, S. 344
313, 20 *Regierung vergangen hat:* Heinrich Heine an Gustav Heine, 15.11.1851, HSA, Bd. 23, S. 162
314, 4 *verletzter Moralität hört:* Julius Campe an Heinrich Heine, 21.2.1852, HSA, Bd. 27, S. 30
314, 25 *Versöhnung zu bringen weiß:* »Romanzero. Entstehung und Aufnahme«, Apparat, DHA, Bd. 3/2, S. 507f.
315, 11 *Winter nicht überstehe:* Heinrich Heine an Gustav Heine, 14.10.1852, HSA, Bd. 23, S. 250
315, 22 *Litteratur erhalten wird:* Heinrich Heine an Julius Campe, 7.6.1852, ebd., S. 210
316, 8 *ist die sociale Bewegung:* Heinrich Heine an Julius Campe, 24.8.1852, ebd., S. 230
316, 27 *erscheinen zu lassen:* Heinrich Heine an Julius Campe, 15.4.1854, ebd., S. 320

317, 2 *Schmerzen erliegen wird:* Heinrich Heine an Alfred Meißner, 4.5.1854, ebd., S. 331

317, 5 *sich darin kund gibt:* Heinrich Heine an Julius Campe, 26.6.1854, ebd. S. 342

317, 21 *sondern quoique Bourbon:* »Lutetia. XXXI«, DHA, Bd. 13/1, S. 118

318, 4 *Livree der Knechtschaft:* ebd., S. 118f.

318, 21 *nimmt sie für ächt:* »Lutezia. Entstehung und Aufnahme«, DHA, Bd. 13/1, S. 521

318, 30 *Ehrlichkeitszeugniß zu betteln:* »Lutèce. Entstehung und Aufnahme«, DHA, Bd. 13/2, S. 1877

319, 9 *Schiller und Goethe:* ebd., S. 1853, S. 1854

319, 21 *lieber früher gestorben:* »Lutezia. Entstehung und Aufnahme«, DHA, Bd. 13/1, S. 551

321, 16 *kann sie bezwingen:* »Lutezia. Anhang. Zur Préface«, ebd., S. 294f.

Der sterbende Fechter ficht den letzten Kampf

322, 10 *machen einen Weltlerm:* Heinrich Heine an Gustav Heine, 17.8.1855, HSA, Bd. 23, S. 449

322, 12 *arm wie eine Kirchmaus:* Heinrich Heine an James Rothschild, 13. 1. 1855, ebd., S. 406

322, 27 *und Geschäftsführung:* Heinrich Heine an Johann Hermann Detmold, 3. 10. 1854, ebd., S. 375

322, 29 *ich sie verlassen muß:* Heinrich Heine an Charlotte Embden, 26.6.1854, ebd., S. 344

323, 3 *Erlösung zu gönnen:* Heinrich Heine an Gustav Kolb, 22.3.1853, ebd., S. 276

323, 13 *für seine Mühseligkeiten:* Heinrich Heine an Betty Heine, 13.12.1854, ebd., S. 401

323, 16 *ich nicht austheilen kann:* Heinrich Heine an Gustav Heine, 26.10.1852, ebd., S. 255

323, 22 *letztes Wort zu sagen:* Heinrich Heine an Julius Campe, 5.10.1853, ebd., S. 298

323, 29 *Interessen im Auge:* Heinrich Heine an Julius Campe, 26.7.1854, ebd., S. 353

324, 2 *mit verschlossenen Lippen:* Heinrich Heine an Christian Heinrich Wöhrmann, 13. 2. 1852, ebd., S. 182

324, 6 *den täglichen Grabesfortschritt:* Heinrich Heine an Gustav Kolb, 13. 2. 1852, ebd., S. 181f.

324, 30 *gelinde zu flennen, zu beten:* »Zum Lazarus.«, in: »Gedichte. 1853 und 1854«, DHA, BD. 3/1, S. 199

325, 8 *auch für etwas Geld:* ebd., S. 204
325, 19 *selber dich verletzen:* »Ruhelechzend«, in: ebd., S. 185
325, 29 *habe ich kein Urtheil:* Julius Campe an Heinrich Heine, 7.4.1854, HSA, Bd. 27, S. 170
326, 1 *ich seine Hose haben:* Heinrich Heine an Julius Campe, 5.10.1853, HSA, Bd. 23, S. 296
326, 7 *noch bin ich nicht todt:* August Gathy an Julius Campe, 12.9.1853, Werner/Houben, II, S. 332 bzw. DHA, Bd. 3/2, S. 1067
326, 16 *du bist abscheulich:* »Im May«, in »Gedichte 1853 und 1854«, DHA, Bd. 3/1, S. 186
326, 24 *Lyrik noch nie vernommen:* Houben, Bd. 2, S. 332
326, 28 *und cynische Klatschsucht:* »Zu Gedichte 1853 und 1854. Zeitgenössische gedruckte Gedichte«, Apparat, DHA, Bd. 3/2, S. 1303f.
327, 8 *intervals of a soirée:* ebd. S. 1304; dt.: »Niemals war die Feder des Herrn Heine zügelloser, als wenn der Gegenstand seiner sepulkralen Späße der eigene zerstörte Körper ist, der in dem Stich mit so entsetzlicher Genauigkeit wiedergegeben wurde. Seltsam, aber das Buch mit dem Gedichtzyklus und dem Bild scheint zu solch kleinen hübschen Bändchen zu gehören, die in gebundener Form nette Geburtstagsgeschenke für gefühlvolle junge Damen oder Preise für erfolgreiche Schulbuben abgeben. Es war ein Salonbuch, ein Pausenfüller für fade Abendgesellschaften.«
327, 20 *übermüth'gen Lippen preßte:* »Lyrischer Nachlaß. Zum Lazarus«, DHA, Bd. 3/1, S. 353
328, 10 *die untergehende Sonne:* ebd., S. 351
328, 22 *du bleicher Bube:* ebd., S. 352
328, 28 *seine Gedanken geltend machen:* Heinrich Heine an Leopold Wertheim, 28. 4. 1855, HSA, Bd. 23, S. 423
329, 8 *das ist schrecklich:* Heinrich Heine an Elise Krinitz, 20. 7. 1855, ebd., S. 435
329, 19 *Tuche um den Kopf:* Meißner, Erinnerungen, S. 10
330, 21 *zu geschehen pflegt:* Selden, Heine's letzte Tage, S. 2
331, 17 *adieu – lieber Dichter:* zit. nach: Wadepuhl, Heine, S. 350f.
332, 19 *Ozean genießen wollte:* Marcuse, Heine, S. 340
334, 14 *Name ist H. H.:* Heinrich Heine an Elise Krinitz, 23. 1. 1856, HSA, Bd. 23, S. 479
335, 2 *empfängt sie nur ein Gedicht:* »An die Mouche. Lyrischer Nachlaß«, DHA, Bd. 3/1, S. 391
335, 12 *er ist lebendig noch:* ebd., S. 390
335, 27 *Adieu! H.H.:* Heinrich Heine an Elise Krinitz, 2. 10. (?) 1855, HSA, Bd. 23, S. 460
336, 9 *neue Kraft zu fangen:* Selden, Heine's letzte Tage, S. 66

336, 18 *Schwatzt mich todt … Dein ergebenster:* Heinrich Heine an Elise Krinitz, 10. 11. 1855, HSA, Bd. 23, S. 469; 14. 2. 1856, ebd., S. 482; 10. 11. 1855, ebd., S. 469

336, 21 *vernichtet worden seien:* Wadepuhl, Heine, S. 353

336, 25 *Dienstag. H. Heine:* zit. nach: Selden, Heine's letzte Tage, S. 51

337, 27 *Roß der Leidenschaft:* »An die Mouche. Lyrischer Nachlaß«, DHA, Bd. 3/1, S. 396

337, 31 *Rollen erfunden hat:* »Lyrischer Nachlaß, An die Mouche«, Apparat, DHA, Bd, 3/2, S. 1660

338, 27 *den eigenen Trieb:* Heine-Reliquien, S. 280f.

339, 25 *griechischer Kunst erinnerten:* Selden, Heine's letzte Tage, S. 89

339, 30 – 340, 19 *le pièces de Monsieur Scribe … c'est son métier:* Strodtmann, Heines Leben und Werke, Bd. 2, S. 404, dt.: »Können Sie pfeifen? … O nein! Ich kann noch nicht mal die Stücke des Monsieur Scribe auspfeifen.«; Houben, Gespräche mit Heine, S. 1063; Begegnungen mit Heine, Bd. 2, S. 474; Heine-Reliquien, S. 281-284; Hansen, Thomas Manns Heine-Rezeption, S. 63; Houben, Gespräche mit Heine, S. 1064f.; Hädecke, Heine, S. 530f., »c'est son métier« – dt.: »Hab keine Angst, meine Liebe, er wird mir verzeihen; das ist sein Metier.«

341, 24 *wieder aus dem Schattenreiche:* »Lyrischer Nachlaß. Zum Lazarus«, DHA, Bd. 3/1, S. 348

Benutzte Literatur

Sämtliche Texte aus Werken Heines sind der DHA entnommen. Sämtliche Briefe von und an Heine sind der HSA entnommen. Beide Editionen sind hier ausgewiesen

Die Sekundär-Bibliographie erhebt keinen Anspruch auf Vollständigkeit. Sie erfaßt vielmehr nur die Bücher, die zum Erarbeiten dieser Biographie benutzt wurden.

A. Primär

Heinrich Heine, Historisch-kritische Gesamtausgabe der Werke. Herausgegeben von Manfred Windfuhr im Auftrag der Landeshauptstadt Düsseldorf, mit Förderung durch die Deutsche Forschungsgemeinschaft, die Freie und Hansestadt Hamburg, das Kultusministerium des Landes Nordrhein-Westfalen, Hoffmann und Campe Verlag, Hamburg (DHA)

Band 1/1, Buch der Lieder, Text bearbeitet von Pierre Grappin, Hamburg 1975

Band 1/2, Buch der Lieder, Apparat bearbeitet von Pierre Grappin, Hamburg 1975

Band 2, Neue Gedichte, bearbeitet von Elisabeth Genton, Hamburg 1983

Band 3/1, Romanzero, Gedichte. 1853 und 1854, Lyrischer Nachlaß, Text bearbeitet von Frauke Bartelt (Überlieferung und Lesarten) und Alberto Destro (kommentierende Teile), Hamburg 1992

Band 3/2, Romanzero, Gedichte. 1853 und 1854, Lyrischer Nachlaß, Apparat bearbeitet von Frauke Bartelt (Überlieferung und Lesarten) und Alberto Destro (kommentierende Teile), Hamburg 1992

Band 4, Atta Troll. Ein Sommernachtstraum, Deutschland. Ein Wintermärchen, bearbeitet von Winfried Woesler, Hamburg 1985

Band 5, Almansor, William Ratcliff, Der Rabbi von Bacherach, Aus den Memoiren des Herren von Schnabelewopski, Florentinische Nächte, bearbeitet von Manfred Windfuhr, Hamburg 1994

Band 6, Briefe aus Berlin, Über Polen, Reisebilder I/II (Prosa), bearbeitet von Jost Hermand, Hamburg 1973

Band 7/1, Reisebilder III/IV, Text bearbeitet von Alfred Opitz, Hamburg 1986

Band 7/2, Reisebilder III/IV, Apparat bearbeitet von Alfred Opitz, Hamburg 1986

Band 8/1, Zur Geschichte der Religion und Philosophie in Deutschland, Die romantische Schule, Text bearbeitet von Manfred Windfuhr, Hamburg 1979

Band 8/2, Zur Geschichte der Religion und Philosophie in Deutschland, Die romantische Schule, Apparat bearbeitet von Manfred Windfuhr, Hamburg 1981

Band 9, Elementargeister, Die Göttin Diana, Der Doktor Faust, Die Götter im Exil, bearbeitet von Ariane Neuhaus-Koch, Hamburg 1987

Band 10, Shakespeares Mädchen und Frauen und Kleinere literaturkritische Schriften, bearbeitet von Jan-Christoph Hauschild, Hamburg 1993

Band 11, Ludwig Börne. Eine Denkschrift und Kleinere politische Schriften, bearbeitet von Helmut Koopmann, Hamburg 1978

Band 12/1, Französische Maler, Französische Zustände, Über die französische Bühne, Text bearbeitet von Jean-René Derré und Christiane Gieser, Hamburg 1980

Band 12/2, Französische Maler, Französische Zustände, Über die französische Bühne, Text bearbeitet von Jean-René Derré und Christiane Gieser, Hamburg 1984

Band 13/1, Lutezia I, Text, Apparat 1.–10., Artikel bearbeitet von Volkmar Hansen, Hamburg 1988

Band 13/2, Lutezia I, Apparat, 11.–42., Artikel bearbeitet von Volkmar Hansen, Hamburg 1989

Band 14/1, Lutezia II, Text, Apparat 43.–58., Artikel bearbeitet von Volkmar Hansen, Hamburg 1990

Band 14/2, Lutezia II, Apparat 59.–61., Artikel und Anhang bearbeitet von Volkmar Hansen, Hamburg 1991

Band 15, Geständnisse, Memoiren und Kleinere autobiographische Schriften, bearbeitet von Gerd Heinemann, Hamburg 1982

Band 16, Nachträge und Korrekturen, Register, bearbeitet von Marianne Tilch (Nachträge und Korrekturen), Bernd Füllner und Karin Füllner (Register), Hamburg 1997

Heinrich Heine Säkularausgabe. Werke, Briefwechsel, Lebenszeugnisse. Herausgegeben von der Stiftung Weimarer Klassik und dem Centre de la Recherche Scientifique, Paris Akademie Verlag, Berlin (HSA)

3. Abteilung: Heines Briefwechsel

Band 20, Briefe 1815–1831, bearbeitet von Fritz H. Eisner, Berlin 1970

Band 21, Briefe 1831–1841, bearbeitet von Fritz H. Eisner, Berlin 1970

Band 22, Briefe 1842–1849, bearbeitet von Fritz H. Eisner, Berlin 1972

Band 23, Briefe 1850–1856, bearbeitet von Fritz H. Eisner, Berlin 1972

Band 24, Briefe an Heine 1823–1836, bearbeitet von Renate Francke, Berlin 1974

Band 25, Briefe an Heine 1837–1841, bearbeitet von Christa Stöcker, Berlin 1974
Band 26, Briefe an Heine 1842–1851, bearbeitet von Christa Stöcker, Berlin 1975
Band 27, Briefe an Heine 1852–1856, bearbeitet von Winfried Woesler, Berlin 1976

B. Sekundär

Theodor W. Adorno, Die Wunde Heine, in: Noten zur Literatur I, Frankfurt/Main 1958
Anzeiger für die politische Polizei Deutschlands auf die Zeit vom 1. Januar 1848 bis zur Gegenwart, Hildesheim 1970
Hannah Arendt, Die Ausnahmejuden, in: Elemente und Ursprünge totaler Herrschaft, München 1986
Hannah Arendt, Heinrich Heine, Die verborgene Tradition. Acht Essays, Frankfurt/Main 1976
Adolf Bartels, Heinrich Heine. Auch ein Denkmal, Dresden und Leipzig 1906
Begegnungen mit Heine, hg. von Michael Werner in Fortführung von H.H. Houbens Gesprächen mit Heine, Band I: 1797–1846, Band II: 1847–1856, Hamburg 1973
Albrecht Betz, Ästhetik und Politik. Heinrich Heines Prosa, München 1971
Rutger Booß, Ansichten der Revolution. Paris-Berichte deutscher Schriftsteller nach der Juli-Revolution 1830, Heine, Börne u.a., Köln 1977
Mechthild Borries, Ein Angriff auf Heinrich Heine. Kritische Betrachtungen zu Karl Kraus, Stuttgart 1971
Ludwig Börne, Sämtliche Schriften, neu bearbeitet und hg. von Inge und Peter Rippmann, Band I–III, Düsseldorf 1964, Band IV und V, Darmstadt 1968
Ludwig Börne, Über das Schmollen der Weiber. Berliner Briefe an Jeanette Wohl und andere Schriften, Köln 1987
Rainer Feldmann, Heinrich Heine. Der Rabbi von Bacherach. Geschichtsverständnis, Jude und Judentum im Romanfragment Heinrich Heines, Dissertation, Universitäts-Gesamthochschule Paderborn 1984
Sigmund Freud, Das Unbehagen in der Kultur, in: Sigmund Freud, Studienausgabe, Band IX, Fragen der Gesellschaft, Ursprünge der Religion, Frankfurt/Main 1974
Sigmund Freud, Der Witz und seine Beziehung zum Unbewußten, in: Sigmund Freud, Studienausgabe, Bd. IV, Psychologische Schriften, Frankfurt/Main 1970
Sigmund Freud, Zur Einführung des Narzißmus, in: Sigmund Freud, Stu-

dienausgabe, Band III, Psychologie des Unbewußten, Frankfurt/Main 1975
Eberhard Galley, Heine und die Burschenschaft, in: Heine Jahrbuch 1972, hg. vom Heinrich-Heine-Institut, Düsseldorf, Hamburg 1972
Goethes Gespräche, hg. von Wolfgang Herwig, Leipzig 1910
Walter Grab, Heine und die deutsche Revolution von 1848, in: Der späte Heine 1848–1856. Literatur-Politik-Religion, hg. von Wilhelm Gössmann und Joseph A. Kruse, Heidelberg 1982
Walter Grab, Heinrich Heine als politischer Dichter, Heidelberg 1982
Martin Greiner, Zwischen Biedermeier und Bourgeoisie. Ein Kapitel deutscher Literaturgeschichte im Zeichen Heinrich Heines, Leipzig 1954
Jürgen Habermas, Heinrich Heine und die Rolle des Intellektuellen in Deutschland, in: MERKUR 12, Dezember 1996 (Erstdruck in MERKUR 448/Juni 1986)
Wolfgang Hädecke, Heinrich Heine. Eine Biographie, Reinbek bei Hamburg 1989
Heine Chronik. Daten zu Leben und Werk, zusammengestellt von Fritz Mende, München 1975
Heinrich Heine, Beiträge zur deutschen Ideologie, mit einer Einleitung von Hans Mayer, Frankfurt/Main, Berlin, Wien 1971
Heinrich Heines politische Journalistik in der Augsburger »Allgemeinen Zeitung«, Katalog zur Ausstellung; Heines Artikel in der »Allgemeinen Zeitung«, Medienzentrum Augsburg, Januar bis März 1994
Heine-Reliquien. Neue Briefe und Aufsätze Heinrich Heines, hg. von Maximilian Freiherr von Heine-Geldern und Gustav Karpels, Berlin 1911
H.H.Houben, Hg., Gespräche mit Heine, Potsdam 1948
Jost Hermand, Streitobjekt Heine. Ein Forschungsbericht 1945–1975, Frankfurt/Main 1975
Hermann Höffer, Heinrich Heine. Gesammelte Aufsätze, hg. von Ernst Elster, Berlin 1906
Hartwig von Hundt-Radowsky, Judenspiegel. Ein Schand- und Sittengemälde alter und neuer Zeit, Würzburg 1819
Ruth L. Jacobi, Heinrich Heines jüdisches Erbe, Bonn 1978
Henri Julia, Heine Erinnerungen, in: Deutsche Revue, Jg. 1884, Band 3, Jg. 1885, Band 4, 1886, Jg. 11, Band 1
Hans Kaufmann, Politisches Gedicht und klassische Dichtung. Heinrich Heine, Ein Wintermärchen, Berlin 1958
Hartmut Kircher, Heinrich Heine und das Judentum. in: Literatur und Wirklichkeit, hg. von Karl Otto Conrady, Band 11, Bonn 1973
Karl Kraus, Heine und die Folgen, in: Karl Kraus, Auswahl aus dem Werk, ausgewählt von Heinrich Fischer, Frankfurt/Main 1961
Leo Kreutzer, Heine und der Kommunismus, Göttingen 1970

Eduard Krüger, Heine und Hegel. Dichtung, Philosophie und Politik bei Heinrich Heine, Monographien, Literaturwissenschaft, Band 33, Kronberg/Taunus 1977

Joseph A. Kruse, Heines Hamburger Zeit, Hamburg 1972

Joseph A. Kruse und Wilhelm Gössmann (Hg.), Der späte Heine, 1848–1856, Hamburg 1982

Joseph A. Kruse, Heinrich Heine. Leben und Werk in Daten und Bildern, Frankfurt/Main 1983

Golo Mann, Deutsche Geschichte des XIX. Jahrhunderts, Frankfurt/Main 1966

Ludwig Marcuse, Heinrich Heine, Melancholiker, Streiter in Marx, Epikureer, Zürich 1977

Ludwig Marcuse, Heinrich Heine in Selbstzeugnissen und Bilddokumenten, Hamburg 1960

Ludwig Marcuse, Ludwig Börne. Aus der Frühzeit der deutschen Demokratie, Zürich 1977

Hans Mayer, Der Streit zwischen Heine und Platen, in: Außenseiter, Frankfurt/Main 1975

Alfred Meißner, Heinrich Heine. Erinnerungen, Leipzig 1972

Wolfgang Menzel, Die deutsche Literatur, Teil I–IV, Stuttgart 1836

Henner Montanus, Der kranke Heine, Stuttgart 1996

Klaus Pabel, Heines »Reisebilder«. Ästhetisches Bedürfnis und politisches Interesse am Ende der Kunstperiode. München 1977

Ernst Pawel, The Poet Dying. Heinrich Heine's Last Years in Paris, New York 1995

Paul Peters, Heinrich Heine »Dichterjude«. Die Geschichte einer Schmähung, Frankfurt/Main 1990

Gustav Pfizer, Heine's Schriften und Tendenzen, in: Deutsche Vierteljahresschrift 1838

Carl Pietzcker, Einheit, Trennung und Wiedervereinigung. Psychoanalytische Untersuchungen eines religiösen, philosophischen und literarischen Musters, Würzburg 1996

Stephan Reinhardt, Heinrich Heine, in: Genie und Geld. Vom Auskommen deutscher Schriftsteller, hg. von Karl Corino, Nördlingen 1987

Ludwig Rosenthal, Heinrich Heines Großoheim Simon van Geldern. Ein historischer Bericht mit dem bisher meist unveröffentlichten Quellenmaterial, Kastellaun 1978

Friedrich Ruehs, Über die Ansprüche der Juden an das deutsche Bürgerrecht. Zweiter, verbesserter und erweiterter Abdruck. Mit einem Anhange über die Geschichte der Juden in Spanien, Berlin 1916

Ernst August Schalles, Heines Verhältnis zu Shakespeare. Philosophische Dissertation, Berlin 1904

Gerhard Schneider, Studien zur Deutschen Romantik, Leipzig 1962
Camilla Selden, Heinrich Heine's letzte Tage, Jena 1884
Hanna Spencer, Dichter, Denker, Journalist. Studien zum Werk Heinrich Heines, Bern 1977
Dolf Sternberger, Heinrich Heine und die Abschaffung der Sünde, Hamburg und Düsseldorf 1972
Adolf Strodtmann, Heinrich Heine's Leben und Werke, 2 Bände, Berlin 1873
Adolf Strodtmann, Aus Heines Studentenzeit, in: Neue Monatshefte für Dichtkunst und Kritik, hg. von Oscar Blumenthal, Band 5, Leipzig 1877
Walter Wadepuhl, Heinrich Heine. Sein Leben und seine Werke, Köln/Wien 1974
Michael Werner, Nationen und Parteien. Politisch-soziale Konzeptionen Heines nach 1848. Heine und die französische Revolution von 1848, in: Der späte Heine, 1848–1956. Literatur-Politik-Religion, hg. von Wilhelm Gössmann und Joseph A. Kruse, Hamburg 1982
Michael Werner, Heines französische Staatspension, in: Heine-Jahrbuch 1977, hg. vom Heinrich-Heine-Institut, Düsseldorf/Hamburg 1977
Michael Werner, Genius und Geldsack. Zum Problem des Schriftstellerberufs bei Heinrich Heine, Hamburg 1978
Manfred Windfuhr, Heine und der Petrarkismus. Zur Konzeption seiner Liebeslyrik, in: Jahrbuch der Deutschen Schillergesellschaft, hg. von Fritz Martini, Walter Müller-Seidel, Bernhard Zeller, 10. Jg., Stuttgart 1966
Max J. Wolff, Heinrich Heine, München 1922

Personenregister

Achmatowa, Anna 170
Adorno, Theodor W. 216
Agoult, Marie-Catherine-Sophie d'A. 156, 159
Alexandrine, Prinzessin von Preußen 70
Ancillon, Friedrich 171
Andersen, Hans Christian 127
Angers, David d'A. 324
Arminius, s. Hermann der Cherusker
Arendt, Hannah 50, 64, 125
Arndt, Archibald 119
Arndt, Ernst Moritz 43f., 48, 247, 290
Arnim, Achim von 59, 239f.
Arnim, Heinrich Friedrich von 251
Audebrand, Philibert 329
Augustus 80

Bacher, Joseph Adalbert 308
Baldwin, James 50
Balzac, Honoré de 148, 163, 186, 265, 267, 276, 315
Baruch, Jakob 203
Basnage, Jacques 91f.
Bauer, Felice 199
Bazard, Amand 153ff.
Becker, Nikolaus 246
Beer, Heinrich 73f.
Belgiojoso-Trivulzio, Cristina, Principessa di 158, 189, 200, 211, 224
Bellgier, Margot s. Krinitz, Elise
Bellini, Vincenzo 190
Benecke, Georg Friedrich 57
Benjamin, Walter 170, 321
Benkert, Karl Maria (Kertbeny) 146
Benn, Gottfried 216
Béranger, Pierre Jean de 329
Bergmann, Professor 41
Berlioz, Hector 158, 189, 190, 267, 317, 323
Bernays, Michael 251, 256, 318
Beughem, Friedrich von 39, 54, 57
Biermann, Wolf 235
Bismarck, Otto Fürst von 184
Blücher, Gebhard Leberecht, Fürst von Wahlstatt 33, 38
Blumenthal, Lieselotte 235
Bohain, Victor 162, 177
Bonaparte, Jérôme, König von Westfalen 30
Börne, Ludwig (Löb Baruch) 18, 29f., 47, 66, 84, 94, 98, 110, 113, 132, 143, 148, 159, 166, 169, 174f., 184, 191, 197, 203-211, 213, 215, 217ff., 221ff., 225ff., 229, 232, 241, 293
Börnstein, Heinrich 252
Bornstedt, Adalbert von 196
Boucher, Alexandre-Jean 60
Brandt, Willy 184
Brecht, Bertolt 71, 207, 216, 308
Brentano, Clemens 58, 127, 238ff.
Briand, Aristide 277
Brion, Friederike 89
Brockhaus, Friedrich Arnold 52
Brockhaus, Heinrich 52, 149
Brodkey, Harold 170
Broglie, Achille-Charles Herzog von
Brühl, Karl Moritz Graf von 55, 60
Büchner, Georg 213
Bulgakow, Michail Afanasjewitsch 49
Buloz, François 177, 323
Bürger, Gottfried August 245
Byron, George Noel Gordon, Lord 48, 54, 62, 66f., 102, 130, 216, 221

Calderón de la Barca, Pedro 53, 60
Campe, Friedrich Napoleon 164

Campe, Julius 49, 114, 117, 122, 130, 139, 141f., 150, 152, 164, 167, 169, 171, 177, 182ff., 188, 191, 193f., 204, 211, 213f., 224ff., 247, 253, 256, 267f., 285, 293, 300f., 306-311, 313–316, 325f.
Cavaignac, Godefroy 299
Cervantes, Saavedra, Miguel de 222
Chamisso, Adelbert von 64, 231
Chateaubriand, François René Vicomte de 228, 317
Chevalier, Michel 152, 155f., 329
Chodowiecki, Daniel 30
Chopin, Frédéric 158, 190
Christiani, Rudolf 103
Clauren, Heinrich 70
Cotta, Johann Georg von 46, 51, 112, 132, 138, 140f., 191–193, 207, 229f., 243, 325

Dalberg, Reichsfreiherr Karl Theodor von 31
Dante Alighieri 222, 320
Davis jr., Sammy 50
Destro, Alberto 337
Devrient, Ludwig 60f.
Devrient, Therese 33, 108
Diderot, Denis 215
Dingelstedt, Franz Freiherr von 229f.
Diogenes 62
Döblin, Alfred 207
Dohm, Christian Wilhelm von 31
Dörne, Carl 101
Dörring, Wit von (Johann Wit) 140
Dubochet, Jean-Jacques 290
Dümmler 91
Dumas, Alexandre 189, 323, 341

Eckermann, Johann Peter 60
Eichendorff, Joseph Freiherr von 127, 180, 238, 240
Eichhorn, Geh. Hofrath 41
Eisenmenger 324
Eisler, Hanns 71
Embden, Charlotte (Sara), geb. Heine 8, 22f., 147, 256
Embden, Moritz 77
Enfantin, Barthélemy Prosper 152–156, 158, 174, 180, 182
Engels, Friedrich 108, 176, 231, 249, 253, 262, 268, 275, 293, 298, 309, 319
Enzensberger, Hans Magnus 121, 184

Faßbender 22f.
Feuchtwanger, Lion 93, 184, 204
Fichte, Johann Gottlieb 64, 150, 248
Firdausi, [Firdusi], Abu I-Kasim Mansur 303ff., 307
Fischer, Samuel 308
Fontana, Joseph 340
Fould, B.L. 264
Fould Oppenheim 264
Fouqué, Friedrich de la Motte 64, 178
Franz I., Kaiser von Österreich 185
Freiligrath, Ferdinand 113, 231f., 319
Freud, Sigmund 88, 124, 137, 311
Friedland, Ferdinand 116f.
Friedländer, Amalie, geb. Heine 35, 59, 83, 87, 91, 109, 130f.
Friedländer, Jonathan 83, 91
Friedrich, Caspar David 223
Friedrich Christian, Graf von Bückeburg 11
Friedrich II., König von Preußen 30
Friedrich Wilhelm III., König von Preußen 62, 76
Friedrich Wilhelm IV., König von Preußen 31, 232, 249

Gans, Eduard 31, 66, 75, 98
Gathy, August 326
Gautier, Théophile 89, 158, 265, 302f., 341
Geldern, Juspa van 12, 16f.
Geldern, Lazarus van 11, 16f., 96
Geldern, Simon van, Heines Großonkel 21f.
Geldern, Simon van, Heines Onkel 17
Genet, Jean 68, 85

Gentz, Friedrich von 64, 91, 126f., 186, 195
Gleyre, Charles-Gabriel 324
Görres, Johann Joseph von 240
Goethe, Johann Wolfgang von 7, 17, 45f., 54, 59f., 65f., 70, 89ff., 102ff., 112f., 129, 144, 152, 165, 177f., 182, 218, 222, 225, 237, 258, 286, 298, 319
Goethe, Ottilie 66
Gombrowicz, Witold 68
Goncourt, Edmond de 340
Goncourt, Jules de 340
Grabbe, Christian Dietrich 61f., 315
Grappin, Pierre 132
Grass, Günter 184
Grattenauer, Carl Wilhelm Friedrich 32, 91
Greiner, Martin 19
Grillparzer, Franz 113, 199
Grimm, Gottlob Christian 8, 97f.
Grimm, Jacob 58
Grimm, Wilhelm 58
Gruby, David 329
Grün, Karl Theordor Ferdinand 153
Gubitz, Friedrich Wilhelm 64, 68
Guizot, François-Pierre-Guillaume 251, 270-274, 323
Gutzkow, Karl Ferdinand 47f., 113, 156, 167, 180, 213, 222, 226

Habermas, Jürgen 280
Hädecke, Wolfgang 20, 63
Halévy, Jacques-Fromental-Elie 190
Halle, Therese, geb. Heine 132
Hansen, Volkmar 243
Hardenberg, Karl August Fürst von 31, 63f., 76
Hebbel, Friedrich 111, 113, 225
Heckscher, Marcus Abraham 107
Hegel, Georg Wilhelm Friedrich 31, 64, 66, 70–76, 80, 82, 91, 150, 176, 221, 248, 252, 254f., 286, 288f., 291, 300
Heine, Amalie, s. Amalie Friedländer
Heine, Professor B. 296
Heine, Carl 190, 256, 258, 262, 264ff., 268, 290, 309
Heine, Charlotte, s. Charlotte Embden
Heine, Eduard 33
Heine, Elisabeth (Betty, Peira), geb. van Geldern 7, 9, 12f., 17, 20, 23, 28, 323
Heine, Gustav 16, 107, 117, 260f., 263, 295, 300, 309, 316, 336
Heine, Heymann (Chajjim Bückeburg) 11
Heine, Mathe Eva, geb. Popert 12
Heine, »Mathilde«, Crescence (Crescentia), Eugénie, geb. Mirat 10f., 17, 20, 107f., 111, 161, 198–202, 228, 230, 240, 256f., 261ff., 269, 288, 298, 315, 322, 328, 336ff., 340
Heine, Maximilian 16f., 107, 190, 260, 293, 316
Heine, Salomon, Heines Onkel 12, 15, 23, 32f., 56, 59, 78, 82, 91, 106f., 230, 244, 256, 261, 303
Heine, Samson 7, 9, 12f., 15f., 18, 35, 56
Heine, Therese, s. Therese Halle
Hengstenberg, Ernst Wilhelm 248f.
Henze, Hans Werner 88
Hermann der Cherusker 80
Herwegh, Georg 231f., 300
Herz, Henriette 68, 98
Hesse, Hartwig 153
Hiller, Ferdinand 159, 204
Hindermanns 23
Hitchcock, Alfred 202
Hitchcock, Thelma 202
Hofer, Andreas 147
Hoffmann, Ernst Theodor Amadeus 59, 163, 166, 178, 239
Hohenhausen, Elisabeth (Elise) von 65f., 68, 85
Homer 312
Horaz 119
Houwald, Ernst Christoph von 60
Hugo, Victor 163, 228, 315
Humboldt, Alexander von 64, 266, 273, 323

Humboldt, Wilhelm von 31, 63f., 323
Huth, Johann Ernst 171, 180

Iffland, August Wilhelm 60
Immermann, Karl Leberecht 65, 70, 88, 91, 123, 130, 139, 141f., 144f., 147, 152, 315
Irving, Washington 102

Jackson, Michael 50
Jahn, Friedrich Ludwig 38, 44, 136, 290
Jaubert, Caroline 287
Jean Paul 93
Johann Wilhelm, Kurfürst von der Pfalz 16
Johann, Erzherzog von Österreich 299
Julia, Henri 161, 262ff.

Kafka, Franz 87, 199
Kalergis, Gräfin Marie 302
Kalisch, Ludwig 286
Kant, Immanuel 150, 248
Karajan, Herbert von 61
Karl X,, König von Frankreich 147f.
Kastilien, Isabella von 168
Kaufmann, Hans 166
Kerner, Justinus Andreas Christian 58, 167, 239
Kerr, Alfred 239
Kertbeny, Karl Maria (Karl Maria Benkert) 146
Kietz, Ernst 288
Kisch, Egon Erwin 101
Kleist, Heinrich von 166, 199, 315
Kolb, Gustav 191, 193, 243, 315
Koopmann, Helmut 226
Kotzebue, August von 38
Kraus, Karl 86f., 118, 216, 239, 318
Krinitz, Elise [von] (Camilla Selden) (»Mouche«) 10, 84, 259, 331, 333–339

Laclos, Pierre Ambroise François Choderlos de 215
Lafayette, Marie-Joseph Motier de 148, 158
Lamartine, Alphonse de 269, 279, 281f.
Lamennais, Félicité-Robert 190
Lassalle, Ferdinand 74, 116, 266f., 290, 297, 319
Laube, Heinrich 20, 47, 96, 156, 170, 180, 190, 194, 197, 200, 206, 228ff., 234f., 253, 288, 301
Lensing, Elise 111
Lessing, Gotthold Ephraim 60
Levin, Markus 90
Lewald, August 160, 204, 224, 253
Liszt, Franz 155f., 159, 190, 255
Loëve-Veimars, François-Adolphe 161, 163, 193
Louis Napoléon, Kronprinz von Holland, s. Napoleon III.
Louis Philippe I., König von Frankreich 55, 57, 148, 159, 195, 219, 241, 269, 275, 284, 316, 330
Ludwig I., König von Bayern 138
Lumley, Benjamin 268, 311
Luther, Martin 99, 181
Lyser, Johann Peter Theodor 141

Majakowski, Wladimir 87, 282
Maltzan, Graf 183
Manet, Eduard 265
Mann, Thomas 120, 170, 203f., 237f., 308
Marat, Jean-Paul 173, 242
Marcuse, Ludwig 24, 98, 169, 186, 253, 332
Maria Theresia, Kaiserin von Österreich 57
Marie-Antoinette, Kaiserin von Frankreich 210, 219, 313
Marx, Eleanor 250
Marx, Karl 71ff., 108, 142, 176, 184, 221, 231f., 243, 250–254, 262, 275, 283f., 293, 297-301, 304, 309, 319
Mauthner, Fritz 331
Maximilian Joseph, Herzog von Pfalz-Zweibrücken 28

Mehring, Franz 250
Meißner, Alfred 24, 117, 145, 225, 258f., 261f., 281, 287, 326, 332
Mende, Fritz 70, 296
Mendelssohn-Bartholdy, Jakob Ludwig Felix 60, 335
Mendelssohn, Abraham 98
Mendelssohn, Moses 30, 98
Menzel, Wolfgang 37, 43–51, 84, 143, 167, 171
Merckel, Friedrich 121
Merkel, Polizeipräsident 164
Mérimée, Prosper 229
Metternich, Clemens Lothar Wenzel, Fürst von 13, 37, 47, 49f., 91, 121, 126, 182ff., 186, 207, 263
Meyer, Ferdinand 291
Meyerbeer, Giacomo 73, 109, 115, 159f., 184, 187, 197, 255, 266, 312, 317
Mirabeau, Honoré-Gabriel de Riqueti, Graf de 31, 210, 219f.
Mirat, Crescence (Crescentia) Eugénie, s. »Mathilde« Heine
Moltke, Magnus Graf von 150, 159
Montesquieu, Charles Baron de la Brède et de M. 150
Moser, Moses 10, 75, 77, 81, 93, 98, 103, 117, 120, 132, 183, 258
Mouche, s. Elise Krinitz
Müller, Adam 50
Müller, Heiner 184
Müller, Wilhelm 126
Mundt, Theodor 47, 180
Murat, Joachim 16, 28, 30, 135
Musil, Robert 87, 204, 308
Musset, Alfred de 163, 246

Napoleon I., Kaiser von Frankreich 9f., 16, 24, 28, 30, 37, 43, 55, 62f., 68, 76, 119, 133–138, 142, 150, 154, 196, 205, 242, 291
Napoleon III., Kaiser von Frankreich 10, 28, 284f., 302, 317
Nero, römischer Kaiser 184, 219
Nerval, Gérard de 161, 328
Neunzig, Joseph 57
Nostiz, Graf 331
Novalis (Friedrich von Hardenberg) 178, 239

Oesterley, Ferdinand 41
Orléans, Duc d' 158
Ossiander, Hofrath 41

Paul Friedrich, Erzherzog von Mecklenburg-Schwerin 70
Pessoa, Fernando 87
Petrarca, Francesco 127-130, 144
Pfizer, Gustav 168, 171, 230
Picasso, Pablo 235
Pierer, Heinrich August 171f.
Pietzcker, Carl 88ff.
Platen-Hallermünde, August Graf von 51, 84, 109, 124, 133f., 137ff., 141f., 144–147, 151
Plato 62
Polonius 255
Pott, Cons. Rath 41
Poussin, Nicolas 330

Queensberry, Marquess von 144
Quinet, Edgar 89
Quintilius Varus 80

Rantzau, Graf 41
Raspail, François 213, 230
Raumer, Friedrich Ludwig Georg von 70
Raupach, Ernst 60
Reinhardt, Richard 262, 309, 329, 341
Renduel, Eugène 163, 177, 193, 211
Rimbaud, Arthur 68
Rindskopf, Bankier 28
Rintelsohn, David 24
Robert, Louis-Léopold 157, 317, 330
Robert, Ludwig 90f., 102, 317
Robespierre, Maximilien 150, 173, 208, 219, 242
Rossini, Gioacchino 158
Roth, Joseph 277
Rothschild, Anselm 187, 189

Rothschild, Betty de 188, 336
Rothschild, James Meyer de 12, 24, 28, 106, 114f., 184–189, 219, 267f., 312, 322
Rothschild, Meyer Amschel 184
Rousseau, Jean-Jacques 17, 173, 302
Rousseau, Johann Baptist 42, 57, 179
Rowohlt, Ernst 308
Royer, Alphonse 265
Ruehs, Friedrich 29, 78
Ruge, Arnold 142, 233, 251, 254
Ruperti, Superintendent 97

Saint-Beuve, Charles-Augustin 159, 323
Saint-Simon, Claude Henry de Rouvroy, Graf von 89, 152–158, 174f., 180, 182, 194, 329
Sand, George (Dudevant, Lucile-Aurore, geb. Dupin) 189f., 229
Sand, Karl 38
Saphir, Moritz Gottlob 94
Sartorius, Georg 57
Sartre, Jean-Paul 184, 280
Savigny, Friedrich Karl von 70
Savoye, Joseph 279
Sayn-Wittgenstein-Hohenstein, Wilhelm Ludwig Fürst zu 47, 182
Schad, Christian 324, 326
Schalmayer, Ägidius Jakob 25
Scheibl 324
Schelling, Friedrich Wilhelm Joseph von 229
Schenk, Eduard von 140
Schiller, Friedrich von 27, 60, 144, 235f., 298, 319
Schinkel, Karl Friedrich 60
Schirges, Georg 253
Schirnding, Albert von 237
Schlegel, August Wilhelm von 42f., 52–55, 57, 66, 128, 143, 178f., 237f., 240
Schleiermacher, Friedrich Ernst Daniel 64, 70, 166
Schlözer, August Ludwig von 56f.
Schmidt, Julian 314
Schneider, Gerhard 237f.
Schreeb, v., Regierungsrath a.D. 40
Schubert, Franz 85, 130
Schumann, Robert 138
Scott, Sir Walter 119, 133f., 137
Scribe, Eugène 339
Selden, Camilla, s. Elise Krinitz
Sethe, Christian 41, 57
Shakespeare, William 35, 53, 60, 62, 312, 318
Sokrates 60, 62
Solschenizyn, Alexander 170
Sontag, Henriette 60
Spalding 298
Spittler 298
Spontini, Gasparo 61, 70
Staël, Anne-Louise-Germaine de 55, 162, 177, 179
Stahr, Adolf 222, 307
Stalin, Josef Wissarionowitsch 49, 73, 184
Sternberger, Dolf 152
Straube, Heinrich 57
Strauß, Jeanette, geb. Wohl 205, 207f., 215ff., 226, 229
Strauß, Salomon 216f., 229f.
Strodtmann, Adolf 9, 27, 83, 262, 263, 341
Suhrkamp, Peter 308

Taillandier, René-Gaspard-Erneste (Saint-René) 8f., 161, 324
Taine, Hippolyte 333
Theweleit, Klaus 202
Thierry, Augustin 277
Thiers, Adolphe 187, 190, 196, 212, 272ff., 276f.
Tholuck, Friedrich August 298
Tieck, Ludwig 59, 64, 91, 239f.
Trittau, Jakob-Dietrich 261
Toulouse-Lautrec, Henri de 303
Tucholsky, Kurt 98, 240, 277
Tychsen, Hofrat 41

Uhland, Ludwig 91, 122, 167, 178, 240

Varnhagen von Ense, Karl August 46, 64f., 68, 90f., 101, 121, 127, 131, 144, 147f., 152, 158f., 164, 182, 190, 265ff., 290, 319
Varnhagen von Ense, Rahel, geb. Levin 64f., 68, 90f., 98, 126, 148, 319
Velasquez, Diego de Silva 235
Verdi, Giuseppe 268
Vernet, Emile-Jean-Horace 186
Véron, Louis-Désiré 276
Vigny, Alfred de 163, 190
Voltaire (François-Marie Arouet) 119, 150, 152, 161f., 184, 248, 302, 319

Wachsmuth, Wilhelm 235
Wadepuhl, Walter 9, 186, 189, 336
Wagner, Richard 9
Wallner, Franz 202
Weber, Carl Maria von 61
Weber, Max 175
Wedekind, Eduard 131, 258
Weerth, Georg 309f.
Weill, Alexander 265, 341
Weitling, Wilhelm 252
Weizsäcker, Richard von 184
Werner, Kreisbaumeister 95
Werner, Michael 23, 273, 277
Wertheim, Leopold 294, 298
Werther, Wilhelm Freiherr von 164
Wesselhöft, Robert 150
Weydemeyer, Joseph 283
Wiebel, Wilhelm 41f., 58
Wienbarg, Ludolf 47, 113, 175, 180
Wilde, Oscar 67
Windfuhr, Manfred 94, 127ff., 171
Wit, Johann (Wit v. Dörring) 140
Wittgenstein, s. Sayn-Wittgenstein
Woesler, Winfried 231, 245
Wohl, Jeanette, s. Jeanette Strauß
Wohlwill, Immanuel 78
Wolf, Johann Christian 92
Wolff, Max J. 189
Wolff, Pius Alexander 60
Woolf, Virginia 87
Wurm, Christian Friedrich 248

Zelter, Carl Friedrich 60
Zenge, Wilhelmine von 199
Zola, Emile 280
Zunz, Leopold 75, 329
Zweig, Stefan 205

Bildnachweis

Heinrich-Heine-Institut, Düsseldorf: 1, 3, 4, 5, 6, 8, 10, 11, 12, 13, 18, 22, 25, 30
E. Ziegler, Heinrich Heine. Leben, Werk, Wirkung. Zürich 1993: 7, 15, 16, 19, 26, 27, 28, 29
J. A. Kruse, Heinrich Heine. Leben und Werk in Daten und Bildern. Frankfurt a. M. 1983: 9, 20, 21, 23, 24
Holzstich um 1880 nach dem Gemälde 1831 von Moritz Daniel Oppenheim (1799–1882), AKG Photo, Berlin: 2
Heinrich Heine, Buch der Lieder. Hamburg, Berlin 1921: 14

Deutsch

Ein Wint

Geschrieben im
